Russisch perfekt

RUSSISCH
perfekt

Lehrmaterial
für die Sprachkundigenausbildung
Stufe III

VEB Verlag Enzyklopädie
Leipzig

Als Lehrbuch für die Ausbildung an Universitäten und Hochschulen der DDR anerkannt.

Berlin, Juli 1985   Minister für Hoch- und Fachschulwesen

Herausgeberkollektiv:

Prof. Dr. sc. phil. Gustav-Adolf Krampitz,	Martin-Luther-Universität Halle – Wittenberg, Sektion Fremdsprachen;
Prof. Dr. phil. Siegfried Kohls,	Institut für Sprachintensivausbildung "Paul Markowski", Brandenburg-Plaue/Berlin;
Prof. Dr. paed. Karl Kokoschko,	Hochschule für Ökonomie "Bruno Leuschner", Berlin-Karlshorst, Institut für Fremdsprachen.

Autorenkollektiv:

Prof. Dr. Gustav-Adolf Krampitz – federführender Autor –, Peter Slama – Gesamtredaktion –, Valentina Friederici, Ludmila Heinze, Galina Manns, Dr. Erhard Glier, Bogdan Kovtyk;   alle Martin-Luther-Universität Halle – Wittenberg, Sektion Fremdsprachen;

Prof. Dr. Siegfried Kohls,   s. o.;
Prof. Dr. Karl Kokoschko,   s. o.;

unter Mitarbeit von Dr. Alla Jurevna Konstantinova, Puschkin-Institut Moskau (Konsultant).

Die Lieferung der zu diesem Lehrbuch entwickelten *technischen Unterrichtsmittel* (*30 Tonbänder* MBH 1219–1220, *47 Folien* HFR 723–728, *4 Beihefte*) erfolgt über das Institut für Film, Bild und Ton, 1080 Berlin, Krausenstraße 9/10.

ISBN 3-324-00015-7

© VEB Verlag Enzyklopädie Leipzig, 1986

Vorbemerkungen

Der Lehrmittelkomplex (LMK) "Russisch perfekt" dient als Grundmaterial für die Stufe III der Sprachkundigenausbildung (SKA) in allen Fachrichtungen. Er schließt auf höchster Stufe die Reihe von Lehrmaterialien ab, die für die einzelnen Stufen der SKA bereitgestellt werden, und hat — aufbauend vor allem auf der Stufe IIa ("Russisch aktiv für Politik, Wirtschaft und Kultur" von S. Kohls/V. Misgin oder "Russisch aktiv für Naturwissenschaften und Technik" von G. Kuhlmann und Kollektiv sowie "Russisch aktiv für Wissenschaftler" von S. Otto/ N. Petrova — den Lernenden zu befähigen, die in Verbindung mit seinem Arbeitsgebiet auftretenden fremdsprachigen Tätigkeiten qualifiziert ohne Einschränkung auszuüben, die dazu erforderlichen kommunikativen Sprachhandlungen in mündlicher und schriftlicher Form sicher zu beherrschen und seine sprachlichen Mittel zielgerichtet zur Lösung seiner Aufgaben einzusetzen. Um dieser sehr hohen Zielstellung zu entsprechen, orientiert der LMK auf die Herausbildung einer hochgradigen Kommunikationsbefähigung im Hinblick auf alle Sprachtätigkeiten bei konsequenter Berücksichtigung der kommunikativen Zielorientierung des Lehr- und Lernprozesses. Entsprechend dem Lehrprogramm der SKA III hat dabei die Entwicklung produktiver Zielsprachtätigkeiten (Sprechen und Schreiben) den Vorrang. Besondere Aufmerksamkeit wird der Auswahl und dem Training realitätsadäquater kommunikativer Situationen geschenkt, wobei eine Vielzahl von Wendungen der Wissenschaftssprache systematisch vermittelt und gezielt angewendet werden.
Die im LMK behandelten Themen sind allgemeininteressierender, fachübergreifender Natur. Angesichts des breiten Einsatzgebietes des LMK ist es weder möglich noch beabsichtigt, tiefer in die Fachsprache der einzelnen Wissenschaftsdisziplinen einzudringen. Die Behandlung spezieller Fachthemen muß daher einem Zusatzkurs im Umfang von etwa 100 Unterrichtsstunden vorbehalten bleiben, der sich auf entsprechende Original-Fachtexte und Zusatzmaterialien (z. B. I. Herms u. a., Lehrmittelkomplex für die SKA III "Russisch perfekt", Zusatzmaterial für Naturwissenschaftler und Techniker, Zwickau 1985 — Lieferung erfolgt über das Institut für Fremdsprachen der Technischen Hochschule Otto von Guericke Magdeburg) stützt. Für die Durcharbeitung unseres Grundmaterials wird ein Stundenvolumen von etwa 170 Unterrichtsstunden veranschlagt. Zur gezielten Weiterentwicklung des sprachkommunikativen Könnens auf dem Gebiet der Umgangssprache empfehlen wir die Einbeziehung anspruchsvoller sowjetischer Lehrmaterialien im Umfang von 20–50 Unterrichtsstunden.
Der LMK besteht aus dem Lehrbuch mit Anhang, einer Tonbandreihe und einem Foliensatz mit entsprechenden Beiheften. Jeder der 15 *Lektions-*

komplexe (LK) des LMK ist einem Themenkomplex gewidmet. Die Texte sind inhaltlich anspruchsvoll und auf Grund der problemorientierten Darlegung des Themas gut zur Stimulierung von Diskussionen geeignet. Der Lernwortschatz (ca. 1400 lexikalische Einheiten) wurde in Abstimmung mit den Lexiklisten der vorangehenden SKA-Stufen vor allem unter Beachtung der Prinzipien der thematischen Relevanz bzw. Zugehörigkeit zum allgemeinwissenschaftlichen Stil und der Auftretenshäufigkeit der Lerneinheiten ausgewählt, wobei Wert darauf gelegt wurde, eine hohe Wiederholungsrate der vermittelten Lexik im Lehrbuch zu sichern.

Im Gegensatz zur bewußt systematisch betriebenen Arbeit an Lexik und kommunikativen Wendungen sieht die Stufe III der SKA von einer gezielten Vermittlung und systematischen Übung grammatischer Erscheinungen ab. Großer Wert wird in den Übungen dagegen den stilistischen Besonderheiten der Wissenschaftssprache beigemessen.

Eine bedeutende Rolle kommt bei der Vermittlung des Lehrstoffs dem Tonband (Symbol ◉ ◉) und der Folie (Symbol F) als Informationsträger und Steuerungsmittel zu. Die Aneignung von Lernwortschatz, Wendungen der Wissenschaftssprache und Grundkenntnissen zur Intonation für den jeweils folgenden Lektionskomplex erfolgt im Selbststudium anhand von *Tonbändern*, die für die außerunterrichtliche Arbeit bestimmt sind. Die im Unterricht abzuarbeitenden Tonbänder enthalten Hörtexte und z. T. rückgekoppelte Unterrichtsübungen (Intonation, Abkürzen). Die Manuskripte zu allen Tonbandübungen sind in den dazugehörigen *Beiheften* (Beiheft I – Unterrichtsübungen; Beiheft II – Selbststudium, LK 1–8; Beiheft III – Selbststudium, LK 9–15) enthalten, die wie Tonbänder und Folien vom Institut für Film, Bild und Ton Berlin zu beziehen sind (s. S. 4).

Die vom IFBT produzierten *Folien* dienen der Vermittlung von Synonymen. Darüber hinaus werden zu einigen Übungen zusätzliche Folien bzw. Tafelbilder empfohlen (Symbol F_L), die vom Lehrenden selbst anzufertigen sind, wie z. B. zu den Abkürzungsübungen (graphische Vorlage s. Anhang des Beihefts I), zu den gleichstämmigen Wörtern und zu den brieftypischen Wendungen (graphische Vorlage s. entsprechende Lehrbuchübung). Didaktisch-methodische Hinweise zum Folieneinsatz findet man im entsprechenden Beiheft (Beiheft IV – Foliensatz "Synonyme"). Auf den im Lehrbuch enthaltenen Schlüssel zu einigen Übungen weist das Symbol O━▶ hin.

Jeder der stofflich und thematisch homogenen LK untergliedert sich in 7 *Lektionsabschnitte* (LA), in denen die der Zielstellung des LK entsprechenden Kenntnisse parallel mit der Entwicklung aller Zielsprachtätigkeiten vermittelt, angeeignet und praxisnah angewendet werden.

LA 1, der die Erarbeitung und Erstfestigung des neuen Lernwortschatzes sowie (bis LK 9) das Bekanntmachen mit der jeweils zu behandelnden Intonationskonstruktion im Selbststudium voraussetzt, dient vorrangig der Festigung, Aktivierung und Erstanwendung der neuen Lexik. Die Arbeit am LA 1 beginnt mit einem Hörtext, dessen Informationen in den folgenden Übungen im Detail erfaßt, verarbeitet und unter Anwendung ausgewählter Kommunikationsverfahren (KV) analiisiert werden. Sie mündet jeweils in Übungen zum gelenkt-variierenden und in zunehmendem Maße zum frei-variierenden Sprechen. Darüber hinaus werden obligatorische Übungen zur Intonation und fakultative Übungen zum Abkürzen geboten.

Im *LA 2* steht die Entwicklung des verstehenden Lesens und Sprechens im Vordergrund. Hier werden auf der Basis eines Lesetextes Übungen zum monologischen, dialogischen und polylogischen Sprechen abgearbeitet. Die Übungsfolge ist so konzipiert, daß sie im allgemeinen mit reproduktiven mündlichen Tätigkeiten beginnt und mit freien Gesprächen zum vorgegebenen Thema endet, wobei von LK zu LK der sprachliche Schwierigkeitsgrad zunimmt.

LA 3 ist vorrangig der komplexen Entwicklung des verstehenden Hörens und selektiven Mitschreibens gewidmet. Der Lernende wird befähigt, im Sinne einer echten Kommunikation aus neuen, vorher nicht bekannten Ausführungen Informationen zu entnehmen, geistig zu verarbeiten, Wesentliches zu selektieren und schriftlich zu fixieren und sich auf der Basis des Rezipierten an Diskussionen zu beteiligen. Die Mitschrift, die in fakultativen Übungen zur Entwicklung der Schreibgeläufigkeit und zur Abkürzung von Wörtern im LA 1 geübt werden kann, erleichtert als Reproduktionsgrundlage wesentlich das sinngemäße Wiedergeben des Gehörten.

LA 4 hat vor allem das Ziel, das fremdsprachige schriftliche Formulieren zu entwickeln, und enthält deshalb Übungen zum Sinnübertragen, Hinübersetzen und Verfassen von Briefen, Vortragsmanuskripten, Thesen, Artikeln u. ä. Die Übungsabfolge beginnt mit Übungen zur exakten Wiedergabe von muttersprachig vorgegebenem Material und endet mit Übungen zum gelenkt-variierenden und frei-variierenden Schreiben. Innerhalb jedes LK wird planmäßig ein Teilgebiet des russischen Schriftverkehrs behandelt und der Lernende befähigt, entsprechende Zieltexte zu produzieren.

LA 5 dient der Entwicklung des verstehenden Lesens und Herübersetzens. Im Mittelpunkt stehen Übungen zur Entwicklung von Techniken der übersetzungslosen Inhaltserschließung und des diagonalen Lesens sowie des Herübersetzens unbekannter schwieriger Originalfachtexte mit Hilfe von Nachschlagewerken. Die ersten beiden Übungen des LA (Lese-, Übersetzungs- und Schreibübungen) sollten in das Selbststudium verlagert werden. Die Lese- und Übersetzungstexte dienen gleichzeitig als Grundlage für Übungen zum frei-variierenden Sprechen.

LA 6 ist zur Auflockerung des Übungsgeschehens bestimmt. Er enthält kurze informative, z. T. humoristische Lesetexte, die der Lehrer zur Ergänzung des abgearbeiteten obligatorischen Lehrstoffs nach Wunsch verwenden kann.

LA 7 bietet die Lexikliste des jeweiligen LK, die aus zwei bis drei Leitverben ("Основные глаголы") und dem übrigen Lernwortschatz ("Новая лексика") besteht. Als Leitverben wurden für die allgemeinwissen-

Vorbemerkungen

schaftliche Sprache typische und vom derivatorischen Standpunkt aus interessante Verben ausgewählt, die mit ihren wesentlichen Ableitungen dargeboten werden. Zu jeder neuen lexikalischen Einheit werden ebenfalls meist zwei wichtige Ableitungen vermittelt. Für eine effektive Arbeit am LMK macht es sich unbedingt erforderlich, außer den mit * gekennzeichneten (nicht produktiv zu beherrschenden) alle in der Lexikliste aufgeführten Wörter, d. h. auch diejenigen, die im LA 7 neben den Leitverben und den offiziell vermittelten Einheiten in Sätzen und Wortverbindungen auftreten, in den produktiven Sprachgebrauch zu überführen.
LA 7 bildet die notwendige graphische Vorlage für die Lesephase bei der im Selbststudium erfolgenden Erarbeitung der Lernlexik. Weitere didaktisch-methodische Hinweise zur Abarbeitung dieses LA sind im Beiheft I enthalten.

Der *Anhang* des Lehrbuchs, der zugleich die Funktion eines Wissensspeichers hat, enthält einführende Bemerkungen zur Intonation und zum verkürzten Mitschreiben von Texten beim verstehenden Hören, des weiteren Übersichten der vermittelten Wendungen und Erläuterungen zu einigen Besonderheiten der Wissenschaftssprache.

Der LMK wurde von einer Forschungsgruppe des Zentrums für Sprachintensivausbildung, Sektion Fremdsprachen der Martin-Luther-Universität Halle — Wittenberg (Leiter: Prof. Dr. sc. G.-A. Krampitz; stellv. Leiter: P. Slama; Mitarbeiter: L. Heinze, V. Friederici, G. Manns unter zeitweiser Mitwirkung von Dr. E. Glier und B. Kovtyk — LK 1—10), Prof. Dr. S. Kohls (LK 11—13) und Prof. Dr. K. Kokoschko unter Mitarbeit von Dr. J. Aurich (LK 14—15) erarbeitet. Die Gesamtredaktion erfolgte durch die Forschungsgruppe.

Wertvolle Hinweise und Anregungen zur didaktisch-methodischen, inhaltlichen und sprachlichen Gestaltung des LMK verdanken wir Dr. A. J. Konstantinova, Puschkin-Institut Moskau, Prof. Dr. M. G. Chajrullina und Prof. Dr. L. G. Sajachova, Baschkirische Universität Ufa, sowie den Gutachtern Prof. Dr. sc. G. Fischer, Sektion Fremdsprachen der TH Karl-Marx-Stadt, und Doz. Dr. A. Müller-Franz, Sektion Fremdsprachen der Karl-Marx-Universität Leipzig.

Darüber hinaus fühlen wir uns dem Verlag und der verantwortlichen Redakteurin des IFBT, Frau R. Löffler, sowie den Fachkollegen A. Neprjachin, H. Waese, R. Werner, U. Wolf und D. Zaune verpflichtet, die uns bei Validierung und Herstellung des LMK mit Rat und Tat unterstützt haben.

Hinweise der Nutzer zur Verbesserung des vorliegenden LMK nehmen wir gern entgegen und bitten, diese an die Sektion Fremdsprachen der Martin-Luther-Universität, 4021 Halle-Dölau, Waldhaus, zu richten.

Die Autoren

Inhaltsverzeichnis

1. **Lektionskomplex** — Thema: "Globale Probleme der Gegenwart" . . .   17
   1.1. Einführungstext: Einige globale Probleme der Gegenwart und Wege zu ihrer Lösung — Übungen
   1.2. Lesetext: Die Lösung demographischer Probleme in den europäischen sozialistischen Ländern — Übungen
   1.3. Hörtext: Globale Probleme im Zusammenhang mit der Entwicklung der Weltbevölkerung — Übungen
   1.4. Übungen — Schriftverkehr — Situative Aufgabe
   1.5. Lesetext: Bevölkerungspolitik in der UdSSR — Übungen
   1.6. Unser Kaleidoskop
   1.7. Leitverben und Lexikliste

2. **Lektionskomplex** — Thema: "Probleme der Weltenergiewirtschaft" . .   37
   2.1. Einführungstext: Die Energiewirtschaft, ihre Sorgen und Perspektiven — Übungen
   2.2. Lesetext: Die Kohle und die Probleme der Energiewirtschaft — Übungen
   2.3. Hörtext: Atomenergie, die Energie der Zukunft — Übungen
   2.4. Übungen — Schriftverkehr — Situative Aufgabe
   2.5. Lesetext: Energiewirtschaft und internationale Kooperation — Übungen
   2.6. Unser Kaleidoskop
   2.7. Leitverben und Lexikliste

3. **Lektionskomplex** — Thema: "Umweltschutz"   59
   3.1. Einführungstext: Probleme des Umweltschutzes — Übungen
   3.2. Lesetext: Wie geht es dir, Erde? — Übungen
   3.3. Hörtext: Die ökologische Krise. Zahlen und Tatsachen — Übungen
   3.4. Übungen — Schriftverkehr — Situative Aufgabe
   3.5. Lesetext: Die Weltmeere müssen vor der Verschmutzung durch Erdöl geschützt werden — Übungen
   3.6. Unser Kaleidoskop
   3.7. Leitverben und Lexikliste

4. **Lektionskomplex** — Thema: "Wissenschaft — Technik — Humanismus"   80
   4.1. Einführungstext: Wissenschaftlich-technische Revolution heute — Übungen
   4.2. Lesetext: WTR und die Verantwortung des Wissenschaftlers — Übungen
   4.3. Hörtext: Die wissenschaftlich-technische Revolution und die Widersprüche des Kapitalismus — Übungen
   4.4. Übungen — Schriftverkehr — Situative Aufgabe
   4.5. Lesetext: Grenzen der Wissenschaft — Übungen
   4.6. Unser Kaleidoskop
   4.7. Leitverben und Lexikliste

5. **Lektionskomplex** – Thema: "Probleme von Krieg und Frieden" . . . 102
    5.1. Einführungstext: Probleme von Krieg und Frieden – Übungen
    5.2. Lesetext: Der Mythos von der "sowjetischen Bedrohung", die größte Lüge des 20. Jahrhunderts – Übungen
    5.3. Hörtext: Die Einstellung des Wettrüstens – Übungen
    5.4. Übungen – Schriftverkehr – Situative Aufgaben
    5.5. Lesetext: Für eine Welt ohne Krieg, für eine Welt ohne Waffen – Übungen
    5.6. Unser Kaleidoskop
    5.7. Leitverben und Lexikliste

6. **Lektionskomplex** – Thema: "Der sozialistische Staat" 124
    6.1. Einführungstext: Die politischen Grundlagen des sozialistischen Staates – Übungen
    6.2. Lesetext: Zur Frage der Diktatur des Proletariats – Übungen
    6.3. Hörtext: Leninsche Nationalitätenpolitik in Aktion – Übungen
    6.4. Übungen – Schriftverkehr – Situative Aufgaben
    6.5. Lesetext: Das Problem der Freiheit im ideologischen Kampf – Übungen
    6.6. Unser Kaleidoskop
    6.7. Leitverben und Lexikliste

7. **Lektionskomplex** – Thema: "Arbeit im Sozialismus" 147
    7.1. Einführungstext: Die Arbeit im Sozialismus – Übungen
    7.2. Lesetext: Arbeit nach den Fähigkeiten, Bezahlung nach der Leistung – Übungen
    7.3. Hörtext: Der generelle Charakter der Arbeit im Sozialismus – Übungen
    7.4. Übungen – Schriftverkehr – Situative Aufgaben
    7.5. Lesetext: Wie läßt sich die Arbeit eines Wissenschaftlers vergüten? – Übungen
    7.6. Unser Kaleidoskop
    7.7. Leitverben und Lexikliste

8. **Lektionskomplex** – Thema: "Sozialistische Lebensweise" 171
    8.1. Einführungstext: Unsere Lebensweise – Übungen
    8.2. Lesetext: Verbrauchskultur im Sozialismus – Übungen
    8.3. Hörtext: Probleme des Verbraucherverhaltens in sozialistischen und in kapitalistischen Ländern – Übungen
    8.4. Übungen – Schriftverkehr – Situative Aufgaben
    8.5. Lesetext: Neue Bräuche für den sowjetischen Menschen – Übungen
    8.6. Unser Kaleidoskop
    8.7. Leitverben und Lexikliste

9. **Lektionskomplex** – Thema: "Fragen von Erziehung und Bildung" . . 196
    9.1. Einführungstext: Die Erziehung zum neuen Menschen – Übungen
    9.2. Lesetext: Bedeutung der Arbeit für die Herausbildung der Persönlichkeit – Übungen
    9.3. Hörtext: Die Erziehung in der Familie – Übungen

    9.4. Übungen – Schriftverkehr – Situative Aufgaben
    9.5. Lesetext: Bildung und Freizeit – Übungen
    9.6. Unser Kaleidoskop
    9.7. Leitverben und Lexikliste

10. **Lektionskomplex** – Thema: "Das Erlernen von Fremdsprachen" . . . 221
    10.1. Einführungstext: Der Kreis der Weltsprachen – Übungen
    10.2. Lesetext: "Ich würde Russisch schon deshalb lernen, weil Lenin diese Sprache sprach!" – Übungen
    10.3. Hörtext: Ich spreche 38 Sprachen – Übungen
    10.4. Übungen – Schriftverkehr – Situative Aufgaben
    10.5. Lesetext: Intensiver Fremdsprachenunterricht – Übungen
    10.6. Unser Kaleidoskop
    10.7. Leitverben und Lexikliste

11. **Lektionskomplex** – Thema: "Die Zuspitzung des ideologischen Kampfes" 246
    11.1. Einführungstext: Gefährliche Pläne der ultrareaktionären imperialistischen Kreise – Übungen
    11.2. Lesetext: Informationsaustausch oder psychologische Kriegsführung und Diversion? – Übungen
    11.3. Hörtext: Kriterien für die Einschätzung der Informationspolitik – Übungen
    11.4. Übungen – Schriftverkehr – Situative Aufgaben
    11.5. Lesetext: Zur Frage einer völkerrechtlichen Regelung der Nutzung von Kommunikationsmitteln – Übungen
    11.6. Unser Kaleidoskop
    11.7. Leitverben und Lexikliste

12. **Lektionskomplex** – Thema: "Abenteuerliche Züge in der Außenpolitik der USA" 271
    12.1. Einführungstext: Militärische Überlegenheit werden wir niemandem gestatten – Übungen
    12.2. Lesetext: Die Jagd nach der Vision einer militärischen Überlegenheit – Übungen
    12.3. Hörtext: Die Position der DDR im Kampf für den Frieden und gegen die abenteuerliche Politik aggressiver imperialistischer Kreise – Übungen
    12.4. Übungen – Schriftverkehr – Situative Aufgaben
    12.5. Lesetext: Kosmische Abenteuer der USA – Übungen
    12.6. Unser Kaleidoskop
    12.7. Leitverben und Lexikliste

13. **Lektionskomplex** – Thema: "Probleme der Internationalisierung des Wirtschaftslebens" 297
    13.1. Einführungstext: Unterschiede bei der Internationalisierung des Wirtschaftslebens im Kapitalismus und Sozialismus – Übungen
    13.2. Lesetext: Die wichtigsten Etappen der Internationalisierung des Wirtschaftslebens in den sozialistischen Ländern – Übungen
    13.3. Hörtext: Probleme der Außenwirtschaftspolitik der EG-Länder – Übungen

13.4. Übungen – Schriftverkehr – Situative Aufgaben
13.5. Lesetext: Die harmonische Übereinstimmung nationaler und internationaler Interessen im Sozialismus – Übungen
13.6. Unser Kaleidoskop
13.7. Leitverben und Lexikliste

14. Lektionskomplex – Thema: "Kasachstan – eine aufblühende Sowjetrepublik" 322

14.1. Einführungstext: Aus der Geschichte Kasachstans – Übungen
14.2. Lesetext: Die Neulanderschließung, eine Großtat des Sowjetvolkes
14.3. Hörtext: Die Verwirklichung des Lebensmittelprogramms in der UdSSR – Übungen
14.4. Übungen – Schriftverkehr – Situative Aufgaben
14.5. Lesetext: L. I. Breshnew „Neuland" (Auszüge) – Übungen
14.6. Unser Kaleidoskop
14.7. Leitverben und Lexikliste

15. Lektionskomplex – Thema: "Wachsen und Werden der DDR" ... 347

15.1. Einführungstext: Ein neues Kapitel in der Geschichte des deutschen Volkes – Übungen
15.2. Lesetext: Die DDR, ein hochentwickelter sozialistischer Staat – Übungen
15.3. Hörtext: Ökonomische und wissenschaftlich-technische Zusammenarbeit der UdSSR und der DDR – Übungen
15.4. Übungen – Schriftverkehr – Situative Aufgaben
15.5. Lesetext: Der 13. August 1961
15.6. Unser Kaleidoskop
15.7. Leitverben und Lexikliste

Schlüssel zu einigen Lehrbuchübungen 370

Anhang

1. Die russische Intonation 378
2. Zum verkürzten Mitschreiben beim verstehenden Hören 381
3. Satzeinleitende Konstruktionen für Vorträge, Diskussionsbeiträge, Artikel o. ä. (Kommunikationsverfahren) 388
4. Stilistische Besonderheiten der Wissenschaftssprache 397
5. Briefverkehr 399

Quellenverzeichnis 406

Содержание

Первый урок — Тема: "Глобальные проблемы современности" 17

1.1. Вводный текст: Некоторые глобальные проблемы современности и пути их решения — Упражнения
1.2. Текст на чтение: Решение демографических проблем в европейских социалистических странах — Упражнения
1.3. Аудиотекст: Глобальные проблемы народонаселения — Упражнения
1.4. Упражнения — Переписка — Ситуативное задание
1.5. Текст на чтение: Демографическая политика в СССР — Упражнения
1.6. Наш калейдоскоп
1.7. Список основных глаголов и новой лексики

Второй урок — Тема: "Проблемы мировой энергетики" 37

2.1. Вводный текст: Энергетика – заботы и перспективы — Упражнения
2.2. Текст на чтение: Уголь и проблемы энергетики — Упражнения
2.3. Аудиотекст: Атомная энергия – энергия будущего — Упражнения
2.4. Упражнения — Переписка — Ситуативное задание
2.5. Текст на чтение: Энергетика и международное сотрудничество — Упражнения
2.6. Наш калейдоскоп
2.7. Список основных глаголов и новой лексики

Третий урок — Тема: "Охрана окружающей среды" 59

3.1. Вводный текст: Проблемы охраны окружающей среды — Упражнения
3.2. Текст на чтение: Как здоровье, Земля? — Упражнения
3.3. Аудиотекст: Экологический кризис – цифры и факты — Упражнения
3.4. Упражнения — Переписка — Ситуативное задание
3.5. Текст на чтение: Уберечь Мировой океан от загрязнения нефтью — Упражнения
3.6. Наш калейдоскоп
3.7. Список основных глаголов и новой лексики

Четвертый урок — Тема: "Наука – техника – гуманизм" 80

4.1. Вводный текст: Научно-техническая революция сегодня — Упражнения
4.2. Текст на чтение: НТР и ответственность ученого — Упражнения
4.3. Аудиотекст: Научно-техническая революция и противоречия капитализма — Упражнения
4.4. Упражнения — Переписка — Ситуативное задание
4.5. Текст на чтение: Границы науки — Упражнения

- 4.6. Наш калейдоскоп
- 4.7. Список основных глаголов и новой лексики

Пятый урок — Тема: "Проблемы войны и мира" 102
- 5.1. Вводный текст: Проблемы войны и мира — Упражнения
- 5.2. Текст на чтение: Миф о "советской угрозе" — величайшая ложь XX века — Упражнения
- 5.3. Аудиотекст: Прекращение гонки вооружений — Упражнения
- 5.4. Упражнения — Переписка — Ситуативные задания
- 5.5. Текст на чтение: К миру без войн, к миру без оружия — Упражнения
- 5.6. Наш калейдоскоп
- 5.7. Список основных глаголов и новой лексики

Шестой урок — Тема: "Социалистическое государство" 124
- 6.1. Вводный текст: Политические основы социалистического государства — Упражнения
- 6.2. Текст на чтение: К вопросу о диктатуре пролетариата — Упражнения
- 6.3. Аудиотекст: Ленинская национальная политика – в действии — Упражнения
- 6.4. Упражнения — Переписка — Ситуативные задания
- 6.5. Текст на чтение: Проблема свободы в идеологической борьбе — Упражнения
- 6.6. Наш калейдоскоп
- 6.7. Список основных глаголов и новой лексики

Седьмой урок — Тема: "Труд при социализме" 147
- 7.1. Вводный текст: Труд при социализме — Упражнения
- 7.2. Текст на чтение: Труд по способностям, оплата по труду — Упражнения
- 7.3. Аудиотекст: Проблема всеобщности труда при социализме — Упражнения
- 7.4. Упражнения — Переписка — Ситуативные задания
- 7.5. Текст на чтение: Как вознаграждать труд ученого — Упражнения
- 7.6. Наш калейдоскоп
- 7.7. Список основных глаголов и новой лексики

Восьмой урок — Тема: "Социалистический образ жизни" 171
- 8.1. Вводный текст: Наш образ жизни — Упражнения
- 8.2. Текст на чтение: Культура потребления при социализме — Упражнения
- 8.3. Аудиотекст: Проблемы культуры потребления в социалистических и капиталистических странах — Упражнения
- 8.4. Упражнения — Переписка — Ситуативные задания
- 8.5. Текст на чтение: Советскому человеку – новые обряды — Упражнения
- 8.6. Наш калейдоскоп
- 8.7. Список основных глаголов и новой лексики

Девятый урок — Тема: "Вопросы воспитания и образования" 196
   9.1.   Вводный текст: Проблема воспитания нового человека — Упражнения
   9.2.   Текст на чтение: Значение труда в формировании личности — Упражнения
   9.3.   Аудиотекст: Проблемы семейного воспитания — Упражнения
   9.4.   Упражнения — Переписка — Ситуативные задания
   9.5.   Текст на чтение: Образование и свободное время — Упражнения
   9.6.   Наш калейдоскоп
   9.7.   Список основных глаголов и новой лексики

Десятый урок — Тема: "Изучение иностранных языков" 221
   10.1.   Вводный текст: Клуб мировых языков — Упражнения
   10.2.   Текст на чтение: "Я русский бы выучил только за то, что им разговаривал Ленин!" — Упражнения
   10.3.   Аудиотекст: Я знаю 38 языков — Упражнения
   10.4.   Упражнения — Переписка — Ситуативные задания
   10.5.   Текст на чтение: Краткосрочное обучение иностранным языкам — Упражнения
   10.6.   Наш калейдоскоп
   10.7.   Список основных глаголов и новой лексики

Одиннадцатый урок — Тема: "Обострение идеологической борьбы" . 246
   11.1.   Вводный текст: Опасные замыслы ультрареакционных империалистических кругов — Упражнения
   11.2.   Текст на чтение: Обмен информацией или ставка на "психологическую войну" и диверсии? — Упражнения
   11.3.   Аудиотекст: Критерии оценки информационной политики — Упражнения
   11.4.   Упражнения — Переписка — Ситуативные задания
   11.5.   Текст на чтение: К вопросу о международно-правовом регулировании использования средств массовой информации — Упражнения
   11.6.   Наш калейдоскоп
   11.7.   Список основных глаголов и новой лексики

Двенадцатый урок — Тема: "Авантюризм во внешней политике США" 271
   12.1.   Вводный текст: Достичь военного превосходства – никому не позволим! — Упражнения
   12.2.   Текст на чтение: Погоня за призраком превосходства — Упражнения
   12.3.   Аудиотекст: Позиция ГДР в борьбе за мир, против авантюристической политики агрессивных кругов империализма — Упражнения
   12.4.   Упражнения — Переписка — Ситуативные задания
   12.5.   Текст на чтение: Космические авантюры США — Упражнения
   12.6.   Наш калейдоскоп
   12.7.   Список основных глаголов и новой лексики

Тринадцатый урок — Тема: "Проблемы интернационализации хозяйственной жизни" 297
   13.1.   Вводный текст: О различиях интернационализации хозяйственной жизни при капитализме и социализме — Упражнения

13.2. Текст на чтение: Основные этапы интернационализации хозяйственной жизни соцстран — Упражнения
13.3. Аудиотекст: Проблемы внешнеэкономической политики стран ЕЭС — Упражнения
13.4. Упражнения — Переписка — Ситуативные задания
13.5. Текст на чтение: Гармоничное сочетание национальных и интернациональных интересов при социализме — Упражнения
13.6. Наш калейдоскоп
13.7. Список основных глаголов и новой лексики

Четырнадцатый урок — Тема: "Казахстан – процветающая советская республика" 322
    14.1. Вводный текст: Из истории развития Казахстана — Упражнения
    14.2. Текст на чтение: Освоение целины – великий подвиг советского народа — Упражнения
    14.3. Аудиотекст: Проблемы реализации Продовольственной программы — Упражнения
    14.4. Упражнения — Переписка — Ситуативные задания
    14.5. Текст на чтение: Отрывки из книги Л. И. Брежнева "Целина" — Упражнения
    14.6. Наш калейдоскоп
    14.7. Список основных глаголов и новой лексики

Пятнадцатый урок — Тема: "ГДР – становление и рост" 347
    15.1. Вводный текст: Новая глава в истории немецкого народа — Упражнения
    15.2. Текст на чтение: ГДР – высокоразвитое социалистическое государство — Упражнения
    15.3. Аудиотекст: Экономическое и научно-техническое сотрудничество СССР и ГДР — Упражнения
    15.4. Упражнения — Переписка — Ситуативные задания
    45.5. Текст на чтение: 13 августа 1961 г.
    15.6. Наш калейдоскоп
    15.7. Список основных глаголов и новой лексики

Ключ к некоторым заданиям 370

Приложение
1. Русская интонация 378
2. Письменное фиксирование прослушанной информации в сокращениях 381
3. Конструкции для выражения позиции говорящего / пишущего . . 388
4. Особенности научного стиля 397
5. Переписка 399

Список использованной литературы 406

1. Первый урок: "Глобальные проблемы современности"

1.1. Первый раздел

1.1.1. ⦿ ⦿ Предполагаемые знания: владение лексикой (1.7.) и конструкциями (приложение 3.1.); интонация (прил. 1)

1.1.2. ⦿ ⦿ Прослушайте доклад члена-корреспондента АН СССР И. Т. Фролова и выделите главную информацию.

Уважаемые товарищи!

Предлагаю вашему вниманию доклад на тему "Некоторые глобальные проблемы современности и пути их решения".

Как известно, научно-техническая революция открывает огромные возможности для развития человечества, но в то же время она вызывает к жизни новые, неизвестные ранее проблемы. К их числу относятся те, что сегодня принято называть глобальными, т. е. те, которые охватывают весь мир и требуют для своего решения объединенных усилий человечества.

Важнейшей глобальной проблемой современности является оздоровление международной обстановки. Если удастся решить главную задачу — задачу предотвращения новой мировой войны, обеспечения прочного мира, то это откроет новые замечательные перспективы перед жителями Земли. Обеспечение мирного будущего всего человечества дало бы в руки людям те огромные средства, которые нужны для решения многочисленных глобальных проблем.

Приведу несколько цифр, т. к. их язык — самый убедительный. По данным ООН, в конце 70-х годов военные расходы в мире в целом составили 400 млрд. долл., что в 2,5 раза превысило расходы на здравоохранение и в 1,5 раза — на образование. Перераспределение большей части мировых военных расходов на другие отрасли экономики, по оценке экспертов ООН, могло бы повысить темпы роста экономики на 1,2 %. А для того, чтобы ликвидировать голод и болезни, достаточно суммы, равной 8—10 % мировых военных расходов. Продовольственная помощь, которая позволила бы обеспечить нормальное питание детям Африки, Азии и Латинской Америки, не превысила бы одного процента нынешних военных расходов! Как видите, прекращение гонки вооружений в конечном счете смягчило бы остроту глобальных проблем в их комплексе.

1.1.

А теперь остановимся на другой важной проблеме, которую необходимо решить. Это — контроль развития народонаселения. Большие изменения, которые произошли за последние 100—150 лет, вызвали интерес к этому вопросу. В 1850 г. на Земле жил 1 млрд. человек, а в 1930 г. — вдвое больше. Уже через 40 лет население возросло до 3,6 млрд., а в настоящее время число жителей нашей планеты приближается к 5 млрд. Демографы ООН предполагают, что к началу XXI века в развитых странах будет жить 1,3 млрд. человек, а в развивающихся — 5 млрд. человек. Чтобы обеспечить этих людей продуктами питания, надо, по крайней мере, вдвое увеличить производство продовольствия.

Можно ли согласиться с теми западными специалистами, которые утверждают, что "демографический взрыв" и есть главная причина недостатка продовольствия в развивающихся странах? Нет и еще раз нет! Причины продовольственного кризиса носят прежде всего социально-экономический характер. Серьезные диспропорции в экономическом развитии, недостаточный уровень развития производительных сил, ориентация части развивающихся стран на капиталистическую хозяйственную структуру — вот те факторы, которые мешают прогрессу в развивающихся странах.

Для нас нет никаких сомнений, что продовольственная проблема может быть решена. Сроки этого решения зависят от проведения активной политики широких социально-экономических преобразований. Необходимость ликвидации голода и нужды требует такого мирового порядка, который позволил бы направлять все имеющиеся средства не на гонку вооружений, а на удовлетворение жизненных потребностей населения.

К числу глобальных проблем относится сегодня и проблема окружающей среды и рационального использования ресурсов. Как говорится в Заключительном акте общеевропейского совещания, "защита и улучшение окружающей среды, а также охрана природы и рациональное использование ее ресурсов в интересах нынешнего и будущего поколений являются одной из задач, которые имеют большое значение для благосостояния народов и экономического развития всех стран ...".

Таковы, на мой взгляд, основные проблемы современности, от правильного решения которых зависит будущее нашей планеты.

Благодарю за внимание.

1.1.3. Сообщите, что вы узнали из доклада о глобальных проблемах, используя вопросы:

1. Какие глобальные проблемы были названы в докладе? Каким образом их можно решить? 2. Какую роль играет борьба за прекращение гонки вооружений? 3. Какие тенденции роста населения наблю-

даются в настоящее время? 4. Каким образом можно решить продовольственную проблему?

1.1.4. Прочитайте доклад и обсудите некоторые вопросы, связанные с глобальными проблемами, используя данные конструкции:

1. Почему проблемы, затронутые в докладе, считаются глобальными?
Конструкции: С моей точки зрения, ...
   По моему мнению, ...

2. Объясните, почему борьба за прекращение гонки вооружений является важнейшей глобальной проблемой?
Констр.: Я бы сказал(а), что ...
   Это объясняется тем, что ...

3. В чем вы видите причину продовольственного кризиса и каким путем его можно преодолеть?
Констр.: Что касается этого вопроса, то ...
   Я согласен (согласна) с тем, что ...

4. Какую роль играют глобальные проблемы в Заключительном акте общеевропейского совещания?
Констр.: Хотелось бы подчеркнуть, что ...
   Следует отметить, что ...

1.1.5. Конструкции для выражения позиции говорящего

1.1.5.1. Используя конструкции из прил. 3.1.1., сформулируйте приведенные ниже высказывания как собственное мнение. Образец:

Wichtigstes globales Problem: Verhinderung einer thermonuklearen Katastrophe →
Я придерживаюсь того (мнения), что важнейшей глобальной проблемой является предотвращение термоядерной катастрофы.

1. Enge Wechselbeziehung zwischen Ökonomie und Bevölkerungswachstum 2. Einfluß einer Reihe von Faktoren auf Senkung der Geburtenziffer 3. Effektivere Maßnahmen gegen Verringerung des natürlichen Zuwachses der Bevölkerung notwendig 4. Beschäftigungsgrad in unserem Land faktisch nicht mehr erhöhbar 5. Einbeziehung der Frauen in die gesellschaftliche Produktion hat negative Auswirkungen auf die Bevölkerungsreproduktion 6. In Nachkriegsjahren geborene Generation leistete ihren Beitrag zur Erhöhung der Geburtenziffer

1.1.5.2. Используя конструкции из прил. 3.1.2., выразите согласие или несогласие со следующими высказываниями:

1. Umweltschutz — auch ein globales Problem der Menschheit 2. Anhänger des utopischen Sozialismus — Vorgänger des Marxismus-Leninismus 3. Verhinderung einer thermonuklearen Katastrophe in der Gegenwart möglich 4. Schärfe des Problems der Bevölkerungsexplosion kann ausgehend von der Theorie Malthus' gemildert werden 5. Wesentlichstes globales Problem der Menschheit: Schaffung eines Überflusses an Nahrungsmitteln 6. Alle Bevölkerungsprobleme werden von selbst verschwinden

1.1.6. Проведите беседу со своим другом, специалистом по сельскому хозяйству, о глобальных проблемах человечества, используя данный ниже план.
Употребите опорные слова и известные вам конструкции для выражения позиции говорящего.

План:	Опорные слова:
1. Allgemeines über globale Probleme	научно-техническая революция; охватывать весь мир
2. Erhaltung des Friedens als wichtigstes globales Problem	предотвращение новой мировой войны
3. Rüstungsausgaben in der Welt	превышать расходы на ...; перераспределение военных расходов
4. Versorgung der Weltbevölkerung mit Nahrungsmitteln	обеспечить нормальное питание детям Азии, Африки и т. д.
5. Bevölkerungszuwachs in der Welt	население мира в 1850 г., в 1930 г., в 1970 г., в настоящее время, к началу XXI века
6. Bevölkerungsexplosion — Grund für Nahrungsmittelmangel?	причины продовольственного кризиса, их социально-экономический характер
7. Lösbarkeit des Nahrungsmittelproblems	социально-экономические преобразования
8. Umweltschutz und rationelle Nutzung der Ressourcen	в Заключительном акте общеевропейского совещания подчеркнуто ...

1.1.7. Интонация

1.1.7.1. 🔊 🔊 Прослушайте предложения, обращая внимание на интонационную конструкцию 1 (ИК-1):

1. Население мира превышает 4 миллиарда[1]. 2. Проблемы демографии вызывают большой интерес[1]. 3. Эти проблемы охватывают весь мир[1]. 4. Мы боремся за мир[1]. 5. Темпы прироста населения снизились[1]. 6. Рождаемость в ГДР повысилась[1].

1.1.7.2. 🔊 🔊 Прослушайте предложения еще раз и повторите за диктором.

1.1.7.3. Прочитайте предложения из 1.1.7.1. с заданной интонацией.

1.1.8. Переведите на русский язык:

Zu den qualitativ neuen Problemen, die im 20. Jahrhundert entstanden sind, gehört vor allem die Notwendigkeit der Verhinderung einer thermonuklearen Katastrophe. Die Staaten der sozialistischen Gemeinschaft haben, ausgehend von den Prinzipien der friedlichen Koexistenz, eine große Zahl von Vorschlägen mit dem Ziel der Minderung (Milderung) der internationalen Spannungen und der Sicherung des Weltfriedens eingebracht. Die Anhänger der Entspannungspolitik vertreten die Auffassung, daß ihre Realisierung zur Beendigung des Wettrüstens beitragen würde. Es ist bekannt, daß heute die Militärausgaben die Ausgaben für Bildung und Gesundheitswesen weit überschreiten. Dieses Problem ist nicht anders als durch Rüstungsbegrenzung und eine dementsprechende Umverteilung der Militärausgaben auf andere Zweige der Wirtschaft zu lösen. Überhaupt werden die globalen Probleme der Menschheit nicht von selbst verschwinden — ihre Lösung erfordert die gemeinsamen Anstrengungen aller Völker unseres Planeten.

1.2. Второй раздел

1.2.1. Прочитайте статью из журнала "Вопросы экономики". Выпишите предложения, несущие главную информацию.

Решение демографических проблем в европейских социалистических странах

Между ростом экономики и воспроизводством населения имеются тесные взаимосвязи, поэтому партийные и государственные органы стран-членов СЭВ постоянно уделяют большое внимание демографическим проблемам. При этом демографическая политика этих стран характеризуется реальным подходом, в отличие от некоторых буржуазных концепций, в частности, "демографического фатализма" и "демографического алармизма".

Современная демографическая ситуация в европейских социалистических странах отличается тем, что некоторые основные тенденции естественного движения населения складываются не совсем благополучно. К ним относятся снижение рождаемости и возрастание ряда коэффициентов смертности, особенно для мужского населения.

Если период 50–60 гг. характеризовался более высокими темпами прироста населения, то для последующего периода, прежде всего для 1966–1978 гг., было характерно их замедление: среднегодовые темпы прироста населения снизились в Болгарии с 0,8 до 0,5 %, в Венгрии с 0,7 до 0,4 %, в Польше с 1,8 до 0,9 %, в Румынии — с 1,2 до 1,0 %, в Чехословакии — с 1,0 до 0,7 %. В ГДР численность населения снизилась с 18,9 млн. человек в 1947 г. до 16,8 млн. в 1978 г.

Уменьшение естественного прироста населения вызвано тем, что рождаемость снижалась более быстрыми темпами, чем смертность. Таким образом, наблюдалось увеличение доли лиц старших возрастов. Само по себе подобное изменение возрастной структуры населения в данном случае — положительное явление, т. к. оно связано с ростом средней продолжительности жизни. Так, в ГДР на долю населения возрастных групп старше 60 лет в 1977–1978 гг. приходилось 22 % всего населения, в Венгрии — 18 %, в Румынии — 17 %, в Польше — 13 %, в Чехословакии — 12 %. Следует отметить, что процесс старения населения особенно интенсивен в развитых капиталистических странах. Например, в 1978 г. доля лиц в возрасте 60 лет и более составляла в Англии и Франции 1/5, в ФРГ — более чем 1/3.

Так как в перспективе динамика смертности все же окажет меньшее влияние на естественный прирост населения по сравнению с рождаемостью, в центре внимания демографов европейских социалистических стран находятся вопросы рождаемости: изучаются факторы, влияющие на уровень рождаемости, и разрабатываются конкретные мероприятия, стимулирующие ее повышение.

После второй мировой войны, особенно в 50-х годах, демографическая ситуация в европейских социалистических странах СЭВ характеризовалась наивысшим ростом рождаемости. В последнее время в Польше, Болгарии, Чехословакии, Венгрии и ГДР рождаемость несколько повысилась.

Возникновение этих демографических волн[1] является, главным образом, следствием послевоенной демографической компенсации, причем второй демографический пик явился естественным последствием первого, т. к. родившееся в послевоенные годы поколение начинает вступать в фертильный[2] возраст.

В целом на низкий уровень рождаемости населения влияют многообразные факторы. Немалое влияние, например, оказывает широкое распространение сознательного регулирования размеров семьи[3]. Другими причинами являются недостаток жилья, небольшая площадь большинства строящихся квартир и др.

Но основной причиной низкого уровня рождаемости является широкое участие женщин в экономической и общественной деятельности. Численность занятого населения в социалистических странах постоянно увеличивалась благодаря высоким стабильным темпам экономического развития. Следует отметить, что в ГДР, Болгарии, ЧССР, Венгрии женщины составляли существенную часть прироста численности занятого населения. С 1950 г. доля занятых женщин в возрасте от 15 до 49 лет увеличилась в Болгарии с 69 до 73 %, в Венгрии — с 34 до 50 %, в ГДР — с 49 до 64 %, в ЧССР — с 53 до 61 %.

В настоящее время во всех странах практически достигнута полная занятость населения. Незанятое население в трудоспособном возрасте состоит в основном из женщин-домохозяек. Но возможности дальнейшего вовлечения в сферу общественного производства связаны с довольно противоречивыми факторами. Речь идет не только о самом факте занятости женщин вне дома и связанных с этим трудностях выполнения функций материнства, но и о комплексе социально-культурных факторов, влияющих на формирование взглядов о необходимом количестве детей в семье.

Широкое вовлечение женщин в сферу общественного производства является фактором социального прогресса. Для того, чтобы облегчить занятым женщинам выполнение материнских функций, принимались меры по развитию сферы услуг[4] и особенно по строительству детских учреждений. Однако средний уровень занятости женщин повышался быстрее, чем количество мест в детских учреждениях и особенно в яслях[5]. Только в перспективе в большинстве стран ставится задача стопроцентного обеспечения местами в детских садах всех детей с 3 до 6 лет, а яслями — всех нуждающихся.

При сложившейся в настоящее время демографической ситуации и тенденции уменьшения количества членов семей в большинстве стран проводится активная демографическая политика и осуществляются меры, направленные на стимулирование рождаемости. Накопленный европейскими социалистическими странами опыт мероприятий в области демографии может служить примером для многих государств.

[1] волна́ — Welle   [2]ферти́льный — fertil, fruchtbar, fortpflanzungsfähig   [3] созна́тельное регули́рование разме́ров семьи́ — Familienplanung   [4] сфе́ра услу́г — Dienstleistungsbereich   [5] я́сли — Kinderkrippe

1.2.2. Изложите содержание статьи по плану. Используйте при этом ваши записи.

1. Проблема демографии — одна из важных проблем в странах-членах СЭВ   2. Тенденции естественного движения населения и их причины

1.2.

3. Процесс старения населения в европейских социалистических и капиталистических странах 4. Изменение уровня рождаемости и его причины 5. Занятость женщин в общественном производстве и проблемы, связанные с этим

1.2.3. Обсудите с товарищем вопрос: "Какие тенденции изменения уровня рождаемости отмечаются в настоящее время?"

1.2.4. Во время стажировки в СССР вас пригласили в Дом ученых на беседу за "круглым столом", посвященную вопросу: "Низкий уровень рождаемости — положительное ли это явление?" Ведет беседу специалист по демографическим вопросам д-р Н. Х. Антонов. В ходе беседы остановитесь на проблемах, связанных с сознательным регулированием размеров семьи.

1.3. Третий раздел

1.3.1. ◉ ◉ Прослушайте радиопередачу на тему "Глобальные проблемы народонаселения" и запишите основную информацию.

1.3.2. Ваш товарищ задает вам вопросы, касающиеся следующих пунктов радиопередачи:

1. Важные проблемы современного мира 2. Концепции решения демографических проблем

Ответьте на эти вопросы.

1.3.3. ◉ ◉ Вы хотите обсудить демографические концепции с товарищами. Прослушайте запись радиопередачи по частям. Запишите то, что характеризует эти концепции.

1.3.4. Обсудите с товарищами все названные концепции. Попытайтесь аргументировать свое согласие / несогласие с предложенными путями решения демографических проблем.

1.4. Четвертый раздел

1.4.1. Ваш советский друг просит вас (по возможности дословно) перевести отрывок статьи из немецкого журнала.

Das wesentlichste globale Problem ist zweifellos die Beseitigung der Gefahr eines neuen Weltkrieges, die Verhinderung einer thermonuklearen Katastrophe. Fortschritte auf dem Weg zu einer Einstellung des Wettrüstens würden gleichzeitig die Schärfe einer ganzen Reihe anderer wichtiger globaler Probleme mildern.
Schon die Umverteilung eines Teils der militärischen Ausgaben der Staaten auf andere Bereiche der Wirtschaft könnte das Tempo des wirtschaftlichen Wachstums wesentlich erhöhen und zu einer normalen Versorgung der gesamten Menschheit mit Nahrungsmitteln beitragen.
Das heißt natürlich nicht, daß damit alle Probleme von selbst verschwinden. Man muß ebenso Lösungswege für die Probleme finden, die mit der sogenannten Bevölkerungsexplosion zusammenhängen.

1.4.2. Однокоренные слова

1.4.2.1. (F$_L$) Прочитайте словосочетания с однокоренными словами и обратите внимание на их разные значения:

1. **заселе́ние** (космоса)   Besiedlung
2. **расселе́ние** (человечества на   Ansiedlung
   других планетах)
3. **населе́ние** (города, страны)   Bevölkerung
4. **народонаселе́ние**   Bevölkerung *als demographischer Begriff*

1.4.2.2. ○━ Спишите предложения, вставляя вместо точек подходящие по смыслу однокоренные слова:

1. В XX веке отмечался быстрый рост ..., в частности, в некоторых городах-гигантах. 2. Ученые считают, что представление о ... человечества на Луне, Марсе и Венере нужно рассматривать не иначе как фантастику. 3. В настоящее время большое внимание уделяется ... новых промышленных районов Сибири. 4. Проблемы "демографического взрыва", т. е. быстрого роста ..., надо решать в их взаимосвязи с изменением общественной структуры. 5. Занятость ... в этой стране очень высокая. 6. Обеспечение нормального воспроизводства ... — одна из целей демографической политики. 7. Некоторые ученые предполагают, что проблемы ... на Земле будут решаться путем ... космоса.

1.4.2.3. Составьте письменно предложения с однокоренными словами.

1.4.3. Синонимы

1.4.3.1. (F) Прочитайте словосочетания, обращая внимание на значение глаголов и их сочетаемость:

1. **по́льзоваться/воспо́льзоваться**   benutzen, nutzen

   ножом, компасом, словарем, автобусом, лифтом
   литературой, результатами исследования, данными, методом
   удобным моментом, случаем, возможностью
   услугами (городского транспорта)

2. **испо́льзовать** *uv./v.*   nutzen, ausnutzen

   ресурсы, атомную энергию, литературу, результаты исследования,
   данные, метод, принцип, опыт, знания
   удобный момент, случай, возможность

3. **применя́ть/примени́ть**   anwenden, verwenden

   атомную энергию, результаты исследования, метод, принцип, опыт, знания
   силу, оружие

4. **употребля́ть/употреби́ть**   verwenden

   слово, выражение, цитату
   (в пищу) продукты, мясо   *als Nahrungsmittel* verwenden

1.4.3.2. ⊙━ Вставьте вместо точек подходящие по смыслу синонимичные глаголы. Укажите случаи, где возможны варианты.

1. Когда я читаю книги на русском языке, я часто ... словар... 2. Ученый ... современн..., более эффективн... метод... обработки данных. 3. В целях экономии бензина нужно чаще ... услуг... городского транспорта. 4. Этот коллега любит ... в своей речи иностранн... слов... 5. В своей работе он ... интересн... статистическ... данн... 6. При работе над дипломом студент ... специальн... литератур... 7. Он ... люб... случа..., чтобы поговорить по-русски. 8. Каждый ребенок должен ... в пищу молочн... продукт... 9. Он ... данн... ему возможност... и провел эксперимент до конца. 10. Рабочие этого завода ... опыт лучших бригад. 11. В 1945 году США ... атомн... оруж... против Японии.

1.4.3.3. Составьте письменно предложения с синонимичными глаголами.

1.4.4. Вы хотите высказать свое мнение о глобальных проблемах современности. Напишите предложения, используя нижестоящие высказывания и конструкции из прил. 3.1.1. и 3.1.2. (см. образец в 1.1.5.1.).

1. Nicht weniger aktuell: Ökologische, energetische, demographische Probleme 2. Erdbevölkerung kann heutige Zahl um Vielfaches übersteigen 3. Verpflegungspotential der Erde ausreichend für 35 Milliarden Menschen 4. Umverteilung der Militärausgaben — Beitrag zur Lösung der Probleme der Weltbevölkerung 5. Auffassung der Anhänger des Populationismus: Weiteres Bevölkerungswachstum ist zu begrüßen 6. Lösung der Probleme durch Besiedelung des Kosmos erreichbar 7. Alle Probleme der Entwicklung der menschlichen Zivilisation verschwinden von selbst 8. These von Malthus: Immer weniger Güter pro Kopf der Bevölkerung

1.4.5. Переписка

1.4.5.1. Ознакомьтесь с основными составными частями русского служебного письма:

1. Адрес получателя
2. Место и дата отправления
3. Обращение
4. Текст письма
5. Заключительные слова
6. Подпись

1.4.5.2. Ознакомьтесь с формами обращения и заключительными словами.

Формы обращения:	Заключительные слова:
Глубокоуважаемый профессор Иванов!	С глубоким уважением ...
Глубокоуважаемый (*oder* -ая) профессор Иванова!	
Глубокоуважаемый товарищ Иванов!	С искренним уважением ...
Глубокоуважаемый (*oder* -ая) товарищ Иванова!	
Уважаемый Антон Иванович! Уважаемая Мария Ивановна!	С уважением ...
Дорогой Антон Иванович! Дорогая Мария Ивановна!	С дружеским приветом Ваш (Ваша) ...

Дорогой Саша! С наилучшими пожеланиями твой
Дорогая Таня! (твоя) ...

Примечание: Обращение "Уважаемый товарищ!" употребляется, если неизвестно, к каким конкретным лицам надо обратиться.

1.4.5.3. Прочитайте образец письма про себя:

Уважаемые товарищи!

Сообщаем Вам, что с 27 по 29 ноября следующего года на нашем факультете **состоится научная конференция, посвященная** вопросам миграции населения в СССР. Наша кафедра **заинтересована** в том, чтобы в **работе** конференции **приняли участие** два специалиста Вашей секции, на которой, насколько нам известно, тоже занимаются данной проблематикой. Мы хотели бы получить ответ **не позднее конца февраля. Просим Вас сообщить** фамилии докладчиков и **темы предусмотренных докладов**. Официальные **приглашения, в случае Вашего согласия, вышлем** на их имя.

С уважением

Руководитель рабочей группы,
д-р экономических наук
С. Н. Николаев

1.4.5.4. (F_L) Переведите типичные для письма конструкции. Прочитайте их вслух и спишите.

1.4.5.5. Прочитайте письмо вслух.

1.4.5.6. Используя данные конструкции, напишите письмо, в котором вы сообщаете о проведении конференции по вашей специальности.

1.4.6. Представьте себе: вы занимаетесь проблемами демографии. Вы получили письмо из Москвы от председателя организационного комитета III конференции по вопросам демографии в СССР. В этом письме тов. Н. А. Сидоров сообщает вам, что его кафедра с 14 по 17 ноября 19. . года проводит конференцию, посвященную данной проблематике. Напишите ему, что два специалиста вашей секции примут участие в конференции, сообщите их фамилии и темы предусмотренных докладов. Кроме того, сообщите председателю организационного комитета основные направления исследований вашей рабочей группы. Изложите вкратце свою точку зрения относительно путей решения демографических проблем в европейских социалистических странах и некоторых буржуазных концепций.

Используйте для вашего письма формы обращения, выделенные в письме-образце конструкции, заключительные слова (см. 1.4.5.), а также конструкции из прил. 3.1.1. и 3.1.2.

1.5.   Пятый раздел

1.5.1.   Прочитайте статью из газеты "Правда" без словаря. Постарайтесь понять основное содержание статьи, используя следующие ориентировочные вопросы:

1. В чем выражается сущность демографической политики КПСС?   2. Почему решение демографических проблем является органической частью социально-экономической политики?   3. Какие причины массового перехода к малодетности названы в статье?   4. К каким негативным последствиям может привести низкая рождаемость?

Демографическая политика в СССР

Условия для благоприятного решения демографических проблем создаются в ходе социально-экономических преобразований. Политика КПСС в этом плане направлена на дальнейшее осуществление экономической стратегии, которая включает в себя — наряду с более полным удовлетворением потребностей населения в продуктах питания, промышленных товарах и услугах, улучшением жилищных условий и целенаправленным совершенствованием характера труда — проведение эффективной демографической политики. Задачи разработки и проведения этой политики нашли свое отражение в материалах и документах последних съездов КПСС.

Цель демографической политики — обеспечить нормальное воспроизводство народонаселения, способствовать упрочению семьи как важнейшей ячейки социалистического общества, создавать более благоприятные условия для сочетания материнства с активным участием женщин в труде и общественной деятельности, предоставляя различные льготы женщинам с детьми, многодетным семьям.

Такой подход к решению демографических проблем закономерно рассматривается как органическая часть социально-экономической политики на этапе развитого социализма, поскольку он оказывает большое воздействие на такие показатели, как состояние экономики, рост производительных сил, долгосрочное планирование развития всех сфер общественной жизни.

Поясним это примерами. Так, изменения численности, возрастно-полового состава населения, его профессионального и образовательного уровня, размеров семьи определяют возможный прирост трудовых ресурсов, объем и структуру потребительского спроса. Возрастная структура населения во многом "диктует" направление развития органов здравоохранения: ведь чем больше в этой структуре детей, тем шире должна быть педиатрическая помощь; если же растет численность лиц старших возрастов, значит, необходимо ускоренное развитие кардиологической и онкологической помощи и т. д.

Перспективы строительства жилья существенно зависят от распределения семей по числу детей в них: надо ли, скажем, создавать больше квартир для однодетных семей, ориентироваться ли на двухдетную или трехдетную семью, сколько потребуется жилья для каждой такой группы семей через 5, 10, 15 и более лет — все эти вопросы необходимо учесть заранее.

Изменение экономических условий не приводит автоматически к изменениям демографических явлений; должны, как говорят демографы, выработаться эталоны демографического поведения, а это процесс многолетний и противоречивый. Но когда такие эталоны сформировались, они становятся весьма устойчивыми и даже приобретают известную независимость от экономических процессов. Выработка таких эталонов в социалистическом обществе происходит в особо благоприятных условиях, в условиях роста материального благосостояния населения, культурного и образовательного уровня, развития духовных потребностей людей. При этом важнейшим объектом демографической политики КПСС и правительства СССР является семья. Именно от отношения супругов к проблеме рождаемости зависит ее уровень в стране в целом, а нравственный климат и число детей в семье во многом определяют успех воспитания подрастающего поколения. "Дома" формируются и отношение к здоровью как важнейшей ценности общества, и умение рационально сочетать работу и отдых. Хотя, конечно, это отнюдь не снимает ответственности системы образования и воспитания за подготовку к семейной жизни, к самостоятельному решению вечно новых проблем ее устройства и развития. Точно так же не устраняется необходимость во внимании к этим проблемам со стороны Советов народных депутатов, трудовых коллективов, общественных организаций.

Исторические завоевания социализма, указанные выше тенденции социально-экономического и культурного прогресса обусловили изменение положения женщины в обществе. Ее юридическое равноправие постепенно дополнилось равноправием социальным, экономической независимостью от мужчины, практически равенством их образовательного и культурного уровня. Изменилась и роль ребенка в семье — он перестал быть, как когда-то, работником с малых лет и все более становится для родителей лишь социально-нравственной и психологической ценностью. Все это вызвало массовый переход советской семьи к малодетности. Малодетная семья в настоящее время является распространенной примерно среди 80 % населения страны. Это практически все население РСФСР, Украины, Латвии, Эстонии, Белоруссии, Грузии. В отдельных районах названных республик, и прежде всего в крупнейших городах, преобладает двухдетная и даже однодетная семья.

С позиции долговременных интересов и перспектив развития общества это крайне нежелательно. Дело в том, что лишь для так называемого простого воспроизводства населения (т. е. смены поколений в соотношении 1 : 1) необходимо, чтобы количество детей в семьях составляло в среднем 2,3. Таким образом, лишь массовая двух-, трехдетная семья в этих районах может обеспечить хотя бы минимальный прирост населения. Переход же к такому воспроизводству населения, при котором последующие поколения меньше предыдущих, может постепенно привести ко многим негативным последствиям. Это и резкое увеличение темпов старения населения со всеми его сложными социальными проблемами, и затруднение в перспективе освоения новых территорий, и многое другое. Распространенность однодетной семьи осложняет также воспитание детей в духе коллективизма и товарищества, делает менее стабильными браки. Словом, страдают интересы и самой семьи, и общества.

Особую озабоченность в этом плане вызывает ситуация, сложившаяся в ряде сельских районов РСФСР, прежде всего в Нечерноземной зоне. Низкая рождаемость в сочетании с высокой миграцией молодежи из села в город привела здесь к деформации возрастной структуры: преобладают лица пожилых возрастов как раз там, где очень нужны трудовые кадры активных возрастов.

Нельзя не сказать о негативных явлениях в ходе и других демографических процессов. В частности, мало изменилась за последние годы продолжительность жизни населения. Не уменьшается разрыв в продолжительности жизни мужчин и женщин, что свидетельствует, например, о недостаточной эффективности работы как органов здравоохранения, так и системы профилактики заболеваний.

Все эти и некоторые другие явления усилили актуальность научной разработки и проведения эффективной демографической политики, рассчитанной на длительный период. Она составит одну из важнейших частей социальной программы развития общества.

1.5.2. Прочитайте статью со словарем и сделайте записи с целью передачи содержания статьи.

1.5.3. Сообщите собеседнику, какую информацию вы получили из статьи. Используйте при этом ваши записи и следующий план:

1. Цель демографической политики КПСС 2. Примеры, доказывающие необходимость решения демографических проблем 3. Выработка эталонов демографического поведения 4. Семья – важнейший объект демографической политики КПСС 5. Причины массового перехода советской семьи к малодетности 6. Негативные явления в ходе демографических процессов

1.5.4. В институте, где вы проходите стажировку, проводится семинар на тему: "Демографическая политика в СССР и ГДР". Один из ваших товарищей руководит семинаром. Он называет актуальные демографические проблемы и предлагает обсудить их с группой.

1.6. Шестой раздел: Наш калейдоскоп

1.6.1. Ученые выдвигают гипотезу

Новейшие археологические открытия доказали, что продолжительность существования человечества на Земле составляет приблизительно два миллиона лет, а не сотни тысячелетий, как думали раньше. Ученые-демографы пришли к мнению, что в начале человеческого рода стояла не одна пара, не 50 и не 500 Адамов и Ев. За среднюю численность народонаселения в этот период можно принять цифру в 100 тысяч человек. Прогрессивные методы демографии позволили найти закономерности роста населения. Здесь немалую роль играет коэффициент рождаемости. Он представляется условно примерно так: ежегодно на тысячу человек приходится 50 рождений, то есть у 100 тысяч людей в начале человеческого рода родилось 5 тысяч детей.

С учетом всех этих данных можно сказать, что если бы люди не умирали, население Земли составило бы сейчас 79 миллиардов человек.

Население планеты сегодня — 4,6 миллиарда. Что ж, если бы люди не знали, что такое смерть, нас было бы только в 18 раз больше. Но и тогда наша планета не была бы слишком тесной для людей.

(Из журнала "Наука и жизнь")

1.6.2. Знаете ли вы, что . . .

1. за 130 лет (с 1800 по 1930 г.) население высокоразвитых стран возросло с 250 млн. человек до 759 млн.;
2. ежегодно рождается 124 млн. детей, а умирает 65 млн. человек;
3. продолжительность жизни людей составляла с 1950 по 1955 г. 47 лет, а с 1975 по 1980 г. — 57,7 лет;
4. к 2000 году на Земле будет жить 6,2 млрд. человек?

1.7. Седьмой раздел

1.7.1. ⊙ ⊙ Основные глаголы

обеспе́чивать/обеспе́чить   gewährleisten, sicherstellen, garantieren
    Советская Конституция обеспечивает право на труд.
обеспе́чивать/обеспе́чить чем   versorgen mit
    Шахта обеспечивает завод необходимым сырьем.
обеспе́чение (безопасности, мира)   Gewährleistung, Sicherung,
материальное обеспечение   Sicherstellung; Versorgung
обеспечение продуктами
обеспе́ченный*   wohlhabend, sichergestellt
обеспе́ченная* жизнь
обеспе́ченность*   Wohlhabenheit

относи́ть/отнести́   (fort-, weg)bringen, -tragen
    Он отнес книгу другу.
    Она отнесла книги в библиотеку.
относи́ть/отнести́ к кому/чему   rechnen zu; zurückführen auf
    Чайковского можно по праву отнести к числу великих композиторов.
    Ученые относят эту рукопись к 16 веку.
относи́ться/отнести́сь к кому/чему   sich verhalten gegenüber
    Он хорошо относится к своим коллегам.
относи́ться *nur uv.*   gerechnet werden zu, gehören zu
    Чайковский по праву относится к числу великих композиторов.
    Это к делу не относится.
отноше́ние   Beziehung, Verhältnis, Verhalten
дипломатические отношения
производственные отношения
отношение к коллегам

1.7.

относи́тельный (успех)	relativ, verhältnismäßig *Adj.*
относи́тельно бедная страна	relativ, verhältnismäßig *Adv.*
относи́тельность	Relativität, Verhältnismäßigkeit
теория относи́тельности	
относи́тельно (выполнения плана)	hinsichtlich, bezüglich, betreffs
относи́тельно этого	diesbezüglich
в этом отноше́нии	in dieser Beziehung, Hinsicht
по отноше́нию к (этим странам)	gegenüber

исходи́ть *nur uv.* **из** чего	ausgehen von
Надо исходить из конкретной обстановки.	
исхо́д	Ausgang, Ende
счастли́вый исход	
реша́ть исход дела	
исхо́дный (пункт)	Ausgangs-
исходя́ из (теории)	ausgehend von
исходя́ из того, что ...	ausgehend davon, daß ...
на исхо́де (века)	gegen Ausgang, gegen Ende

1.7.2. ⊙ ⊙ Новая лексика

охва́тывать/охвати́ть	umfassen, erfassen
охва́чен радостью	
хвата́ть/схвати́ть за руку	
Глобальные проблемы охватывают весь мир.	

вызыва́ть/вы́звать	hervorrufen; herausrufen
вы́званный к жизни	
Глобальные проблемы вызвали к жизни различные проекты.	

превыша́ть/превы́сить	übersteigen, übertreffen
превыше́ние нормы	
Военные расходы в мире превышают расходы на здравоохранение.	

смягча́ть/смягчи́ть	mildern, entschärfen
смягче́ние опасной обстановки	
Прекращение гонки вооружений в конечном счете смягчило бы остроту глобальных проблем.	

выдвига́ть/вы́двинуть	einbringen, herausbringen
выдвиже́ние мирной инициативы	
дви́жущие силы революции	
На совещании были выдвинуты различные проекты.	

примыка́ть/примкну́ть к чему   anknüpfen an, nahestehen
    Теория популяционизма примыкает к концепциям демографического максимализма.

исчеза́ть/исче́знуть   verschwinden
исчезнове́ние проблем
    Некоторые ученые утверждают, что проблемы населения исчезнут сами собой.

удава́ться/уда́ться   gelingen, glücken
жела́ть уда́чи
уда́чный исход
    Только объединенными усилиями человечеству удастся решить глобальные проблемы.

приходи́ться/прийти́сь на что   entfallen auf
    В социалистических странах на душу населения будет приходиться все больше материальных благ.

сторо́нник   Vertreter, Anhänger
положительная сторона́ дела
    Сторонники теории демографического алармизма исходят из того, что рост населения ведет к голоду и нужде.

предше́ственник   Vorgänger, Wegbereiter
предше́ствовать *nur uv.* событию
предше́ствующий период
    Предшественником алармизма был Томас Мальтус.

взрыв   Explosion
взрыва́ть/взорва́ть мост
    "Демографический взрыв" не является главной причиной недостатка продовольствия.

предотвраще́ние   Verhinderung, Abwendung
предотвраща́ть/предотврати́ть войну
    Среди глобальных проблем проблема предотвращения термоядерной катастрофы играет главную роль.

перераспределе́ние   Neuverteilung, Umverteilung
перераспределя́ть/перераспредели́ть средства
    Возможность перераспределения военных расходов зависит от сохранения мира.

вовлече́ние   Heranziehung, Einbeziehung
вовлека́ть/вовле́чь в работу
    Широкое вовлечение женщин в производство является фактором социального прогресса.

1.7.

поколе́ние — Generation
Защита окружающей среды в интересах будущего поколения является одной из главных задач современности.

изоби́лие чего — Überfluß an
изоби́льный край
Достижение изобилия продуктов питания зависит от успехов сельского хозяйства.

воспроизво́дство — Reproduktion
воспроизводи́ть/воспроизвести́ капитал
Между ростом экономики и воспроизводством населения имеется тесная взаимосвязь.

потре́бность — Bedürfnis, Bedarf
тре́бовать/потре́бовать объяснений
выполнять тре́бования
При социализме направляются большие средства на удовлетворение жизненных потребностей.

сме́ртность — Sterblichkeit, Zahl der Todesfälle
клиническая смерть
смерте́льная опасность
Наблюдался рост смертности населения.

рожда́емость — Geburtenziffer
рожа́ть/роди́ть детей
рожде́ние новой идеи
Уменьшение естественного прироста населения вызвано тем, что рождаемость снижалась более быстрыми темпами, чем смертность.

продолжи́тельность — Dauer
продолжи́тельный кризис
продолжа́ть/продо́лжить эксперимент
Продолжительность жизни населения повышается.

за́нятость — Beschäftigtsein, Beschäftigungsgrad
полная за́нятость
(не)за́нятое население
Занятость среди женщин в ГДР сейчас приближается к 90 %.

домохозя́йка — Hausfrau
Незанятое население в трудоспособном возрасте состоит в основном из женщин-домохозяек.

не ина́че как — nicht anders als, nur als
принимать ину́ю форму
Такое решение проблем народонаселения нужно рассматривать не иначе как фантастику.

2. Второй урок: "Проблемы мировой энергетики"

2.1. Первый раздел

2.1.1. ⊙ ⊙ Предполагаемые знания: владение лексикой (2.7.) и конструкциями (прил. 3.2.); ИК-1 и ИК-3 (прил. 1.5., предложения 3 и 4); ⊖ [1] типы сокращения существительных (прил. 2., 2.1.1.1.–2.1.1.3.).

2.1.2. ⊙ ⊙ Прослушайте выступление академика И. П. Зотова и выделите главную информацию. Тема его доклада: "Энергетика — заботы и перспективы".

Уважаемые товарищи!

Проблема энергетики и связанные с ней проблемы использования топливных ресурсов относятся к актуальнейшим глобальным проблемам нашего времени.

Энергетика, в сущности, основа экономики, техники и жизни людей в наше время. В начале века потребление энергии в мире удваивалось приблизительно за 50 лет, в середине нашего века это удвоение происходило уже за 30 лет, а сейчас — за 15–20 лет. Это привело к тому, что с 1900 года по 1980 год мировое потребление энергии возросло более чем в 13 раз. К концу века оно может вырасти еще в 2–3 раза.

Чем объясняется такой быстрый рост потребления энергии? Казалось бы, что технологические процессы совершенствуются, что должно расходоваться все меньше энергии на тонну продукции. Так оно и есть в действительности: совершенствование технологии повышает количество продукции на киловатт-час. Но население мира растет быстрыми темпами, и это требует постоянного увеличения количества продукции и, следовательно, дальнейшего роста потребления энергии. Кроме того, в мире идет процесс индустриализации. Он требует дополнительного расхода материалов — металла, пластмасс и т. д. — на душу населения, что также увеличивает энергозатраты.

Следует добавить, что и необходимость повышения продукции сельского хозяйства увеличивает энергозатраты. Наконец, многие природные

---
[1] ⊖ = без пленки

богатства, которые раньше добывались очень легко, в настоящее время исчерпываются. Таким образом, добыча этих богатств становится все труднее. К тому же добывать их приходится из более бедных месторождений. Это также требует дополнительных энергозатрат. Все это, вместе взятое, приводит к чрезвычайно быстрому и неизбежному росту потребления энергии, который значительно превышает рост населения планеты.

Вторая половина нашего века характеризуется в энергетике быстрым ростом потребления нефти и газа. Это очень удобные виды топлива. Сейчас около 70 процентов энергопотребления в мире обеспечивается нефтью и газом. Однако мировые запасы этих видов топлива ограничены. Если учитывать рост энергопотребления, они могут быть исчерпаны в течение 20, максимум 50 лет. Приходится считаться и с тем, что нефть и газ являются не только энергетическим сырьем. Их чрезвычайно важно было бы сохранить на более длительное время в качестве сырья для получения целого ряда химических продуктов, пластмасс и т. д.

Заметим, что приближающееся истощение мировых запасов нефти и газа сейчас превратилось в острейшую политическую и экономическую проблему. Ряд крупных капиталистических стран импортирует значительную часть или всю потребляемую ими нефть главным образом из арабских стран Ближнего Востока. Если бы эти страны прекратили экспорт нефти, то это в течение 3—5 лет привело бы к неизбежной экономической катастрофе для любой из капиталистических стран. В борьбе за нефть и газ западные страны будут пытаться применять все возможные меры давления; они даже готовы, как выражаются некоторые политики и бизнесмены, применить оружие против располагающих нефтью стран. С другой стороны, страны, имеющие запасы нефти и газа, естественно, стремятся сохранить свое главное национальное богатство на более длительный срок, а в настоящее время они пытаются получить бо́льшую долю прибыли от их экспорта.

Казалось бы, человечество стоит перед перспективой недалекого тотального энергетического кризиса. Однако разумная энергетическая политика и использование достижений науки позволят человечеству избежать этого кризиса. Атомная энергия и уголь дают в принципе возможность построения энергетики на новых основах.

Благодарю за внимание.

2.1.3. Сообщите, что вы узнали из доклада, используя вопросы:

1. Какая тенденция развития мировой энергетики отмечается с начала нашего века? 2. Какие факторы влияют на быстрый рост энергопотребления? 3. Какую роль в топливно-энергетическом балансе

играют нефть и газ? 4. К каким политическим и экономическим проблемам привело приближающееся истощение мировых запасов нефти и газа?

2.1.4. Прочитайте доклад и обсудите некоторые вопросы, связанные с проблемами энергетики, используя данные конструкции:

1. Почему растет энергопотребление, хотя на тонну продукции расходуется все меньше энергии?
Конструкции: Насколько мне известно, ...
Нужно учесть и такой факт: ...

2. Какую роль должны играть нефть и газ? Почему?
Констр.: Что касается этого вопроса, то ...
Приходится считаться с тем, что ...

3. В чем вы видите причины агрессивной политики некоторых крупных капиталистических стран относительно импорта нефти?
Констр.: На мой взгляд, ...
Это объясняется тем, что ...

4. Как вы оцениваете политику нефтедобывающих стран в настоящее время?
Констр.: Можно отметить, что ...
Мне хотелось бы высказать мнение о том, что ...

2.1.5. Используя конструкции из прил. 3.2., дополните предложение "Быстрый рост потребления энергии в мире объясняется, в первую очередь, ростом энергозатрат в промышленности" нижестоящими высказываниями.

1. Anwachsen des Energieverbrauchs tatsächlich sehr hoch: Von 1900 bis 1980 um das 13fache gestiegen 2. Bis Ende des Jahrhunderts wird der Energieverbrauch um mehr als das Doppelte steigen 3. Andererseits Senkung des relativen Energieverbrauchs pro Erzeugnis auf Grundlage vervollkommneter Technologien 4. Energieaufwand steigt (trotzdem) wegen notwendigen zusätzlichen Materialverbrauchs 5. Erhöhung des Energieverbrauchs auch wegen Notwendigkeit der Steigerung der landwirtschaftlichen Produktion 6. Zusätzliche Energieaufwendungen auch deshalb, weil die Gewinnung von Brennstoffen immer schwieriger wird 7. Roh- und Brennstoffe werden wegen unausweichlicher Erschöpfung reicher Vorkommen aus ärmeren Lagerstätten gefördert

2.1.6. Представьте себе: вы журналист "Экономической газеты". Возьмите интервью у министра внешней торговли СССР, исходя из нижестоящих положений.
Используйте опорные слова и известные вам конструкции для выражения позиции говорящего.

Положения:	Опорные слова:
1. Notwendigkeit der sparsamen Verwendung von Erdöl und Gas	истощение нефтяных ресурсов
2. Hauptöllieferanten im Nahen Osten	потребляемая капиталистическими странами нефть
3. Bei Lieferstopp: Katastrophe für kapitalistische Staaten	прекратить экспорт нефти; неизбежная катастрофа
4. Bereitschaft bestimmter kapitalistischer Länder, alle Mittel zum Zweck der Aufrechterhaltung der Erdölimporte einzusetzen	применять меры давления
5. Verständliches Anliegen der Erdölförderländer	страны, располагающие нефтью; пытаться получить бо́льшую долю прибыли

2.1.7. Интонация

2.1.7.1. ⊙ ⊙ Прослушайте предложения с ИК-1 и ИК-3 в начальных и средних синтагмах повествовательных предложений:

1. Население м и́ра[3] / растёт быстрыми т е́мпами[1]. 2. Кро́ме[3] того, / в мире идёт процесс индустриализации[1]. 3. Этот процесс требует дополнительного расхода материалов[1] — / металла, пластмасс и так далее[1]. 4. Связанные с энергетикой проблемы использования топливных ресурсов[3] / относятся к актуальнейшим глобальным проблемам нашего вр е́мени[1]. 5. В недалеком бу́ду́щем[3] / ожидается истощение запасов нефти и газа[1], / поэтому нужно экономить эти виды т о́плива[1]. 6. В борьбе за нефть и газ[3] / они готовы применять все возможные меры давл е́ния[1].

2.1.7.2. ⊙ ⊙ Прослушайте предложения ещё раз и повторите за диктором.

2.1.7.3.	Прочитайте предложения из 2.1.7.1. с заданной интонацией.
2.1.8.	Сокращение существительных (ср. прил. 2.—2.1.1.3.)
2.1.8.1.	Прочитайте текст с рекомендуемыми сокращениями (приложение 2.1.2.1.).
2.1.8.2.	○━┓ (F_L) Спишите словосочетания, сокращая выделенные слова.
2.1.8.3.	○━ ◉ ◉ Прослушайте словосочетания, запишите их, сокращая все существительные, оканчивающиеся на "-ение", "-ание", "-тие", "-ость", "-во".
2.1.9.	Переведите на русский язык:

Die Probleme der Energieerzeugung und im Zusammenhang damit die der Nutzung der Brennstoffressourcen gewinnen in der Gegenwart eine außerordentlich große Bedeutung. Man muß davon ausgehen, und kaum jemand zweifelt mehr daran, daß die Vorkommen an traditionellen Energieressourcen unausweichlich irgendwann erschöpft sein werden. Es ist unumgänglich, daß die Menschheit ihre Energie- (= Energetik-) Politik grundlegend überprüft, um eine globale Energiekrise zu vermeiden. Vor allem muß man versuchen, die Nutzung der nicht unerschöpflichen Vorräte an Erdöl und Gas als Brennstoff einzuschränken und diese Ressourcen vorrangig als technologische Rohstoffe zu verwenden, denn hier sind sie vorläufig in der Tat unersetzlich.
Erdöl und -gas müssen folglich durch andere Brennstoffarten ersetzt werden. Solange die Kernenergetik nicht in der Lage ist, die Hauptlast der Energieerzeugung auf sich zu nehmen, wird für eine bestimmte Zeit die Kohle die Rolle eines "Pufferbrennstoffs" ("бу́ферное" то́пливо) spielen müssen. Diese Übergangsetappe wird etwa 30—40 Jahre dauern. In dieser Zeit müssen eine Reihe neuer Kohlelagerstätten erschlossen werden. Man wird danach streben müssen, die Selbstkosten der Kohle nach Möglichkeit zu senken und diese so sparsam wie möglich zu nutzen.

2.2. Второй раздел

2.2.1. Прочитайте статью из журнала "Советский Союз" и выпишите главную информацию.

Уголь и проблемы энергетики

Еще в начале 70-х годов казалось, что уголь как носитель энергии к концу века уже не будет играть существенной роли. Использование нефти и газа приобретало все бо́льшее значение. Потребление нефти в мире увеличилось с 1950 по 1980 гг. в 6 раз. Подобная тенденция отмечалась и в СССР. В 1980 г. нефть составляла около 50 %, а вместе с природным газом около 70 % в топливно-энергетическом балансе Советского Союза, и только около 25 % приходилось на долю угля.

Можно предположить, что мировая добыча нефти еще будет расти до 2000 года. Затем она начнет медленно снижаться, но вряд ли упадет ниже сегодняшнего уровня к середине XXI века.

Иначе обстоит дело с углем. После длительного периода сокращения его добычи вдруг, начиная с 1978 года, она снова стала возрастать. В США было предусмотрено увеличить добычу угля почти вдвое. В Англии было принято решение создать новые мощные угольные комплексы. Расширялись шахты и карьеры[1] в ФРГ, Австралии, Канаде, Японии, Индии и других странах.

Известно, что из всех запасов обнаруженного до сих пор топлива на долю угля приходится свыше 11 триллионов тонн. Этих запасов хватило бы, чтобы обеспечить все потребности в энергии в течение сотен лет. Причем эти запасы угля во много раз превышают запасы нефти и природного газа. Кроме того, значительная часть нефти находится в месторождениях существенно меньших масштабов, чем эксплуатируемые в настоящее время месторождения. Следовательно, себестоимость нефти из этих месторождений будет более высокая.

Ограниченность запасов нефти в мире и тенденция повышения ее себестоимости требуют изменения структуры современной энергетики. Миру приходится пересматривать свою энергетическую политику. В принципе необходимы следующие кардинальные изменения в области использования традиционного топлива: 1. существенное повышение относительной доли угля в топливно-энергетическом балансе, 2. сохранение доли природного газа, 3. существенное снижение доли нефти в топливе, 4. переход к использованию нефти только как сырья для химических и микробиологических производств.

Известно высказывание русского ученого Дмитрия Менделеева: сжигать нефть равносильно тому, что топить печи ассигнациями[2]. Современная топливно-сырьевая ситуация подтверждает его слова: человеку намного выгоднее использовать нефть как промышленное сырье, дающее ему синтетический каучук, пластмассы, лекарства, искусственные волокна[3] и белок[4], чем в качестве топлива.

Вывод может быть только один: нужно стараться экономить нефть и газ, сохранить их для более разумного использования, заменяя другими видами топлива. Переходный этап, который должен решить четыре вышеуказанные задачи и таким образом обеспечить существенное улучшение мирового топливно-энергетического баланса, продлится по прогнозам советских учёных приблизительно 30—40 лет.

А какова ситуация в Советском Союзе? Имеет ли СССР достаточно запасов нефти, чтобы в период изменения структуры энергопотребления удовлетворять все соответствующие потребности? Другими словами, будет ли СССР в состоянии обеспечить все собственные нужды, а также экспорт нефти в страны социалистического содружества и некоторые другие? Обеспечат ли эти ресурсы длительное использование нефти в тех областях потребления, где она будет незаменима и через 30—40 лет?

В западной прессе часто появляются "прогнозы", которые утверждают, что СССР уже лет через десять должен будет импортировать нефть. Но это явные газетные "утки"[5]. Нет никаких сомнений, что СССР располагает достаточными ресурсами нефти не только для собственного энергообеспечения, но и сможет продолжать энергоэкспорт.

В ближайшие десятилетия, кроме угля, практически не существует ни одного энергоносителя, который был бы в состоянии взять на себя нагрузку, которую несут нефть и газ. Гидроэнергия даже при полном использовании всех мировых ресурсов сможет удовлетворить не более 5 % потребностей.

А атомные электростанции? В принципе они экологичны, не расходуют кислород планеты и при нормальном режиме работы не наносят вред природе. Их доля постоянно возрастает. Но несмотря на это, к концу века она составит не более 20—30 % общего энергетического баланса. Другие же источники, такие как солнце, геотермальная энергия, сила ветра и т. д., просто не будут в состоянии принять на себя основную тяжесть индустриальной энергии.

Следовательно, основной вклад в обеспечение мира электричеством ещё долго должны вносить тепловые электростанции. Но нефть и газ нужно экономить. Значит, именно углю предстоит сыграть роль "буферного" топлива[6], пока в полной мере не удастся освоить новые источники энергии. Как считает один из крупнейших специалистов в области энергетики академик М. Стырикович, доля угля в мировом энергопотреблении будет постоянно увеличиваться до 2025 года. Причём добыча его возрастёт в это время в 2—3 раза и составит около 9—10 миллиардов тонн в год.

Запасы угля в Советском Союзе велики: здесь обнаружено около половины всех запасов мира. 5 из 7 крупнейших на планете угольных бассейнов расположены на территории СССР. Запасы каждого из них превышают 500 миллиардов тонн. Только одного, к примеру, Канско-Ачинского хватило бы при нынешнем уровне добычи на тысячу лет. Гигантские запасы имеются также в Южно-Якутском, Тунгусском,

2.2.

Ленском, Таймырском бассейнах. Но несмотря на это, надо использовать это богатство экономично, с максимальной пользой.

Ученые СССР уверены в том, что при разумном подходе можно будет решить энергетические проблемы не только во всесоюзном, но и в мировом масштабе.

[1] карье́р — Tagebau   [2] Сжига́ть нефть равноси́льно тому́, что топи́ть пе́чи ассигна́циями — Erdöl zu verbrennen ist gleichbedeutend damit, Öfen mit Geldscheinen zu heizen   [3] волокно́, *N Pl* воло́кна — Faser   [4] бело́к — Eiweiß   [5] "у́тка" — "Ente"   [6] "бу́ферное" то́пливо — Pufferbrennstoff

2.2.2.   Изложите содержание статьи по плану, используя ваши записи.

1. Изменение в структуре топливно-энергетического баланса с середины до конца XX века   2. Добыча угля и ее перспективы   3. Пересмотр мировой энергетической политики и необходимые изменения в этой области   4. Экономия нефти и газа — главная цель переходного этапа   5. Нефтяные ресурсы в Советском Союзе   6. Возможности удовлетворения потребностей в энергии с помощью других источников   7. Доля угля в мировом энергопотреблении   8. Угольные ресурсы в СССР

2.2.3.   Обсудите с товарищем проблему: "Причины, требующие коренного преобразования мировой энергетической политики, и имеющиеся для такого преобразования предпосылки".

2.2.4.   Вы принимаете участие в конференции "Проблемы мировой энергетики", которую организовал Московский энергетический институт (МЭИ). Дискуссия после доклада проводится в рабочей группе. Предлагается обсудить вопрос: "Пути решения проблемы энергетики в настоящее время". Примите участие в дискуссии.

2.3.   Третий раздел

2.3.1.   ⊙ ⊙ Прослушайте и законспектируйте доклад на тему "Атомная энергия — энергия будущего".

2.3.2. Используя ваш конспект, расскажите о проблемах энергетики, затронутых в докладе.

2.3.3. В конспекте вашего товарища вы заметили следующие отчасти неправильные высказывания:

1. Использование людьми энергетических ресурсов постоянно увеличивается. 2. Чтобы удовлетворить растущие потребности в энергии, следует коренным образом изменить структуру энергетики. 3. Не нужно в будущем экономить нефть и газ. 4. В будущем человечество должно широко использовать ядерную энергию. 5. В настоящее время самый эффективный путь получения атомной энергии — использование реакторов на быстрых нейтронах. 6. Уран, плутоний и в будущем водород станут основными видами топлива. 7. Атомная электростанция представляет собой безвредный для людей и окружающей среды источник электроэнергии. 8. Чтобы избежать заражения внешней среды, нужно очень длительно и надежно хранить радиоактивные отходы.

⊙ ⊙ Прослушайте запись доклада. Скажите, можно ли согласиться с приведенными выше высказываниями на основе фактов из доклада.

2.3.4. Проведите с товарищами беседу о проблемах энергетики. Обсудите при этом следующие вопросы:

1. Проблема энергетики — актуальнейшая проблема нашего времени. Почему? 2. Докажите, что истощение мировых запасов нефти и газа — острейшая политическая и экономическая проблема. 3. Можно ли избежать топливно-энергетического кризиса?

2.4. Четвертый раздел

2.4.1. Помогите коллеге в (по возможности дословном) переводе текста, затрагивающего вопросы атомной энергетики.

Es ist bekannt, daß sich der Energieverbrauch in der Gegenwart etwa in einem Zeitraum von 15—20 Jahren verdoppelt. Unter Berücksichtigung der entstandenen Brennstoffsituation, d. h. der Notwendigkeit, Erdöl und Gas zu sparen und sie für einen längeren Zeitraum als Industrierohstoffe zu erhalten, kann es jetzt nur einen Weg zur Verhinderung einer globalen Energiekrise geben: die Nutzung der Kohle als "Pufferbrennstoff" bei gleichzeitiger konsequenter Entwicklung der Kernenergetik.

Im Prinzip zweifelt schon jetzt niemand mehr daran, daß Uran, Plutonium und schließlich Wasserstoff die Hauptbrennstoffarten sein werden. Schon die heute in Betrieb befindlichen (= arbeitenden) Atomkraftwerke haben im Vergleich zu den Wärmekraftwerken eine Reihe von Vorzügen. Der wichtigste ist sicherlich, daß sie unter normalen Bedingungen der Natur faktisch keinen Schaden zufügen.

Natürlich muß man berücksichtigen, daß beim Betrieb (= Arbeit) von Atomkraftwerken radioaktive Abfallstoffe entstehen. Jedoch kann man durch langfristige und zuverlässige Lagerung (= Aufbewahrung) dieser Abfallstoffe eine radioaktive Verseuchung der Natur, besonders des Wassers und der Luft, vermeiden.

Folglich erweist sich die Kernenergie als einzige, die in der Lage wäre, unter Berücksichtigung aller Umstände den wachsenden Energiebedarf der Menschheit in der Zukunft zu befriedigen.

2.4.2. Однокоренные слова

2.4.2.1. (F$_L$) Прочитайте словосочетания с однокоренными словами и обратите внимание на их разные значения:

1. **требование**   Forderung; Anforderung
   требования прогрессивных сил
   высокие требования к студентам

2. **потребность**   Bedarf (an); Bedürfnis
   потребность в энергии
   потребности населения

3. **потребление** (энергии)   Verbrauch

2.4.2.2. ⊙⊸ Спишите предложения, вставляя вместо точек подходящие по смыслу однокоренные слова:

1. В мире отмечается постоянно растущ. . . . . . в энергии. 2. Несомненно, эта тенденция предъявляет высок. . . . . . к дальнейшему развитию энергетики. 3. В связи с повышающ. . .ся разносторонн. . . . . . населения мира оказывается необходимым до конца века вдвое увеличить производство электроэнергии. 4. Причем не только в экономически развитых, но и в странах "третьего мира" . . . энергии заметно увеличивается. 5. Учитывая этот факт, можно понять . . . лидеров развивающихся стран по отношению к развитым странам снизить долю нефти и природного газа в топливно-энергетическом балансе.

2.4.2.3. Составьте письменно предложения с однокоренными словами.

2.4.3. Синонимы

2.4.3.1. Ознакомьтесь с характеристикой глагольно-именных сочетаний (ГИС) и синонимичными им глаголами (прил. 4.1.).

2.4.3.2. (F) Прочитайте глагольно-именные сочетания. Спишите некоторые из них.

ГИС с глаголом "происходить/произойти":
происходит / произошел (-шла, -шло) замена, изменение, удвоение, увеличение, повышение, снижение, уменьшение, сокращение, превращение, истощение, освоение и т. д.

ГИС с глаголом "производить/произвести":
производить / произвести *oder* производится (-ятся) / произведен (-ена, -ены) эксперимент, анализ, расчет, вычисления, замену *bzw.* замена

2.4.3.3. 0⊸ Замените выделенные глаголы соответствующими ГИС. При необходимости измените синтаксическую структуру предложений.

1. В середине века потребление энергии в мире **удваивалось** приблизительно за 30 лет. 2. Количество выпускаемой продукции на нашем предприятии постоянно **увеличивается**. 3. Специалисты **рассчитали** расход электроэнергии на предприятиях города. 4. В связи с процессом индустриализации **увеличиваются** энергозатраты. 5. Благодаря новому методу количество расходуемой электроэнергии значительно **сократилось**. 6. В будущем необходимо **заменить** нефть и газ другими видами топлива. 7. Природные запасы топлива во многих странах мира быстро **уменьшаются**. 8. Надо **анализировать** проблемы народонаселения в их взаимосвязи с другими общественными и конкретно-историческими явлениями. 9. С 1972 года к началу 1980 года цены на топливо **повысились** более чем в 7 раз. 10. Эксперты **вычислили** мировое потребление энергии за последние 20 лет.

2.4.3.4. Составьте письменно предложения с ГИС и попытайтесь заменить их синонимичными глаголами.

2.4.4. Вы хотите дополнить высказывания. Напишите предложения, используя опорные слова, а также конструкции из прил. 3.2.

Высказывания:	Дополнения:
1. 70 % des Weltenergieverbrauchs durch Erdöl und Gas gesichert	Vorräte begrenzt, Erschöpfung in etwa 50 Jahren erwartet

2. Erdöl und Gas — außerordentlich wichtige energetische Rohstoffe

3. Entwickelte kapitalistische Länder interessiert an langfristiger Sicherung der Erdölimporte

4. Erdölförderländer des Nahen Ostens streben Kürzung der Ölexporte an

5. „Prognosen" der Weltpresse, die UdSSR müsse in 10 Jahren Öl importieren, sind unrichtig

6. In der UdSSR: etwa Hälfte aller nachgewiesenen Kohlevorräte der Welt

Noch wichtiger: Erhaltung dieser Ressourcen als Rohstoff zur Gewinnung chemischer Produkte

Aus diesem Grund bereit zur Anwendung von politischem Druck und sogar militärischer Gewalt gegen die Erdölförderländer

Versuchen, größeren Profitanteil am Ölexport zu erzielen

UdSSR verfügt nicht nur über genügend Vorräte zur Sicherung des Eigenbedarfs, sondern auch zur Fortsetzung der Ölexporte

Allein die Vorräte des Beckens von Kansk-Atschinsk würden bei Beibehaltung des heutigen Förderniveaus für 1000 Jahre reichen

2.4.5. Переписка

2.4.5.1. Прочитайте образец письма про себя:

Глубокоуважаемый доктор Шульц!

От имени Оргкомитета я хотел бы пригласить Вас принять участие в работе XII Международной конференции, посвященной проблемам использования геотермальной энергии в целях теплофикации. Конференция состоится в г. Тбилиси с 18 по 22 ноября 19.. г.
Мы надеемся, что Вы сможете принять участие в конференции и **выступить с докладом**. Насколько нам известно, Вы уже **предварительно выразили согласие** на это в разговоре с нашим сотрудником, д-ром технических наук И. П. Петровым.
Просим Вас как можно скорее прислать тезисы доклада. **Объем тезисов** не должен превышать **одну печатную страницу**.
Заранее благодарим за готовность участвовать в конференции и за **присылку тезисов**. Ждем встречи с Вами на конференции.

С искренним уважением

Председатель Оргкомитета,
д-р технических наук

Н. С. Токов

2.4.5.2.   (F_L) Переведите типичные для письма конструкции. Прочитайте их вслух и спишите.

2.4.5.3.   Прочитайте письмо вслух.

2.4.5.4.   Переведите ответное письмо, используя данные конструкции.

Sehr geehrter Kollege Dr. Tokow!

Ihren Brief, in dem Sie mich zu Ihrer Konferenz einladen, habe ich heute erhalten. Ich danke Ihnen und beeile mich Ihnen mitzuteilen, daß ich bereit bin, an dieser Konferenz teilzunehmen. In der Tat hatte ich in einem Gespräch mit Ihrem Kollegen mein vorläufiges Einverständnis erklärt, einen Vortrag auf der Konferenz zu halten. In den letzten Wochen habe ich die entsprechenden Forschungen abgeschlossen, und ausgehend davon möchte ich Ihnen das folgende endgültige Thema vorschlagen: "Nutzungsmöglichkeiten der geothermalen Energie in den südeuropäischen sozialistischen Ländern".
Ich werde mich bemühen, die Thesen so bald wie möglich abzusenden und hoffe, daß Sie diese noch rechtzeitig (вовремя) erhalten. Ich bitte im voraus um Entschuldigung, daß der Umfang meiner Thesen eine Druckseite wahrscheinlich etwas überschreiten wird.
Ich möchte mich nochmals für die Einladung zu Ihrer Konferenz bedanken und freue mich auf die Begegnung mit Ihnen und Ihren verehrten Kollegen.

Hochachtungsvoll
Dr. E. Schulz

2.4.6.   Вы получили приглашение на конференцию, посвященную проблемам дальнейшего развития энергетики. Напишите письмо, в котором вы выражаете желание участвовать в конференции. Тема вашего доклада: "Пути решения энергетической проблемы в ГДР". Сообщите, что тезисы своего доклада вы высылаете в приложении. Напишите тезисы доклада (рекомендации к разработке тезисов см. прил. 4.2.).

Используйте для вашего письма выделенные в письме-образце конструкции (2.4.5.1.), а также конструкции из прил. 3.2.

2.5. Пятый раздел

2.5.1. Прочитайте статью из газеты "Правда" без словаря и выпишите предложения, несущие основную информацию.

Энергетика и международное сотрудничество

Проблема энергетики занимает важное место среди глобальных проблем, стоящих перед человечеством. Действительно, за последние три десятилетия потребление энергии на душу населения в мире выросло более чем в два раза, а нефти — почти в три с половиной раза. Следствием этого явилось ощутимое истощение мировых запасов жидкого топлива. Между тем, если сейчас ежегодное потребление энергии в мире приближается к 10 миллиардам тонн условного топлива, то к 2000 году этот показатель достигнет, по прогнозам экспертов, 18—23 миллиардов.

В условиях капитализма энергетическая проблема приобрела характер острого кризиса. Это — следствие как структурных диспропорций в топливном балансе западных стран, так и устранения старого механизма эксплуатации нефтяных богатств развивающихся стран. Система экономических отношений между странами капитала и корыстная политика транснациональных корпораций мешают стабильному развитию энергетики. Это особенно ярко проявилось в неудержимом росте цен на топливо, которые с 1972 года к началу 1980 года повысились более чем в 7 раз, в том числе почти в 8 раз — на нефть.

Агрессивные империалистические круги видят способ обеспечения мирового капиталистического хозяйства топливом в сохранении своего господства в богатых нефтью районах развивающихся стран. Не случайно Вашингтон объявил Персидский залив зоной "жизненных интересов" США, сконцентрировав там огромную военно-морскую армаду.

Обострение энергетической проблемы повлияло и на экономику развивающихся стран, не располагающих запасами жидкого топлива. Дефицит платежного баланса развивающихся стран-импортеров нефти, составляющий в среднем в 1970—1972 годах около 7,7 миллиарда долларов, к концу 1980 года достиг 50 миллиардов долларов, что почти в три раза превышает дефицит промышленно развитых капиталистических стран.

Сложнее становится проблема стабильного обеспечения народного хозяйства энергетическими ресурсами и для стран социалистического содружества, что вызвано возрастанием затрат на добычу топлива, необходимостью структурной перестройки народно-хозяйственных комплексов и сохранения достаточно высокого уровня потребления энергии. Однако здесь проблема решается методами, принципиально отличными от практики империалистических держав. Страны СЭВ решают ее на основе Комплексной программы социалистической экономической интеграции, концентрируя свои усилия на совершенствовании старых и поисках новых форм сотрудничества, прежде всего в области совместного планирования.

Важной мерой в этом деле призвана стать долгосрочная целевая программа сотрудничества по обеспечению потребностей стран-членов СЭВ в основных видах энергии, топлива и сырья до 1990 года. Программа аккумулирует в себе преимущества социалистической системы хозяйства в решении энергетической проблемы, которые связаны с углублением международного социалистического разделения труда, более рациональным размещением энергоемких производств, дальнейшим освоением месторождений традиционных видов топлива, ускоренной разработкой и использованием новых источников энергии, особенно атомной.

Вместе с тем социалистические государства заинтересованы в стабильном развитии энергетики в мире в целом. Они активно выступают за преодоление топливно-энергетических сложностей путем экономического и политического сотрудничества, противопоставляя империалистической доктрине агрессии и диктата в отношении нефтедобывающих стран свою доктрину мира, безопасности и сотрудничества.

Напомним, что еще в 1922 году на Генуэзской конференции Советское государство по инициативе В. И. Ленина впервые в мировой практике предложило программу такого сотрудничества, в которой по существу были разработаны основы перестройки и демократизации системы международных экономических отношений. В этой программе, в частности, предлагалось заключить соглашения о мерах борьбы с топливным кризисом и о более рациональном и экономичном использовании источников энергии на основе единой планомерной электрификации.

Необходимость совместных усилий различных государств в области решения топливно-энергетической проблемы приобретает еще более настоятельный характер. Хорошая основа для сотрудничества и в этой области была заложена с подписанием Заключительного акта общеевропейского совещания, созванного по инициативе СССР и других стран социалистического содружества.

Между социалистическими странами и рядом промышленно развитых государств Запада подписаны и действуют долгосрочные соглашения об экономическом и научно-техническом сотрудничестве, в которых предусматривается согласованное решение проблемы топлива, энергии и сырья. Особенностью этих соглашений явилось то, что центр тяжести перемещается из сферы обычного товарного обмена в область крупномасштабных компенсационных сделок.

Как известно, часть месторождений нефти, газа и других источников энергии находится в СССР в северо-восточных районах. Для их дальнейшего освоения нужны крупные капиталовложения. Советский Союз совместно с другими социалистическими странами может освоить эти ресурсы и самостоятельно. Но, естественно, он заинтересован в более эффективном использовании международного разделения труда, дающего выигрыш времени, экономию затрат общественного труда, более комплексное использование ресурсов. В свою очередь капиталистические страны в обмен на кредиты приобрели бы гарантированные поставки столь необходимого им топлива вплоть до 2000 года и далее.

При этом ряд крупных западных фирм получит большие заказы на изготовление труб, различного рода оборудования, что одновременно означает обеспечение работой сотен тысяч людей — обстоятельство также немаловажное в условиях переживаемого Западом экономического кризиса с его неизбежным спутником — безработицей. Известно, что такое сотрудничество уже играет существенную роль в стабилизации энергетического положения в Западной Европе.

Хельсинкские соглашения заложили прочный фундамент для промышленного и научно-технического сотрудничества в разработке новой технологии производства, передачи и распределения энергии, более широкого использования существующих видов топлива и гидроэнергетических ресурсов, для исследований в области альтернативных источников энергии, в том числе атомной, солнечной и геотермальной.

Позиция стран социализма ясна: они исходят и будут исходить из того, что равноправное международное сотрудничество — это не только кратчайший путь к решению глобальных проблем, в том числе в области топлива и энергетики, но и верный путь материального подкрепления процесса разрядки — этой настоятельной необходимости нашего времени.

2.5.2. Прочитайте статью со словарем и дополните записи с целью передачи содержания статьи.

2.5.3. На основе данных ниже вопросов сообщите собеседнику, какую информацию вы получили из статьи. Используйте при этом выписанные предложения и дополнительные записи.

1. Чем вызвана необходимость решения энергетической проблемы? 2. К каким последствиям привело обострение энергетической проблемы в капиталистических и развивающихся странах? 3. Какими методами страны-члены СЭВ решают энергетическую проблему? 4. Какую роль играет сотрудничество между социалистическими и капиталистическими странами при решении топливно-энергетической проблемы?

2.5.4. В перерыве совещания, посвященного вопросам международного сотрудничества в области энергетики, вы встречаетесь с советскими коллегами. Их интересует, какую роль играет международное сотрудничество в решении топливно-энергетической проблемы в ГДР, какие формы сотрудничества вам известны и т. д. Постарайтесь ответить на вопросы советских коллег.

2.6. Шестой раздел: Наш калейдоскоп

2.6.1. Это интересно знать

Атом греет квартиру

Под городом Горьким (на Волге) построена атомная станция теплоснабжения, которая обогревает жилища 350 тысяч горожан и дает тепло для промышленных предприятий.
Пуск станции позволяет ежегодно экономить около миллиона тонн топлива (приблизительно 17 тысяч железнодорожных цистерн нефти), а 200 небольших городских котельных прекратили свое существование.
В два раза мощнее атомная теплоэлектроцентраль (ТЭЦ) вблизи Одессы.

"Твердый газ" — что это такое?

Советские ученые установили, что в земной коре находятся огромные запасы природного газа в твердом состоянии. Он образуется в основном в районах вечной мерзлоты. Вода в данном случае становится как бы пленкой, которая удерживает газ в твердом состоянии.
Оказалось, что в одном кубометре "твердого газа" "упаковано" около двухсот кубометров обычного газа! Ученые предполагают, что главные запасы природного газа на планете находятся в твердом состоянии.

2.6.2. Немного юмора

А как же дышали раньше?

Как-то раз болгарский ученый А. Златаров выступал с лекцией в небольшом городке. Профессор, рассказывая о природе и ее богатствах, упомянул, что кислород, без которого невозможна жизнь, был открыт лишь в 1773 году.
— Поразительно! — раздался голос из зала. — А чем же дышали люди до этого?

2.7. Седьмой раздел

2.7.1. ⊚ ⊚ Основные глаголы

учи́тывать/уче́сть	berücksichtigen, in Betracht ziehen, einkalkulieren

Необходимо учитывать растущие потребности в энергии.

учи́тывать/уче́сть (товары)*	inventarisieren
уче́т	Berücksichtigung; Inventarisierung, Inventur

   учет всех возможностей
   учет товаров*
   проводить учет
   Магазин закрыт на учет.

учётный*	Registrier-

   учетная карточка*

с учётом (потребностей)	unter Berücksichtigung
с учётом того, что ...	unter Berücksichtigung der Tatsache, daß ...
без учёта (ситуации)	ohne Berücksichtigung
без учёта того, что ...	ohne Berücksichtigung der Tatsache, daß ...
учи́тывая (расходы)	unter Berücksichtigung
учи́тывая то, что ...	unter Berücksichtigung der Tatsache, daß ...
не учи́тывая (опыт *oder* опыта)	ohne Berücksichtigung
не учи́тывая того, что ...	ohne Berücksichtigung der Tatsache, daß ...
сле́довать/после́довать	folgen
сле́довать/после́довать за кем/чем	j-m/etw. folgen, hinterhergehen

   Следуйте за нами!

сле́довать/после́довать за чем	auf etw. folgen, nach etw. kommen

   События следуют одно за другим.

сле́довать/после́довать чему	folgen (befolgen), sich richten nach, nacheifern

   Он следует совету друзей.

сле́довать/после́довать из чего	folgen aus etw., sich ergeben aus etw.

   Из расчетов следует вывод.

сле́дует +*Inf.*	es ist ratsam, es gilt, man muß

   Следует распространять опыт новаторов.

сле́дует кому +*Inf.*	jemand muß

   Вам следует закончить работу.

не сле́дует кому́ +*Inf*.	jemand darf nicht
Вам не следует так говорить.	
сле́дующий	folgend, nächst
следующая станция	
после́дующий	(nach)folgend, darauffolgend,
в последующие годы	anschließend
след*	Spur, Fährte
оставлять глубокий след*	
идти по следу*	
следствие	Folge, Ergebnis; *gerichtliche*
следствие болезни	Untersuchung
вести следствие*	
после́дствие (кризиса)	Folge, Ergebnis
сле́дователь*	Untersuchungsrichter
после́дователь* (дарвинизма)	Anhänger (einer Lehre)
после́довательный	aufeinanderfolgend; folgerichtig,
последовательные этапы работы	konsequent
последовательный марксист	
после́довательность	Aufeinanderfolge; Konsequenz
последовательность событий	
последовательность взглядов	
сле́довательно	folglich
впосле́дствии	in der Folgezeit
всле́дствие (неблагоприятных условий)	infolge
всле́дствие этого	infolgedessen
вслед за (докладчиком)	unmittelbar nach, anschließend an

2.7.2. ◉ ◉ Новая лексика

потребля́ть/потреби́ть	konsumieren, verbrauchen

потребле́ние нефти
потреби́тель энергии
  Человечество будет потреблять все больше энергии.

заменя́ть/замени́ть	ersetzen

заме́на металла пластмассой
незамени́мые виды топлива
  По некоторым важным причинам необходимо заменять нефть и газ другими видами топлива.

2.7.

хвата́ть/хвати́ть   reichen, ausreichen
не хвата́ет ресурсов
нехва́тка рабочей силы
   Обнаруженных запасов угля хватило бы, чтобы обеспечить все потребности в энергии в течение сотен лет.

осва́ивать/осво́ить   sich zu eigen machen, beherrschen
освое́ние космоса   lernen; erschließen, erobern
   Необходимо полностью освоить технологию реакторов на быстрых нейтронах.

исче́рпывать/исче́рпать   erschöpfen, vollständig verbrauchen
неисчерпа́емые запасы
   Мировые запасы нефти и газа могут быть исчерпаны в течение 20 лет.

пересма́тривать/пересмотре́ть   von neuem durchsehen, überprüfen,
пересмо́тр вопроса   überdenken
   Действительно, миру приходится коренным образом пересматривать свою энергетическую политику.

добыва́ть/добы́ть   fördern, gewinnen
добыва́емый уголь
добы́ча нефти
   Для удовлетворения растущих потребностей промышленности в топливе и сырье нужно добывать больше угля.

избега́ть/избежа́ть чего   vermeiden, meiden
во избежа́ние* кризиса
неизбе́жные последствия
   Разумное потребление энергии даст возможность избежать острого энергетического кризиса.

приобрета́ть/приобрести́   erwerben, erlangen, erhalten
приобрете́ние атомного оружия
   Уран в качестве источника энергии приобретает все бо́льшее значение по сравнению с традиционными видами топлива.

расхо́довать/израсхо́довать (на что)   ausgeben, verausgaben, verbrau-
расхо́дуемые средства   chen (für)
дополнительный расхо́д энергии
   На тонну продукции предусмотрено расходовать все меньше энергии.

эконо́мить/сэконо́мить   sparen, einsparen, sparsam ver-
эконо́мия топлива   brauchen
эконо́мно расходовать энергию
   Нужно стремиться как можно больше экономить нефть и газ.

сомнева́ться *nur uv.* (в чём)   zweifeln (an)
вызывать сомне́ние
несомне́нно быть правым
  Никто уже не сомневается в необходимости экономии топлива и сырья.

удва́иваться/удво́иться   sich verdoppeln
удвое́ние продукции
увеличиваться вдво́е
  В середине века потребление энергии в мире удваивалось приблизительно за 30 лет.

пыта́ться/попыта́ться   versuchen
неудачная попы́тка
испыта́ние атомного оружия
  В борьбе за топливные ресурсы западные страны будут пытаться применять все возможные меры давления.

дли́ться/продли́ться   dauern, andauern, sich hinziehen
длина́ дороги
  Период изменения структуры современной энергетики продлится 30—40 лет.

водоро́д   Wasserstoff
водоро́дная бомба
переработка углеводоро́дов
  Водород не сможет стать основным видом топлива, пока не будет освоена термоядерная реакция в управляемом виде.

кислоро́д   Sauerstoff
ки́слое молоко
получение кислоты́
  АЭС представляет собой относительно экологичный источник энергии благодаря тому, что не расходует кислород планеты.

вред   Schaden, Nachteil
вреди́ть/повреди́ть здоровью
(без)вре́дное лекарство
  АЭС — перспективные источники энергии, так как они фактически не наносят вред природе.

месторожде́ние   Fund-, Lagerstätte, Vorkommen
  В будущем природные богатства придётся добывать из более бедных месторождений.

сокраще́ние   Kürzung, Verringerung; Abkürzung
сокраща́ть/сократи́ть затраты
кра́ткий курс лекций
  Растущее потребление нефти и газа в 60—70 годы привело к значительному сокращению добычи угля.

2.7.

истоще́ние   Erschöpfung, Auszehrung
истоща́ться/истощи́ться полностью
неистощи́мый источник энергии
    Приближающееся истощение топливных ресурсов превратилось в острейшую проблему.

зараже́ние   Verseuchung; Ansteckung, Infek-
заража́ть/зарази́ть атмосферу   tion
зара́зная болезнь
    Нужно предотвращать аварии, которые могли бы стап причиной радиоактивного заражения людей и природы.

ядро́, *G Pl* я́дер   Kern; Kugel
я́дерное оружие
    В современных АЭС получение энергии базируется на принципе деления тяжелых атомных ядер.

преиму́щество   Vorteil, Vorzug, Vorrang
преиму́щественно использовать
в качестве топлива
    Преимущество ядерной реакции — ее высокая эффективность теплопроизводства.

нагру́зка   Belastung, Auslastung, Last
тяжелый груз
грузи́ть/нагрузи́ть вагон углем
    Пока что только уголь будет в состоянии взять на себя нагрузку, которую несут нефть и газ.

при́быль, -и *f.*   Profit, Gewinn
прибыльное производство
    Страны Ближнего Востока стремятся получить бо́льшую долю прибыли от экспорта нефти.

себесто́имость   Selbstkosten, Selbstkostenpreis
сто́имость сырья
    Можно предположить, что себестоимость добычи нефти не уменьшится, а, наоборот, заметно увеличится.

отхо́ды, -ов   Abfälle, Abprodukte
отходи́ть/отойти́ от концепции
    Радиоактивные отходы нужно очень длительно и надежно хранить.

чрезвыча́йный   außerordentlich
    Традиционный способ получения энергии требует чрезвычайно большого количества людей.

вря́д ли   kaum
    Добыча угля вряд ли упадет ниже сегодняшнего уровня к середине XXI века.

3. Третий урок: "Охрана окружающей среды"

3.1. Первый раздел

3.1.1. ◉ ◉ Предполагаемые знания: владение лексикой (3.7.) и конструкциями (прил. 3.3.); ИК-4 (прил. 1.5., предложение 5); ⊖ типы сокращения существительных (прил. 2.1.1.4.–2.1.1.6.).

3.1.2. ◉ ◉ Прослушайте доклад академика И. П. Чистякова и выделите главную информацию.

Дорогие товарищи!

Мой сегодняшний доклад посвящен проблемам охраны окружающей среды. Эти проблемы сейчас широко обсуждаются, так как люди непосредственно чувствуют на себе загрязнение рек, морей, океанов, воздуха отходами современной цивилизации.

Человеческое общество стало исключительно важным фактором воздействия на окружающую среду. Это обусловлено быстрым ростом численности населения Земли, развитием материального производства и транспортных средств, все более широким использованием разнообразных естественных ресурсов. Масштабы и интенсивность этого воздействия таковы, что его последствия в настоящее время выходят за локальные рамки. Они охватывают не только те или иные регионы, но и целые континенты, всю планету.

Жизненной необходимостью становится сознательное предотвращение таких отрицательных последствий научно-технического прогресса, как загрязнение атмосферы, рек и морей, а также ухудшение мирового климата. Если человечеству не удастся решить эти проблемы, то оно может оказаться перед экологической катастрофой.

Есть ли выход из создавшегося положения? Вся трудность состоит в том, что бо́льшая часть негативного воздействия на природу не является результатом развития человеческого общества вообще. Она имеет социальные причины. В свое время еще Карл Маркс сказал, что "культура, если она развивается стихийно, а не направляется сознательно ..., оставляет после себя пустыню".

В настоящее время существует два подхода к проблемам экологии. Один из них заключается в том, что в некоторых странах Запада сейчас пытаются представить кризис экономической и общественной системы капитализма в виде кризиса всего человечества, техники, цивилизации вообще. Однако практика общественного развития убедительно подтверждает прямую зависимость экологического кризиса от общего кризиса капитализма. Очевиден тот факт, что экологические проблемы современности вызваны прежде всего капиталистическим способом производства. В капиталистическом обществе в первую очередь заботятся о прибыли и не думают о негативных последствиях воздействия на природу.

С этим выводом соглашаются и многие объективные ученые Запада. Известный австрийский ученый Конрад Лоренц, лауреат Нобелевской премии 1973 года, прямо утверждает, что вредные последствия "технологической экспансии" можно было бы значительно сократить, если бы вместо коммерческого отношения к природе осуществлялось планомерное воздействие на нее. Пока человечество будет варварским способом использовать природные ресурсы, ему будут угрожать "экологические руины".

И еще одна точка зрения. Известный французский географ Жан Дреш считает: "Эффективная охрана природы возможна лишь тогда, когда земля, флора и фауна находятся под контролем всего народа, а не принадлежат отдельным лицам. Монополии могут поставить свои интересы выше интересов общества, подчинить своему влиянию государственный аппарат, позволить себе не уважать принятые нормы и правила".

Совершенно иная ситуация сложилась в социалистических странах. В научных исследованиях и разработках по охране окружающей среды принимают участие представители многих наук. При этом используются новейшие достижения техники. Стоимость научных исследований и необходимых технических средств очень велика. Это неизбежно. Однако, когда инициатива и постоянный контроль находятся в руках государства, служащего интересам народа, значительно легче решить эти проблемы.

Но пока экологическая ситуация все ухудшается. И большинство ученых уже сознает, что решение этой проблемы требует объединенных усилий всех государств планеты. Поэтому они поддерживают идею общепланетарной системы контроля за состоянием окружающей среды.

Позвольте на этом закончить мое выступление. Благодарю за внимание.

3.1.3. Сообщите, что вы узнали из доклада о проблемах охраны окружающей среды, используя вопросы:

1. Какие проблемы в настоящее время широко обсуждаются и почему? 2. Каковы масштабы воздействия человека на окружающую среду? 3. К каким отрицательным последствиям может привести

научно-технический прогресс? 4. Чем вызваны в первую очередь экологические проблемы современности? 5. При каком условии, по мнению западных ученых, возможна эффективная охрана природы? 6. Как решаются проблемы охраны окружающей среды в социалистических странах? 7. Какие меры предлагает большинство ученых?

3.1.4. Прочитайте доклад и обсудите некоторые вопросы, связанные с проблемами охраны окружающей среды, используя данные конструкции:

1. Как вы считаете, необходимо ли все более интенсивное воздействие человека на окружающую среду?
Конструкции: С моей точки зрения, ...
Необходимо учитывать тот факт, что ...

2. Каково ваше мнение относительно приведенного высказывания Карла Маркса?
Констр.: Я разделяю точку зрения ...
По моему мнению, ...

3. Правы ли те, кто пытается представить кризис экономической и общественной системы капитализма в виде кризиса всего человечества?
Констр.: Я не могу согласиться с тем, что ...
Нужно исходить из того, что ...

4. Какие меры, по мнению известных ученых Запада, смягчили бы остроту экологической ситуации?
Констр.: Насколько мне известно, ...
Нельзя не согласиться с мнением ..., что ...

5. Почему сейчас выдвигается идея общепланетарной системы контроля за состоянием окружающей среды?
Констр.: Исходя из того, что ...
На мой взгляд, ...

3.1.5. Используя конструкции из прил. 3.3., выразите озабоченность, тревогу, опасение относительно смысла нижестоящих высказываний. Образец:

Ökologische Situation im Weltmaßstab von Jahr zu Jahr verschlimmert →
Вызывает озабоченность то (тот факт), что экологическая ситуация в мировом масштабе из года в год ухудшается.

1. Negativer Einfluß der ökonomischen Tätigkeit des Menschen auf die Natur immer deutlicher 2. Wachsende Nutzung von Naturschätzen in

3.1.

Reihe von Fällen von außerordentlich negativen Folgen begleitet 3. Schaden an Natur sprengt lokalen Rahmen und nimmt globalen Charakter an   4. Sehr viele Menschen unmittelbar von Umweltverschmutzung betroffen (чу́вствуют на себе́)   5. Klima unseres Planeten offensichtlich verschlechtert   6. Verlangsamtes Verdampfen des Wassers der Seen, Meere und Ozeane führt zu Senkung der Niederschlagsmenge   7. In kapitalistischen Ländern kommerzielles Verhältnis zur Natur zu beobachten   8. Monopole in erster Linie um Profit besorgt

3.1.6. Проведите беседу с сотрудником одного из химических комбинатов СССР о проблемах охраны окружающей среды, используя данный ниже план.
Употребите опорные слова и известные вам конструкции для выражения позиции говорящего.

План:	Опорные слова:
1. Wachsende Einwirkung des Menschen auf die Umwelt	исключительно важный фактор воздействия
2. Negative Folgen dieser Einwirkung	загрязнение атмосферы, ухудшение мирового климата
3. Sozialökonomische Bedingtheit der ökologischen Krise	стихийное воздействие на природу при капитализме
4. Auffassungen objektiver westlicher Wissenschaftler	вместо коммерческого отношения к природе — планомерное воздействие
5. Situation in sozialistischen Staaten	использование новейших достижений техники
6. Notwendigkeit eines Weltkontrollsystems	общепланетарная система контроля за состоянием природы

3.1.7.   Интонация

3.1.7.1.   ⊙ ⊙ Прослушайте предложения с ИК-4 в начальных и средних синтагмах повествовательных предложений:

1. Проблемы охраны окружающей среды⁴ / сейчас широко обсуждаются[1]. 2. Воздействие человека на окружающую среду⁴ — / важный фактор изменения условий жизни на Земле[1]. 3. Масштабы воздействия человека на окружающую среду таковы⁴, / что его последствия выходят за локальные рамки[1]. 4. Предотвращение загрязнения рек и морей⁴ / стало жизненной необходимостью[1]. 5. В настоящее время⁴ /

существуют два подхода к проблемам экологии[1]. 6. Очевиден тот[4] факт, / что экологические проблемы современности[4] / вызваны прежде всего капиталистическим способом производства[1].

3.1.7.2. ◉ ◉ Прослушайте предложения еще раз и повторите за диктором.

3.1.7.3. Прочитайте предложения из 3.1.7.1. с заданной интонацией.

3.1.8. Сокращение существительных (ср. прил. 2.1.1.1.–2.1.1.6.)

3.1.8.1. Прочитайте текст с рекомендуемыми сокращениями (прил. 2.1.2.2.).

3.1.8.2. O━ (F_L) Спишите словосочетания, сокращая выделенные слова.

3.1.8.3. O━ ◉ ◉ Прослушайте словосочетания, запишите их, сокращая все существительные, оканчивающиеся на "-ение", "-ание", "-тие", "-ость", "-во", "-ия", "-ка", "-изм".

3.1.9. Переведите на русский язык:

Die Probleme der Wechselwirkung des Menschen und seiner Umwelt werden in unserer Zeit in immer breiterem Umfang erörtert. Die Aktualität dieser Fragen wird dadurch bekräftigt, daß eine wachsende Zahl von Menschen die Verschlechterung der ökologischen Situation am eigenen Leibe verspürt (*hier*: непосре́дственно чу́вствует на себе́). Die Verschmutzung von Luft und Wasser erfaßt dabei nicht mehr nur einzelne Regionen, sondern geht über den regionalen und sogar nationalen Rahmen hinaus. Sie wird somit zum globalen Problem für die gesamte Menschheit.

Wissenschaftler der ganzen Welt wenden sich daher vor allem an die entwickelten Industriestaaten mit der Forderung, die oftmals noch planlose, spontane Einwirkung auf die Natur zu beenden und bewußt die negativen Folgen des wissenschaftlich-technischen Fortschritts für die Umwelt abzuwenden. In diesem Zusammenhang erkennt auch eine Reihe objektiver westlicher Wissenschaftler, daß eine enge Wechselbeziehung zwischen der ökologischen Krise und der allgemeinen Krise des Kapitalismus besteht. Offensichtlich verschärft sich die ökologische Situation in den Ländern des Kapitalismus in erster Linie deshalb immer mehr, weil die kapitалисти-

sche Produktionsweise eine im ökologischen Sinne vernünftige Nutzung der Naturressourcen dem Streben nach Maximalprofit unterordnet.
Eine vollkommen andere Situation ist in den sozialistischen Staaten zu beobachten, wo die neuesten Errungenschaften der Technik bewußt zum Zweck der Vermeidung negativer Folgen der Einwirkung auf die Umwelt genutzt werden.

3.2. Второй раздел

3.2.1. Прочитайте статью из журнала "Культура и жизнь" и выпишите опорные слова, несущие основную информацию.

Как здоровье, Земля?

Нам нередко приходится слышать: "Как в капле[1] воды, отражается ...". А что же в ней теперь отражается? Очень часто — ничего, потому что вода грязная. Но если эта капля, скажем, из Рейна, то в ней отражается ... периодическая система элементов Менделеева: в рейнской воде содержится 105 исключительно вредных для здоровья химических веществ. Рейн в наши дни стал классическим примером уничтожения живой природы. Точно так же, как итальянский город Севезо, отравленный химическим концерном "Хоффман-Ла Рош". Как пляжи[2] Бретани, загрязненные нефтью танкеров. Это перечисление можно было бы бесконечно продолжать. Но за отдельными трагедиями природы нельзя забывать главное: наша планета хронически больна, причем болезнь все обостряется. Международный союз охраны природы сделал вывод: деградация окружающей среды происходит с такой скоростью, что непосредственно угрожает благополучию многих людей и стабильности государств.
Экологические проблемы стоят сейчас перед всеми странами мира, в том числе и перед социалистическими. В свое время Советский Союз был вынужден ускоренными темпами, несмотря ни на что, создавать промышленность, осваивать новые районы. При этом не всегда задумывались над экологическими последствиями этих сложных процессов. Не хватало опыта, свободных рук, средств. Так что проблемы есть. Но это — именно проблемы, а не экологический кризис.
Заметим, что в настоящее время социалистические страны решают эти проблемы наиболее успешно, используя для этого все преимущества планового социалистического хозяйства. Наши страны, в отличие от капиталистических, не стремятся к выгоде только сегодняшнего дня. У нас нет погони[3] за прибылью во что бы то ни стало[4]. Подтверждением

этому может служить тот факт, что государственный бюджет социалистических стран предусматривает выделение крупных сумм на охрану природы.
В Советском Союзе, как и в других социалистических странах, в государственном масштабе проводится весьма обширная программа сохранения и восстановления окружающей среды. В СССР исходят из того, что тушить пожар[5] дороже и сложнее, чем предотвратить его, что охрана природы — дело не личное и даже не только национальное, а общечеловеческое. Хорошо сказал об этом читатель журнала "Природа" Михаил Довжик: "Сейчас мы должны вступить во взаимодействие с природой, стараясь не подчинить, а разумно использовать ее. Ведь если раньше среда влияла на человека, то теперь человек влияет на окружающую среду. И, заботясь о здоровье природы, мы заботимся о своем здоровье, о здоровье всего человечества".
Мировой океан и атмосфера принадлежат именно всему человечеству! Ущерб, нанесенный природе на одном континенте, обязательно чувствуется и на других. Например, английский смог выпадает на Скандинавском полуострове, отравляет рыбу в озерах и замедляет рост лесов. Препарат ДДТ, распыленный на европейских полях, оказался в костях[6] антарктического пингвина. А неразумное обращение с природой американских монополий чувствует на себе буквально вся планета: по данным ученых, США дают половину загрязнений мировой биосферы. Пора, давно пора коллективными мерами остановить распад природы и тем самым улучшить условия жизни людей, сохранить их здоровье.
Хороший пример в этом подает Советский Союз: его природоохранительная программа — самая широкая и по масштабам, и по затратам. Исходя из того, что задачи охраны окружающей среды выходят за национальные рамки, СССР всегда выступал за самое широкое международное сотрудничество в этой области. В договорном порядке он регулирует такое сотрудничество с США, Канадой, европейскими государствами, рядом развивающихся стран. СССР, развивая идеи Хельсинки, предложил провести общеевропейское совещание по вопросам экологии, энергетики и транспорта. Такое совещание состоялось в 1979 году в Женеве. Оно одобрило конвенцию о трансграничном переносе загрязненного воздуха. Другой документ предлагает быстрее сокращать количество промышленных отходов.
Большинство выступивших на совещании связывали решение экологических проблем с сохранением мира, подчеркивали, что защита природы и гонка вооружений исключают друг друга.
А именно в дни совещания генералы НАТО работали над планами ракетно-ядерного "перевооружения" Западной Европы. То есть закладывали мину под здание мира, под экологическую стабильность континента. Надо ли доказывать, что война — смертельный враг природы! Вспомните Вьетнам, где в результате ее отравлена пятая часть лесов. Вспомните тихоокеанский остров Бикини, избранный Пента-

---

5 Russ. perfekt

гоном для испытания атомных бомб. А ведь в подобную пустыню в случае ядерной войны превратится вся планета.

Большую опасность для планеты представляет ее загрязнение радиоактивными отходами, разработка новых видов оружия массового уничтожения, применение которых привело бы к неизбежной катастрофе. Несмотря на это, некоторые страны выступают за продолжение испытаний ядерного оружия в атмосфере. Известно, что такие испытания сопровождаются весьма негативными последствиями. Ядерные взрывы повышают радиоактивность на огромной территории планеты. Они вызывают радиоактивные осадки над районами, находящимися за тысячи километров от места испытания.

Народы вправе спросить: почему иные правительства, не заботясь о природе, расходуют гигантские суммы на вооружение? Действительно ли это бо́льшее благо, чем чистый Рейн или незагазованный воздух над Ло́ндоном?... Вряд ли будущие поколения на берегах Рейна или Темзы поблагодарят за это своих предков[7].

Так как же твое здоровье, Земля?... Прямо скажем: пока неважное[8]. Но можно быть уверенным, что совместными усилиями человечество в состоянии спасти больную планету.

---

[1] ка́пля — Tropfen   [2] пляж — Strand   [3] пого́ня — Jagd   [4] во что бы то ни ста́ло — koste es, was es wolle   [5] туши́ть пожа́р — den Brand löschen   [6] кость — Knochen   [7] пре́дки — Vorfahren   [8] нева́жный — nicht besonders

3.2.2.   Изложите содержание статьи, используя ваши записи.

3.2.3.   Обсудите с товарищем высказывания читателя журнала М. Довжика:

1. Нужно не подчинять, а использовать природу.   2. Заботясь о природе, мы заботимся о здоровье всего человечества.

3.2.4.   После экскурсии по химическому комбинату округа Галле советскую делегацию пригласили на прием к директору.
В беседе с немецкими товарищами гости затрагивают вопросы экологии. Они рассказывают о том, как решались и решаются проблемы защиты окружающей среды в СССР. Их интересуют мероприятия, проводимые в ГДР в этой области. Директор и его заместитель отвечают на вопросы гостей.

3.3. Третий раздел

3.3.1. ⊙ ⊙ Прослушайте радиопередачу на тему "Экологический кризис — цифры и факты". В ходе прослушивания сделайте записи по содержанию радиопередачи.

3.3.2. Ваш товарищ интересуется вопросами загрязнения окружающей среды. Познакомьте его с содержанием прослушанной радиопередачи.

3.3.3. ⊙ ⊙ Вы решили подготовить доклад на эту тему. Прослушайте для этого запись радиопередачи по частям. В ходе прослушивания дополните ваши записи, а в паузах сформулируйте тезисы к своему докладу.

3.3.4. Выступите с докладом на тему: "К каким отрицательным последствиям может привести загрязнение окружающей среды?"

3.4. Четвертый раздел

3.4.1. Ваш советский товарищ попросил вас (по возможности дословно) перевести аннотацию интересующей его книги.

Im Buch werden wesentliche Seiten der Umweltschutzproblematik erörtert. Es wird unterstrichen, daß die Fragen der Ökologie alle Länder der Welt berühren, darunter auch die sozialistischen Staaten. Dabei wird hervorgehoben, daß ein grundlegender Unterschied in bezug auf das Herangehen von kapitalistischen und sozialistischen Ländern an diese Problematik besteht.
Ein Teil des Buches ist konkreten Fragen der Umweltverschmutzung und den Möglichkeiten ihrer Verhinderung gewidmet. Es werden statistische Daten angeführt, die die Verbreitung von Schmutzstoffen über große Entfernungen, die Bedrohung einer Reihe von Inseln im Stillen Ozean durch Staub und Erdöl und die Veränderung der klimatischen Bedingungen in Europa infolge der Verlangsamung der Verdampfung des Wassers des Atlantischen Ozeans bezeugen. Ein weiteres Kapitel ist speziellen Fragen des Umweltschutzes gewidmet.
Das Buch ist in erster Linie für Fachleute auf dem Gebiet des Umweltschutzes von Interesse (*hier*: рассчитана на кого).

3.4.2. Однокоренные слова

3.4.2.1. (F_L) Прочитайте словосочетания с однокоренными словами и обратите внимание на их разные значения:

1. **сознавать/сознать** (ошибку, необходимость) — einsehen, erkennen, sich bewußt sein
2. **осознавать/осознать** (сложность ситуации, необходимость) — ganz und gar begreifen, klar erkennen
3. **познавать/познать** (сущность вещей) *philos.* — erkennen, begreifen, verstehen lernen
4. **распознавать/распознать** (болезнь) — an bestimmten Merkmalen erkennen
5. **узнавать/узнать** (знакомого; новости) — (wieder)erkennen; erfahren

3.4.2.2. Спишите предложения, вставляя вместо точек подходящие по смыслу однокоренные слова:

1. В последние годы люди ... опасность, вызванную растущим загрязнением окружающей среды. 2. Они ... необходимость активной охраны природы. 3. Но недостаточно только ... эту острейшую болезнь нашей планеты. 4. Люди должны все глубже ... сущность происходящих процессов. 5. Почти каждый день можно ... из прессы и телепередач новые факты, вызывающие озабоченность у многих ученых. 6. Пора ..., что необходимо принять действенные меры по предотвращению экологической катастрофы.

3.4.2.3. Составьте письменно предложения с однокоренными словами.

3.4.3. Синонимы

3.4.3.1. (F) Прочитайте словосочетания, обращая внимание на значение глаголов и их сочетаемость:

1. **исчезать/исчезнуть** — verschwinden
   документы, товары (из магазинов), человек, собака, машина (за углом), человек (в тумане), собака (в лесу), остров, растения; традиции, необходимость, потребность, опасность
   — *von einer best.* Stelle verschwinden; *v. oft nur:* fort sein; *aus dem Blickfeld* verschwinden
   — aufhören zu existieren
   — schwinden, vergehen; *v.:* nicht mehr vorhanden sein, vorbei sein

2. пропада́ть/пропа́сть abhanden kommen, verlorengehen
   документы, деньги, собака verschwinden, *durch Unachtsamkeit oder Diebstahl* verlorengehen; *v. oft nur:* fort sein
   след, голос (вдали), запах verschwinden, sich verlieren; *v.:* nicht mehr zu sehen, zu hören, wahrnehmbar sein
   аппетит, желание schwinden, vergehen
   пропасть бéз вести *nur v.:* vermißt, verschollen sein

3. теря́ться/потеря́ться sich verlieren, verlorengehen
   документы, деньги, ребёнок (в толпе) abhanden kommen, verschwinden, verlorengehen

4. утра́чиваться/утра́титься (ent)schwinden, verschwinden
   силы, воля, старые традиции

3.4.3.2. 🔑 Вставьте вместо точек подходящие по смыслу синонимичные глаголы. Укажите случаи, где возможны варианты.

1. Прогрессивное человечество борется за то, чтобы навсегда ... опасность термоядерной войны. 2. В результате загрязнения окружающей среды ... некоторые виды растений. 3. У него ... всякое желание работать. 4. Ребёнок ... в толпе. 5. Машина неожиданно ... за углом. 6. В поезде у него ... документы. 7. Брат моей матери ... бéз вести на войне. 8. Он закричал снова, и снова его голос ... вдали. 9. По мере укрепления социалистического строя постепенно ... религиозные традиции. 10. Мой сосед сказал, что у него два дня назад ... собака.

3.4.3.3. Составьте письменно предложения с синонимичными глаголами "исчезать/исчезнуть" и "пропадать/пропасть".

3.4.4. Вы хотите выразить озабоченность относительно экологической ситуации. Напишите предложения, используя конструкции из прил. 3.3. (см. образец в 3.1.5.).

1. Spontane Einwirkung auf die Natur berücksichtigt in vielen Fällen nicht Erhaltung des ökologischen Gleichgewichts 2. Flüsse, Seen und Meere durch Industrieabfälle immer mehr vergiftet 3. Jährlich gelangen Dutzende Millionen Tonnen Staub in Atmosphäre 4. Schaden an Natur nimmt globalen Charakter an 5. Schmutzstoffe richten Schaden nicht nur in den Ländern an, wo sie in Wasser und Luft gelangen 6. Erdöl auf

Oberfläche der Meere behindert Eindringen von Sauerstoff in Wasser
7. Dadurch Wasserverdampfung verlangsamt, was zur Verschlechterung des Klimas führen kann 8. Viele Flüsse so stark verschmutzt, daß Trinkwasserentnahme unmöglich

3.4.5.   Переписка

3.4.5.1.   Прочитайте образец письма про себя:

Глубокоуважаемый доктор Келлер!

Мы получили Ваше письмо. Благодарим Вас за готовность выступить на 8 Международной конференции по проблемам охраны окружающей среды. **К сожалению, мы вынуждены поставить Вас в известность**, что по техническим причинам **проведение конференции отложено на** месяц. Она будет проводиться с 25 по 29 мая **с. г.** Сообщите нам, пожалуйста, сможете ли Вы принять в ней участие. Ваше участие в работе этой конференции было бы желательно.
Тезисы, присланные Вами, уже **опубликованы в сборнике**.

С глубоким уважением

Секретарь Оргкомитета,
д-р экономических наук   А. Н. Иванов

3.4.5.2.   (F_L)   Переведите типичные для письма конструкции. Прочитайте их вслух и спишите.

3.4.5.3.   Прочитайте письмо вслух.

3.4.5.4.   Переведите ответное письмо, используя данные конструкции.

Sehr geehrter Kollege Dr. Iwanow!
Ich danke Ihnen für Ihr Schreiben vom 21. März dieses Jahres, in dem Sie mich hinsichtlich des neuen Konferenztermins (да́та проведе́ния конфере́нции) in Kenntnis setzen. Ich bedaure sehr (о́чень сожале́ю), daß Ihre Internationale Konferenz verschoben werden mußte, werde mich aber dennoch bemühen, an der Konferenz teilzunehmen. Meinen endgültigen Entschluß, der von einer Reihe von Umständen (ряд обстоя́тельств) abhängt, kann ich Ihnen leider erst zu Beginn des nächsten Monats mitteilen.
Ich danke Ihnen für den zugesandten Thesensammelband.

Hochachtungsvoll
Dr. Keller

3.4.6. Представьте себе, что вы специалист по вопросам экологии. Вас пригласили на коллоквиум, посвященный проблемам охраны окружающей среды. Коллоквиум должен был состояться в следующем месяце. Вчера вы получили еще одно письмо, где говорится, что коллоквиум отложен на два месяца. Точная дата вам будет еще сообщена.
Напишите ответное письмо. Сообщите, что вы обязательно хотите участвовать в коллоквиуме. Предложите свои тезисы на тему "Загрязнение рек, морей и океанов — угроза существованию человечества".

Используйте для вашего письма выделенные в письме-образце конструкции (3.4.5.1.), а также конструкции из прил. 3.3.

3.5. Пятый раздел

3.5.1. Прочитайте статью из журнала "Наука и жизнь" без словаря и выпишите предложения, несущие основную информацию.

Уберечь Мировой океан от загрязнения нефтью

Места добычи нефти не всегда совпадают с местами ее переработки и потребления, поэтому транспортировка нефти (по железным дорогам, по трубопроводам, по водным путям) стала большой, серьезной задачей в современном мировом хозяйстве. Водный, особенно морской транспорт, как известно, самый дешевый. Крупные современные танкеры ежегодно перевозят более 1,5 миллиарда тонн нефти. А масштабы перевозок растут, совершенствуется техническое оснащение, прокладываются новые пути транспортировки. Вместе с тем возрастает и число аварий, а также различных других причин, по которым нефть попадает в воды Мирового океана.

При авариях и катастрофах танкеров в море ежегодно выливаются сотни тысяч тонн нефти. Так, например, у побережья Франции погибли супертанкеры "Олимпик Брейвери" и "Амоко Кадис". Из "Амоко Кадис" вылилось 230 тысяч тонн нефти. В результате этого вдоль побережья одного из живописнейших уголков Франции — Бретани на 200 километров растянулось нефтяное пятно. Крупные катастрофы танкерного флота зарегистрированы у берегов Америки, Испании и других стран.

Причины аварий разные: это и столкновение судов между собой или с различными неподвижными предметами (что часто связано с нарушением правил навигации), это и неудовлетворительное техническое состояние оборудования, а нередко и низкая квалификация обслуживающего персонала. Отмечено немало случаев, когда судовладельцы в погоне за прибылями продолжают эксплуатировать пришедшие в негодность суда. Гибель судов не пугает владельцев, они получают большие страховки.

Еще больше (в десятки раз больше, чем при авариях) нефти попадает в море с балластной водой, сбрасываемой танкерами. Обычно танкеры в одну сторону везут нефть, а в обратный рейс заполняют свои танки водой (это необходимо для устойчивости судна), которую и называют балластной. Поскольку на дне и стенках неизбежно остается какое-то количество нефтяного груза, балластная вода, смывая и растворяя эти остатки, всегда содержит некоторое количество нефти. Перед тем как снова загрузить танкер нефтью, воду сливают. Если ее сливают прямо в море, то туда попадает и нефть.

С 1969 года действует международное соглашение, запрещающее сброс в море неочищенной балластной воды в пределах стомильной полосы от любой береговой линии. А сброс с танкеров водоизмещением 20 тысяч тонн запрещен повсюду. Предлагается проводить очистку балластной воды на самих танкерах и сливать балластные воды на специальных станциях промывки.

Однако, несмотря на это соглашение и вытекающие из него запреты, неочищенные балластные воды с танкеров все еще нередко сливают в море. Многие судовладельческие компании считают более выгодным платить штрафы и получать экономию от сокращения времени простоя на станциях промывки. Часто сбрасывают грязную воду танкеры, плавающие под так называемым "выгодным флагом ПАЛИБОНКО" (Панамы, Либерии, Гондураса, Костарики). В этих странах допускают нарушения международных правил транспортирования нефти и не подвергают судовладельцев штрафу. В результате до сих пор при сбросе балластных вод в море попадает ежегодно несколько миллионов тонн нефти.

В последние годы широко развивается добыча нефти из моря, что тоже усиливает угрозу его загрязнения. Случаются выбросы нефти в море при испытании скважин, утечки при повреждении оборудования во время штормов и т. п.

Гидрометеослужба СССР провела обследование вод Северной Атлантики и европейских морей. Оказалось, что количество нефти у берегов Европы часто превышает установленные в СССР предельно допустимые концентрации (ПДК). Особенно страдают от нефти Северное, Ирландское, Тирренское моря и Бискайский залив. Нефть в количествах, сильно превышающих ПДК, обнаружена и на обширных участках открытого моря в Северной Атлантике, где загрязнение распространяется как от берегов Америки, так и от берегов Европы. Нефтяное загрязнение отмечено даже в самых отдаленных районах Тихого и Атлантического океанов.

Все это ярко свидетельствует о том, что огромные территории Мирового океана загрязнены нефтью. К чему же это приводит?

Нефтяное загрязнение — грозный фактор, влияющий на жизнь всего Мирового океана.

Как считают ученые Зоологического института АН СССР, даже сравнительно небольшие загрязнения воды нефтью нарушают углеводный обмен у морских животных. Особенно вредно нефтяное загрязнение действует на икринки рыб. Эксперименты показали, что из этих икринок появляются мальки-уроды.

Нефтяное загрязнение вредно влияет и на коралловые полипы, которые могут жить только в чистой, прозрачной воде. С колониями кораллов связана жизнь многих видов рыб, поэтому гибель кораллов вызовет исчезновение некоторых форм морской фауны, будет нарушен экологический баланс.

Страдают от загрязнения нефтью и крупные морские животные — киты, дельфины, тюлени. Если тюлень появляется в месте нефтяного пятна, он загрязняет мех. Мех теряет свои теплоизоляционные свойства. Кроме того, нефть вызывает у тюленей воспаление глаз, что иногда кончается слепотой.

Появление нефти в море приводит к образованию на его поверхности тонкой пленки. От этого нарушается энерго-, тепло-, влаго-, газообмен между океаном и атмосферой. А ведь известно, что океан играет большую роль в формировании климата и погоды на Земле.

Как пишет французский ученый Б. Капистрон, тончайшая пленка нефти на поверхности воды уменьшает испарение с этого участка на 60 процентов. В результате массы воздуха, соприкасающиеся с загрязненными зонами, сильнее нагреваются и меньше насыщаются водяным паром. Проходя затем над континентами, они дадут меньше осадков. Перепад температур будет способствовать возникновению грозовых облаков и зарождению циклонов.

Как показывают эти примеры, загрязнение вод Мирового океана нефтью приводит к различным явлениям, влияющим на весь облик планеты. Можно ли спасти Землю от такого вредного воздействия? Совместные действия международных инспекций, безусловно, могут привести к резкому сокращению загрязнения вод Мирового океана нефтью. Прежде всего необходимо строгое соблюдение правил эксплуатации танкерного флота.

Первый советский супертанкер "Крым" привлек внимание мировой общественности тем, что это был первый танкер в мире, полностью отвечающий стандартам, установленным Международной конвенцией 1973 года по борьбе с загрязнением моря. Двойное дно надежно предохраняет морские воды от нефтяного загрязнения, даже если судно получит пробоины или сядет на мель. Системы, заполненные инертным газом, гарантируют от взрывов в балластных танках, что часто служит причиной катастроф.

В 1972—1973 годах на состоявшихся в Лондоне конференциях с участием многих десятков государств были приняты две международные конвенции по предотвращению загрязнения моря сбросами с судов, промышленными отходами, а также нефтью и другими вредными веществами. Это важный этап на пути международного сотрудничества в области борьбы с загрязнением моря.

Все это говорит о том, что на современном уровне развития науки и техники возможна активная и успешная борьба с загрязнением вод Мирового океана нефтью.

3.5.2. Прочитайте статью со словарем и дополните ваши записи с целью передачи содержания статьи.

3.5.3. На основе данного ниже плана сообщите собеседнику, что вы узнали из статьи. Используйте при этом выписанные предложения и дополнительные записи.

1. Транспортировка нефти — важная задача в современном мировом хозяйстве 2. Причины и примеры аварий и катастроф танкеров в море 3. Сброс в море балластных вод — нарушение международных правил транспортировки нефти 4. Результаты обследования вод Северной Атлантики и европейских морей гидрометеослужбой СССР 5. Последствия загрязнения Мирового океана 6. Роль международного сотрудничества в области борьбы с загрязнением моря

3.5.4. Вы принимаете участие в конференции, посвященной вопросам охраны окружающей среды. Ваш сокурсник прочитал доклад на тему: "Как уберечь Мировой океан от загрязнения нефтью?" (см. 3.5.1.). Выступите в прениях по докладу. Оцените актуальность затронутых в нем проблем и приведите собственные примеры загрязнения нефтью Мирового океана.

3.6. Шестой раздел: Наш калейдоскоп

3.6.1. Это интересно

Чистая вода

Нефть, бензин, масла практически не отражают радиоволн, тогда как вода, особенно морская, отражает их хорошо. Это обстоятельство и стало основой нового метода контроля за чистотой морских вод. Самолеты, летая на небольшой высоте, с помощью бортовых локаторов ищут нефть на поверхности воды и сообщают координаты береговым санитарным службам. Эти патрульные самолеты — угроза для "браконьеров"-танкеров, которые, несмотря на запреты, сливают в море нефтяные остатки.

Сколько зверей в лесу

Проведена перепись животных, населяющих леса Ульяновской области. По сведениям охотоведов, здесь проживают более четырех тысяч лосей, около 1,5 тысяч кабанов, более 500 косуль, около 300 бобров, много зайцев, глухарей, рябчиков. Местные любители природы отметили также появление новоселов — европейских оленей.
Обогащение фауны — следствие заботы человека о лесных зверях. Ежегодно в области оборудуется более тысячи "лесных столовых". Друзья природы готовят для зимней подкормки птиц и зверей овес, картофель, сено.

3.6.2. Афоризмы великих людей

Природа — не храм, а мастерская и человек в ней работник.
(И. С. Тургенев)

Не надо чистить воздух и воду, гораздо важнее их не загрязнять.
(А. Н. Несмеянов)

Прежде природа угрожала человеку, а теперь человек угрожает природе.
(Ж.-И. Кусто)

Мы имеем один экземпляр Вселенной и не можем над ним экспериментировать.
(В. Л. Гинзбург)

3.7.   Седьмой раздел

3.7.1.   ⊙ ⊙ Основные глаголы

обраща́ть/обрати́ть   richten, (zu)wenden
  Обратите внимание на следующие факты.

обраща́ться/обрати́ться к кому   sich richten, sich wenden an
und куда
  Он обращается к докладчику с просьбой.
  Он обратился в министерство.

3.7.

обраща́ться *nur uv.* с кем/чем	umgehen mit
Вы умеете обращаться с этим прибором?	
обраще́ние	Anrede; Aufruf, Appell; Umgang; Handhabung; Umlauf, Zirkulation
формы обращения	
обращение к народам мира	
простой в обращении	
товарное обращение	
кровообраще́ние	Blutkreislauf
обра́тный	umgekehrt, entgegengesetzt
в обратном направлении	
обра́тно	zurück, umgekehrt
билет туда и обратно	
обратно пропорциональный	
обрати́мый*	umkehrbar, reversibel
обратимая реакция*	
обрати́мость* (реакции)	Umkehrbarkeit, Reversibilität
оборо́т	Umdrehung; Wendung
число оборотов	
принимать опасный оборот	
товарооборо́т	Warenumsatz
торговый оборо́т	Handelsumsatz
наоборо́т	umgekehrt, im Gegenteil
не обраща́я на это внимания	ohne davon Notiz zu nehmen
сознава́ть/созна́ть	einsehen, erkennen, sich bewußt sein
Ученые сознают необходимость контроля за состоянием окружающей среды.	
Он сознает опасность своего положения.	
сознава́ться/созна́ться (в чём)	einsehen, eingestehen, zugeben
Он во всем сознался.	
созна́ние	Bewußtsein
Бытие́ определяет сознание.	
классовое сознание	
терять сознание	
созна́тельный	bewußt
сознательное отношение к труду	
созна́тельность	Bewußtheit, Bewußtseinsgrad; Bewußtsein
рост сознательности масс	
политическая сознательность	
с созна́нием долга	im Bewußtsein der Pflicht
сознава́я, что ...	in dem Bewußtsein (dessen), daß ...

3.7.2. ⊙ ⊙ Новая лексика

обсужда́ть/обсуди́ть　　　　　　diskutieren, erörtern
обсужде́ние экологической проблемы
　Проблема охраны окружающей среды сейчас широко обсуждается.

подтвержда́ть/подтверди́ть　　　bestätigen, bekräftigen
твёрдая позиция
подтвержде́ние тезиса
　Факты подтверждают взаимосвязь между способом производства и успехами в области экологии.

загрязня́ть/загрязни́ть　　　　verschmutzen
гря́зная вода
загрязне́ние окружающей среды
　Некоторые реки загрязнены настолько, что из них невозможно брать питьевую воду.

отравля́ть/отрави́ть　　　　　vergiften
отравле́ние питьевой воды
　Загрязненная вода рек и озер отравляет рыбу.

замедля́ть/заме́длить　　　　　verlangsamen
ме́дленное движение воздушных масс
замедле́ние процесса
　Английский смог, выпадая в Скандинавии, замедляет рост лесов.

подчиня́ть/подчини́ть　　　　　unterordnen
непосредственное подчине́ние
　Нужно стараться не подчинить, а разумно использовать природу.

отража́ться/отрази́ться　　　　sich widerspiegeln; sich auswirken
отража́ть/отрази́ть жизнь
отраже́ние действительности
　Загрязненный воздух отрицательно отражается на здоровье людей.

ухудша́ться/уху́дшиться　　　　sich verschlechtern
в ху́дшем случае
ухудше́ние климата планеты
　По мнению специалистов, экологическая ситуация ухудшается.

сопровожда́ться *nur uv.* чем　　einhergehen mit, begleitet werden von
в сопровожде́нии специалиста
　Растущее потребление богатств природы нередко сопровождается негативными последствиями.

3.7.

угрожа́ть *nur uv.* кому/чему   bedrohen, drohen
угро́за экологи́ческому равнове́сию
грози́ть *nur uv.* интере́сам наро́дов
    Именно конфликт с природой угрожает существованию человечества.

спаса́ть/спасти́   retten
выступать за спасе́ние планеты
    Совместными усилиями человечество в состоянии спасти планету от ядерной катастрофы.

проника́ть/прони́кнуть   eindringen
проникнове́ние в атмосферу
    Нефть мешает кислороду атмосферы проникать в воду морей.

попада́ть/попа́сть   geraten, gelangen
попада́ющий в воздух газ
    Миллионы тонн промышленных отходов попадают в атмосферу.

трево́жить/встрево́жить   beunruhigen
испытывать трево́гу
    Обстановка в соседней стране нас очень тревожит.

выходи́ть/вы́йти за ра́мки   über den Rahmen hinausgehen, den Rahmen sprengen
вы́ход из положения
    Последствия загрязнения воздуха выходят за локальные рамки.

уще́рб   Schaden
наносить уще́рб живой природе
    Деятельность отдельных монополий наносит большой ущерб природе.

о́стров, *N Pl* острова́   Insel
Скандинавский полуо́стров
    Жители многих тихоокеанских островов чувствуют на себе последствия ядерных взрывов.

расте́ние   Pflanze
растёт площадь лесов
в зависимости от ро́ста производства
    Загрязнение окружающей среды наносит большой ущерб растениям и животным.

испаре́ние   Verdampfen, Verdunsten
давление па́ра
испаря́ться/испари́ться при высо́кой температуре
    При температуре 100°C происходит испарение воды.

вещество   Stoff, Substanz
крайне сложная вещь
вещественный* мир
   Распространение загрязняющих веществ на большие расстояния представляет большую опасность.

пустыня   Wüste
пустое пространство
пустынный остров
   Примерно 40 гектаров земли превращается каждую минуту в пустыню.

очередь, -и *f.*   Reihe
моя (твоя, его и т. д.) очередь
в свою очередь
   Загрязнение не ограничивается реками, очередь дошла уже до Мирового океана.

пыль, -и *f.*   Staub
распылённый на полях препарат ДДТ
   Примерно 30 млн. тонн пыли ежегодно попадает в атмосферу.

поверхность   Oberfläche
верхние слои атмосферы
поверхностное обсуждение вопроса
   Нефть на поверхности моря — враг морских животных.

озабоченность   Besorgnis
озабочен сложившейся ситуацией
заботиться/позаботиться о здоровье людей
   Производство оружия массового уничтожения вызывает серьезную озабоченность.

осадки, -ов   Niederschläge
оседать/осесть далеко от места происхождения
   Замедление процесса испарения приводит к снижению количества осадков.

стихийный   spontan
стихийность развития
   Стихийное развитие отдельных отраслей наносит ущерб экономике.

в том числе   darunter
   Экологические проблемы стоят перед всеми странами, в том числе и перед социалистическими.

4. Четвертый урок: "Наука – техника – гуманизм"

4.1. Первый раздел

4.1.1. ◉ ◉ Предполагаемые знания: владение лексикой (4.7.) и конструкциями (прил. 3.4.); ИК-1, ИК-3, ИК-4 (прил. 1.5., предложения 3–7); ⊖ типы сокращения существительных (прил. 2.1.1.1.–2.1.1.7.).

4.1.2. ◉ ◉ Прослушайте доклад кандидата экономических наук В. Машенцева и выделите главную информацию.

Дорогие товарищи!

Тема моего доклада: "Научно-техническая революция сегодня". Начнем с того, что проблемы научно-технического прогресса волнуют сегодня, без преувеличения, каждого жителя планеты. Они вызывают острую идеологическую борьбу. Такая реакция вполне понятна, т. к. современный этап научно-технического прогресса характеризуется подлинно революционными преобразованиями во многих сферах общественного производства, оказывает глубокое воздействие на все стороны жизни общества, включая духовный мир человека.

Наука при социализме рассматривается как важнейшая сфера общественной деятельности. Опираясь на достижения науки, общество может преобразовывать в желаемом направлении окружающий мир. Поэтому в социалистических странах на фундаментальные и прикладные научные исследования расходуются огромные средства.

Наука и техника при социализме, несомненно, вносят большой вклад в решение социально-экономических проблем. Внедрение самых передовых технических решений в производство вместе с другими факторами обеспечивает высокие темпы развития народного хозяйства наших стран. В социалистическом обществе технический прогресс не сопровождается такими негативными социальными последствиями, как безработица, квалификационная деградация рабочих, неразумная эксплуатация природных ресурсов и опасное загрязнение окружающей среды, что наблюдается в капиталистических странах.

В нашем обществе научные исследования в первую очередь имеют цель оказывать прямое или хотя бы косвенное влияние на обеспечение динамичного подъема народного хозяйства и тем самым на все более широкое удовлетворение растущих материальных и духовных потребностей людей. Поэтому наука и техника обращают первоочередное внимание на важнейшие, самые перспективные для общественного прогресса отрасли. Назовем некоторые из них.

Большое применение сегодня в различных областях народного хозяйства находит электронно-вычислительная техника. Она существенно улучшает информационное обеспечение и таким образом гарантирует наивысшую эффективность управления экономическими и социальными процессами. Можно добавить, что применение ЭВМ во многом позволяет изменить сами процессы научного исследования.

Значительно облегчили труд человека созданные в последние годы промышленные роботы, т. е. автоматические манипуляторы. В отличие от традиционных средств автоматизации манипуляторы обладают большой универсальностью. Они выполняют значительно бо́льшее число операций, приводят к заметному повышению производительности труда.

Важнейшим достижением современной науки и техники является микроэлектроника. Эта техника позволяет в сотни раз увеличить скорость обработки информации. Сейчас на ее основе разрабатываются новые виды вычислительных и управляющих машин, в том числе микропроцессоры. Они выполняют функции управления объектами по заданной программе. Установлено, что микропроцессоры найдут применение более чем в 200 тысячах различных видов устройств и установок.

И, наконец, особое значение имеет комплекс фундаментальных и прикладных разработок, выполненный биологической наукой. Используя современные генетические методы, советские ученые получили прекрасные сорта многих сельскохозяйственных культур.

На службу человеку поставила свои достижения и космонавтика. Она помогает людям решать многие "земные" проблемы: вести исследования поверхности Земли, находить месторождения сырья и топлива, изучать океаны. С помощью космических спутников ведутся радио- и телепередачи на огромные расстояния. Космонавтика помогает надежно прогнозировать погоду.

Из этих немногих примеров становится очевидным, что наука сегодня все больше и больше приобретает характер непосредственной производительной силы общества. Ее развитие создает прочную основу для ускорения технического прогресса.

Итак, можно сделать вывод: научно-технический прогресс сегодня стал одним из могучих факторов повышения эффективности производства. В то же время он оказывает существенное влияние на жизнь людей, изменяет структуру их потребностей, обогащает духовный мир человека.

Спасибо за внимание.

4.1.

4.1.3. Сообщите, что вы узнали из доклада о научно-технической революции, используя вопросы:

1. Чем характеризуется современный этап научно-технического прогресса? 2. Почему в социалистических странах на фундаментальные и прикладные исследования расходуются огромные средства? 3. На что направлено использование науки и техники при социализме? 4. Какими негативными последствиями сопровождается технический прогресс при капитализме? 5. Какие области науки и техники оказывают существенное влияние на общественный прогресс? 6. Какой характер приобретает наука в настоящее время?

4.1.4. Прочитайте доклад и обсудите вопросы, связанные с научно-техническим прогрессом, используя данные конструкции:

1. Почему проблемы научно-технического прогресса вызывают острую идеологическую борьбу?
Конструкции: Это объясняется тем, что ...
Думается, что ...

2. В чём состоит различие между НТР при капитализме и при социализме?
Констр.: Следует исходить из того факта, что ...
Вызывает беспокойство тот факт, что ...

3. Как влияют научные исследования при социализме на материальную и духовную стороны жизни?
Констр.: Я бы сказал(а), что ...
Позвольте привести пример ...

4. Каким образом способствуют общественному прогрессу такие области науки и техники, как генетика, микроэлектроника, электронно-вычислительная техника, промышленные роботы?
Констр.: Насколько мне известно, ...
Хотелось бы добавить, что ...

5. Стоит ли растрачивать огромные средства на развитие космонавтики?
Констр.: Я считаю, что ...
Необходимо учитывать тот факт, что ...

6. Почему наука приобретает характер непосредственной производительной силы?
Констр.: На мой взгляд, ...
В заключение хочется подчеркнуть, что ...

4.1.5. Используя конструкции из прил. 3.4., выразите свою уверенность по поводу данных ниже высказываний. Образец:

Probleme des wissenschaftlich-technischen Fortschritts berühren alle Seiten des gesellschaftlichen Lebens →
Можно с уверенностью сказать, что проблемы научно-технического прогресса затрагивают все стороны общественной жизни.

1. Durch Überleitung moderner Methoden in die Produktion Arbeitsproduktivität wesentlich erhöht   2. Neueste Forschungsergebnisse — direkter oder zumindest indirekter Einfluß auf die Volkswirtschaft   3. Industrieroboter erleichtern die Arbeit der Menschen   4. Wissenschaft wurde zur unmittelbaren Produktivkraft   5. WTF kann sich erst in kommunistischer Gesellschaftsformation in vollem Umfang entfalten   6. Neue Generationen elektronischer Rechenmaschinen in Zukunft immer breiter verwendet   7. WTF bereichert Leben der Menschen   8. Arbeitslosigkeit und ökologische Krise — Folgen der unvernünftigen Nutzung der Errungenschaften des WTF im Kapitalismus

4.1.6. Проведите беседу с вашим сокурсником о проблемах НТР, используя данный ниже план. Употребите опорные слова и известные вам конструкции для выражения позиции говорящего.

План:	Опорные слова:
1. Общие сведения об НТР	волновать, без преувеличения, каждого жителя планеты; подлинно революционные преобразования
2. НТР при социализме	внедрение передовых методов; не сопровождаться негативными последствиями
3. Цель научных исследований	цель — обеспечение динамичного подъема; удовлетворение потребностей; самые перспективные отрасли
4. Электронно-вычислительная техника	улучшать информационное обеспечение; гарантировать эффективность управления
5. Промышленные роботы	облегчать труд; повышать производительность

4.1.   84

6. Микроэлектроника	новые виды вычислительных и управляющих машин, в том числе микропроцессоры
7. Другие области науки	биология (генетические методы); космонавтика (решать "земные" проблемы, прогнозировать погоду)
8. Наука — непосредственная производительная сила	ускорение технического прогресса

4.1.7.   Интонация

4.1.7.1.   ⊙ ⊙ Прослушайте предложения с ИК-1, ИК-3, ИК-4 в начальных и средних синтагмах повествовательных предложений:

1. Опираясь на достижения нау́ки[3], / общество может преобразо́вывать[4] / окружающий ми́р[1]. 2. Внедрение передовых технических реше́ний в произво́дство[4] / обеспечивает высокие темпы развития наро́дного хозя́йства[1]. 3. Большое применение сего́дня[4] / находит электронно-вычислительная те́хника[1]. 4. Она существенно улучша́ет[4] / информационное обеспече́ние[1], / а также гаранти́рует[3] / наивысшую эффекти́вность[4] / управления экономическими и социальными процесса́ми[1]. 5. Микропроце́ссоры[3] / выполняют функции управления объе́ктами[4] / по заданной програ́мме[1]. 6. Научно-технический прогре́сс[3] / оказывает существенное влияние на жизнь люде́й[1], / он в состоянии обогаща́ть[4] / духовный мир челове́ка[1].

4.1.7.2.   ⊙ ⊙ Прослушайте предложения еще раз и повторите за диктором.

4.1.7.3.   Прочитайте предложения из 4.1.7.1. с заданной интонацией.

4.1.8.   Сокращение существительных (ср. прил. 2.1.1.1.–2.1.1.7.) и некоторые другие рекомендуемые сокращения

4.1.8.1.   Прочитайте текст с рекоммендуемыми сокращениями (прил. 2.1.2.3.).

4.1.8.2.   ⊶ (F_L)   Спишите словосочетания, сокращая выделенные слова.

4.1.8.3. ○━ ◉ ◉ Прослушайте словосочетания, запишите их, по возможности, в сокращениях.

4.1.9. Переведите на русский язык:

In unserer Zeit, in der sich tiefgehende Umgestaltungen in der Gesellschaft mit einer Revolution auf dem Gebiet von Wissenschaft und Technik verbinden, bewegen die Probleme der wissenschaftlich-technischen Revolution jeden Bewohner unseres Planeten. Das ist nicht verwunderlich, weil es immer schwieriger wird, die Widersprüche, von denen der schnelle Fortschritt von Wissenschaft und Technik begleitet wird, zu überwinden.
Einerseits kann man ohne Übertreibung sagen, daß die beschleunigte Entwicklung der Produktivkräfte, z. B. die neuesten Errungenschaften auf dem Gebiet der Kernphysik, der Genetik, der elektronischen Rechentechnik und Mikroelektronik, die Schaffung von Industrierobotern usw., die Arbeits- und Lebensbedingungen der Menschen erleichtert und ihre geistige Welt bereichert. Andererseits entsteht auf direktem oder indirektem Wege eine Reihe von negativen Folgen. Im Kapitalismus, dessen Hauptmerkmal das Privateigentum an Produktionsmitteln ist, haben diese Folgen sozialökonomische Ursachen. Diese Gesellschaftsordnung kann keines der sozialen Probleme bewältigen, die durch den wissenschaftlich-technischen Fortschritt hervorgerufen werden.
Nur der Sozialismus kann, gestützt auf das gesellschaftliche Eigentum an Produktionsmitteln und eine koordinierte Entwicklung aller Lebensbereiche (сфера), einen echten Fortschritt von Wissenschaft und Technik im Interesse der Menschen gewährleisten.

4.2. Второй раздел

4.2.1. Прочитайте статью из журнала "Наука и жизнь" и выпишите опорные слова, несущие основную информацию.

НТР и ответственность ученого

Глобальные проблемы, затрагивающие население всей планеты, носят кризисный характер. Стихийно возникают ситуации, волнующие все человечество и требующие решительных мер для их преодоления. Человечество с давних времен знает кризисы, вызываемые стихийными силами природы, — землетрясения[1], наводнения[2], засухи[3]. Они имеют локальный характер и ограничены во времени.

4.2.

В противоположность этому принимающие глобальные масштабы нынешние кризисы можно рассматривать как результат деятельности самого́ человека. Это, так сказать, "антропогенные" кризисы. К ним относятся сырьевой и энергетический, продовольственный и экологический кризисы и т. д.

Наряду с этими кризисами материального характера известны и глобальные кризисы, затрагивающие духовный мир человека. Мы говорим, например, о кризисе информации. И дело не только в том, что поток информации в количественном отношении превышает наши способности ее восприятия. В классово-антагонистическом обществе возникает опасность, что информация превращается в свою противоположность — в организованную дезинформацию, имеющую цель негативно воздействовать на психику человека и его поведение.

Представители гуманитарных наук уделяют возрастающее внимание тому, что они называют "кризисом идентичности". Они утверждают, что человек в условиях современного капитализма теряет представление о своем месте в обществе, о собственной личности. Этот кризис также изображают как глобальный.

Сегодня внимание многих ученых направлено на материальную окружающую среду, внешнюю по отношению к человеку; о ее сохранении заботятся, стремятся избежать ее загрязнения. Но жизнь с ее противоречиями требует от нас обращения, так сказать, к "внутренней среде" человека, чтобы помочь ему справиться с самим собой. Поэтому, решая проблемы, затрагивающие массы населения, нужно в то же время заботиться и о человеке как личности, о его духовном мире.

Кризисы, возникающие в духовной жизни человека, возлагают особую ответственность на науку и на ученых. В связи с этим приходится нередко слышать обвинения[4] в адрес науки и ученых, и это кажется вполне естественным. Ведь бо́льшая часть рассматриваемых нами кризисов возникает — это можно с уверенностью сказать — вследствие применения современной технологии в производстве. А прогресс техники, появление ее новых форм опирается, без сомнения, на достижения фундаментальных и прикладных исследований. Наука не просто становится одной из производительных сил общества, но, по существу, выступает как самая могучая из них — если не непосредственно, то во всяком случае косвенно являясь универсальным источником новых открытий, лежащих в основе технического прогресса.

Проблема ответственности ученого перед обществом уже давно привлекает к себе внимание. За свою деятельность ученый несет ответственность, если можно так сказать, общечеловеческого характера. Он ответствен за полноценность своего научного "продукта", т. е. за качество результатов научной работы. Это элементарная, само собой разумеющаяся сторона ответственности ученого.

Значительно шире ставится проблема ответственности ученого, когда речь идет о возможных негативных последствиях использования его труда в технике и экономике. Назовем хотя бы атомную промышлен-

ность и связанную с ней радиационную угрозу, рост масштабов использования природных ресурсов, возрастание мощности средств массовой информации и т. д.
Наивно было бы думать, что деятельность, поведение отдельного учёного окажут влияние на возникновение или ход того или иного кризиса. Тут речь идет об ином — об общественной, политической позиции сообщества[5] ученых, об их профессиональной этике.
Примером коллективной акции ученых в этом отношении служит так называемый "Асиломарский мораторий". Здесь имеется в виду согласованная приостановка ряда исследований в новой отрасли науки — генной инженерии[6]. Проведение дальнейших научных исследований в этой области могло бы иметь весьма опасные последствия, включая возникновение новых, неизвестных ранее эпидемий, против которых медицина бессильна. Сейчас, после объявления "Асиломарского моратория", в большинстве стран установлены соответствующие правила генноинженерных работ, в ряде случаев они имеют даже законодательный характер. "Асиломарский мораторий", без преувеличения, можно считать образцом ответственного отношения ученых к своему долгу перед лицом опасности, способной привести к глобальному кризису.
Советские деятели науки приветствуют постановку вопроса о коллективной ответственности ученых. Сегодня существуют такие широкие формы общественного движения ученых, как Пагуошское движение и Всемирная федерация ученых; возникли организации с ясно выраженной общественной целью, например, Британское общество за социальную ответственность ученого. Развитие такого движения можно рассматривать как свидетельство растущей ответственности ученых в период, который характеризуется возникновением особенно широких, достигающих глобальных масштабов проблем, затрагивающих различные стороны современной жизни.

[1] землетрясе́ние — Erdbeben   [2] наводне́ние — Überschwemmung   [3] за́суха — Dürre   [4] обвине́ние — Beschuldigung   [5] сообщество — Gemeinschaft   [6] ге́нная инжене́рия — Gentechnik

4.2.2.   Расскажите о проблемах, затронутых в статье, используя ваши записи.

4.2.3.   В беседе с товарищем приведите примеры, когда отношение того или иного ученого к своим открытиям привело к положительным или отрицательным последствиям для дальнейшего развития человечества.

4.2.

4.2.4. Вы посмотрели с советскими товарищами документальный фильм "Хиросима". После показа этого фильма идет обсуждение одной из затронутых в нем проблем: "Ответственность ученого за предотвращение негативных последствий использования научных результатов". Примите участие в обсуждении этой проблемы.

4.3. **Третий раздел**

4.3.1. ⦿ ⦿ Прослушайте лекцию на тему "Научно-техническая революция и противоречия капитализма" и составьте краткий конспект этой лекции.

4.3.2. С помощью конспекта передайте основное содержание лекции товарищу, который не смог присутствовать на ней.

4.3.3. Проведите семинар по теме. Обсудите следующие положения:

1. НТР в переходную эпоху от капитализма к социализму 2. Угроза термоядерного конфликта 3. Обострение противоречий при капитализме 4. Неспособность капиталистического строя справиться с достижениями НТР 5. Безработица и ее последствия для людей 6. Молодежь в капиталистических странах 7. Искажение сути научно-технического прогресса и возможности его преодоления

Проиллюстрируйте эти положения своими примерами.

4.3.4. Подведите совместно итоги семинара.

4.4. **Четвертый раздел**

4.4.1. Ваш советский товарищ попросил вас (по возможности дословно) перевести отрывок интересующей его статьи.

Die wissenschaftlich-technische Revolution ist eine alle Länder erfassende Erscheinung, die direkt oder zumindest indirekt alle Sphären des gesellschaftlichen Lebens berührt. Eine wachsende Zahl wissenschaftlicher Ent-

deckungen und die Verdrängung alter Technik durch neue tragen dazu bei, die Arbeit des Menschen zu erleichtern und — das kann ohne Übertreibung gesagt werden — seine geistige Welt zu bereichern.
Im Gegensatz dazu wird in der kapitalistischen Gesellschaft das Wesen des wissenschaftlich-technischen Fortschritts verzerrt. Der Hauptwiderspruch des Kapitalismus führt dazu, daß die Errungenschaften von Wissenschaft und Technik in erster Linie zum Zweck der Schaffung neuer Waffensysteme verwendet werden. Diese Gesellschaftsordnung, die auf dem Privateigentum an Produktionsmitteln beruht, ruft immer neue unlösbare Widersprüche hervor; sie ist nicht in der Lage, die aus der wissenschaftlich-technischen Revolution resultierenden sozialen Probleme zu bewältigen. Eines dieser Probleme ist die Massenarbeitslosigkeit. Der Verlust des Arbeitsplatzes fügt den Menschen großen materiellen und moralischen Schaden zu. Zu Recht wird daher die Arbeitslosigkeit nicht selten als Verbrechen gegen die Menschlichkeit dargestellt.
Die Überwindung aller mit der WTR verbundenen Widersprüche ist nur auf dem Weg wahrhaft revolutionärer sozialökonomischer Umgestaltungen möglich. Nicht nur die Wissenschaftler aller Länder tragen hierbei eine große Verantwortung.

4.4.2. Однокоренные слова

4.4.2.1. (F_L) Прочитайте словосочетания с однокоренными словами и обратите внимание на их разные значения:

1. **суть** (вопроса, дела)
по сути дела

    Wesen = Kern, Kernpunkt
    in Wirklichkeit, eigentlich, im Grunde genommen

2. **сущность** (процесса, проблемы)
сущность и явление *philos.*
по самой своей сущности
в сущности (говоря)

    Wesen = Charakter, Spezifikum
    Wesen und Erscheinung
    seinem innersten Wesen nach
    eigentlich, im Grunde genommen

3. **существо** (дела, теории)

    Wesen = Wesentliches, innerer Gehalt

    говорить по существу
    по существу (говоря)

    das Wesentliche berühren
    im wesentlichen, im Grunde genommen

4. (живое) **существо**

    Wesen = Geschöpf

4.4.2.2. ⚷ Спишите предложения, вставляя вместо точек подходящие по смыслу однокоренные слова:

1. ... выдвинутой гипотезы состоит в том, что она позволяет объяснить некоторые стороны данного явления. 2. Маркс интерпретировал ...

истории как последовательность классовых конфликтов. 3. Докладчик выступал не по ... 4. С ... современной эпохи связано ее основное противоречие — противоречие между капитализмом и социализмом. 5. Наука не просто стала одной из производительных сил общества. Она, ..., выступает как самая могучая из них. 6. Загрязненный воздух негативно отражается на живых ... 7. Он не понял ... вопроса. 8. Промышленность загрязняет атмосферу веществами, вредными для живых ... 9. Говорите, пожалуйста, по ... 10. "..." и "явление" — основные философские категории. 11. Доклад был небезынтересным, но, ..., никаких новых аспектов не содержал.

4.4.2.3. Составьте письменно предложения с однокоренными словами.

4.4.3. Синонимы

4.4.3.1. (F) Прочитайте глагольно-именные сочетания. Спишите некоторые из них.

ГИС с глаголом "проводить/провести":
проводить/провести объединение, сокращение, обсуждение, дискуссию, беседу, подготовку, наблюдение за чем, соревнование (→ соревноваться *nur uv.*), обмен опытом (→ обмениваться/обменяться опытом) и др.

ГИС с глаголом "вести":
вести обработку, разработку, подготовку, беседу, обсуждение, дискуссию, наблюдение за чем, борьбу (→ бороться) и др.

ГИС с глаголом "идти":
идет / шел (шла, шло) разговор, беседа, дискуссия, обсуждение, наблюдение, подготовка и др.

4.4.3.2. О—▪ Замените выделенные глаголы соответствующими ГИС. При необходимости измените синтаксическую структуру предложений (ср. прил. 4.1.).

1. На симпозиуме **обсуждали** вопрос о значении научных открытий в решении социально-экономических проблем. 2. Сейчас космическая техника помогает нам **наблюдать** за климатическими условиями на планете. 3. Лучшие бригады заводов часто **обмениваются опытом**. 4. Сотрудники научно-исследовательского института **работают** над созданием нового проекта. 5. В стране **готовятся** к молодеж-

ному фестивалю. 6. Все миролюбивые силы **борются** против агрессивных планов империализма. 7. Несколько лет назад было принято решение **объединить** небольшие колхозы этого района. 8. Этот институт **готовит** высококвалифицированных специалистов. 9. На заводе все бригады **соревнуются** за звание "Бригады коммунистического труда". 10. Участники конференции **дискутировали** об ответственности ученого перед обществом.

4.4.3.3. Составьте письменно предложения с ГИС и попытайтесь заменить их синонимичными глаголами.

4.4.4. Вы хотите выразить свою уверенность относительно правильности некоторых мыслей. Напишите предложения, используя конструкции из прил. 3,4. (см. образец в 4.1.5.).

1. Nur durch schnelle Überleitung neuer wissenschaftlicher Erkenntnisse in die Produktion nötiger Wirtschaftsaufschwung zu erreichen 2. Anwendung der elektronischen Rechentechnik in anderen Lebensbereichen wird in wachsendem Maße Aufmerksamkeit auf sich ziehen 3. Sozialistische Ordnung, auf Errungenschaften der Wissenschaft gestützt, zur bewußten Umgestaltung der Umwelt fähig 4. Durch Verdrängung alter Technik und immer breitere Anwendung von Industrierobotern Arbeit des Menschen wesentlich zu erleichtern 5. Abgestimmte Wissenschaftspolitik in RGW-Staaten — Beitrag zur Beschleunigung der gesellschaftlichen Entwicklung 6. Entwicklung der Wissenschaft im Kapitalismus in vielen Fällen losgelöst von wahrhaft menschlichen Bestrebungen

4.4.5. Переписка

4.4.5.1. Прочитайте образец письма про себя:

Уважаемые товарищи!

С благодарностью подтверждаем получение "Сообщений" с материалами конференции, организованной Вашим институтом на тему "Наука – техника – гуманизм". **Нам очень приятно**, что все наши доклады включены в "Сообщения".
Наш институт **глубоко заинтересован в** продолжении и укреплении наших с Вами контактов. Мы предлагаем Вам принять участие в организации в нашем институте совместной конференции на тему "Научно-техническая революция и социализм".

4.4.

Просим Вас как можно скорее сообщить Вашу точку зрения по нашему предложению. **Мы в свою очередь** учтем Ваши замечания по вопросам нашего дальнейшего сотрудничества.
Пользуясь случаем, еще раз благодарим Вас за теплую, товарищескую атмосферу взаимопонимания во время конференции.

д-р филос. наук

С уважением
Н. А. Столяров

4.4.5.2. (F_L) Переведите типичные для письма конструкции. Прочитайте их вслух и спишите.

4.4.5.3. Прочитайте письмо вслух.

4.4.5.4. Переведите ответное письмо, используя данные конструкции.

Verehrte Kollegen!
Wir bestätigen dankend den Eingang Ihres Briefes vom 15. 09. dieses Jahres.
Wir freuen uns sehr über Ihren Vorschlag, zur Fortsetzung und Vertiefung unserer Wissenschaftskontakte eine gemeinsame Konferenz zu organisieren.
Unsererseits schlagen wir als ersten Schritt zur Zusammenarbeit in dieser Frage die Schaffung eines Organisationskomitees aus Vertretern unserer beiden Institute vor. Wir sind sehr daran interessiert, noch bis Ende dieses Jahres eine erste Beratung dieses Komitees an unserem Institut durchzuführen.
Wir benutzen die Gelegenheit, Ihnen eine Bibliographie von Arbeiten unseres Instituts zu übersenden.
Wir bitten um baldige Antwort.

Mit kollegialem Gruß
Prof. N. Schmidt

4.4.6. Напишите письмо вашему советскому коллеге. Выразите благодарность за приглашение принять участие в научной конференции "Наука – техника – гуманизм", которую организует Ленинградский пединститут. Предложите тему вашего доклада. Сообщите, какие аспекты проблематики конференции вы затронете в своем докладе.

Используйте, по возможности, выделенные в письме-образце конструкции (4.4.5.1.), а также конструкции из прил. 3.4.

4.5. Пятый раздел

4.5.1. Переведите письменно первые пять абзацев статьи из журнала "Знание — сила" со словарем. Остальные абзацы прочитайте без словаря. Выделите устно основную информацию статьи.

Границы науки

Мы уже привыкли к быстрому и все ускоряющемуся прогрессу науки. Но насколько "вечен" такой прогресс? Может быть, в природе существуют наипростейшие, самые элементарные частицы материи и "самые последние", предельно общие законы мироздания, познав которые, наука исчерпает свой предмет? Может быть, предметом ученых будет лишь изучение следствий и поиск практических применений созданной ими всеохватывающей теории?

Есть и другая сторона проблемы. Эксперименты, в которых изучается структура окружающего нас мира, становятся все более сложными и дорогостоящими, а их результаты — все более трудными для понимания. Резко возрастает объем научной информации. Не могут ли все эти обстоятельства стать причиной конца фундаментальной науки?

Такого взгляда придерживается, например, американский физик Глэсс, который считает, что великие концепции и основные законы природы теперь уже известны, остается еще уточнить множество деталей, но бескрайних горизонтов науки больше не существует. Некоторые ученые утверждают, что фундаментальные исследования все равно рано или поздно должны прекратиться. Фундаментальная наука, считают сторонники таких взглядов, становится слишком далекой от действительности. А раз так, то лучше уж сосредоточиться на практическом использовании уже открытых законов природы и не растрачивать ресурсы на развитие "науки ради науки".

Крупные научные лаборатории уже сегодня превратились в настоящие города с опытными заводами, сложнейшим энергохозяйством и многими тысячами сотрудников. Затраты на вновь создаваемые экспериментальные установки достигают сотен миллионов рублей. Оправданы ли эти расходы и стоит ли увеличивать их дальше? Нельзя, конечно, ожидать, что высокий, практически экспоненциальный темп, которым характеризовалось до сих пор развитие науки, сохранится долгое время. Уже в недалеком будущем затраты на научные исследования должны стабилизироваться на каком-то "разумном уровне".

Хочется указать еще на одну грозную опасность, которая может стать препятствием для фундаментальных разработок. Неограниченно увеличивается объем информации, с которой приходится иметь дело ученому. Привести в систему, осмыслить и использовать возрастающие знания становится все труднее. Иногда бывает проще повторить исследования и заново найти решение, чем изучить горы литературы. Считается,

4.5.

что 60—80 % инженерных решений в мире предлагаются повторно. Только в США потери от вторичных решений достигают миллиардов долларов в год.

Есть оптимисты, которые считают, что по мере того, как будут изобретаться все более мощные кибернетические системы сбора, хранения и обработки добываемых данных, острота информационного кризиса постепенно уменьшится. Но для того, чтобы кибернетические устройства могли справляться с быстро возрастающей и усложняющейся информацией, для них необходимо создавать все более сложные программы. А это требует затраты сил высококвалифицированных программистов. Кроме того, чем сложнее программа и чем больше объем данных, тем медленнее она работает, ведь скорость передачи сигналов в системе не может быть бесконечной, она ограничена скоростью света.

Все трудности можно было бы значительно уменьшить, если бы удалось выделить наиболее важные и перспективные исследования. Ну, а как планировать открытия, ведь они потому и называются открытиями, что совершенно непредсказуемы?

Многие ученые убеждены в том, что никакое планирование фундаментальных исследований не возможно. Вместе с тем есть и другая точка зрения. Трудно поверить, что у науки есть всего лишь один-единственный, "самый правильный" путь прогресса, и его нужно обязательно найти, так как иначе цивилизация проиграет в соревновании с природой. Естественнее предположить, что в бесконечно многообразном мире может быть много различных, но в общем-то эквивалентных путей развития, каждый из которых ничем не хуже другого. Важно только, чтобы расширялись возможности цивилизации и существование ее делалось более устойчивым.

Проблема в том, чтобы найти достаточно надежные критерии для выявления относительной важности различных направлений исследований, которые сводили бы к минимуму вероятность грубых просчетов планирования.

Прежде всего следует учитывать "внутреннюю логику" развития науки, связанную с анализом ее наиболее "горячих точек". Именно там можно ожидать открытия принципиально новых закономерностей.

Но нельзя забывать и того факта, что на оценку перспективности отдельных направлений в науке влияют, кроме чисто научных, также экономические, социальные, политические аспекты жизни общества: насколько данная проблема "созрела" для решения с учетом необходимых для этого материальных ресурсов, возможна ли достаточно быстрая практическая реализация ожидаемых результатов, каков их экономический эффект, как это отразится на национальном престиже и т. п. Не последнее место здесь занимают критерии морального плана, особенно, если учесть, что выбор определенной цели может оказать обратное воздействие на моральные установки общества и существенно их деформировать.

При планировании научных исследований вполне оправдана постановка вопроса о запрете, моратории на проведение экспериментов, особенно опасных для человека и окружающей среды. Человечество в силу реально существующих политических, социально-экономических условий, в силу недостаточного уровня знаний может оказаться просто не готовым к использованию некоторых научных результатов, которые могут сыграть роль злого духа, выпущенного из бутылки.
Несмотря на это, в одном можно быть уверенным. Человечество никогда не потеряет интереса к фундаментальным исследованиям хотя бы уже потому, что продвижение в глубь материи связано с открытием и освоением новых источников энергии вместо постепенно истощающихся старых. И если не выполнять исследований, то может случиться, что имеющихся источников просто не хватит для того, чтобы овладеть новыми. А ведь энергия — это далеко не единственное оружие, которое предоставляет нам наука в нашем соревновании с природой.
Фундаментальные исследования влияют на жизнь общества не только благодаря непосредственному практическому использованию открываемых качественно новых явлений. Они важны и тем, что в процессе этих исследований, выполняемых, как правило, в экстремальных условиях, создаются новые приборы и неожиданные технологии, которые затем находят широкое применение.
Как видно, занятие фундаментальными исследованиями — не только жизненно необходимое, но и весьма "прибыльное дело" для общества. И это также является гарантией того, что фундаментальная наука не прекратит своего развития, несмотря на связанные с ней растущие проблемы. Наука преобразует настоящее нашей планеты, человека и природы в целом. Она в состоянии указать человечеству оптимальные пути развития. Следовательно, отказ от фундаментальных исследований значил бы отказ от стремительного прогресса человеческой цивилизации.

4.5.2.   Прочитайте статью еще раз и выпишите опорные слова, несущие основную информацию, с целью передачи содержания статьи.

4.5.3.   На основе данных ниже вопросов проинформируйте собеседника о проблемах, затронутых в статье. Используйте при этом выписанные опорные слова.

1. Какие вопросы появляются в связи со все ускоряющимся прогрессом науки? 2. Какие обстоятельства могут стать причиной конца фундаментальных наук? 3. Каких взглядов придерживаются ученые по этому вопросу? 4. Возможно ли планирование фундаментальных

4.5.

исследований? 5. Какие критерии нужно учитывать при планировании научных исследований? 6. В чем состоит значение фундаментальных исследований для общественного развития?

4.5.4. Вас пригласили в физико-технический институт АН СССР для участия в дискуссии на тему "Тенденции и перспективы развития науки". В институт приглашены также представители гуманитарных и естественных наук из социалистических и капиталистических стран. Примите участие в дискуссии. Попытайтесь оценить перспективы развития фундаментальных наук с точки зрения марксистско-ленинской теории познания. Затроньте вопрос о критериях выявления относительной важности различных направлений исследований и о факторах, влияющих на планирование научных исследований.

4.6. Шестой раздел: Наш калейдоскоп

4.6.1. Говорят ученые

Два самых больших открытия человечества: книгопечатание, которое способствует распространению книги, и телевидение, которое отрывает человека от чтения.   (Ж. Элгози)

В слове "ученый" заключается только понятие о том, что его много учили, но это еще не значит, что он чему-нибудь научился.
(Г. К. Лихтенберг)

4.6.2. Заколдованный круг

Наши деды ездили на лошадях и боялись автомобилей. Наши отцы ездили на автомобилях, но боялись самолетов. Мы летаем на самолетах, но боимся реактивных. Наши дети летают на реактивных самолетах, но боятся лошадей.

4.6.3. Это бывает так редко

Однажды репортер спросил Альберта Эйнштейна, записывает ли он свои мысли, и если записывает, то в блокнот, записную книжку или в специальную картотеку. Эйнштейн посмотрел на объемистый блокнот репортера и сказал: "Милый мой ... настоящие мысли приходят в голову так редко, что их не трудно и запомнить!"

4.7. Седьмой раздел

4.7.1. 🔊 🔊 Основные глаголы

реша́ть/реши́ть	lösen, entscheiden
Необходимо решить эту сложную проблему.	
Вопрос "кто кого?" решен в пользу сил социализма.	
реши́ть *nur v.* + *Inf.*	beschließen + *Inf.*
Он решил пойти в кино.	
реша́ться/реши́ться + *Inf.*	sich entschließen, etw. zu tun
Он решился ехать.	
реша́ться/реши́ться на что	sich zu etw. entschließen
Он решился на операцию.	
реше́ние	Lösung, Entscheidung, Beschluß, Entschluß
правильное решение задачи	
принимать решение	
решение конференции	
приходить к решению	
реши́тельный	entschlossen, entschieden
решительный человек	
решительные меры	
реши́тельность (тона)	Entschiedenheit, Nachdruck
реши́мость	Entschlossenheit
со всей решимостью	
(не)разреши́мый (вопрос)	(un)lösbar
реша́ющий (час)	entscheidend
по реше́нию (партии)	auf Beschluß
согласно реше́нию (комиссии)	gemäß, laut Beschluß
производи́ть/произвести́	produzieren, herstellen; durchführen
Этот завод производит машины.	
Были произведены сложные эксперименты.	
производи́ть/произвести́ (впечатление)	hervorrufen, machen
произведе́ние (Пушкина, Ленина)	Werk
произво́дство	Produktion
способ производства	
товарное производство	
произво́дственник	Produktionsarbeiter
производи́тель (товаров)	Produzent

7 Russ. perfekt

4.7.

производственный (план) Produktions-
производственные отношения
производительный (труд) produktiv, Produktiv-
производительные силы
производительность (труда) Produktivität

4.7.2. 🔊🔊 Новая лексика

порождать/породить hervorrufen, -bringen, verursachen
рождение новой отрасли науки
Безработица — порождение капитализма.
 Нас волнует обострение международной обстановки, которое порождено политикой империализма.

изображать/изобразить darstellen
изображение действительности
изобразительное искусство
 "Кризис идентичности" нередко изображается как глобальный.

облегчать/облегчить erleichtern
облегчённая конструкция
облегчение труда
 Само собой разумеется, что вследствие применения промышленных роботов облегчается труд людей.

обогащать/обогатить bereichern, anreichern
обогащение духовного мира
богатый опыт
 Занятие наукой обогащает духовный мир человека.

искажать/исказить verzerren, entstellen
искажённый смысл
грубые искажения в тексте
 Империализм искажает саму суть научно-технического прогресса.

вытеснять/вытеснить heraus-, verdrängen
вытеснение старого метода обработки
 То, что новая техника вытесняет старую, — абсолютно нормальное явление.

справляться/справиться с чем fertig werden mit, schaffen, bewältigen
 Капиталистическое общество оказалось неспособным справиться с проблемами, вызванными НТР.

отрыва́ть/оторва́ть losreißen, -lösen
без отры́ва от произво́дства
отры́вок из рома́на
 Вполне понятно, что в ходе истории стремление к прибыли оказалось оторванным от интересов народа.

привлека́ть/привле́чь (к чему́) an-, auf sich ziehen; heran-, hinzu-
привлече́ние к рабо́те в коми́ссии ziehen (zu)
привлека́тельный челове́к
 Проблема возможной приостановки определенных исследований уже давно привлекает к себе внимание.

согласо́вывать/согласова́ть koordinieren, abstimmen, in Über-
согласова́ние дальне́йших ша́гов einstimmung bringen
согласо́ванность де́йствий
 Согласованные акции передовых ученых многих стран способствовали достижению желаемого результата.

затра́гивать/затро́нуть berühren
затро́нутые вопро́сы
тро́гать рука́ми
 В связи с НТР возникли проблемы, которые затрагивают духовный мир человека.

развёртываться/разверну́ться sich entfalten
развёртывать/разверну́ть соревнова́ние
развёрнутое строи́тельство социализма
 В полном объеме НТР может развернуться лишь в условиях коммунистической формации.

опира́ться/опере́ться на что sich stützen auf
наде́жная опо́ра
 Социалистическое общество опирается на новейшие достижения фундаментальных и прикладных наук.

сочета́ться *uv./v.* sich vereinigen, sich verbinden
сочета́ть в себе́ мно́гие ка́чества
сочета́ние интере́сов
 Революционные преобразования в области общественных отношений сочетаются с революцией в науке и технике.

внедре́ние Einführung, Überleitung
внедри́ть/внедри́ть но́вые ме́тоды
добыва́ть нефть из недр Земли́
 Внедрение передовых методов в производство способствует повышению производительности труда.

4.7.

преодоле́ние   Überwindung
преодолева́ть/преодоле́ть тру́дности
   Еди́нственный путь преодоления отрицательных последствий научно-технического прогресса — коренные социально-экономические преобразования.

противоре́чие   Widerspruch
противоре́чить интересам народов
   При капитализме НТР ведет к обострению социальных противоречий.

откры́тие   Entdeckung; Eröffnung
открыва́ть/откры́ть новый элемент
выставка откры́та
   В условиях капиталистического строя открытия науки нередко используются во вред людям.

преступле́ние   Verbrechen
престу́пные планы империализма
опасный престу́пник
   Безработицу по праву можно отнести к преступлениям против человечности.

преувеличе́ние   Übertreibung
преувели́чивать/преувели́чить опасность
преувели́ченное изображение
   Проблемы научно-технического прогресса волнуют сейчас, без преувеличения, каждого жителя планеты.

поте́ря   Verlust
теря́ть/потеря́ть рабочее место
   Потеря работы наносит человеку тяжелую моральную травму.

противополо́жность   Gegensatz, Gegenteil
противополо́жные взгляды
   В противоположность капитализму социализм не искажает суть научно-технического прогресса.

отве́тственность   Verantwortung, Verantwortlichkeit
отве́тственный редактор
отвеча́ть/отве́тить за своё поведение
   Связанные с научно-техническим прогрессом проблемы возлагают большую ответственность на ученых.

ча́стный   privat
частносо́бственническая эконо́-
мика
   Частная собственность на средства производства — основа капиталистического способа производства.

вычисли́тельный   Rechen-
электронно-вычисли́тельная техника
вычисля́ть/вы́числить стоимость
производить вычисле́ния
   Появилось новое поколение электронно-вычислительных машин (ЭВМ).

ко́свенный   indirekt, mittelbar
   Некоторые математические задачи решаются только косвенным путем.

по́длинный   wahrhaft, echt
читать спецлитературу в по́длиннике
   Научно-технический прогресс характеризуется подлинно революционными преобразованиями.

хотя́ бы   wenigstens, zumindest
   Изучение иностранного языка влияет прямо или хотя бы косвенно на владение родным языком.

5. Пятый урок: "Проблемы войны и мира"

5.1. Первый раздел

5.1.1. ⊙ ⊙ Предполагаемые знания: владение лексикой (5.7.) и конструкциями (прил. 3.5.); ИК-2 в вопросительном предложении (прил. 1.5., предложение 8); ⊖ сокращение прилагательных (прил. 2.1.1.8.).

5.1.2. ⊙ ⊙ Прослушайте доклад пропагандиста-международника Ю. Я. Киршина и выделите главную информацию.

Уважаемые товарищи!

В своем выступлении мне хотелось бы коснуться актуальнейшей проблемы современности: проблемы войны и мира. Каждому понятно, что нет сейчас более важной задачи, чем прекращение гонки вооружений, разоружение. Необходимость решения ее все яснее осознают народы стран мира.

Мировая общественность с тревогой следит за развязанной милитаристскими кругами империалистических государств гонкой вооружений. Я хочу обратить ваше внимание на то, что сегодня армии мира располагают огромным арсеналом танков, военных самолетов, подводных лодок, ракет и т. п. А что касается ядерного оружия, то его уже в начале 80-х годов было произведено такое количество, которым можно было бы 15 раз уничтожить все живое на Земле. Несмотря на это, страны-члены НАТО все больше форсируют гонку вооружений. Причем характерной чертой нынешнего этапа гонки вооружений в этих странах является курс на перевооружение, реорганизацию структуры военного блока.

Послевоенная история, в частности события начала 80-х годов, доказывают, что центром современного милитаризма, политической и военной опорой всех реакционных сил выступает американский империализм. Наиболее опасным для мира звеном в системе американского империализма является военно-промышленный комплекс — союз монополий, государственного аппарата и военного руководства.

Отметим, что в настоящее время военно-промышленный комплекс США ставит перед собой задачу не столько количественного роста вооружений, сколько их качественного совершенствования. В США было разработано, например, новое поколение ракетно-ядерного оружия — крылатые ракеты, нейтронное оружие, подводные лодки "Трайдент" с межконтинентальными ракетами на борту.

В связи с этим большую тревогу мировой общественности вызывает стремительный рост военного бюджета США. Чем оправдывают такие огромные военные расходы? Стремлением "защитить" США от агрессии? Кто же угрожает им? Апологеты империализма распространяют лживое утверждение о "советской военной угрозе". В действительности, милитаристы США не могут смириться с установившимся равновесием вооруженных сил между странами Организации Варшавского Договора и НАТО. Они пытаются добиться превосходства в стратегических и обычных вооружениях. Против этих устремлений милитаристских кругов США решительно выступает мировая общественность.

В настоящее время наиболее взрывоопасным районом мира является Европа. Здесь противостоят друг другу вооруженные силы стран НАТО и стран-участниц ОВД. Причем уровень концентрации армий этих блоков очень высокий. Советский Союз, другие социалистические страны решительно борются против размещения новых средств массового уничтожения, за сокращение вооружений, за обеспечение коллективной безопасности в Европе.

Разрешите затронуть еще одну немаловажную проблему. Большую опасность для дела мира и народов, борющихся за национальное освобождение и независимость, представляет все увеличивающийся экспорт вооружений. Поставки американского и западноевропейского оружия в ряд стран Африки и Латинской Америки ведут к усилению напряженности, возникновению новых конфликтов в соответствующих регионах мира. Мировая общественность обеспокоена тем, что поставки оружия в эти страны способствуют вовлечению их в безудержную гонку вооружений.

Очевиден тот факт, что гонка вооружений увеличивает опасность возникновения новой мировой войны. В то же время она является тяжелым бременем для всех государств и народов, в особенности для развивающихся стран. Она мешает развитию экономики, отвлекает средства, необходимые для решения таких коренных проблем современности, как продовольственная, энергетическая, сокращение безработицы, улучшение социально-экономического положения трудящихся, искоренение болезней. Все больше людей отвлекается из гражданских отраслей экономики.

Из всего сказанного можно сделать вывод, что единственным выходом из сложившейся обстановки может быть только полное прекращение гонки вооружений и все более конкретные шаги на пути разоружения с тем, чтобы уменьшить, а в конечном счете ликвидировать угрозу термоядерной катастрофы.

Благодарю за внимание.

5.1.3. Сообщите, что вы узнали из доклада о проблемах войны и мира, используя вопросы:

1. Что является самой важной задачей современной эпохи? 2. Каким оружием располагают армии мира? 3. Какова характерная черта нынешнего этапа гонки вооружений? 4. Что является наиболее опасным звеном в системе американского империализма? 5. Какие примеры качественного совершенствования американского оружия можно привести? 6. Чем оправдывают военную политику США? 7. С какой целью проводится эта политика? 8. Чем характеризуется обстановка в Европе? 9. За что борются Советский Союз и другие социалистические страны? 10. В чем состоит опасность все увеличивающегося экспорта вооружений? 11. Решению каких проблем мешает гонка вооружений?

5.1.4. Прочитайте доклад и обсудите некоторые вопросы, связанные с проблемами войны и мира, используя данные конструкции:

1. Какова военно-политическая ситуация в настоящее время?

Конструкции: Вызывает тревогу тот факт, что ...
Следует отметить, что ...

2. Какую роль играют США в отношении гонки вооружений?

Констр.: Можно с уверенностью сказать, что ...
Вызывает беспокойство тот факт, что ...

3. Чем характеризуется положение в Европе и как реагируют на это страны социалистического лагеря?

Констр.: Что касается этого вопроса, то хочется отметить ...
Необходимо учитывать тот факт, что ...

4. К каким последствиям ведет в развивающихся странах Азии и Африки безудержная гонка вооружений?

Констр.: Факты свидетельствуют о том, что ...
Хочется подчеркнуть, что ...

5. Каким путем можно избежать термоядерной катастрофы?

Констр.: Нет сомнения в том, что ...
Хочется выразить уверенность в том, что ...

5.1.5. Используя конструкции из прил. 3.5., выразите решительное несогласие / протест в связи с данными ниже высказываниями. Образец:

> Stationierung neuer Massenvernichtungswaffen in Westeuropa →
> **Нужно выступать против** размещения нового оружия массового уничтожения в Западной Европе.

1. Das von aggressiven imperialistischen Kreisen entfachte zügellose Wettrüsten 2. Tendenz zur weiteren qualitativen Vervollkommnung der Rüstung in den Ländern des Imperialismus 3. Rechtfertigen gigantischer Rüstungsausgaben mit Hilfe der verlogenen Behauptung von der Existenz einer "sowjetischen militärischen Bedrohung" 4. Das forcierte Wettrüsten, das die Lösung wesentlicher sozialer Probleme, wie z. B. die Ausmerzung gefährlicher Krankheiten, behindert 5. Das Bestreben des amerikanischen Imperialismus, die militärische Überlegenheit über die Welt des Sozialismus zu erringen 6. Waffenlieferungen imperialistischer Staaten an aggressive und rassistische Regime, die die Spannungen in den entsprechenden Regionen verschärfen

5.1.6. Проведите беседу с товарищами о проблемах войны и мира, используя данный ниже план. Употребите опорные слова и известные вам конструкции для выражения позиции говорящего.

План:	Опорные слова:
1. Необходимость борьбы против гонки вооружений	все яснее осознавать ...; с тревогой следить за ...; форсировать гонку вооружений; характерная черта — перевооружение
2. Военно-промышленный комплекс США	опора всех реакционных сил; качественное совершенствование вооружений
3. Устремления американских империалистов	рост военного бюджета; пытаться оправдать военные расходы; добиваться превосходства
4. Ситуация в Европе	наиболее взрывоопасный район; уровень концентрации армий; борьба за сокращение вооружений
5. Увеличивающийся экспорт вооружений	поставки оружия; усиление напряженности; возникновение конфликтов; вовлечение в гонку вооружений

5.1.

6. Гонка вооружений — тяжелое бремя для народов

мешать развитию экономики; отвлекать людей из гражданских отраслей

7. Единственный выход из сложившейся обстановки

полное прекращение гонки вооружений; устранить угрозу термоядерной катастрофы

5.1.7.   Интонация

5.1.7.1.   ◉ ◉ Прослушайте предложения с ИК-2 в вопросительных предложениях с вопросительным словом:

1. Что² вызывает тревогу мировой общественности? 2. Что² является характерной чертой нынешнего этапа гонки вооружений? 3. С чем² не могут смириться агрессивные силы? 4. Чего² они пытаются добиться? 5. Для кого² гонка вооружений является особенно тяжелым бременем? 6. В чем² выход из сложившейся обстановки?

5.1.7.2.   ◉ ◉ Прослушайте предложения еще раз и повторите за диктором.

5.1.7.3.   Прочитайте предложения из 5.1.7.1. с заданной интонацией.

5.1.8.   Сокращение прилагательных (ср. прил. 2.1.1.8.)

5.1.8.1.   Прочитайте текст с рекомендуемыми сокращениями (прил. 2.1.2.4.).

5.1.8.2.   ⌐━ (F_L) Спишите словосочетания, сокращая выделенные слова.

5.1.8.3.   ⌐━ ◉ ◉ Прослушайте словосочетания, запишите их, сокращая существительные и прилагательные.

5.1.9.   Переведите на русский язык:

Das Problem der Verhinderung eines neuen Weltkrieges steht im Mittelpunkt der Aufmerksamkeit der Weltöffentlichkeit. Die Völker unseres Planeten verfolgen mit Besorgnis das Bestreben aggressiver imperialistischer Kreise, die Spannungen in der Welt zu verschärfen und das zügellose

Wettrüsten weiter zu forcieren. Die Streitkräfte einzelner Länder verfügen heute über ein gewaltiges Arsenal an Panzern, Flugzeugen, Atom-U-Booten, interkontinentalen Raketen usw. Ungeachtet dessen wächst in den imperialistischen Ländern der Umfang der Ausgaben für eine weitere qualitative Vervollkommnung der Rüstung ständig weiter an, werden immer neue Pläne zum Bau von Massenvernichtungswaffen und zu ihrer Stationierung auf europäischem Territorium geboren.
Der militärisch-industrielle Komplex in den USA, das gefährlichste Glied im System des amerikanischen Imperialismus, versucht die wachsenden Rüstungsausgaben mit der Lüge von einer "sowjetischen militärischen Bedrohung" zu rechtfertigen. Damit wollen die militaristischen Kreise in den USA von der Forderung der Zeit, der endgültigen Einstellung des Wettrüstens, ablenken.
Jeder vernünftig denkende Bewohner unseres Planeten muß begreifen, daß jetzt der Zeitpunkt gekommen ist, da reale Schritte auf dem Wege einer echten Abrüstung erreicht werden müssen, um die Gefahr einer thermonuklearen Katastrophe zu verringern und schließlich zu bannen.

5.2. Второй раздел

5.2.1. Прочитайте статью из газеты "Правда". Запишите основные мысли.

Миф[1] о "советской угрозе" — величайшая ложь XX века

Социализм впервые в истории открыл реальную перспективу полного искоренения всяких войн из жизни человечества. Со дня возникновения первого социалистического государства борьба за прочный мир на планете стала важнейшим программным положением коммунистов.
Несмотря на это, империалистические фальсификаторы вот уже многие десятилетия распространяют лживый миф о "советской угрозе". Из учения о классовой борьбе, о противоположности интересов рабочего класса и буржуазии делается вывод о "неискоренимой враждебности" советского государства по отношению к капиталистическим странам. При этом авторы мифа о "советской угрозе", разумеется, замалчивают одно из основных положений коммунистической идеологии и доказанный практикой истории факт, а именно: завоевавший государственную власть рабочий класс противоположен буржуазии, в частности, и в том, что для достижения своих внутренних и международных целей он нуждается не в войне, а в сохранении и обеспечении мира. Именно классовость[2] внешней политики СССР предопределяет ее миролюбие.

Причем миролюбие советской внешней политики — не конъюнктурное, преходящее явление. Оно органически вытекает из гуманистической сущности общества, избавившегося от классовой эксплуатации. При социалистическом строе нет классов или групп, заинтересованных в вооруженных конфликтах или гонке вооружений, получающих огромную прибыль от бизнеса смерти. Для осуществления высшей цели социализма — всемерного удовлетворения материальных и духовных потребностей трудящихся — необходимы мирные условия.

Многие реалистически мыслящие политические деятели и известные ученые Запада выражают свою уверенность, что Советский Союз не хочет войны. Они решительно выступают против вымысла о "советской военной угрозе". Известный американский ученый-экономист Дж. К. Гэлбрейт, например, пишет: "Советский Союз вполне осознает, что такое ядерная война. Советский народ в сравнении с нашим пережил ужасы[3] намного более разрушительных войн. И все, кто имел возможность беседовать с советскими руководителями, не сомневаются в их стремлении избежать ядерной катастрофы".

Но голос разума не может остановить потоков клеветы, если за ними стоят совершенно определенные классовые и политические цели. А цели эти ясны: лживый миф распространяется реакционными силами для того, чтобы уменьшить воздействие ленинской политики мира на народы планеты. Они стремятся настроить людей против мирной политики СССР, пытаясь внедрить в общественное сознание мысль, что Советский Союз не прочь развязать ядерную войну, чтобы утвердить свое господство[4] над миром. В то же время антисоветская клевета имеет цель остановить наступление антиимпериалистических сил на международной арене, укрепить позиции капитализма в его борьбе против социального прогресса, против международного рабочего и коммунистического движения.

И еще одна цель преследуется безудержным распространением мифа о "советской военной угрозе": агрессивные силы империализма стремятся приучить население капиталистических стран к мысли о том, что ядерная война рано или поздно, но будет развязана. И, следовательно, все дело в том, чтобы подготовиться к ней, пережить ее и победить. При этом используется огромное разнообразие методов психологического воздействия. И постепенно достигается желаемый эффект: происходит "милитаризация мышления". В этом убеждают регулярно проводимые в США и других ведущих странах Запада опросы общественного мнения[5]. Беспокоит тот факт, что относительно большое число людей высказывается за дальнейшее увеличение военных бюджетов.

Совершенно ясно, что вымышленный миф о "советской угрозе" нужен стратегам Пентагона и НАТО, чтобы с его помощью оправдать гигантские военные расходы Запада. Утверждая необходимость сохранения военно-стратегического равновесия, они используют созданные посредством лживого мифа антисоветские настроения для того, чтобы

добиться военного превосходства над странами социализма. На осуществление этой цели направлены и новейшие пентагоновские доктрины.
Никто не отрицает того факта, что Советский Союз и другие страны-участницы ОВД располагают мощными вооруженными силами, современным могучим оружием, включая ракетно-ядерное. Несмотря на это, "советской военной угрозы" не существует! Идя ленинским курсом миролюбивой внешней политики, социалистические страны не добиваются военного превосходства над Западом и стремятся лишь обеспечить свою безопасность.

[1] миф — Mythos   [2] кла́ссовость — Klassencharakter   [3] у́жас, N Pl у́жасы — Schrecken   [4] госпо́дство — Herrschaft   [5] опро́сы обще́ственного мне́ния — Meinungsumfragen

5.2.2.   Изложите содержание статьи, используя ваши записи.

5.2.3.   Подготовьтесь с товарищем к дискуссии на тему "Борьба за мир на нашей планете". Приведите примеры мероприятий, проводимых в социалистических и капиталистических странах с целью защиты мира и обеспечения безопасности на нашей планете.

5.2.4.   Вы прослушали доклад лектора-международника о миролюбивой политике СССР. После доклада проводится дискуссия. Примите в ней участие. Расскажите о совместных усилиях всех прогрессивных сил в борьбе за мир, выступите против агрессивных замыслов противников разрядки, затроньте проблему мифа о "советской угрозе".

5.3.   **Третий раздел**

5.3.1.   ⊙ ⊙ Прослушайте интервью на тему "Прекращение гонки вооружений". На вопросы журналистов отвечает политический обозреватель "Правды". Законспектируйте вопросы и ответы.

5.3.2.   Вашего товарища интересует, какие проблемы были затронуты в интервью. Передайте с помощью конспекта основное содержание интервью.

5.3.

5.3.3. Обсудите с товарищем проблемы, затронутые в интервью. В ходе беседы подтвердите высказывания политического обозревателя известной вам информацией о конструктивных предложениях социалистических стран, направленных на решение проблемы разоружения.

5.3.4. Представьте, что вы работаете в университетской газете. Вас попросили взять интервью у участников конференции, посвященной теме "Прекращение гонки вооружений и разоружение — коренная проблема современности". Задайте интересующие вас вопросы о современной международной обстановке и попросите участников конференции ответить на них.

5.4. Четвертый раздел

5.4.1. Ваш советский друг просит вас (по возможности дословно) перевести краткий текст о гонке вооружений.

Die Weltöffentlichkeit verfolgt mit Besorgnis das von militaristischen Kreisen des Westens entfesselte zügellose Wettrüsten.
Bestimmte Kräfte versuchen, die Spannungen in der Welt anzuheizen (= zu verstärken), um dadurch ihre gewaltigen Militärausgaben zu rechtfertigen. Mit Hilfe der verlogenen Behauptung von einer "sowjetischen militärischen Bedrohung" wollen sie die Völker der Welt von ihrem Bestreben ablenken, die militärische Überlegenheit über die Länder des Sozialismus zu erringen. Daneben dient die antisowjetische Verleumdungskampagne dazu, feindliche Stimmungen gegenüber der Sowjetunion und allen sozialistischen Staaten zu erzeugen, um den Vormarsch des Sozialismus in der Welt aufzuhalten.
Dabei verschweigen die aggressiven Kräfte der imperialistischen Staaten, daß das zügellose Wettrüsten eine schwere Bürde für alle Länder, in erster Linie für die Entwicklungsländer, darstellt. Es hindert sie, ihre Grundprobleme zu lösen, unter anderem die Beseitigung der ökonomischen Rückständigkeit und der sozialen Probleme, die Ausmerzung bestimmter Krankheiten usw. Daraus ergibt sich, daß jeder Schritt auf dem Wege zu einer echten Abrüstung ein Beitrag zur Überwindung der dort vorhandenen Probleme wäre.

5.4.2. Однокоренные слова

5.4.2.1. (F_L) Прочитайте словосочетания с однокоренными словами и обратите внимание на их разные значения:

1. **мысль**   Gedanke, Idee; Denken; Gedanken-
   основная мысль сочинения   gut, Ideenwelt
   человеческая мысль
   философская мысль

2. **вымысел** (врагов разрядки)   Erfindung, Lüge, Hirngespinst

3. (опасный) **замысел**   Vorhaben, Plan, Absicht

4. **смысл**   Sinn, Bedeutung
   в прямом и переносном смысле

5.4.2.2. ⚬── Спишите предложения, вставляя вместо точек подходящие по смыслу однокоренные слова:

1. Апологеты империализма распространяют ... о "советской военной угрозе". 2. Раньше военное превосходство имело громадн... политическ... ... 3. Империалистические фальсификаторы стремятся приучить население капиталистических стран к ... об "агрессивности" Советского Союза. 4. Надо противодействовать вредным ... врагов мира. 5. ... о "советской угрозе" — величайшая ложь XX века. 6. Против ... милитаристских кругов США решительно выступает мировая общественность. 7. Основн... ... выступления заключается в том, что военно-промышленный комплекс США — наиболее опасное звено в системе американского империализма. 8. Проблематика войны и мира является в полн...... слова коренным вопросом современности.

5.4.2.3. Составьте письменно предложения с однокоренными словами.

5.4.3. Синонимы

5.4.3.1. (F) Прочитайте глаголы-синонимы и предложения. Обратите внимание на разное значение синонимов:

1. **пыта́ться/попыта́ться** + *Inf.*   **versuchen**
   Страны-члены НАТО пытаются   (Versuch mit gewisser Anstren-
   форсировать гонку вооружений.   gung, aber ungewissem Erfolg)
   Я попытаюсь это сделать, но
   не знаю, удастся ли.

2. стара́ться/постара́ться + *Inf.*
Мы постараемся привести это в порядок.

sich bemühen
(Versuch mit bewußtem Engagement und erhofftem positiven Resultat)
vorwiegend in Verbindung mit Tätigkeiten aus dem Alltag

3. про́бовать/попро́бовать + *Inf.*
Я попробую разработать доклад на эту тему.
Он пробовал перевести текст, но ничего не вышло.
В этом году он пробовал поступить в МГУ и сразу поступил.

versuchen, probieren
(Versuch, i. allg. mit gewisser Anstrengung, aber ungewissem Erfolg. Präteritum: Versuch meist erfolglos bzw. vorzeitig abgebrochen)
vorwiegend in Verbindung mit Tätigkeiten aus dem Alltag

4. стреми́ться + *Inf. oder* к чему
Простые люди всей Земли стремятся жить в мире.
Милитаристы США стремятся к развязыванию ядерной войны.

bestrebt sein, streben nach
(engagierter Versuch)
vorwiegend in Verbindung mit Tätigkeiten aus dem gesellschaftspolitischen Bereich u. ä.

5.4.3.2. Вставьте вместо точек подходящие по смыслу синонимичные глаголы. Укажите случаи, где возможны варианты.

1. Милитаристы США ... добиться превосходства в стратегических и обычных вооружениях. 2. Советский Союз ... избежать ядерной катастрофы. 3. Западные страны ... замалчивать тот факт, что они поддерживают расистские режимы. 4. Реакционные силы ... настроить людей против мирной политики СССР. 5. Они ... внедрить в общественное сознание мысль, что СССР не прочь развязать ядерную войну. 6. Молодые африканские государства ... к экономической независимости. 7. В борьбе за нефть и газ западные страны ... применять все возможные меры давления. 8. Нужно ... экономить нефть и газ, заменяя их другими видами топлива. 9. В некоторых странах Запада сейчас ... представить кризис экономической и общественной системы капитализма в виде кризиса всего человечества. 10. Я ... говорить с ним по-русски, но он меня плохо понял. 11. Сын очень ... делать все так, как просила его мать. 12. В юности он ... писать стихи, но потом оставил это занятие. 13. Я ... объяснить ему свою точку зрения и, кажется, мне это удалось.

5.4.3.3. Составьте письменно предложения с синонимичными глаголами.

5.4.4.   Используя конструкции из прил. 3.5., выразите в письменной форме решительное несогласие / протест в связи со следующими высказываниями (см. образец в 5.1.5.).

1. Bestreben bestimmter Kräfte im Westen, Schritte auf dem Weg zu einer echten Abrüstung zu verhindern   2. Bewußte Verschärfung der Spannungen im Nahen Osten durch aggressive Kreise Israels   3. Geplante Stationierung strategischer Offensivwaffen im Gebiet des Stillen Ozeans   4. Ständiges Anwachsen der Kapitalanlagen in bestimmten Zweigen der Kriegsindustrie   5. Versuch, mit Hilfe der "Bedrohungslüge" feindliche Stimmungen in der Weltöffentlichkeit gegenüber der Sowjetunion und ihrer Außenpolitik zu erzeugen   6. Faktisches Einbeziehen der Entwicklungsländer in das zügellose Wettrüsten, das deren ökonomische Rückständigkeit noch verstärkt

5.4.5.   Переписка

5.4.5.1.   Прочитайте образец письма про себя:

Уважаемый профессор Шмидт!

По поручению нашего **вышестоящего органа,** Министерства высшего и среднего специального образования (Минвуз) СССР, **обращаемся к Вам с предложением** приступить к **установлению непосредственных контактов** на основе Плана совместной работы, согласованного между Минвузами СССР и ГДР на последующие пять лет, в целях совместной разработки предусмотренных в Плане исследований по тематике "Прекращение гонки вооружений и разоружение – коренная проблема современности".
В интересах скорейшего **создания** необходимых для этого **условий,** а также по возможности более быстрого **согласования работ приглашаем** в наш университет не позднее конца мая с. г. **делегацию в составе трех специалистов,** участвующих в совместных научных работах.
Просим сообщить нам дату вылета и номер рейса.
Позвольте выразить уверенность в плодотворном и взаимовыгодном сотрудничестве.

С уважением

Проректор по научной части
д-р философских наук, профессор   И. А. Трубин

5.4.5.2.   (F$_L$)   Переведите типичные для письма конструкции. Прочитайте их вслух и спишите.

8 Russ. perfekt

5.4.5.3. Прочитайте письмо вслух.

5.4.5.4. Переведите ответное письмо, используя данные конструкции.

Sehr geehrter Herr Professor!

Wir danken Ihnen für Ihren Brief vom 24. April dieses Jahres.

Auch wir sind an der Herstellung unmittelbarer Kontakte mit Ihrer Universität auf der Grundlage des abgestimmten Arbeitsplanes unserer Ministerien sehr interessiert. In diesem Zusammenhang möchten wir Ihnen für die Einladung an Ihre Universität herzlich danken und als unsere Vertreter für die gemeinsamen Forschungsarbeiten die Forschungsgruppenleiter Dr. sc. Schulz (Delegationsleiter) und Dr. sc. Lehmann vorschlagen. Wir sind überzeugt, daß die Schaffung der für unsere künftige Zusammenarbeit notwendigen Bedingungen und eine möglichst schnelle Abstimmung der gemeinsamen Forschungsthemen auf diese Weise abgesichert werden können.

Unsere Delegation fliegt am 19. Mai mit Flug IF 600. Wir bitten Sie, uns Ihre Bereitschaft zum Empfang unserer Delegation möglichst bald mitzuteilen.

Gestatten Sie, im Auftrag unseres übergeordneten Organs noch folgende Bitte an Sie zu richten: Wäre es Ihnen möglich, zusätzlich noch im 3. Quartal dieses Jahres eine Delegation von 2—3 Mitarbeitern unserer Universität zu empfangen, die Ihre Erfahrungen auf dem Gebiet der Überleitung der wissenschaftlichen Erkenntnisse in die Praxis studieren soll? Im Interesse eines fruchtbaren Erfahrungsaustauschs auf diesem Gebiet wären wir Ihnen für Ihr Einverständnis sehr dankbar.

Gestatten Sie, zum Schluß auch unsererseits die Überzeugung zum Ausdruck zu bringen, daß sich unsere künftige Zusammenarbeit erfolgreich entwickeln wird.

Hochachtungsvoll
Prof. Dr. sc. phil. Schmidt

5.4.6. Напишите письмо заведующему кафедрой научного коммунизма вашего института-партнера с предложением установить непосредственные контакты на основе Плана совместной работы. Пригласите в ваш институт сотрудников кафедры, которые занимаются вопросами войны и мира. Сообщите основные направления исследовательской работы вашей кафедры.

Используйте для вашего письма выделенные в письме-образце (5.4.5.1.) конструкции, а также конструкции из прил. 3.5.

5.4.7. Вас попросили выступить на митинге, посвященном борьбе народов мира против ядерной угрозы, за мир и разоружение. Подготовьте письменно ваше выступление. Выразите в нем протест против форсирования гонки вооружений и распространения мифа о "советской военной угрозе" агрессивными силами империализма. Приведите примеры конструктивных предложений социалистических стран, направленных на решение проблемы разоружения.

Используйте в вашем выступлении конструкции из прил. 3.5.

5.5. Пятый раздел

5.5.1. Прочитайте статью из газеты "Правда" без словаря. Подчеркните в каждом абзаце предложения, несущие основную информацию.

К миру без войн, к миру без оружия

Марксисты-ленинцы всегда рассматривали вопросы войны и мира в качестве центральной проблемы международных отношений, от положительного решения которой зависят перспективы общественного развития, судьбы человечества. В наши дни эта проблема приобрела особую остроту. Наличие ракетно-ядерного оружия сделало ее еще более злободневной. Поэтому современная эпоха требует от человечества принципиально нового подхода к проблемам мира, войны, международной безопасности, а также к вопросам военной политики государств и союзов.

В прежние времена общество имело относительную свободу выбора в области войны и мира. Даже и не в самых критических ситуациях политики могли решаться на войну. Раньше военное превосходство имело громадный политический смысл, и военная политика часто основывалась именно на этом факторе. Теперь, в эру, когда потенциальными противниками накоплены фантастических масштабов арсеналы ядерного оружия, достаточные для многократного взаимного уничтожения, такое "силовое" превосходство теряет прежний смысл. Оно не открывает путей к военным победам, не дает дополнительных гарантий безопасности.

Историческая реальность представляет собой парадоксальную ситуацию: чем очевиднее бессмысленность всеобщей войны, тем с бо́льшей активностью силы империализма готовят средства к ее ведению, стремятся усилить международную напряженность. Характерной чертой нынешнего этапа гонки вооружений является то, что ее центр тяжести переместился из количественной области в качественную. Действительно, в век научно-технической революции качественные нововведения в системах ядерного оружия могут привести к крайне опасным последствиям как военно-стратегического, так и политического характера. Достижения научно-технической революции внедряются в военную область столь бурными темпами, что без введения в кратчайшие сроки необходимых ограничений может появиться реальная угроза создания новых, более опасных видов оружия массового уничтожения, таких, как радиологическое, инфразвуковое, радиочастотное, лазерное, пучковое и других, разрабатывающихся в научно-исследовательских лабораториях. И никто не сомневается в том, что эти виды оружия, звучащие сейчас "экзотически", при отсутствии запрещений и ограничений на их разработку и производство могут стать в будущем частью военных арсеналов.

Вот почему вопросы прекращения гонки вооружений и разоружения занимают первостепенное место во внешнеполитической деятельности КПСС и Советского государства, всегда идущих ленинским курсом. В. И. Ленин считал разоружение идеалом социализма. Социализм — это общество, в котором нет и не может быть классов или социальных групп, заинтересованных в захвате чужих земель, в порабощении народов, в развязывании войн. Социалистическому обществу чужды милитаризм и милитаристские устремления. И советская внешняя политика, и дипломатия являются воплощением подлинно мирного, созидательного характера социалистического строя. Еще в 1919 году В. И. Ленин на VII Всероссийском съезде Советов заявил, что Советское социалистическое государство "желает жить в мире со всеми народами и направить все свои силы на внутреннее строительство . . ."

Советское государство, следуя заветам Ленина, на протяжении всей своей истории добивалось того, чтобы искоренить войны, обеспечить мир для всех народов. Всему миру известны конкретные шаги СССР по оздоровлению международной обстановки, по принятию реальных совместных мер в области разоружения. Советский Союз еще в 1975 году предложил, например, заключить международное соглашение о запрещении разработки и производства новых видов оружия массового уничтожения и новых систем такого оружия. Это предложение сразу привлекло внимание большого числа государств. Оно было одобрено на XXX и последующих сессиях Генеральной Ассамблеи ООН. Стремясь облегчить достижения договоренности, Советский Союз предложил проект соглашения, дал определение понятию "новые виды и новые системы оружия массового уничтожения", критериям и основным категориям классификационных признаков, по которым можно было бы отнести то или иное оружие к новому. Одним словом, было сделано все, чтобы добиться соглашения в короткие сроки.

И это, конечно, не единственное предложение Советского Союза, направленное на прекращение безудержной гонки вооружений. СССР выступает за радикальное решение вопроса о запрещении ядерного оружия вообще. С этой целью было выдвинуто советское предложение о прекращении производства ядерного оружия во всех его видах и постепенном сокращении его запасов вплоть до их полной ликвидации, ибо гонка ракетно-ядерных вооружений представляет наибольшую опасность международному миру, существованию современной цивилизации.

СССР и его союзники исходят из того, что ракетно-ядерную войну можно и нужно предотвратить, что в современных условиях мирное сосуществование государств, политика разрядки — единственно разумная политика, которая не имеет альтернативы.

Можно без преувеличения сказать, что все крупные внешнеполитические акции, все важные инициативы, направленные на сохранение международного мира, на решение кардинальных вопросов современности, исходят от Советского Союза и других братских социалистических стран. Страны социалистического содружества делали и делают все от них зависящее, чтобы и дальше развивались наметившиеся позитивные процессы в Европе и во всем мире, чтобы шаг за шагом ослабить, а затем преодолеть противостояние двух военных блоков. Именно эту цель преследовали и преследуют политические акции, предпринятые странами Варшавского Договора после совещания в Хельсинки. Советский Союз, другие братские страны социализма твердо и последовательно проводят ленинский внешнеполитический курс на сохранение и упрочение всеобщего мира, на развитие всестороннего сотрудничества между всеми государствами, на сохранение стабильности в международных отношениях, на углубление процесса разрядки. Весь ход исторического развития показал, что мир и социализм неразделимы, что в содружестве социалистических государств народы обрели наиболее последовательного и стойкого защитника прочного и справедливого мира.

Именно поэтому социалистическая внешняя политика находит поддержку прогрессивной общественности мира. Говоря словами Ленина, "нашу мирную политику одобряет громаднейшее большинство населения Земли". Все здравомыслящие люди планеты понимают, что нет альтернативы разрядке, что для решения спорных вопросов можно и нужно изыскивать мирные средства, что ядерное разоружение является важным условием прочного мира.

5.5.2. Прочитайте статью со словарем. На основе выделенных предложений составьте подробный план статьи с целью передачи ее содержания.

5.5.3. Используя план, проинформируйте вашего товарища о затронутых в статье проблемах.

5.5.4. На курсах повышения квалификации по марксизму-ленинизму проводится семинар на тему "Вопросы войны и мира — центральная проблема международных отношений". Примите участие в обсуждении темы. Докажите особую важность и актуальность проблемы на современном этапе. Оцените значение советского предложения о запрещении разработки и производства новых видов оружия массового уничтожения. Выскажите свою точку зрения о том, считаете ли вы возможным в настоящее время всеобщее и полное разоружение.

5.6. Шестой раздел: Наш калейдоскоп

5.6.1. Высказывания известных людей

Я содрогаюсь при мысли, что в конце концов откроют какой-нибудь секрет, при помощи которого станет еще легче уничтожать людей и истреблять целые народы. (Монтескье)

Физики оказали человечеству огромную услугу: они изобрели оружие столь страшное, что война стала невозможной: от победителей тоже мокрое место останется. (Л. Д. Ландау)

Мы не должны позволить человечеству погибнуть. Со всеми войнами и страданиями надо покончить навсегда и нет для ученых задачи благороднее и выше, чем добиться этого. (Ноэль-Бэйкер)

Чтобы цивилизация уцелела, мы должны культивировать науку человеческих взаимоотношений, способность всех народов, самых разных, жить в мире на одной земле. (Рузвельт)

5.6.2. Языком статистики

1. В 70-е годы расходы на вооружение увеличились более чем в два раза и составили в начале 80-х годов 20—30 % общего объема мировой продукции. Согласно статистическим данным ООН, на долю стран-членов НАТО в этот период приходилось больше половины мировых военных расходов. Это вдвое больше той суммы, которую расходовали на вооружение СССР и другие страны Варшавского Договора.

2. Расходы на вооружение на душу населения составляли в 1980 году в США — 527 долларов, в ФРГ — 378 долларов, в Норвегии — 334 доллара, в Голландии — 314 долларов, в Англии — 276 долларов. А в СССР эти расходы составляли в 1980 году только 93 доллара.

3. Стоимость одного бомбардировщика типа "B-1" — более 200 миллионов долларов. На эту сумму может быть построено 16 больниц; суммы, израсходованной на один танк типа "Леопард", хватило бы на строительство 36 трехкомнатных квартир; суммы, израсходованной на постройку одной подводной лодки "Трайдент", хватило бы на обучение 16 миллионов детей в течение одного года.

4. При использовании сравнительно "маломощного" нейтронного боеприпаса в 1 килотонну будут разрушены все здания в радиусе 150—300 метров от эпицентра взрыва, люди в укрытиях погибнут в радиусе до 800 метров и получат смертельную дозу радиации в радиусе до 1,6 километра. Погибнет вся фауна на площади 520 гектаров.

5.7. Седьмой раздел

5.7.1. ◉ ◉ Основные глаголы

мы́слить *nur uv.*	denken, urteilen, überlegen
Реалистически мыслящий человек должен выступать против мифа о "советской угрозе".	
мысль, -и *f.*	Gedanke, Idee; Denken, Denkfähigkeit
высказывать мысль	
сила человеческой мысли	
мы́сленный	gedanklich, in Gedanken vorgestellt
мысленно (себе) представлять завтрашний день	
(великий) мысли́тель	Denker
мысли́тельный (процесс)	Denk-
(реалистическое) мышле́ние	Denken
размышле́ние	tiefes Nachdenken, Überlegen; Gedanke, Überlegung, Betrachtung
углубиться в размышления	
размышления о прошлом	
размышля́ть *nur uv.*	nachdenken, nachsinnen
размышлять о будущем	
здравомы́слящий (человек)	vernünftig denkend
вы́мысел, -сла	Hirngespinst, Lüge
вымысел о "советской угрозе"	
вы́мышленный (случай)	erdichtet, erdacht, erlogen

5.7.

за́мысел   Plan, Vorhaben
   выступать против замыслов реакции
(не)мы́слимый (факт)   (un)denkbar, (un)möglich

стреми́ться *nur uv.* + *Inf.*   streben, bestrebt sein
   Милитаристские круги стремятся помешать процессу разрядки.
стреми́ться к чему   streben nach, etw. anstreben
   Молодые африканские государства стремятся к экономической независимости.
стремле́ние   Streben, Bestreben
   стремление завоевать мир
   стремление к перевооружению
стреми́тельный (рост бюджета)   sehr schnell, ungestüm
устремле́ние   Bestrebung, Absicht, Ziel
   выражать устремления народных масс
целеустремлённый (труд)   zielstrebig
целеустремлённость (в научной работе)   Zielstrebigkeit

5.7.2. ◉ ◉ Новая лексика

развя́зывать/развяза́ть   entfesseln, auslösen
развя́зывание войны
   Некоторые политические деятели на Западе утверждают, что Советский Союз не прочь развязать ядерную войну.

опра́вдывать/оправда́ть   rechtfertigen
(ничем не) опра́вданная реакция
находить оправда́ние
   Цель не оправдывает средств.

зама́лчивать/замолча́ть   verschweigen, totschweigen
зама́лчивание военной угрозы
хранить молча́ние
   Западные страны стремятся замалчивать тот факт, что они поддерживают расистские режимы.

настра́ивать/настро́ить   *irgendwie* stimmen, beeinflussen;
использовать антивоенные настрое́ния   *gegen j-n* aufbringen
антисоветски настро́енные круги
   Администрация США стремится настроить людей против мирной политики СССР.

отвлека́ть/отвле́чь (от чего) ablenken (von); abziehen
отвлека́ться/отвле́чься от работы
  Все больше людей отвлекается из гражданских отраслей экономики.

вытека́ть/вы́течь из чего sich ergeben aus, folgen aus
быстро течь
филосо́фское тече́ние
  Миролюбие внешней политики СССР вытекает из гуманистической сущности социалистического строя.

добива́ться/доби́ться чего erringen, erreichen, erzielen
  Мы уверены, что посредством переговоров можно добиться решения многих вопросов.

добива́ться *nur uv.* **чего** streben nach, zu erreichen suchen
  Миролюбивые силы добиваются полного прекращения испытаний ядерного оружия.

следи́ть *nur uv.* **за чем** *mit dem Blick oder gedanklich*
уничтожа́ть следы́* *folgen,* verfolgen
  Народы следят с тревогой за развязанной милитаристскими кругами гонкой вооружений.

черта́ Strich, Zug, Eigenschaft
черти́ть/начерти́ть* линию
чертёж здания
  Характерной чертой нашего времени является борьба народов мира за разрядку.

клевета́ Verleumdung
клевета́ть/наклевета́ть* на социализм
клеветни́ческая кампания*
  В действительности, антисоветская клевета преследует цель противостоять прогрессу антиимпериалистических сил.

поста́вка Lieferung
поставля́ть/поста́вить подводные лодки
заво́д-поставщи́к
  Поставки американского оружия в развивающиеся страны могут привести к возникновению новых конфликтов.

ложь, лжи *f.* Lüge
лжи́вое утверждение
лгать/солга́ть* не краснея
  Миф о "советской угрозе" — это величайшая ложь XX века.

5.7.

напряжённость   *politische* Spannungen
напряжённые международные отношения
высокое напряжение
> Военно-промышленный комплекс, наиболее опасное звено американского империализма, заинтересован в обострении напряженности.

общественность   Öffentlichkeit, öffentliche Meinung
общественное мнение
грозить интересам общества
> Мировая общественность решительно протестует против форсирования гонки вооружений.

враждебность   Feindseligkeit
враждебные отношения
чувство вражды к другим странам
> Милитаристские круги распространяют ложь о враждебности СССР по отношению к капиталистическим странам.

отсталость   Rückständigkeit, Zurückgebliebenheit
отставать/отстать от передовых стран
отсталая страна
> Страна поставила перед собой задачу постепенного преодоления экономической отсталости.

превосходство   Überlegenheit
превосходить/превзойти врага по силе / в силе
превосходящие силы врага
> Страны НАТО хотят добиться военного превосходства над странами социализма.

бремя, бремени *n.*   Bürde, Last
> Молодые национальные государства нуждаются в помощи, чтобы избавиться от бремени экономической зависимости.

капиталовложение   Kapitaleinlage, Investition
вкладывать/вложить капитал в промышленность
> Стороны договорились вдвое увеличить капиталовложения в эту отрасль.

искоренение   Ausrottung, Ausmerzung
искоренять/искоренить болезнь
неискоренимая враждебность
> Одной из главных проблем человечества является искоренение болезней.

наступле́ние　　　　　　　　Angriff, Offensive, Vormarsch
ограничение стратегических на-
ступа́тельных вооружений
наступа́ть *nur uv.* широким
фронтом
   Главным содержанием нашей эпохи является наступление социалистических и антиимпериалистических сил.

размеще́ние　　　　　　　　Stationierung
размеща́ть/размести́ть межконтинентальные ракеты в Европе
   Размещение новых средств массового уничтожения в Западной Европе означало бы бо́льшую угрозу миру.

разоруже́ние　　　　　　　　Abrüstung
разоружа́ть/разоружи́ть армию
разоружа́ться/разоружи́ться полностью
   Нет такой области разоружения, по которой нельзя было бы договориться.

вооружённый　　　　　　　　bewaffnet
вооружа́ться/вооружи́ться техникой
форсирование гонки вооруже́ний
   В настоящее время любой вооруженный конфликт может превратиться в катастрофу для человечества.

ка́чественный　　　　　　　　qualitativ
переход к новому ка́честву
ка́чественность* продукции
   США стремятся в первую очередь к качественному совершенствованию оружия.

безу́держный　　　　　　　　zügellos
уде́рживать/удержа́ть ведущую позицию
   Безудержная гонка вооружений отвлекает огромное количество людей от мирного труда.

крыла́тая раке́та　　　　　　Flügelrakete
крыла́тые слова*
лодка на подводных кры́льях*
   В США было разработано новое поколение ракетно-ядерного оружия — крылатые ракеты.

наряду́ с　　　　　　　　　neben, gleichzeitig mit
отрица́ть ряд положений
сидеть ря́дом
   Антисоветская клевета, наряду с форсированием гонки вооружений, отравляет политическую атмосферу.

6. Шестой урок: "Социалистическое государство"

6.1. Первый раздел

6.1.1. ⊙ ⊙ Предполагаемые знания: владение лексикой (6.7.) и конструкциями (прил. 3.6.); ИК-3 в вопросительном предложении (прил. 1.5., предложение 9); ⊖ сокращение прилагательных (прил. 2.1.1.8.).

6.1.2. ⊙ ⊙ Прослушайте радиопередачу из цикла "Социалистическое государство". Выделите главную информацию.

Дорогие радиослушатели!
Предлагаем вашему вниманию первую лекцию нашего цикла "Политические основы социалистического государства".
Понятие "государство" входит в нашу жизнь с ранних лет. Мы учимся в государственных школах, а получив образование, идем работать на государственные предприятия или в учреждения.
Что же такое — государство? В классовом обществе государство является политической организацией господствующего класса, орудием его власти над эксплуатируемыми классами и слоями населения. Следовательно, сущность того или иного государства определяется тем, какой именно класс или классы стоят у власти.
Хочется отметить, что социалистическое государство, также как и другие государства, возникает как орудие политической власти одного из общественных классов. В этом его сходство с предшествующими государствами. В то же время оно принципиально отличается от предшествующих государств. В чем же состоит это отличие? Во-первых, и это главное, социалистическое государство есть орудие политической власти рабочего класса, т. е. класса, который не эксплуатирует, а ставит задачей освободить от эксплуатации весь трудовой народ. Его цели совпадают с интересами всех трудящихся. Во-вторых, рабочий класс не стремится сохранить навсегда свое господствующее положение: государство необходимо ему только на определенный исторический период, как орудие для строительства нового общества. Выполнив свою задачу, оно должно отмереть. На его место придет коммунистическое общественное самоуправление. И в-третьих, рабочий

класс привлекает к участию в управлении государством своего союзника — трудовое крестьянство, а после ликвидации эксплуататорских классов — весь народ. Из вышесказанного вытекает, что социалистическое государство действительно коренным образом отличается от всех предшествующих государств.

Социалистическое государство, как известно, развивается на основе диктатуры пролетариата, которая устанавливается рабочим классом в ходе социалистической революции. Без диктатуры пролетариата невозможно окончательно подавить сопротивление эксплуататорских классов, организовать массы на строительство новой жизни. Другими словами, на этом этапе еще нельзя отказаться от диктатуры пролетариата. В ходе дальнейшего развития государства, с ликвидацией эксплуататорских классов необходимость господства рабочего класса постепенно отпадает. Это связано с тем, что в процессе развития социалистического общества достигается все более полная общность идеологических, экономических и морально-этических основ различных классов и слоев. В результате этого социалистическое государство превращается в политическую организацию всего народа. Таким образом, оно приобретает черты общенародного государства. Важно подчеркнуть, что переход от диктатуры пролетариата к общенародному государству — обязательный этап развития социалистического государства. Разумеется, эта закономерность обладает определенной спецификой в условиях разных стран.

Какую же роль играет рабочий класс в общенародном государстве? Рабочий класс, конечно, продолжает играть руководящую роль в обществе. В доказательство этого можно сказать следующее: рабочий класс составляет большинство народа, он занимает ведущее место в экономике и обладает высокой политической сознательностью. Его влияние на государственные дела — решающее. Но в то же время он не имеет никаких политических привилегий. Власть в стране принадлежит всему народу.

Авангардом рабочего класса и вместе с тем руководящей силой социалистического общества, основным звеном его политической системы является марксистско-ленинская партия. Опираясь на научную теорию марксизма-ленинизма, она определяет основные направления всего общественного развития. При этом необходимо подчеркнуть, что партия осуществляет руководящую роль не силой власти, а благодаря своему политическому авторитету и влиянию в народных массах, государственных и общественных организациях.

Можно с уверенностью сказать, что без руководящей роли партии немыслимо функционирование и дальнейшее развитие социалистического государства. Это особенно наглядно проявляется в настоящее время, когда имеется международный опыт построения реального социализма. Его уроки показывают, что в любой социалистической стране всякое ослабление роли марксистско-ленинской партии как руководящей силы общества может поставить под угрозу все революционные завоевания трудящихся и даже привести к поражению народной власти.

На этом мы заканчиваем нашу радиопередачу. Следующая радиопередача из этого цикла будет посвящена ленинской национальной политике.

6.1.3. Сообщите, что вы узнали из радиопередачи о политических основах социалистического государства, используя опорные слова и словосочетания:

государство в классовом обществе — политическая организация господствующего класса — орудие власти — сущность государства

сходство социалистического государства с предшествующими — принципиальное отличие — орудие власти класса, который не эксплуатирует — необходимость государства только на определенный период — привлекать к участию в управлении

диктатура пролетариата: основа развития социалистического государства — подавление сопротивления эксплуататорских классов — общенародное государство — обязательный этап развития

руководящая роль рабочего класса в общенародном государстве — большинство народа — ведущее место в экономике — высокая политическая сознательность

авангард рабочего класса — определять основные направления развития — политический авторитет — уроки построения реального социализма — ослабление роли партии — поражение народной власти

6.1.4. Прочитайте текст 6.1.2. и обсудите некоторые вопросы, связанные с политическими основами социалистического государства, используя данные конструкции:

1. Что такое государство?

Конструкции: Как известно, ...
     Из этого следует, что ...

2. В чем проявляется сходство и отличие социалистического государства по сравнению с предшествующими?

Констр.: Необходимо отметить, что ...
    Следует добавить, что ...

3. Почему диктатура пролетариата является основой развития социалистического государства?

Констр.: Основная причина заключается в том, что ...
    Необходимо учитывать тот факт, что ...

4. Почему рабочий класс продолжает играть руководящую роль в общенародном государстве?
Констр.: Нужно исходить из того факта, что ...
С другой стороны, не следует забывать, что ...

5. Какова роль марксистско-ленинской партии в социалистическом обществе?
Констр.: Не вызывает сомнения то, что ...
Как показывает практика, ...

6.1.5. Используя конструкции из прил..3.6., приведите собственные примеры в доказательство следующих высказываний. Образец:

Sozialistischer Staat unterscheidet sich von allen vorangegangenen Staatsformen →
Социалистическое государство отличается от всех предыдущих государств. **В доказательство этого разрешите привести следующие факты.** Во-первых, социалистическое государство есть орудие политической власти класса, который не эксплуатирует, а освобождает от эксплуатации весь трудовой народ. Во-вторых, ... и т. д.

1. Diktatur des Proletariats notwendig, um Widerstand der Ausbeuterklassen zu brechen   2. Anwachsen der führenden Rolle der Arbeiterklasse und ihrer Partei im Staat des ganzen Volkes   3. Schwächung der führenden Rolle der Partei bedeutet Bedrohung der revolutionären Errungenschaften   4. Im entwickelten Sozialismus Vertiefung der sozialistischen Demokratie   5. In Perspektive entfällt Notwendigkeit der Herrschaft der Arbeiterklasse   6. In Gegenwart bereits hoher Grad der Annäherung der sozialistischen Staaten auf politischem, ökonomischem und kulturellem Gebiet zu verzeichnen

6.1.6. Переведите на русский язык:

Der Staat wird in der Regel definiert als Machtinstrument in den Händen der herrschenden Klasse. Auch der sozialistische Staat entsteht als Instrument der politischen Macht einer Klasse, der Arbeiterklasse. Darin ist er den vorangegangenen ähnlich. (Darin liegt seine Ähnlichkeit gegenüber seinen Vorgängern.) Eine allgemein(gültig)e Gesetzmäßigkeit der sozialistischen Revolution besteht darin, daß in deren Ergebnis die Diktatur des Proletariats errichtet wird. Ohne sie ist es unmöglich, den Widerstand des Klassengegners mittels unterschiedlicher Zwangsmaßnahmen zu brechen und eine neue Gesellschaftsordnung erfolgreich aufzubauen.

6.1.

Andererseits unterscheidet sich der sozialistische Staat von allen vorangegangenen Staatsformen (= Staaten) prinzipiell dadurch, daß in ihm die herrschende Klasse keine Ausbeuterklasse ist. Im Gegenteil, die Arbeiterklasse stellt sich die Aufgabe, das Volk von jeglicher Ausbeutung und Unterdrückung zu befreien, wobei das Endziel ihrer Bestrebungen in der Errichtung der klassenlosen Gesellschaft besteht. Hierin liegt auch der wichtigste Grund dafür, daß die Notwendigkeit der Herrschaft der Arbeiterklasse schrittweise entfällt und in der Endkonsequenz der Staat als Machtinstrument der herrschenden Klassen abstirbt.

Eine obligatorische Übergangsetappe auf dem Weg zur klassenlosen Gesellschaft ist der "Staat des ganzen Volkes". Die Arbeiterklasse behält in dieser Etappe des reifen Sozialismus ihre führende Rolle, verzichtet aber auf jegliche politischen Privilegien. Das ist möglich, weil die Bündnispartner der Arbeiterklasse auf deren ideologische Positionen übergegangen sind und mit ihr beim Aufbau der neuen Gesellschaft eng zusammenwirken. Es vollzieht sich eine allseitige Annäherung aller Klassen und Schichten.

6.1.7. Вас пригласили на семинар, который проводит кафедра марксизма-ленинизма. Тема семинара: "Социалистическое государство". Подготовьте краткое выступление на одну из предложенных тем. Используйте конструкции из прил. 3.6.

1. Возникновение социалистического государства   2. Необходимость установления диктатуры пролетариата   3. Переход от диктатуры пролетариата к общенародному государству   4. Роль рабочего класса в общенародном государстве   5. Марксистско-ленинская партия — руководящая сила социалистического общества

6.1.8. Сокращение прилагательных (ср. прил. 2.1.1.8.).

6.1.8.1. Прочитайте текст с рекомендуемыми сокращениями (прил. 2.1.2.5.).

6.1.8.2. ⊙━ (F_L) Спишите словосочетания, сокращая выделенные слова.

6.1.8.3. ⊙━ ⊙ ⊙ Прослушайте словосочетания, запишите их, по возможности, в сокращениях.

6.1.9. Интонация

6.1.9.1. 🔊 🔊 Прослушайте предложения с ИК-3 в вопросительных предложениях без вопросительного слова:

1. Отличается³ ли социалистическое государство от предшествующих государств? 2. Стремится³ ли рабочий класс навсегда сохранить свое господствующее положение? 3. Отпадет³ ли когда-нибудь необходимость господства рабочего класса? 4. Государство действительно³ отомрет? 5. Необходимо³ ли подавление сопротивления эксплуататорских классов? 6. Допустимо³ ли ослабление роли марксистско-ленинской партии?

6.1.9.2. 🔊 🔊 Прослушайте предложения еще раз и повторите за диктором.

6.1.9.3. Прочитайте предложения из 6.1.9.1. с заданной интонацией.

6.2. Второй раздел

6.2.1. Прочитайте статью из газеты "Правда" и выпишите основные мысли.

К вопросу о диктатуре пролетариата

Карл Маркс указал, что "между капиталистическим и коммунистическим обществом лежит период революционного превращения первого во второе. Этому периоду соответствует и политический переходный период, и государство этого периода не может быть ничем иным, кроме как революционной диктатурой пролетариата".
Диктатура пролетариата, как мы знаем, — это политическое господство рабочего класса, устанавливаемое им в ходе социалистической революции в целях подавления сопротивления эксплуататоров, построения социализма. Она осуществляется через государство, коммунистическую партию, профсоюзы, народный фронт и другие организации трудящихся. Государство диктатуры пролетариата — это антиэксплуататорское государство, по-новому диктаторское (против капиталистов, помещиков[1] и других эксплуататорских классов, т. е. незначительного меньшинства населения) и по-новому демократическое (в интересах рабочего класса, крестьянства, всех трудящихся масс, т. е. огромного большинства). Иными словами, в классовом содер-

жании диктатуры пролетариата следует различать две стороны: подавление эксплуататорских классов и союз с непролетарскими трудящимися массами, прежде всего с крестьянством.

Первая сторона — это собственно диктатура как таковая, применение ко всем враждебным, выступающим против социалистической революции социальным силам принудительных мер: в форме непосредственного вооруженного насилия[2] (например, при подавлении контрреволюционных мятежей[3]), деятельность карательных[4] и репрессивных органов государства, а также в форме экономического принуждения.

По мере роста сил и успехов международного пролетариата, по мере сближения однородных по своей социальной сущности классов возрастает возможность выбора менее жестких[5] способов подавления классовых противников. Однако полный отказ от насилия и вообще от диктатуры пролетариата, предлагаемый ревизионистами, правыми социалистами, в период острой классовой борьбы между буржуазией и рабочим классом неосуществим, поскольку это означает сознательное ослабление позиций революционного пролетариата.

Как подтверждает опыт освободительного движения, установление диктатуры пролетариата является исторической необходимостью, общей закономерностью перехода от капитализма к социализму.

Другая сторона диктатуры пролетариата — это, как уже было сказано выше, союз рабочего класса с непролетарскими массами. Этот союз возможен и необходим потому, что коренные интересы этих классов совпадают. Только социализм освобождает крестьянство, мелкобуржуазные городские слои от эксплуатации и подчинения монополистической буржуазии. Со своей стороны пролетариат для подавления сопротивления враждебных классов, для строительства социализма также нуждается в союзниках.

Диктатура пролетариата как классовый союз может быть более или менее широкой, включать бо́льшую или меньшую часть непролетарского трудящегося населения. Пределы данного союза определяются социальной базой диктатуры пролетариата. По мере роста влияния социализма эта база все больше расширяется.

От характера классового союза, его социальной базы и исторических условий, в которых он складывается, зависят формы диктатуры пролетариата. Каждая форма диктатуры пролетариата отражает определенные исторические пределы, рамки этого союза: союз пролетариата и трудового крестьянства в Советской России, союз пролетариата, крестьянства, мелкой буржуазии города и демократической интеллигенции в странах народной демократии. Революция на Кубе показывает, что все новые и новые слои непролетарских мелкобуржуазных масс трудящихся и их политические организации вовлекаются в антиимпериалистическое, освободительное движение, переходят от нейтралитета к активной борьбе за социализм в союзе с рабочим классом.

Формы диктатуры пролетариата различаются прежде всего политическими учреждениями, организациями, посредством которых осу-

...ществляется союз рабочего класса с непролетарскими массами трудящихся. Позвольте пояснить эту мысль примерами. Так, Советы рабочих, крестьянских и солдатских депутатов в Советской России непосредственно воплощали⁶ союз рабочего класса с трудовым крестьянством. Мелкобуржуазные же партии потеряли в глазах народа морально-политический авторитет, оказались неспособными разрешить назревшие внутренние проблемы, и прежде всего аграрный вопрос, и перешли на сторону контрреволюции. Единственным представителем интересов всех трудящихся классов выступала одна партия — Коммунистическая. Отсюда такая характерная черта советской формы диктатуры пролетариата, как однопартийность и острая политическая борьба со всеми мелкобуржуазными партиями. Исторически закономерно отпала необходимость в многопартийности.

Народная демократия как форма диктатуры пролетариата характеризуется обычно многопартийностью, сотрудничеством пролетариата и его партии с непролетарскими, мелкобуржуазными партиями и политическими группами. Формой политического союза между рабочим классом и непролетарскими массами трудящихся в борьбе за социализм являются организации типа народного фронта, специфические для народно-демократической формы диктатуры пролетариата.

Ныне, в период зрелого социализма, в политической надстройке происходит двуединый диалектический процесс. Укрепляется вся система диктатуры пролетариата во всех областях политической жизни. Вместе с тем углубляется социалистическая демократия. Новые политические условия порождают новые формы осуществления власти рабочего класса. Ликвидация эксплуататорских классов, полная и окончательная победа социализма, построение развитого социалистического общества создают условия для перерастания диктатуры пролетариата в общенародное государство.

¹ помéщик — Gutsbesitzer, -herr ² насилие — Gewalt ³ мятéж — Aufruhr, Aufstand ⁴ карáтельный — Bestrafungs- ⁵ жёсткий — hart ⁶ воплощáть/воплотúть — verkörpern

6.2.2. Изложите содержание статьи, используя ваши записи.

6.2.3. Обсудите с товарищем значение главных функций диктатуры пролетариата на различных этапах развития ГДР.

6.2.4. В Доме политпросвещения вы прослушали доклад на тему "Диктатура пролетариата — общая закономерность социалистической революции". После доклада проводится дискуссия на эту тему. Руководитель дискуссии обращает особое внимание на

6.2.

разнообразие форм диктатуры пролетариата и на необходимые общие черты. Примите участие в дискуссии. В подтверждение ваших высказываний приведите примеры из истории революционной борьбы рабочего класса разных стран.

6.3. **Третий раздел**

6.3.1. ◉ ◉ Прослушайте следующую радиопередачу из цикла "Социалистическое государство" на тему "Ленинская национальная политика — в действии". В ходе прослушивания сделайте записи по содержанию радиопередачи.

6.3.2. Ваших товарищей интересует, какие проблемы были названы в радиопередаче. Познакомьте их с содержанием радиопередачи, используя ваши записи.

6.3.3. Обсудите с товарищем следующие проблемы, затронутые в радиопередаче:

1. Национальный вопрос — один из самых сложных в истории человечества 2. СССР — динамичная и эффективная форма государственного объединения наций и народностей 3. Решение проблемы языков в СССР

В ходе беседы обоснуйте актуальность этих проблем.

6.3.4. Вас пригласили на факультет журналистики для участия в беседе за "круглым столом". Тема беседы: "Национальный вопрос в социалистических и капиталистических странах". На беседу приглашены журналисты из СССР, ГДР, ФРГ, США и других стран. Примите участие в обсуждении этой темы.

6.4. Четвертый раздел

6.4.1. Ваш товарищ, находящийся вместе с вами на стажировке в московском институте, готовит стенгазету о национальном вопросе. Он просит вас перевести статью на русский язык.

Die nationale Frage ist ein wichtiges Problem sowohl für die Bevölkerung der DDR als auch für die sowjetischen Menschen. In der UdSSR steht bekanntlich die konsequente Durchsetzung der Leninschen Nationalitätenpolitik im Mittelpunkt der Aufmerksamkeit. Die vom zaristischen Joch und damit auch von der nationalen Unterdrückung befreiten mehr als 100 Nationen und Völkerschaften der Sowjetunion haben sich zu einem freiwilligen Bund gleichberechtigter Republiken zusammengeschlossen, deren politische Ziele und Interessen vollkommen übereinstimmen.

Heute ist eine deutliche Annäherung des ökonomischen und kulturellen Entwicklungsniveaus aller Unionsrepubliken, autonomen Republiken, autonomen Gebiete und Kreise zu verzeichnen; man kann sagen, daß sich eine neue historische Gemeinschaft, das Sowjetvolk, herausgebildet hat und daß damit die nationale Frage in der UdSSR vollständig und endgültig gelöst ist.

In der DDR gibt es außer der sozialistischen deutschen Nation lediglich eine Völkerschaft, die Sorben (лу́жицкие се́рбы). In unserem sozialistischen Staat können sie sich frei von jeglicher nationaler Unterdrückung allseitig entwickeln. Jedem DDR-Bürger sind beispielsweise die hervorragenden Leistungen der Sorben auf dem Gebiet von Kultur und Kunst bekannt.

Garant der weiteren erfolgreichen Entwicklung aller Nationen und Völkerschaften in unseren Ländern ist der Sozialismus, die Gemeinsamkeit der Ziele und Interessen aller im sozialistischen Staat lebenden Menschengruppen, der das unzerstörbare Bündnis der Arbeiterklasse mit allen anderen Klassen und Schichten zugrundeliegt.

6.4.2. Однокоренные слова

6.4.2.1. (F_L) Прочитайте словосочетания с однокоренными словами и обратите внимание на их разные значения:

1. **стро́йка**
   новые методы стройки
   всесоюзная комсомольская стройка

   Bauen, Bau, Aufbau; Baustelle, Bauplatz

2. **строи́тельство**
   строительство жилых домов
   строительство основ социализма

   Bauen, Bau; Aufbau, Schaffung

6.4.

3. построе́ние (социализма)	Aufbau, Schaffung
4. строе́ние (атома, организма)	Struktur, Aufbau
5. строй общественный строй грамматический строй языка	(Gesellschafts-)Ordnung, System; System, Struktur, Aufbau

6.4.2.2. 🗝 Спишите предложения, вставляя вместо точек подходящие по смыслу однокоренные слова:

1. После победы революции кубинский народ начал ... новой жизни. 2. Тысячи юношей и девушек трудятся на комсомольских ... 3. На уроке физики изучается ... атома. 4. ... развитого социалистического общества создает условия для перерастания диктатуры пролетариата в общенародное государство. 5. БАМ — ... века. 6. ... жилых домов ведется быстрыми темпами. 7. Новые методы ... получили широкое распространение. 8. Общенародное государство служит орудием ... коммунизма. 9. Анатомия — наука о ... организма. 10. Социализм — это общественно-экономическ......, в основе которого лежит общественная собственность на средства производства. 11. Советская Россия открыла перед трудящимися всех стран перспективу ... нового общества. 12. Грамматика описывает ... языка, систему отношений между языковыми категориями.

6.4.2.3. Составьте письменно предложения с однокоренными словами.

6.4.3. Синонимы

6.4.3.1. **(F)** Прочитайте глагольно-именные сочетания. Спишите некоторые из них.

ГИС с глаголом "оказывать/оказать":
оказывать/оказать действие, воздействие, влияние, поддержку, помощь, сопротивление (→ сопротивля́ть*ся* *nur uv.*), прием и др.

ГИС с глаголом "подвергать/подвергнуть":
подвергать/подвергнуть угнетению, эксплуатации, обсуждению, проверке, критике, сомнению (→ сомнева́ть*ся* в чем *nur uv.*) и др.

6.4.3.2. Замените выделенные глаголы соответствующими ГИС. При необходимости измените синтаксическую структуру предложений (ср. прил. 4.1.).

1. Царское правительство **угнетало** нерусские народности. 2. Враг упорно **сопротивлялся**. 3. Разве можно **сомневаться** в правильности ленинской национальной политики? 4. Сотрудники министерства тепло **приняли** иностранную делегацию. 5. Господствующий класс **эксплуатирует** класс трудовой, и, таким образом, не только удовлетворяет свои потребности, но и переходит за пределы этих потребностей. 6. Октябрьская революция в России **повлияла** на весь ход мировой истории. 7. Выступавшие на совещании с правом **критиковали** недостатки в работе планового отдела. 8. Влияние товарищей на него хорошо **подействовало**. 9. Советский Союз **помогает** развивающимся странам.

6.4.3.3. Составьте письменно предложения с ГИС и попытайтесь заменить их синонимичными глаголами.

6.4.4. В доказательство некоторых высказываний вы хотите привести примеры. Напишите предложения и с помощью конструкций из прил. 3.6. дополните эти предложения примерами. Образец:

> Wesen des Staates bestimmt durch machtausübende Klasse → Сущность государства определяется тем, какой именно класс стоит у власти. **Разрешите привести пример.** При капитализме у власти стоит буржуазия. Так как этот класс располагает средствами производства и использует их для эксплуатации трудящихся, буржуазное государство по своей сущности является эксплуататорским.

1. Abhängig von Bedingungen des revolutionären Kampfes unterschiedliche Zwangsmaßnahmen von seiten der Diktatur des Proletariats 2. Existenz unterschiedlicher Formen der Diktatur des Proletariats, abhängig von Art der politischen Institutionen und Organisationen, mit deren Hilfe das Bündnis Arbeiterklasse — nichtproletarische Massen verwirklicht wird 3. Verzicht der revolutionären Kräfte auf jeglichen Zwang in der Periode des verschärften Klassenkampfes führt zur Niederlage der Revolution 4. Nationale Frage — eine der schwierigsten und vielleicht dramatischsten der Menschheitsgeschichte 5. Seit der Oktoberrevolution konsequente Durchsetzung der Leninschen Nationalitätenpolitik im Lande der Sowjets 6. In der Gegenwart weitere Annäherung der Nationen und Völkerschaften der UdSSR 7. Russische Sprache zu Recht gemeinsames Kommunikationsmittel für alle Nationen und Völkerschaften der Sowjetunion

6.4.

6.4.5. Переписка

6.4.5.1. Прочитайте образец письма про себя:

Уважаемый товарищ директор!

Нами получено Ваше письмо от 25 мая с. г., за которое мы Вам очень благодарны.
Вполне согласны с Вами, что сотрудничество Института государства и права АН СССР и Академии государственных и правовых наук в Бабельсберге, успешно начатое пять лет назад, **согласно договору о межинститутском сотрудничестве** должно продолжаться и в течение следующих пяти лет. В связи с этим просим прислать Ваши предложения относительно плана научного сотрудничества на этот период.
Поскольку договором предусмотрен приезд Ваших сотрудников в Москву в 19.. г., просим **поставить нас в известность об удобных** для них **сроках работы** в Москве.
Ввиду предполагаемого обмена визитами желательно также **уточнить возможность приема** наших сотрудников на вышеуказанный период.
Просим в ближайшее время сообщить Ваше решение по затронутым вопросам.
В ожидании Вашего ответа

С уважением

Директор Института государства и права
АН СССР, д-р юридических наук, профессор

Барышев Г. Л.

6.4.5.2. (F_L) Переведите типичные для письма конструкции. Прочитайте их вслух и спишите.

6.4.5.3. Прочитайте письмо вслух.

6.4.5.4. Переведите ответное письмо, используя данные конструкции.

Sehr geehrter Genosse Professor!
Ihren Brief vom 8. Juni dieses Jahres haben wir dankend erhalten.
Wir möchten ebenfalls unsere Bereitschaft zur Fortsetzung der Zusammenarbeit unserer Einrichtungen in Form des Austausches wissenschaftlicher Kader entsprechend dem Vertrag über die Zusammenarbeit zwischen Hochschuleinrichtungen unserer beiden Länder zum Ausdruck bringen.

Wir sind bereit, Ihre Mitarbeiter zu einem für Sie günstigen Zeitpunkt auf der Grundlage des oben erwähnten Vertrages zu empfangen. Andererseits möchten wir Sie davon in Kenntnis setzen, daß wir den Oktober 19. . als den günstigsten Zeitraum für eine Tätigkeit unserer Mitarbeiter in Moskau erachten.

In Anbetracht des vorgesehenen Mitarbeiteraustausches wurden die Möglichkeiten der Unterbringung Ihrer Mitarbeiter in unserem Plan der wissenschaftlichen Zusammenarbeit für den Zeitraum 19. .–19. . präzisiert. Einen entsprechenden Entwurf übersenden wir Ihnen zwecks Änderung und Ergänzung als Anlage.

Wir bitten Sie, uns den präzisierten Planentwurf in der nächsten Zeit zu übersenden.

In Erwartung Ihrer baldigen Antwort

> hochachtungsvoll
> Prof. Dr. sc. H. Meier

Anlage:
Plan der wissenschaftlichen Zusammenarbeit 19. .–19. .

6.4.6. Напишите письмо в адрес вашего института-партнера в СССР с предложением об обмене визитами сотрудников обоих учреждений. Сообщите, что ваш институт и вы лично глубоко заинтересованы в дальнейшем обмене кадрами. Узнайте у ваших советских друзей период и сроки вашей поездки и поездки ваших товарищей в СССР, а также пожелания советской стороны по этому вопросу. Предложите для совместной разработки несколько тем, касающихся проблематики дальнейшего развития социалистического государства.

> Употребите при этом выделенные в письме-образце (6.4.5.1.) конструкции, а также конструкции из прил. 3.6.

6.4.7. Вам предстоит выступить на семинаре. Тема семинара: "Решение национального вопроса в социалистических странах". Подготовьте письменно ваше выступление. Укажите на характерные черты национальной политики в странах социализма в отличие от капиталистических государств. Покажите на примере ГДР, как развиваются братские отношения между социалистической немецкой нацией и национальным меньшинством, лужицкими сербами.

> Используйте в вашем выступлении конструкции из прил. 3.6.

6.5. Пятый раздел

6.5.1. Прочитайте статью из газеты "Правда". Подчеркните главные мысли каждого абзаца.

Проблема свободы в идеологической борьбе

Проблема свободы личности, ее взаимоотношений с обществом, государством является одной из сложнейших в теории и практике человеческого общежития. Она выступает как предмет острых идеологических дискуссий между социализмом и капитализмом. Успехи сил мира и социального прогресса, достигнутые в последние десятилетия, а также развитие отношений между противоположными социально-экономическими системами оказывают значительное влияние на содержание и формы проведения этих дискуссий.

Буржуазная идеология все более теряет ту основу, на которой строила свои доктрины откровенной защиты капитализма. Она вынуждена все чаще маскировать свои истинные цели. Ярким примером подобной маскировки является ожесточенная кампания вокруг принципов свободы и прав человека, которую буржуазная пропаганда развернула в последние годы.

Буржуазные идеологи пытаются представить капиталистическое государство основанным на принципах, якобы с наибольшей полнотой отвечающих "природе человека", а социалистическое — "подавляющим личность". Они трактуют проблему свободы личности в первую очередь с позиций индивидуализма, крайнего субъективизма. Хорошо известна и питательная почва этого индивидуализма: частно-собственническая психология и мораль. Конкуренция, порождаемая частной собственностью, стремление к эгоистическому успеху разобщают людей и противопоставляют их друг другу. Именно из этого вытекает абсолютизация "суверенных человеческих прав", отрицание коллективных начал. Буржуазный индивидуализм подрывает в людях сознание общественного долга, резко сужает круг их мыслей и интересов.

Научный коммунизм рассматривает человека не как изолированную, в себе замкнутую единицу, а конкретно-исторически. Человек живет и действует в обществе, выступает как представитель определенного класса. Всякое проявление его жизнедеятельности, отношение к природе, к себе и другим людям становятся подлинно человеческими только в условиях общественного бытия, тех или иных форм коллективного общежития.

Опыт показывает, что только общество, превратившееся в "единый кооператив трудящихся" (В. И. Ленин), подчиняет все сферы своей деятельности интересам человека, его всестороннему и творческому развитию, создает принципиально новые производственные, общественно-политические и духовные отношения, утверждая тем самым подлинную демократию и гуманизм.

Наши идейные противники пытаются подчас обвинять социализм в том, что он якобы растворяет личность в коллективе, принижает ее, отдает приоритет экономической организации общества в ущерб интересам личности. Это — беспочвенная клевета. Именно социализм, рассматривая личность как высшую ценность, обеспечивает благоприятные условия для ее всестороннего развития, для удовлетворения разнообразных материальных и духовных запросов человека.

Современная реакционная идеология ныне все чаще прикрывается прогрессистской фразой, абстрактно толкуя свободу, лишая ее реального социального смысла. Такая идеологическая позиция нередко ведет к отрыву лозунга свободы от объективных требований социально-экономического прогресса, от интересов рабочего класса, трудящихся масс. А это делает лозунг свободы исторически бесперспективным, "пустым" по своему содержанию.

Для выяснения действительного содержания социальной свободы и демократии важно прежде всего учитывать объективное положение классов в системе общественного производства, характер господствующих материальных, экономических отношений.

Базисом свободы в буржуазном ее понимании является беспрепятственное движение капитала, его самовозрастание на основе эксплуатации рабочего класса. Разумеется, в сравнении, например, с феодальным строем буржуазная свобода означает определенный исторический прогресс. Однако всякая абсолютизация буржуазной свободы равнозначна сознательному замалчиванию ее преходящего характера. А с этим связаны и отрицание социалистической демократии, и грубое искажение ее сущности, попытки представить социально-политическое единство социалистического общества антиподом демократии и свободы. С этим связан и излюбленный прием нападок идейных противников на реальный социализм — искусственный отрыв достижений нового общества в социальной сфере, сфере образования и культуры от проблемы свободы, прав человека. Как будто бы народные массы могут быть удовлетворены декларациями о какой-то абстрактной свободе без ее материальных гарантий — обеспечения права на труд, благосостояния трудящихся, повышения их образовательного уровня, т. е. всего того, что и составляет действительные предпосылки свободного развития личности.

Неудивительно в этой связи, что в многочисленных комментариях буржуазные идеологи замалчивают или принижают четко зафиксированные в конституциях социалистических стран и реально обеспечиваемые государством права. А ведь в большинстве стран капитала само требование таких прав трудящимися преследуется как акт, враждебный существующему строю. Тяжелым бременем для народных масс этих стран являются социально-экономическое неравенство, массовая безработица, неравноправие женщин, расизм, реакционный нацио-

6.5.

нализм. Известно, например, что в США один процент населения владеет четвертой частью народного достояния, в то время как около 30 миллионов рядовых американцев обречены на существование на уровне ниже "порога бедности". Миллионы трудящихся США, Великобритании и других высокоразвитых капиталистических стран стали "лишними людьми", подвергаются дискриминации. Вопиющее неравенство, безграничная власть денег характеризуют сферы образования, здравоохранения, область государственного управления.

Иная ситуация сложилась в социалистических государствах, где все материальные средства, обеспечивающие осуществление свободы личности, находятся в руках рабочего класса, всех трудящихся. Демократия социализма выступает как отрицание свободы капитала. Именно на этой основе обеспечивается действительная свобода трудящихся от всех форм эксплуатации, социального гнета, национальной и расовой дискриминации.

Народам мира, прогрессивной общественности становится все яснее, что подлинным оплотом свободы в современном мире является социализм. Именно под воздействием примера реального социализма трудящимся на Западе удалось добиться некоторых успехов в сфере трудовых отношений, социального страхования, равноправия женщины. Эти завоевания представляют немалую ценность. С одной стороны, они выступают известной преградой антидемократическим проявлениям господства капитала, а с другой — укрепляют исходные позиции, с которых рабочий класс, трудящиеся ведут свое наступление в борьбе за социальный прогресс. Однако в силу непоследовательности в проведении подобных мер, обусловленной самой природой капиталистического строя, никакие реформы не могут реально гарантировать провозглашаемые права и свободы.

В социалистических государствах обеспечение прав граждан гарантиями становится все прочнее по мере развития социалистического общества. Об этом убедительно свидетельствуют успешная реализация обширных социальных программ, грандиозные планы дальнейшего общественного развития. Народами социалистических стран создается огромное богатство, справедливое использование которого определяется принципом социализма — "Все на благо человека". В этом и есть гарантия свободного и равноправного развития каждого члена нашего общества.

6.5.2. Прочитайте статью со словарем. С целью передачи содержания статьи сформулируйте и запишите основные мысли каждого абзаца в виде краткого плана.

6.5.3. Используя план, сообщите товарищу, что вы узнали из статьи.

6.5.4.   Проведите беседу-интервью с участниками состоявшегося симпозиума философов на тему "Свобода, демократия, права человека при капитализме и социализме". Вначале спросите собеседников, чем объясняется особая важность данной проблематики в настоящее время. Попросите дать оценку определению "свободы", данному классической философией. Остановитесь на вопросе, каким критериям свободы, демократии и прав человека уделяют главное внимание в социалистических и капиталистических странах.

6.6.   Шестой раздел: Наш калейдоскоп

6.6.1.   Высказывания о государстве

Государство сильно сознательностью масс. Оно сильно тогда, когда массы все знают, обо всем могут судить и идут на все сознательно.
(В. И. Ленин)

Если бы народное творчество революционных классов не создало Советов, то пролетарская революция была бы в России делом безнадежным, ибо со старым аппаратом пролетариат, несомненно, удержать власти не мог бы, а нового аппарата создать сразу нельзя.
(В. И. Ленин)

6.6.2.   Демократизм советского общества

Политическую основу СССР составляют Советы народных депутатов: через них народ осуществляет государственную власть. В Советы, управляющие всеми делами государства снизу доверху, избрано 2,3 миллиона человек. Большинство в Советах принадлежит рабочим и крестьянам. В своей работе Советы опираются на актив, состоящий более чем из 30 миллионов человек. В выборных органах народного контроля участвуют свыше 10 миллионов трудящихся.

6.6.3.   Знаете ли вы, что . . .

1. в СССР живет 270 млн. человек, представителей более ста наций и народностей? Граждане СССР говорят на 130 языках и пользуются при письме пятью алфавитами.

2. до революции на 500 киргизов приходился один грамотный? Сегодня в республике неграмотность ликвидирована, на каждые 10 тыс. населения в Киргизии приходится больше студентов, чем в США или во Франции.

6.7. Седьмой раздел

6.7.1. ⊙ ⊙ Основные глаголы

объединя́ть/объедини́ть	vereinen, vereinigen, zusammen-schließen
Необходимо объединить все миролюбивые силы.	
объединя́ться/объедини́ться	sich vereinen, sich vereinigen, sich zusammenschließen
В 1946 г. Социал-демократическая и Коммунистическая партии объединились в СЕПГ.	
объединённый	vereint, vereinigt
Организация Объединённых Наций	
объедине́ние	Vereinigung, Zusammenschluß;
объединение рабочих партий	Verein, Vereinigung, Bund
Объединение свободных немецких профсоюзов	
объедини́тельный съезд*	Vereinigungsparteitag
еди́ный (фронт)	einheitlich, Einheits-
двуеди́ный* (диалектический процесс)	zweieinig, wechselseitig
единогла́сный	einstimmig
единогласно избрать депутата	
единоду́шный	einmütig
единодушное решение	
еди́нство (действий)	Einheit
едини́ца (измерения)	Einheit
едини́чный (случай)	einzeln, Einzel-, einmalig
стро́ить/постро́ить	bauen; aufbauen, schaffen
В нашем городе строят много новых домов.	
Советские люди строят коммунизм.	
строе́ние	Gebäude, Bau; Struktur, Aufbau
деревянное строение*	
строение атомного ядра	
построе́ние (нового общества)	Aufbau, Schaffung
строи́тель	Bauarbeiter; Erbauer
День строителя	
строители новой жизни	
строи́тельный (сезон)	Bau-
домостроительный (комбинат)	

строительство   Bauen, Bau; Aufbau, Schaffung;
   строительство жилых домов   Bau, Bauplatz
   строительство развитого социализма
   работать на строительстве
строй   System, Struktur, Aufbau; (Ge-
   грамматический строй* языка   sellschafts-)Ordnung, System
   социалистический строй
вводить/ввести в строй (АЭС)   in Betrieb nehmen
вступать/вступить в строй   den Betrieb aufnehmen
выводить/вывести из строя   außer Betrieb setzen
стройка   Bauen, Bau, Aufbau; Bau, Bau-
   новые методы стройки   platz, Baustelle
   работать на стройке
надстройка   Überbau *philos.*
   изменения в надстройке
устраивать/устроить   organisieren, veranstalten; regeln,
    einrichten; unterbringen, eine
    Stelle verschaffen; geeignet er-
    scheinen
   устраивать/устроить концерт, выставку, соревнование
   устраивать/устроить жизнь по-новому
   устраивать/устроить в гостиницу, на работу
   Такое решение меня не устраивает.
устраиваться/устроиться   (*1., 2. Pers. ungebr.*) in Ordnung
    kommen, sich regeln; unterkom-
   Все устроилось.   men, Arbeit, Stelle finden
   устраиваться/устроиться на завод
устройство   Aufbau, festgesetzte Ordnung;
   государственное устройство   *technische* Vorrichtung
   специальные устройства
переустройство (здания; общест-   Umbau; Umgestaltung, Reorgani-
ва)   sation

6.7.2. ◉ ◉ Новая лексика

подавлять/подавить   unterdrücken, niederwerfen
подавление эксплуататорских
классов
усиливать давление
   Диктатура пролетариата ставит задачей подавить эксплуататорские
   классы.

6.7.

проявля́ться/прояви́ться   sich zeigen, sich offenbaren, her-
проявля́ть/прояви́ть инициативу   vortreten
проявле́ние внимания
    Необходимость руководящей роли партии особенно наглядно проявляется в настоящее время.

отпада́ть/отпа́сть   entfallen, hinfällig werden
отпа́вший вопрос
па́дать/упа́сть на землю
    С ликвидацией эксплуататорских классов необходимость функции их подавления отпадает.

совпада́ть/совпа́сть   zusammenfallen, übereinstimmen,
совпаде́ние мнений   identisch sein
    Коренные интересы рабочего класса, трудового крестьянства и интеллигенции совпадают.

отмира́ть/отмере́ть   absterben, aufhören zu existieren
отмира́ние государства
    Выполнив свою задачу, государство должно отмереть.

сою́зник   Verbündeter, Bündnispartner,
сою́зная республика   Alliierter
профессиональный сою́з (профсою́з)
    Рабочий класс привлекает к участию в управлении государством своего союзника — трудовое крестьянство.

отка́з от чего   Verzicht auf
отка́зываться/отказа́ться от помощи
отка́зываться/отказа́ться выступить
    Мирное сосуществование не означает отказа от классовой борьбы.

ору́дие   Instrument, Werkzeug, Arbeits-
ору́дие труда   gerät
сельскохозяйственное ору́дие
    Социалистическое государство есть орудие политической власти рабочего класса.

госпо́дство   Herrschaft
госпо́дствующие классы
    Диктатура пролетариата — это политическое господство рабочего класса.

схо́дство   Ähnlichkeit
схо́дные по значению слова
    Можно отметить сходство между отдельными формами диктатуры пролетариата.

завоева́ние Eroberung, Erobern; Errungen-
завоёвывать/завоева́ть авторитет schaft
завоева́тели космоса
   Равнопра́вие же́нщин при социали́зме — одно́ из вели́ких завоева́ний Октября́.

сопротивле́ние Widerstand
сопротивля́ться *nur uv.* врагу́
проти́вники разря́дки
   Без диктату́ры пролетариа́та невозмо́жно подави́ть сопротивле́ние эксплуата́торских кла́ссов.

ослабле́ние Schwächung, Abschwächung,
ослабля́ть/осла́бить влия́ние Milderung
сла́бое ме́сто
   В любо́й социалисти́ческой стране́ вся́кое ослабле́ние ро́ли маркси́стско-ле́нинской па́ртии мо́жет поста́вить под угро́зу наро́дную власть.

пораже́ние Niederlage
поража́ть/порази́ть* врага́
   В результа́те пораже́ния прогресси́вных сил в Чили́ была́ устано́влена фаши́стская диктату́ра.

угнете́ние Unterdrückung, Knechtung
угнетённые наро́ды
колониа́льный гнёт
борьба́ про́тив угнета́телей
   В ца́рской Росси́и существова́ли все ви́ды угнете́ния.

сближе́ние Annäherung
сближа́ть/сбли́зить тео́рию с пра́ктикой
бли́зкий ро́дственник
   В настоя́щее вре́мя происхо́дит дальне́йшее сближе́ние всех на́ций и наро́дностей СССР.

учрежде́ние Institution, Einrichtung; Grün-
учрежда́ть/учреди́ть* нау́чное о́б- dung, Schaffung
щество
учреди́тельное* собра́ние
   Получи́в образова́ние, мы идём рабо́тать на госуда́рственные предприя́тия или в учрежде́ния.

сре́дство обще́ния Kommunikationsmittel
обща́ться *nur uv.* с друзья́ми
общи́тельный челове́к
   Укрепле́ние сотру́дничества ме́жду на́циями и наро́дностями вызыва́ет потре́бность в сре́дстве межнациона́льного обще́ния.

6.7.

общенаро́дное госуда́рство — der Staat des ganzen Volkes
Построение развитого социализма создает условия для перерастания диктатуры пролетариата в общенародное государство.

о́бщность — Gemeinschaft; Gemeinsamkeit
социальная о́бщность
о́бщность взглядов
  В результате развития социальных и национальных отношений в СССР сложилась новая историческая общность — советский народ.

наро́дность — Völkerschaft
наро́дная демокра́тия
  Свыше сорока народностей СССР создали свою письменность.

мелкобуржуа́зный — kleinbürgerlich
ме́лкая буржуази́я го́рода
  Мелкобуржуазные партии потеряли в глазах народа морально-политический авторитет.

принуди́тельный — Zwangs-
принужда́ть/прину́дить рабо́тать
экономи́ческое принужде́ние
  Нужно применять принудительные меры ко всем враждебным силам.

оконча́тельный — endgültig
ока́нчивать/око́нчить строи́тельство
оконча́ние уче́бного заведе́ния
  Для отмирания государства необходима полная и окончательная победа социализма на международной арене.

доброво́льный — freiwillig
при́нцип доброво́льности
  СССР — добровольный союз равноправных республик.

зре́лый — reif
аттеста́т зре́лости
назре́вший вопро́с
  В условиях зрелого социализма государство превращается в политическую организацию всего народа.

ны́не — jetzt, gegenwärtig
ны́нешняя молодёжь
  Ныне в СССР входят 15 союзных и 20 автономных республик, 8 автономных областей и 10 автономных округов.

7. Седьмой урок: "Труд при социализме"

7.1. Первый раздел

7.1.1. ◉ ◉ Предполагаемые знания: владение лексикой (7.7.) и конструкциями (прил. 3.7.); ИК-4 (прил. 1.5., предложение 10); ⊖ сокращение существительных и прилагательных (прил. 2.1.1.1.–2.1.1.8.)

7.1.2. ◉ ◉ Прослушайте доклад кандидата экономических наук Н. А. Алексеева и выделите главную информацию.

Уважаемые товарищи!

Мой сегодняшний доклад посвящен теме труда при социализме. Социалистическое общество мы по праву называем обществом людей труда. Такова сама природа этого строя. Трудящиеся при социализме стали полновластными хозяевами всех богатств. И работают они не для обогащения нескольких паразитов, а на себя, на свое общество. Труд превратился в источник благосостояния народа и меру справедливого распределения богатств. Характерной чертой труда при социализме являются отношения братского сотрудничества и взаимопомощи между трудящимися. А это, несомненно, ценное завоевание социализма.

Напомним, что коренное изменение в характере труда при социализме обусловлено социалистическими производственными отношениями. В социалистическом обществе трудящиеся выступают совместными собственниками средств производства. Высшей целью социалистического производства является благосостояние всех тружеников, создание благоприятных условий для гармоничного развития каждого члена общества. В соответствии с этим организуется трудовая деятельность. Организуется таким образом, чтобы она, во-первых, была наиболее эффективной и продуктивной, во-вторых, чтобы в ходе и результате ее возрастало социальное равенство трудящихся, наконец, в-третьих, чтобы сам трудовой процесс способствовал всестороннему развитию личности. А это, как известно, является программной целью социализма и коммунизма.

Социалистическое общество располагает сегодня надежными материальными и духовными предпосылками для достижения этих целей. Однако теория и практика социализма свидетельствуют: никакие предпосылки никогда автоматически не действуют, они "работают" в полную силу, лишь если используются сознательно, целенаправленно, планомерно. Социалистическая плановая система позволяет наилучшим образом организовать процесс расширенного воспроизводства в интересах всего общества и каждого гражданина. Она активно использует объективные экономические законы социализма.

Одним из важнейших экономических условий подъема социалистического производства является реализация социалистического принципа распределения. Это значит, что каждый труженик должен работать по способностям, а получать по заслугам. Этот принцип вносит значительный вклад в мобилизацию трудящихся на выполнение и перевыполнение плана, и любые нарушения этого принципа препятствуют достижению высоких производственных результатов.

Особое значение на этапе развитого социализма приобретает принцип всеобщности труда, т. е. полной занятости трудоспособного населения. Чем это обусловлено? В первую очередь тем, что совершенствование средств производства ныне обходится значительно дороже, чем раньше. К тому же существенно увеличиваются и затраты на подготовку людей к производственной деятельности. И надо полагать, что и в будущем эти затраты будут возрастать. И только эффективное использование имеющихся трудовых ресурсов — в количественном и качественном отношении — компенсирует эти расходы. Поэтому вполне понятно, что социалистическое общество каждого обязывает трудиться, стремится оптимально использовать принцип всеобщности труда.

Хотелось бы сказать несколько слов и о производительности труда. Ее постоянное повышение находится в центре внимания трудящихся всех стран социализма. Важный фактор повышения производительности труда — использование новейших достижений науки и техники, в первую очередь внедрение микроэлектроники и робототехники. Это в значительной мере способствует экономии живого труда. Большое значение имеют также высокая культура производства, развитие инициативы трудовых коллективов. В ходе социалистического соревнования трудящиеся борются за создание атмосферы творческого труда. Многие коллективы ставят целью выполнение напряженного плана, а наилучшим стимулом для этого является повышение заинтересованности каждого труженика в достижении высоких производственных результатов, в хорошем качестве продукции.

В заключение можно сказать следующее: сочетание усилий государства и общества с инициативой и творчеством каждого трудящегося ускорит приближение того времени, когда труд превратится в первую жизненную потребность.

Благодарю за внимание.

7.1.3. Сообщите, что вы узнали из доклада о труде при социализме, используя опорные слова и словосочетания:

общество людей труда — труд: источник благосостояния, мера справедливого распределения богатств — отношения братского сотрудничества и взаимопомощи

коренное изменение в характере труда — совместные собственники средств производства — высшая цель социалистического производства

организация трудовой деятельности — эффективность и продуктивность, возрастание социального равенства, всестороннее развитие личности

материальные и духовные предпосылки — использовать сознательно — плановая система — экономические законы социализма

социалистический принцип распределения — работать по способностям, получать по заслугам — мобилизация трудящихся

принцип всеобщности труда — эффективное использование трудовых ресурсов

повышение производительности труда — использование достижений науки и техники — социалистическое соревнование — повышение заинтересованности

труд как первая жизненная потребность

7.1.4. Прочитайте доклад и обсудите некоторые вопросы, связанные с трудом при социализме, используя данные конструкции:

1. Какие изменения в характере труда произошли при социализме и чем они обусловлены?
Конструкции: Нужно исходить из того, что ...
Из этого следует, что ...

2. Как организуется трудовая деятельность и с какой целью?
Констр.: Необходимо учитывать следующее: ...
Хочется подчеркнуть, что ...

3. Расскажите о предпосылках и условиях подъема социалистического производства.
Констр.: Необходимо отметить, что ...
Как показывает практика, ...

4. Почему принцип всеобщности труда приобретает на этапе развитого социализма особое значение?
Констр.: Это обусловлено тем, что ...
Кроме того, следует добавить, что ...

7.1. 150

5. Какие факторы вносят значительный вклад в повышение производительности труда?
Констр.: По моему убеждению, ...
Напомним, что ...

6. Благодаря чему труд превратится в первую жизненную потребность?
Констр.: Думается, что ...
Я убежден (убеждена), что ...

7.1.5. Используя конструкции из прил. 3.7., ознакомьте товарищей с проблематикой краткого сообщения по данным ниже темам. Образец:

Negative Auswirkungen der "Gleichmacherei" auf Erhöhung der Arbeitsproduktivität →
Позвольте рассмотреть проблему отрицательного воздействия "уравниловки" на повышение производительности труда.

1. Gerechte Verteilung der produzierten materiellen Werte   2. Herstellung von Beziehungen brüderlicher Zusammenarbeit als Wesenszug der sozialistischen Arbeit   3. Grundlegende Veränderungen im Charakter der Arbeit unter den Bedingungen der sozialistischen Produktionsverhältnisse   4. Materielle und geistige Voraussetzungen für die Realisierung des sozialistischen Verteilungsprinzips   5. Verwirklichung des Prinzips des "allgemeinen Charakters der Arbeit", d. h. der möglichst vollständigen Einbeziehung der arbeitsfähigen Bevölkerung in den Arbeitsprozeß   6. Herausbildung einer schöpferischen Arbeitsatmosphäre als Voraussetzung für die Erzielung hoher Produktionsergebnisse

7.1.6. Переведите на русский язык:

Aufgrund der gerechten Verteilung der materiellen Güter wurde im Sozialismus die Arbeit zur wichtigsten Quelle des Volkswohlstandes; durch sie wird die wachsende soziale Gleichheit aller Bürger des sozialistischen Staates gewährleistet. Voraussetzung dafür ist die konsequente Durchsetzung des sozialistischen Verteilungsprinzips "Jeder nach seinen Fähigkeiten, jedem nach seiner Leistung". Jegliche Verletzung dieses Prinzips wirkt sich sowohl auf die Produktionskennziffern als auch auf die Psyche der Menschen negativ aus. Leider sind solche Verletzungen noch des öfteren zu beobachten. Hierbei handelt es sich vor allem um die sogenannte "Gleichmacherei", aber auch um die Tatsache, daß zuweilen unverdient hohe Löhne bzw. Prämien gezahlt werden.
Natürlich ist es in der Gegenwart nicht zweckmäßig, ja sogar unmöglich, das kommunistische Verteilungsprinzip durchzusetzen. Nehmen wir an,

man würde heute allen Bürgern den gleichen Lohn zahlen. Unter den Bedingungen einer solchen "Gleichmacherei" würde das Interesse (= Interessiertheit) der Werktätigen an der Erhöhung ihrer Qualifikation und an der Verbesserung ihrer Arbeit entscheidend verringert und damit die Erzielung hoher Produktionsergebnisse behindert werden. Gleichzeitig würde damit ein wesentlicher Stimulus zur Schaffung einer schöpferischen Arbeitsatmosphäre wegfallen.

Die sozialistische Gesellschaft verpflichtet jeden, seinen persönlichen Beitrag zur Erhöhung des Wohlstandes des ganzen Volkes zu leisten. Zugleich übernimmt sie selbst die Verpflichtung, allen Werktätigen ein entsprechendes Entgelt für ihre Leistung zu geben. Sie beseitigt damit die Ungerechtigkeit der Ausbeuterordnung, in der sich einige Parasiten den überwältigenden Anteil der produzierten materiellen Werte aneignen.

7.1.7. Сделайте краткое сообщение на тему "Труд при социализме", используя следующие подтемы, затронутые в докладе:

1. Коренное изменение в характере труда при социализме 2. Организация трудовой деятельности при социализме 3. Принцип распределения в социалистическом обществе 4. Принцип всеобщности труда 5. Повышение производительности труда

Употребите при этом конструкции из прил. 3.7.

7.1.8. Вас пригласили на беседу за "круглым столом" с известными психологами ГДР и СССР, занимающимися вопросами взаимосвязи стресса и работы. В целях подготовки беседы прочитайте отрывок из статьи профессора Селье. В ходе беседы предложите обсудить следующие мысли автора:

1. Бездействие в сравнении с любой деятельностью приводит к более сильному стрессу. 2. Работа не только средство для экономического благосостояния или общественного положения. 3. Нередко люди страдают от того, что не могут найти удовлетворение в работе.

Имя канадского профессора Селье связано с одним из крупнейших открытий XX века — открытием явления стресса. Селье ввел этот термин в научный язык, исследовал его физиологическое содержание, показал, что знание механизма стресса может принести пользу в различных областях медицины.

Вот что пишет Селье о зависимости между стрессом и работой:

... Конечно, любая напряженная работа, любая деятельность вызывают стресс. Но это тот уровень физиологического стресса, который "запрограммирован" эволюцией, без которого нет жизни. Напротив,

7.1.   152

бездействие, длительное отсутствие напряжения приводит к стрессу более сильному, выходящему за рамки нормы и способному привести к патологии. Это хорошо известно по многочисленным случаям вынужденного бездействия человека. Труд необходим для каждого из нас, как вода, пища, сон. Есть люди, которые чувствуют себя счастливыми, когда пассивно наслаждаются[1] красотами природы или продуктами труда других людей: музыкой, книгами, спортивными соревнованиями. Однако те люди, которые бездельничают[2] не для того, чтобы отдохнуть от труда, а потому, что в этом состоит цель их жизни, — эти люди, по существу, несчастны. Кроме того, стресс легко действует на них ...

... Работа — не только средство для экономического благосостояния или общественного положения, это и биологическая необходимость. Не слушайте тех, кто повторяет: "Не работа составляет суть жизни. Нужно работать, чтобы жить, а не жить, чтобы работать" — эта философия ведет к несчастью. Вопрос в том, насколько работа удовлетворяет человека. Некоторые люди страдают[3] от того, что они не могут найти удовлетворение в своей профессии, не могут в ней добиться успеха. Эти люди — нищие[4] человечества. Они нуждаются не в деньгах, не в досуге, а в перестройке своего сознания, своей жизни. И напротив, счастливы те, кто, имея право уйти на пенсию, не хочет этого делать, — они находят то, что защищает их от стрессов.

[1] наслаждаться/насладиться чем — genießen, sich ergötzen   [2] бездельничать — nichts tun   [3] страдать от — leiden unter   [4] нищий — Bettler

7.1.9. Сокращение существительных и прилагательных

7.1.9.1. Прочитайте текст с рекомендуемыми сокращениями (прил. 2.1.2.6.).

7.1.9.2. ○━ (F_L) Спишите словосочетания, сокращая выделенные слова.

7.1.9.3. ○━ ◉ ◉ Прослушайте словосочетания, запишите их, по возможности, в сокращениях.

7.1.10. Интонация

7.1.10.1. ◉ ◉ Прослушайте предложения с ИК-4 в неполных вопросительных предложениях с союзом "а":

1. При социализме высшей целью производства является благосостояние тружеников[1]. А при капитализме[4]? 2. Социалистическое об-

щество каждого обязывает трудиться[1]. А капиталистическое[4]? 3. Совершенствование средств производства уже раньше обходилось недёшево[1]. А сейчас[4]? 4. Необходимо добиться увеличения количества производимых изделий[1]. А повышения качества[4]? 5. Этот коллектив ставит целью выполнение напряженного плана[1]. А другие[4]? 6. Внедрение микроэлектроники при социализме не сопровождается[1] отрицательными последствиями для рабочих. А в капиталистическом[4] хозяйстве?

7.1.10.2. 🎧 🎧 Прослушайте предложения еще раз и повторите за диктором.

7.1.10.3. Прочитайте предложения из 7.1.10.1. с заданной интонацией.

7.2. Второй раздел

7.2.1. Прочитайте статью из газеты "Правда" и на основе полученной информации составьте подробный план статьи.

Труд по способностям, оплата по труду

Работать по способностям, получать по заслугам — о таком справедливом устройстве общественной жизни столетиями мечтали передовые мыслители и гуманисты многих стран. Но только с утверждением социалистических производственных отношений стало возможным осуществить эту мечту. Только тогда реализуется социалистический принцип распределения — "От каждого — по способностям, каждому — по труду".

Так как на первой ступени коммунистической общественно-экономической формации достигнутый уровень развития производительных сил еще недостаточен, не только нецелесообразно, но даже невозможно ввести коммунистический принцип распределения, бесплатно удовлетворять потребности всех людей, независимо от их личного вклада в общественную казну[1]. Трудно представить себе, например, что в настоящее время всем выплачивали бы одинаковое вознаграждение: токарю первого и токарю шестого разряда[2], квалифицированному специалисту с высшим образованием и ученику на заводе.

Такой метод распределения нужно охарактеризовать как уравнительный. Он представляет собой мелкобуржуазный идеал социализма. При такой "уравниловке" у людей исчезла бы заинтересованность в повышении квалификации и производительности своего труда.

В противоположность этому распределение при социализме должно способствовать постоянному повышению производительности труда и, следовательно, динамичному росту общественного богатства и одновременно обеспечивать постоянное повышение жизненного уровня всех трудящихся. Поэтому уравниловке при социализме места нет. Полное осуществление социалистического принципа распределения кладет конец величайшей несправедливости эксплуататорского общества, где господствующие классы присваивают себе подавляющую часть производимых материальных ценностей. Реализация принципа обеспечивает постоянное возрастание социального равенства всех членов общества. И это потому, что при социализме труд, и только труд, является единственным законным источником средств существования, определяет положение человека в обществе.

Однако в общественной практике не изжиты еще нарушения принципа распределения по труду. Всякого рода уравниловка, факты начисления заработной платы, по существу, лишь за явку на работу, а не за ее реальные результаты, выдача незаслуженных премий и денежных вознаграждений — все это крайне вредно сказывается и на производственных показателях, и на психологии людей.

Успехи при строительстве нового общества во многом зависят от того, насколько последовательно, точно и повсеместно осуществляется социалистический принцип распределения. Лишь вопреки ему возникают ситуации, когда то, что выгодно обществу в целом, бывает иногда невыгодно коллективу, а забота об интересах всего коллектива наносит ущерб отдельному работнику. То, что выгодно и необходимо обществу, должно быть обязательно выгодно каждому работнику, и наоборот: то, что ненужно, вредно для развития общества, должно быть дважды и трижды невыгодно для отдельного работника, в какой бы сфере хозяйства он ни трудился.

Бывает, что социалистический принцип распределения понимается слишком узко — только как правило оплаты. Но этот принцип определяет не только процесс распределения; его влияние охватывает все стадии и фазы производства, отношения людей на любых этапах их трудовой деятельности, социально-экономические условия их жизни.

Нередко полагают, что он применим в основном к оценке трудовой деятельности отдельно взятых работников. На самом деле в условиях коллективного, общественного характера производства он полностью применим и к трудовым коллективам. Но нужно признать то, что осуществление принципа на уровне коллектива связано, пожалуй, с наиболее сложными проблемами. Так, нередко проявляется неравномерность в напряженности труда — одни коллективы, взяв на себя высокие обязательства, работают интенсивно и эффективно, постоянно повышая качество продукции и объемы производства, а другие, наоборот, — безынициативно, малограмотно[3], без конца требуя дотаций, техники, помощи, а зачастую и снижения плановых заданий. Здесь возникают проблемы с составлением плана, а также справедливых

норм, и фактически искажаются обе стороны принципа "От каждого — по способностям, каждому — по труду".
Другим фактором, препятствующим применению принципа на уровне коллектива, является недостаточная "прозрачность"[4] системы стимулирования. Иные моменты в оплате труда неоправданно усложнены, выведены за пределы компетенции, влияния и контроля коллектива. Бывает, что рабочие не знают, за счет чего образуется фонд зарплаты и материального поощрения[5], откуда берутся средства на жилищное строительство, объекты социально-культурного назначения[6] и т. д. Понятно, что это отрицательно сказывается на заинтересованности коллективов в результатах их работы, и что в такой обстановке снижаются возможности членов коллективов воздействовать на решение важных хозяйственных вопросов. Более полное осуществление основного принципа социализма непосредственно связано с преодолением таких недостатков. Заинтересовывая трудящихся в достижении наивысших результатов, этот принцип тем самым побуждает их максимально использовать имеющиеся средства производства, энергично внедрять новейшие достижения науки и техники. Таким образом, он в состоянии выступать могучим стимулятором развития производства, соединения достижений научно-технического прогресса с преимуществами социалистической системы хозяйствования.

[1] казна́ — *hier:* Vermögen   [2] разря́д — *hier:* Qualifikationsklasse   [3] малогра́мотно — fehlerhaft, stümperhaft   [4] прозра́чность — Durchsichtigkeit, *hier:* Überschaubarkeit, Eindeutigkeit   [5] материа́льное поощре́ние — Prämierung   [6] назначе́ние — Bestimmung

7.2.2.   Изложите содержание статьи, используя ваш план.

7.2.3.   Обсудите с товарищем вопрос: "К каким последствиям может привести нарушение социалистического принципа распределения по труду?" В доказательство ваших высказываний приведите примеры из собственного опыта.

7.2.4.   В советском институте, где вы проходите стажировку, проводится совещание профсоюзных работников. Вас в качестве профорга вашего института пригласили на это совещание. Завязалась дискуссия на тему: "Кто дает больше обществу — тот и получает от общества больше благ". Примите участие в дискуссии. Обсудите проблему эффективности стимулирования труда на основе полной реализации социалистического принципа распределения. Расскажите о собственном опыте успешного стимулирования труда как отдельных работников, так и всего коллектива.

7.3. Третий раздел

7.3.1. 🔊 🔊 На конференции по вопросу о реализации принципа всеобщности труда при социализме выступает с докладом кандидат экономических наук А. Колесниченко. Прослушайте и законспектируйте выступление докладчика.

7.3.2. Ваши коллеги просят вас изложить основные проблемы, затронутые в выступлении А. Колесниченко. Познакомьте их с содержанием доклада, используя ваш конспект.

7.3.3. Проведите с товарищами беседу о проблеме обеспечения полной занятости населения в социалистическом обществе. В ходе беседы сравните, как решалась эта проблема раньше и как она решается в настоящее время.

7.3.4. Представьте себе, что вас пригласили на встречу общество-ведов, которая проводится на кафедре научного коммунизма в вашем институте-партнере. На кафедре в этот день состоялась дискуссия на тему "Пути и проблемы реализации принципа всеобщности труда при социализме". Примите участие в этой дискуссии.

7.4. Четвертый раздел

7.4.1. Ваш советский товарищ попросил вас (по возможности дословно) перевести отрывок из статьи.

Neben dem sozialistischen Verteilungsprinzip gewinnt das Prinzip des "allgemeinen Charakters der Arbeit" ("Allgemeinheit der Arbeit") immer mehr an Bedeutung. Die Tatsache, daß alle Mitglieder der Gesellschaft an der Schaffung der gesellschaftlichen Reichtümer unmittelbar beteiligt sind, ist zweifellos eine äußerst wertvolle Errungenschaft des Sozialismus. Im sozialistischen Staat ist es niemandem gestattet, sich der Teilnahme an der gesellschaftlich nützlichen Tätigkeit zu entziehen. Dabei darf das Prinzip der Vollbeschäftigung nicht zu eng verstanden werden. Es wäre nicht zweckmäßig, eine hundertprozentige Einbeziehung der arbeitsfähigen Bevölkerung in den Arbeitsprozeß anzustreben.

Beispielsweise ist die Arbeit der Hausfrau und Mutter, die zu Hause ihre Kinder erzieht, ebenso gesellschaftlich notwendig und nützlich wie jede andere Arbeit.

Die Ökonomen sind der Meinung, daß das Prinzip des "allgemeinen Charakters der Arbeit" sich nur dann effektiv auf den gesellschaftlichen Fortschritt auswirken kann, wenn auch seine qualitative Seite hinreichend berücksichtigt wird. Es genügt nicht, daß der Sozialismus jeden Bürger zur Arbeit verpflichtet; die sozialistische Gesellschaft muß bestrebt sein, jedem einen Arbeitsplatz zu geben, der die Entfaltung seiner schöpferischen Fähigkeiten nicht behindert und an dem die Kenntnisse, Fähigkeiten und Erfahrungen des Werktätigen volle Anwendung finden.

Die Lösung dieses Problems stellt eine wichtige Voraussetzung sowohl für den weiteren Aufschwung der sozialistischen Ökonomie als auch für die allseitige Entfaltung der sozialistischen Persönlichkeit dar. Es ist eine Tatsache, daß der Kampf gegen unqualifizierte, schwere körperliche und nicht zuletzt mechanische geistige Arbeit den sozialistischen Staat sehr teuer zu stehen kommt. Ungeachtet dessen müssen wirksame Maßnahmen in dieser Richtung unternommen werden. Die Notwendigkeit solcher Maßnahmen ist nicht nur durch deren ökonomische Zweckmäßigkeit, sondern vor allem auch durch die soziale Bedeutsamkeit des Problems bedingt.

7.4.2. Однокоренные слова

7.4.2.1. (F$_L$) Прочитайте словосочетания с однокоренными словами и обратите внимание на их разные значения:

1. **де́йствие**   Handlung, Tätigkeit, Aktion;
   образ действия, единство действий   Handlung, Geschehen; Gültigkeit; Wirkung; Akt
   действие романа
   действие договора
   действие лекарства
   спектакль в трех действиях

2. **возде́йствие** (коллектива)   Einwirkung, Einfluß

3. **де́йственность** (мероприятий)   Wirksamkeit

4. (объективная) **действи́тельность**   Wirklichkeit, Realität

7.4.2.2.   Спишите предложения, вставляя вместо точек подходящие по смыслу однокоренные слова:

1. ... человека детерминированы социально-экономическими условиями его жизни. 2. Труд оказывает больш...... на развитие личности. 3. ... рассказа происходит в Ленинграде. 4. Объем и ка-

чество продукции в большой степени зависят от ... мер морального и материального стимулирования. 5. Срок ... договора кончается. 6. Выводы молодого физика были далеки от ... и не получили экспериментального подтверждения. 7. Врачи были довольны ... препарата. 8. Этот известный актёр выйдет на сцену в трет...

7.4.2.3. Составьте письменно предложения с однокоренными словами.

7.4.3. Синонимы

7.4.3.1. (F) Прочитайте словосочетания, обращая внимание на значение прилагательных и их сочетаемость:

1. **тяжёлый** — **schwer**
   - сумка, чемодан, рюкзак — von großem Gewicht
   - работа, задача, дело — unter Anstrengungen, mit Mühe realisierbar
   - условия, обстановка, ситуация, положение — durch erschwerende Faktoren gekennzeichnet und schwer zu bewältigen
   - жизнь, время — unter harten Bedingungen verlaufend
   - человек, характер — große Schwierigkeiten bereitend, unerträglich
   - болезнь, состояние — schwerwiegend, (lebens)gefährlich

2. **трудный** — **schwierig, schwer**
   - работа, задача, дело, вопрос, проблема — unter Anstrengungen, mit Mühe realisierbar (lösbar)
   - условия, обстановка, ситуация, положение — durch erschwerende Faktoren gekennzeichnet und mit Mühe zu bewältigen
   - жизнь, время — unter schwierigen Bedingungen verlaufend
   - язык, предмет, профессия — von hohem Schwierigkeitsgrad
   - человек, характер — Schwierigkeiten, Sorgen bereitend

3. **сложный** — **kompliziert, schwierig**
   - работа, задача, дело, вопрос, проблема; условия, обстановка, ситуация, положение; жизнь, время; язык, предмет — durch eine Reihe die Sache komplizierender Faktoren gekennzeichnet
   - механизм, устройство — kompliziert zusammengesetzt
   - человек, характер — mit inneren Widersprüchen behaftet

4. нелёгкий	nicht leicht, relativ schwer
сумка, чемодан, рюкзак	ziemlich schwer
работа, задача, дело, вопрос, проблема	nicht leicht realisierbar (lösbar)
условия, обстановка, ситуация, положение	durch einige die Sache erschwerende Faktoren gekennzeichnet und nicht leicht zu bewältigen
жизнь, время	unter relativ harten Bedingungen verlaufend
язык, предмет, профессия	von relativ hohem Schwierigkeitsgrad
человек, характер	gewisse Schwierigkeiten und Sorgen bereitend

7.4.3.2. Вставьте вместо точек подходящие по смыслу синонимичные прилагательные. Укажите случаи, где возможны варианты.

1. Строительство газопровода "Союз" проходило в ... климатических условиях. 2. Некоторые члены коллектива уклоняются от выполнения этих ..., но важных задач. 3. Я полагаю, что этот ... вопрос нужно выдвинуть на первый план. 4. Физика всегда казалась мне ... предметом. 5. Политическая ситуация в этом районе Земли сейчас ... 6. Он отлично понимал ... характер своей дочери. 7. Наш коллега долго лежал в больнице в ... состоянии. 8. В это ... время советский народ преодолел много трудностей. 9. Студенты долго не могли понять ... механизм нового прибора. 10. У тебя, действительно, ... чемодан. 11. В газете писали о ... профессии врача.

7.4.3.3. Составьте письменно предложения с синонимичными прилагательными.

7.4.4. Вам предстоит выступить на семинаре по вопросам труда при социализме. Составьте письменно начало выступлений, используя данные ниже темы, а также конструкции из прил. 3.7. (см. образец в 7.1.5.).

1. Verwirklichung des sozialistischen Verteilungsprinzips "Jeder nach seinen Fähigkeiten, jedem nach seiner Leistung" 2. Unzweckmäßigkeit der Anwendung des kommunistischen Verteilungsprinzips in der Gegenwart 3. Negative Auswirkung gleichmacherischer Verteilungsmethoden auf die Interessiertheit der Werktätigen am Arbeitsergebnis 4. Notwen-

7.4.

digkeit der ständigen Erhöhung der Arbeitsproduktivität 5. Wachsende soziale Gleichheit der Werktätigen im Sozialismus 6. Verletzungen des sozialistischen Verteilungsprinzips durch Zahlung unverdient hoher Prämien

7.4.5. Переписка

7.4.5.1. Прочитайте образец письма про себя:

Уважаемый профессор Рихтер!

В соответствии с постановлением, принятым Академией наук СССР по вопросу о приглашении выдающихся зарубежных специалистов, и учитывая Вашу многолетнюю деятельность в области, охватываемой программой наших исследовательских работ, **мы приглашаем Вас посетить** наш Институт экономики мировой социалистической системы АН СССР **сроком на одну неделю**, желательно в первом полугодии следующего года.
Основная программа Вашей командировки заключалась бы в прочтении лекций по основным аспектам труда при социализме. Профессор Гербер, заведующий сектором рабочей силы Института мировой экономики и политики АН ГДР, рекомендовал в своем письме от 23 октября 19.. г. цикл Ваших лекций по этой тематике.
Все расходы, связанные с Вашим пребыванием в СССР, будут полностью **покрыты** АН СССР.
Мы будем очень рады, **если Вы сможете принять** наше **приглашение**.
Очень просим Вас как можно скорее поставить нас в известность об удобных для Вас сроках командировки, а также **прислать** нам **перечень Ваших докладов**.
Мы заранее **выражаем Вам искреннюю благодарность за** участие в работе над вышеуказанной тематикой.

С уважением

Директор ИЭМСС АН СССР, д-р экон. наук,
профессор
Р. Л. Иванов

7.4.5.2. (F_L) Переведите типичные для письма конструкции. Прочитайте их вслух и спишите.

7.4.5.3. Прочитайте письмо вслух.

7.4.5.4. Переведите ответное письмо, используя данные конструкции.

Sehr geehrter Professor Iwanow!

Ich möchte mich bei Ihnen für die Einladung an Ihr Institut sowie für die Bereitschaft Ihres Instituts, alle Kosten für meinen Aufenthalt in der UdSSR zu decken, ganz herzlich bedanken. Im Zusammenhang mit Ihrem Angebot möchte ich mitteilen, daß ich Ihre Einladung zu einem einwöchigen Besuch Ihres Instituts mit großer Freude annehme.
Ich wurde bereits informiert, daß die Forschungsarbeit Ihrer Mitarbeiter ein hohes Niveau aufweist und von großem Interesse für meine weitere Arbeit sein wird.
Ausgehend vom Vorlesungsplan unseres Instituts möchte ich das erste Quartal 19. . als den günstigsten Zeitraum für meinen Aufenthalt in Moskau vorschlagen. Ich bitte Sie daher, die Vorlesungstermine in Übereinstimmung mit Ihrem Arbeitsplan vom ersten Quartal 19. . festzulegen und mich davon detailliert in Kenntnis zu setzen.
Ein Themenverzeichnis der von mir zu haltenden Vorträge übersende ich Ihnen in der Anlage zum Brief.
Gestatten Sie mir, Ihnen nochmals meinen aufrichtigen Dank für die Einladung an Ihr Institut auszusprechen.

Hochachtungsvoll
Prof. Dr. sc. H. Richter

Anlage: Themenverzeichnis meiner Vorträge

7.4.6. Напишите письмо советскому другу, преподавателю Института экономики. Сообщите ему, что в следующем году вы поедете в Институт экономики в рамках обмена учеными. Вы должны прочитать несколько лекций на тему "Труд и оплата по труду при социализме". Упомяните в письме некоторые аспекты темы и выскажите собственное мнение относительно их, приведите примеры из опыта вашей работы.

  Употребите при этом, по возможности, выделенные в письме-образце конструкции (7.4.5.1.), а также конструкции из прил. 3.7.

7.4.7. Вам предстоит принять участие в научной конференции по вопросам труда при социализме. Напишите сообщение на тему "Реализация принципа всеобщности труда в период зрелого социализма". Остановитесь подробнее на проблеме количества и качества занятости населения. Приведите примеры осуществления этого принципа в ГДР.

  Используйте в сообщении конструкции из прил. 3.7.

7.5. Пятый раздел

7.5.1. Прочитайте статью из газеты "Правда" без словаря, обращая внимание на ее главные мысли. Найдите те абзацы, в которых говорится о сочетании оклада и премии при оплате труда научных работников. Переведите их письменно со словарем.

Как вознаграждать труд ученого

Продуктивность научных работников — а следовательно и эффективность науки — во многом зависит от того, как оплачивается их труд. За что платить ученому, как и сколько платить — эти вопросы ставятся все острее в связи с возрастающей ролью науки в экономическом и социальном развитии социалистического общества. И поскольку еще не выработаны четкие принципы, на которых целесообразно строить систему оплаты труда научных работников, действующая система оплаты подвергается порой критике, иногда справедливой, а иногда совсем необоснованной.

Известно, что заработная плата научного сотрудника определяется должностью, ученой степенью, стажем и категорией учреждения, в котором он работает. Больше всего критикуют связь заработной платы с ученой степенью. Но так ли эта связь неправомерна? Сейчас ученая степень выполняет роль квалификационного стандарта. Можно спорить о том, насколько он совершенен, но вместо этого часто ставят вопрос — нужен ли он. Сторонники отмены "платы за степень" предлагают одномерную шкалу "должность — оклад". Это равнозначно отказу от оценки и вознаграждения квалификационного роста в рамках одной должности. Общество же нуждается и в том, чтобы младший научный сотрудник, приобретая знания и опыт, становился все более ценным помощником старшего, и в том, чтобы он сам быстрее дорастал до уровня старшего.

Предлагают также установить связь между наличием ученой степени и назначением на должность. Предположим, заведовать лабораториями разрешают только докторам наук, а быть старшими сотрудниками — только кандидатам. Но ведь достижение докторской степени не означает приобретения организаторских качеств. А современная наука — поле согласованных действий многих людей, и организационная сторона не в меньшей степени предопределяет успех исследований и разработок, чем творческая. Нередко блестящий исследователь оказывается весьма посредственным организатором и наоборот. Следовательно, система оплаты должна быть двухмерной, связь зарплаты с должностью и квалификацией надо разграничивать. Это и нужно рассматривать как первый принцип, на котором целесообразно строить оплату труда научных работников.

Следующий вопрос может показаться наивным — а что, собственно, служит предметом оплаты: способности, знания, опыт, одним словом, потенциал или же фактическая отдача? В общем случае — и то, и другое. Оклад устанавливается сотруднику при поступлении на работу, когда он никаких результатов еще не дал и может в лучшем случае опереться лишь на прежние успехи как на доказательство способности достичь новых. Далее он может работать и лучше, и хуже ожидавшегося, но оклад от этого меняться не будет. Ведь даже если ввести периодический пересмотр окладов, например, по итогам работы за два года, то и тогда новый оклад будет отражать прошлые, а не сегодняшние результаты. Необходим отдельный канал вознаграждения за фактические успехи в текущей работе. То есть, требуется сочетание оклада и премии, которая должна быть достаточно весомой, чтобы служить стимулом. Это второй принцип.

Но здесь полезно учесть, что характер труда в науке неоднороден. Одни непосредственно ведут исследования по определенным темам, их труд связан порой с многолетним продвижением к цели. Достижение этой цели и означает фактический результат. Другие обеспечивают эту работу расчетами, анализами и т. д., их задача — каждодневное выполнение определенных обязанностей. Очевидно, оплачивать труд этих двух категорий специалистов надо по-разному, и это — третий принцип. У первых все выплаты в ходе выполнения темы носят характер аванса — платить надо каждый месяц, а результат, по которому можно судить о качестве труда, появится через несколько лет; промежуточные же результаты обычно мало о чем говорят. Разовому характеру конечного результата должно соответствовать и разовое конечное вознаграждение. Оно, по-видимому, может иметь только форму премии. У вторых — повседневные результаты, хотя они не выступают самостоятельным научным продуктом. Регулярному поступлению результатов должно соответствовать и регулярное вознаграждение, например, в виде квартальной премии.

Прежде чем вознаградить по труду, надо его результаты измерить. В науке это сделать не просто. Ждать окончательных итогов, гарантирующих уверенную оценку, слишком долго, поэтому приходится учитывать промежуточные результаты, принимая во внимание выполнение разных других заданий. Из-за этого возникают сомнения в обосновании различий в оплате. Не имея возможности доказать, чем один работник превосходит другого, администрация предпочитает уравнивать выплаты. Премии начисляются пропорционально основной заработной плате и превращаются в ее неотъемлемую составную часть. Преодолеть эту тенденцию к уравниловке нельзя, если не научиться выявлять различия в объеме и качестве труда, отражающиеся в оплате. Следовательно, четвертый принцип — систему оплаты труда нужно строить в соответствии с системой оценки труда.

Но самый важный вопрос — сколько платить. Нередко средний уровень оплаты труда в науке ниже, чем в промышленности или на транспорте.

Из-за этого приток в науку свежих сил, особенно молодежи, ослабевает. Соответственно сужаются возможности отбора одаренных людей. Очевидно, наука заслуживает приоритета по уровню оплаты труда, даже если достигать этого путем некоторого сокращения числа занятых в ней. Большое число людей в науке само по себе не обеспечивает значительного успеха. Если научный работник не соответствует нужным требованиям, то реагировать надо не снижением оклада, а перемещением в другую сферу деятельности, где он принесет пользу. Тому же, кто проявил способность к научной работе, надо платить больше, чем он может получить в других сферах.

Это и надо рассматривать как важнейший, пятый принцип. Систему оплаты труда работников науки следует сочетать с системой их аттестации, включающей правила освобождения от работы. При этом необходимо предусмотреть меры, обеспечивающие объективный подход, иначе увольнять будут не самых бесполезных, а самых беззащитных.

И, наконец, последний принцип — научная обоснованность. Труд в науке — сложное социальное явление, его оплата — это узел, в котором сплетаются экономические, социальные, психологические проблемы. От того, насколько они изучены, зависит правильность принимаемых решений. Здесь недостаточно мнений, даже очень авторитетных. Нужны знания, полученные с помощью специальных исследований. Подобно тому, как ни одну новую машину не станут внедрять без опытной проверки, нельзя вводить и новые способы оплаты без доказательства их преимуществ.

К тому же не одни материальные стимулы движут людьми. В общественном организме материальные интересы — лишь одна из движущих сил. Чтобы ее правильно использовать, надо познать ее взаимосвязи с другими силами. Чем глубже будут эти исследования, тем эффективней станет использоваться научный потенциал.

7.5.2. Прочитайте статью еще раз и сформулируйте в виде подробных тезисов, какую информацию о системе оплаты труда научных работников вы получили из статьи (рекомендации к разработке тезисов см. прил. 4.2.).

7.5.3. Используя тезисы, назовите и объясните принципы, на которых, по мнению автора статьи, целесообразно строить систему оплаты труда ученых. Выскажите свою точку зрения относительно научной обоснованности / необоснованности названных принципов.

7.5.4. В вашем институте проводится профсоюзное собрание, на котором присутствует делегация профсоюзных работников из СССР. Обсуждается вопрос о премиях научных сотрудников. Примите участие в обсуждении этого вопроса. Выразите и аргументируйте свое мнение относительно критериев распределения премий и их размеров.

7.6. Шестой раздел: Наш калейдоскоп

7.6.1. Афоризмы великих людей

... Если человек трудится только для себя, он может, пожалуй, стать знаменитым ученым, великим мудрецом, превосходным поэтом, но никогда не сможет стать истинно совершенным и великим человеком.

(К. Маркс)

Труд — источник всякого богатства ... Но он еще и нечто бесконечно бо́льшее, чем это. Он — первое основное условие всей человеческой жизни, и притом в такой степени, что мы в известном смысле должны сказать: труд создал самого человека.

(Ф. Энгельс)

Надо поставить свою жизнь в такие условия, чтобы труд был необходим. Без труда не может быть чистой и радостной жизни.

(А. П. Чехов)

7.6.2. Пословицы о труде

1. Терпение и труд все перетрут.
2. Без труда не вынешь и рыбку из пруда.
3. Кто не сеет, тот и не жнет.
4. Без труда и отдых несладок.
5. Думай медленно, работай быстро.
6. Дерево дорого плодами, а человек — делами.

7.6.3. Улыбка

Как узнать человека?

Старый рабочий говорит молодому рабочему: "Если хочешь узнать человека, смотри, как он работает. Трудолюбивый человек поет, когда работает, а ленивый сердится".

7.6.

7.6.4. Немного юмора

Знаменитый английский ученый Резерфорд зашел однажды в одну из своих лабораторий. Было поздно, но в лаборатории работал один из учеников Резерфорда.
— Что вы делаете так поздно? — спросил Резерфорд.
— Работаю, — ответил ученик.
— А что вы делаете днем?
— Конечно, работаю.
— И рано утром тоже работаете?
— Да, профессор, и утром работаю, — ответил ученик. Он думал, что Резерфорд похвалит его. Но Резерфорд рассердился и спросил:
— А когда вы думаете?

7.7. Седьмой раздел

7.7.1. ⊙ ⊙ Основные глаголы

действовать *nur uv.* handeln; funktionieren; wirken; gelten, gültig sein
  Рационализаторы действуют в соответствии с новейшими достижениями науки и техники.
  Аппарат, пожалуй, хорошо действует.
  Объективные законы действуют независимо от нашего сознания.

действие Handlung; Gültigkeit
  военные действия
  срок действия договора
действующий handelnd; geltend
  действующее лицо
  действующий закон
деятель Tätiger, Schaffender, Funktionär
  партийный деятель Parteifunktionär
  государственный деятель Staatsmann, -funktionär
  политический деятель Politiker
  деятель культуры Kulturschaffender
деятельность Tätigkeit
  значимость общественной деятельности
деятельный* tatkräftig, rege
  побуждать к деятельному* участию

де́йствовать/поде́йствовать (на)   wirken, sich auswirken (auf)
    Усиле́ние материа́льной заинтересо́ванности положи́тельно де́йствует на повыше́ние производи́тельности труда́.
де́йствие (препара́та)   Wirkung
де́йственный (хозя́йственный меха́низм)   wirksam, wirkungsvoll
де́йственность (самокри́тики)   Wirksamkeit
возде́йствовать *uv./v.* на (люде́й, ход разви́тия)   einwirken auf, beeinflussen
(мора́льное) возде́йствие   Einwirkung, Einfluß

плати́ть/заплати́ть   (be)zahlen
    Он заплати́л большо́й штраф.
плати́ть/заплати́ть за что   für etw. (be)zahlen
    Ско́лько ну́жно плати́ть за но́мер в гости́нице?
плати́ть/заплати́ть кому́   (bei) j-m (be)zahlen
    Плати́те де́ньги касси́ру!
плати́ть/заплати́ть куда́   wo (be)zahlen
    Вам ну́жно заплати́ть за проду́кты в ка́ссу.
пла́та (за труд; за услу́ги)   Bezahlung; Gebühr
за́работная пла́та (зарпла́та)   Lohn, Gehalt
пла́тный (вход)   gebührenpflichtig, bezahlt
беспла́тный   unentgeltlich, kostenlos
    беспла́тная медици́нская по́мощь
опла́чивать/оплати́ть (рабо́ту)   bezahlen
опла́та (труда́)   Bezahlung
выпла́чивать/вы́платить (зарпла́ту)   auszahlen
вы́плата (пре́мий)   Auszahlung

7.7.2. ◉ ◉ Новая лексика

присва́ивать/присво́ить   sich *Fremdes* aneignen, willkürlich
присвое́ние де́нег   in seinen Besitz nehmen; verleihen,
присво́енное институ́ту и́мя   zuerkennen
    Госпо́дствующие кла́ссы присва́ивают (себе́) подавля́ющую часть обще́ственных бога́тств.

обя́зывать/обяза́ть   verpflichten
брать на себя́ обяза́тельство
права́ и обя́занности
    Социалисти́ческое о́бщество ка́ждого обя́зывает рабо́тать.

полага́ть/положи́ть (*v. Verb nur* annehmen, vermuten, meinen
1. P. Pl. gebr.)
Поло́жим, что это так.
  Я полагаю, что этот вопрос нужно выдвинуть на первый план.

препя́тствовать/воспрепя́тствовать hindern, hemmen
кому/чему
преодолевать препя́тствия
беспрепя́тственный вход
  Неквалифицированный труд препятствует раскрытию способностей человека.

ска́зываться/сказа́ться на ком/чём sich auswirken auf
(*1., 2. P. ungebr.*)
  Эти факты вредно сказываются на производственных показателях.

уклоня́ться/уклони́ться от чего sich entziehen, ausweichen
уклоне́ние от работы
укло́нчивый* ответ
  Никто не должен уклоняться от личного участия в производительном труде.

обходи́ться/обойти́сь кому (*1.,* kosten, zu stehen kommen
2. P. ungebr.)
  Подготовка высококвалифицированных специалистов обходится государству очень дорого.

тру́женик Werktätiger, Schaffender
труди́ться на производстве
трудолюби́вый человек
  Каждый труженик должен прилагать все усилия, чтобы выполнить производственный план.

граждани́н, *Pl* гра́ждане, гра́ж- Staatsbürger, Staatsangehöriger
дан
гражда́нский долг
принимать гражда́нство
  Право личной собственности граждан СССР гарантируется законом.

хозя́ин, *Pl* хозя́ева, хозя́ев Herr, Besitzer
  Трудящиеся при социализме стали хозяевами всех богатств.

заслу́га Verdienst, anerkennenswerte Leistung
заслу́живать внимания/заслужи́ть
внимание
незаслу́женная премия
  При социализме каждый труженик должен работать по способностям, а получать по заслугам.

предпосы́лка — Voraussetzung, Vorbedingung
Обеспечение расширенного воспроизводства — предпосылка дальнейшего подъема экономики.

це́нность; це́нности — Wert, Bedeutung; Werte, Wertsachen
це́нные предложения
Пролетариат своим трудом создает все ценности.

всео́бщность — Allgemeinheit, allgemeiner Charakter
всео́бщее и полное разоружение
Практика коммунистического строительства углубляет наше понимание принципа всеобщности труда.

целесообра́зность — Zweckmäßigkeit
целесообра́зное решение
Полное осуществление социалистического принципа распределения диктуется экономической целесообразностью.

(не)равноме́рность — (Un)Gleichmäßigkeit
(не)равноме́рное распределение
в ра́вной ме́ре
На практике нередко проявляется неравномерность в напряженности труда.

ра́венство — Gleichheit
ра́вные возможности
В результате трудовой деятельности должно возрастать социальное равенство трудящихся.

тво́рчество — Schaffen; Schöpfertum
атмосфера тво́рческого труда
твори́ть новую жизнь
Нужно сочетать усилия общества с инициативой, творчеством каждого трудящегося.

бла́го — Wohl
на бла́го Родины
источник благосостоя́ния народа
создание благоприя́тных условий
Реализация принципа всеобщности труда идет на благо каждому человеку и всему обществу.

наруше́ние — Verletzung, Verstoß gegen
наруша́ть/нару́шить законы
наруши́тель границы
В общественной практике еще не изжиты нарушения принципа распределения по труду.

вознагражде́ние   Belohnung; Entgelt
дене́жное вознагражде́ние
вознагражда́ть/вознаград́ить за труд
    Трудно представить себе, что сейчас все получали бы одинаковое вознаграждение.

поле́зный   nützlich, nutzbringend
приносить по́льзу
трудиться на по́льзу общества
    Уклонение от общественно полезного труда несовместимо с принципами нашего строя.

у́мственный   geistig, Geistes-
продукт ума́
    К числу неквалифицированных работ можно отнести, пожалуй, механический умственный труд.

уравни́тельный   gleichmacherisch; ausgleichend
уравни́ловка в оплате труда
ура́внивать/уравня́ть размер премии
    При уравнительном методе распределения у людей исчезла бы заинтересованность в повышении квалификации.

у́зкий   eng, begrenzt, beschränkt
су́живать/су́зить значение
    Иногда социалистический принцип распределения понимается слишком узко.

(не)примени́мый   (nicht) anwendbar, (nicht) brauchbar
применя́ть/примени́ть свой опыт
применéние новой техники
    Социалистический принцип распределения применим и к трудовым коллективам.

пре́жде   früher, ehemals
в пре́жние времена
жить по-пре́жнему
    Ныне общество, как и прежде, заинтересовано в позитивной деятельности каждого его члена.

вопреки́ чему   gegen, entgegen
    Вопреки нашим ожиданиям задание не было выполнено.

8. Восьмой урок: "Социалистический образ жизни"

8.1. Первый раздел

8.1.1. ◉ ◉ Предполагаемые знания: владение лексикой (8.7.) и конструкциями (прил. 3.8.); ИК в вопросительных предложениях (прил. 1.5., предложения 8—10); ⊖ фиксирование информации прослушанного текста (прил. 2.2.—2.2.2.).

8.1.2. ◉ ◉ Прослушайте доклад кандидата философских наук В. И. Мотяшова и выделите главную информацию.

Уважаемые товарищи!

Тема моего выступления: "Наш образ жизни". Как вы знаете, представление об обществе складывается на основе изучения различных сторон жизни общества. Какие же это стороны? Это, прежде всего, экономический и социально-политический строй, господствующая идеология и мораль, особенности быта. Существует ли научное понятие, которое соединяло бы все эти стороны жизни общества в единое целое? Да, таким понятием является понятие "образ жизни". Оно охватывает буквально все стороны жизнедеятельности людей — условия их труда и быта, использование свободного времени, нормы поведения и т. д.

Из этого широкого круга выделяют обычно самое существенное — то, в чем выражается, можно сказать, суть общественного строя. Это, в первую очередь, соотношение личного и общественного, а также материального и духовного в жизни людей.

Если сравнить жизнь людей в капиталистических и социалистических странах, то можно отметить коренные различия в их образе жизни. Эти различия обусловлены, прежде всего, конкретно-историческими условиями той или иной общественной формации, ее способом производства. Частная собственность на средства производства порождает разделение общества на антагонистические классы, она создает между людьми острейшую конкуренцию. Общественная же собственность устраняет социальные антагонизмы и конкуренцию между людьми. Она объединяет людей отношениями товарищеского сотрудничества и взаимопомощи.

8.1.

Социалистическое общество предоставляет своим членам широчайшие социальные гарантии: право на труд, на отдых, на охрану здоровья и т. д. Людям не нужно бояться стихийности экономической конъюнктуры. Им не грозит потеря рабочего места и ее следствие: жизнь на грани прожиточного минимума. Граждане социалистических стран высоко ценят заботу общества о человеке, и не удивительно то, что на этой основе возникает подлинная забота человека о своем обществе. А это, между прочим, также является важной чертой социалистического образа жизни. Каждому известно, что социализм ставит целью все более полное удовлетворение потребностей людей. Но здесь, разумеется, речь идет не только об обеспечении динамичного роста трудовых доходов и, таким образом, о расширении материальных возможностей населения. Одновременно и еще более высокими темпами должно развиваться удовлетворение духовных и культурных запросов людей. А это тоже важнейшее преимущество социалистического образа жизни по сравнению с капиталистическим: растущий достаток служит у нас фундаментом для развития способностей, расширения творческих интересов, духовного обогащения человека.

Сказанное не означает, конечно, что социалистический образ жизни осуществляется без всяких противоречий, без отклонений от норм и принципов социализма. Диалектика жизни такова, что и при социализме все новое, прогрессивное утверждается в борьбе со старым. А пережитки прошлого в сознании людей не везде устранены. Нередко еще встречаются люди, которые руководствуются частнособственнической идеологией, нарушают нормы социалистического образа жизни.

Возьмем, например, проблему дисциплины труда. В стране, где людям обеспечена полная занятость, где рабочих мест больше, чем работников, человек действительно не испытывает страха потерять работу. Хорошо, добросовестно работать его побуждает другое: прямая зависимость между результатами его труда и личным достатком, другими словами — понимание того, что с ростом национального богатства страны улучшаются и условия жизни людей. Все это требует, разумеется, высокой сознательности. А она, к сожалению, у части людей не всегда соответствует достигнутому уровню общественного развития.

Или возьмем проблему сложившихся у ряда людей отрицательных навыков потребления, так называемого "культа потребления". К сожалению, еще нередко встречаются люди, которые ставят удовлетворение своих чрезмерных материальных запросов выше духовных и нравственных ценностей. Такие и подобные им явления в конечном счете можно свести к пережиткам буржуазной идеологии. Их нужно преодолеть, но не давлением, а путем повышения сознательности масс а также с помощью дальнейшего улучшения материальных условий жизни населения.

Итак, товарищи, успешное выполнение социально-экономических задач, рост образования, культуры, сознательности и нравственной зрелости трудящихся — таков в конечном итоге путь нашего общества к дальнейшему совершенствованию социалистического образа жизни.

Спасибо за внимание.

8.1.3. Сообщите, что вы узнали из доклада о социалистическом образе жизни, используя опорные слова и словосочетания:

представление об обществе — различные стороны жизнедеятельности людей — понятие образа жизни

различия в образе жизни — конкретно-исторические условия, способ производства

частная собственность на средства производства — антагонизмы, конкуренция

социалистическая собственность — сотрудничество и взаимопомощь

социализм — социальные гарантии — забота общества о человеке — подлинная забота человека о своем обществе

цель: полное удовлетворение потребностей — расширение материальных возможностей — удовлетворение духовных и культурных запросов

отклонения от норм и принципов социализма — пережитки прошлого

дисциплина труда — побуждать добросовестно работать — зависимость между результатами труда и личным достатком

отрицательные навыки потребления — чрезмерные материальные запросы

преодоление пережитков буржуазной идеологии — повышение сознательности, улучшение материальных условий жизни

8.1.4. Прочитайте доклад и обсудите некоторые вопросы, касающиеся социалистического образа жизни, используя конструкции:

1. Что мы понимаем под образом жизни?

Конструкции: Начнем с того, что . . .

Необходимо добавить следующее: . . .

2. Чем обусловлены коренные различия в образе жизни людей в капиталистических и социалистических странах?

Констр.: Если сравнить . . . и . . ., то можно сказать, что . . .

Это обусловлено тем, что . . .

8.1.

3. На какой основе возникает подлинная забота человека о своем обществе?
Констр.: Хочется подчеркнуть, что ...
В связи с этим не удивительно, что ...

4. В чем преимущество социализма в отношении всестороннего удовлетворения потребностей людей?
Констр.: Нужно исходить из того, что ...
Хочется особо отметить тот факт, что ...

5. Осуществляется ли социалистический образ жизни без противоречий и отклонений от нормы?
Констр.: Что касается этого вопроса, то ...
Не следует забывать, что ...

6. Что побуждает людей работать добросовестно в стране с обеспеченной полной занятостью?
Констр.: Следует указать на то, что ...
Вместе с тем необходимо учитывать, что ...

7. В чем выражаются отрицательные навыки потребления и в чем их причины?
Констр.: Вызывает озабоченность тот факт, что ...
Нельзя не согласиться с мнением ...

8. Каким образом можно совершенствовать социалистический образ жизни?
Констр.: Думается, что ...
В заключение хочется сказать следующее: ...

8.1.5. Сформулируйте данные ниже положения как сравнение / сопоставление. Используйте при этом конструкции из прил. 3.8.
Образец:

Kapitalistisches und sozialistisches Gesellschaftssystem: Merkliche Unterschiede in Hinsicht auf Vorstellungen von allgemeinem materiellen Wohlstand →
Если сравнить капиталистическую общественную систему с социалистической, **то можно отметить** заметные различия относительно представлений о всеобщем материальном благосостоянии.

1. Leben der Menschen in kapitalistischen und sozialistischen Staaten Grundlegende Unterschiede in ihrer Lebensweise 2. Auswirkungen der unterschiedlichen Produktionsweise auf die Beziehungen zwischen der

Menschen: Für Kapitalismus typisch Aufspaltung der Gesellschaft in antagonistische Klassen und unbarmherziger Konkurrenzkampf, für Sozialismus Beseitigung der sozialen Antagonismen und der Konkurrenz zwischen den Menschen   3. Soziale Sphäre in Staaten mit unterschiedlicher Gesellschaftsordnung: Sozialismus gewährt im Gegensatz zum Kapitalismus weitestgehende soziale Garantien, sichert menschenwürdiges Dasein ohne Furcht vor der Zukunft   4. Sozialökonomische Ziele der beiden Gesellschaftssysteme: Nur der Sozialismus ist, allen Umständen nach zu urteilen, in der Lage, das hohe Ziel der immer vollständigeren Befriedigung sowohl der materiellen als auch der geistigen Bedürfnisse aller Mitglieder der Gesellschaft zu erreichen   5. Wichtigste Gründe, die die Menschen in beiden Wirtschaftssystemen zur disziplinierten Arbeit bewegen: Im Sozialismus nicht Konkurrenz, Furcht vor Verlust des Arbeitsplatzes, sondern Wissen um enge Wechselbeziehungen zwischen Ergebnissen der Arbeit und persönlichem Wohlstand   6. Art und Weise der Nutzung ökonomischer Erfolge in beiden Gesellschaftsordnungen: Nur Sozialismus schafft soziale Sicherheit, garantiert intellektuelle und sittlich-moralische Entwicklung aller Mitglieder der Gesellschaft

8.1.6. Переведите на русский язык:

Beim Vergleich der kapitalistischen und der sozialistischen Lebensweise ist eine Reihe grundlegender Unterschiede zu verzeichnen. Diese sind, allen Umständen nach zu urteilen, auf einen ganzen Komplex von Faktoren zurückzuführen, deren wesentlichster die unterschiedliche Produktionsweise ist.

Es ist eine in der fortschrittlichen Welt hoch eingeschätzte Errungenschaft des Sozialismus, daß er als erste Gesellschaftsordnung in der Lage war, auf der Grundlage des gesellschaftlichen Eigentums an Produktionsmitteln die sozialen Antagonismen und die Konkurrenz zwischen den Menschen zu beseitigen. Bemerkenswert sind auch die weitgehenden sozialen Garantien, die die sozialistische Gesellschaft ihren Mitgliedern gewährt. Ein Leben am Rande des Existenzminimums ist in einem entwickelten sozialistischen Staat einfach undenkbar.

Nur der Sozialismus kann die Frage der immer vollständigeren Befriedigung der Bedürfnisse aller Werktätigen auf der Basis einer unablässig wachsenden Produktion materieller Güter erfolgreich lösen. Dabei ist hervorzuheben, daß der Prozeß der Realisierung des höchsten Zieles der sozialistischen Produktion immer vielschichtiger wird. Er beinhaltet die Verwirklichung eines großen Komplexes bedeutsamer Aufgaben nicht nur in der materiellen, sondern auch in der geistig-sittlichen Sphäre. So kann beispielsweise die Verbesserung der Versorgung der Bevölkerung mit Industriewaren oder die Durchsetzung des Lebensmittelprogramms nicht losgelöst von einer rationelleren Gestaltung des Konsumentenverhaltens betrachtet werden.

8.1.

Die Herausbildung einer qualitativ neuen Lebensweise muß unseres Erachtens unbedingt mit der Schaffung neuer Verbrauchsgewohnheiten und damit der Überwindung bestimmter bourgeoiser Überbleibsel im Bewußtsein der Menschen einhergehen. Diese Fragen sind wiederum untrennbar mit der historisch bedeutsamen Aufgabe der Herausbildung vernünftiger Bedürfnisse verknüpft. Ausgehend von den realen gegenwärtigen und perspektivischen Möglichkeiten der sozialistischen Volkswirtschaft müssen, die stetige Erhöhung der Einkünfte der Bevölkerung berücksichtigend, auf diesem Gebiet große Anstrengungen unternommen werden, um die Entwicklung einer neuen, der sozialistischen Lebensweise entsprechenden Verbrauchskultur zu beschleunigen.

8.1.7. Сделайте краткое сообщение на тему "Социалистический образ жизни", используя следующие подтемы, затронутые в докладе, а также конструкции из прил. 3.8.

1. Научное понятие "образ жизни" 2. Коренные различия в образе жизни в капиталистических и социалистических странах 3. Важнейшее преимущество социалистического образа жизни 4. Пережитки прошлого в сознании людей 5. Проблема дисциплины труда 6. Отрицательные навыки потребления, культ потребления 7. Пути социалистического общества к дальнейшему совершенствованию образа жизни

8.1.8. Проведите семинар на тему "Жизненный уровень". Один из ваших товарищей читает доклад. Прослушайте этот доклад и обсудите следующие вопросы:

1. На основе каких показателей определяется уровень жизни в США и СССР? 2. Каковы реальные доходы и материальный достаток семей в США и СССР? 3. Как формируются среднестатистические показатели благосостояния в США? 4. Что, по вашему мнению, должно быть главным показателем уровня жизни?

Дополнительная лексика:

лечи́ть — behandeln, kurieren; посо́бие по вре́менной поте́ре трудоспосо́бности — Krankengeld; нало́г — Steuer; взнос — Beitrag; социа́льное страхова́ние — Sozialversicherung

Уровень жизни

Однажды мне был задан такой вопрос: "Когда речь идет об уровне жизни, американцы называют одни показатели, а советские авторы — другие. Как их сопоставить?"
Действительно, и та и другая стороны используют при характеристике уровня жизни своих народов разные показатели. В США часто измеряют уровень жизни количеством автомобилей, в то время как в нашей стране чаще оперируют в таких случаях количеством бесплатных услуг, предоставляемых всем гражданам.
Несомненно, вещи в жизни человека важны, особенно хорошие вещи, в том числе и автомашины. И Соединенные Штаты в этом отношении все еще впереди. Но, на наш взгляд, уровень жизни определяется далеко не только материальными вещами. Для истинной полноты жизни, удовлетворенности человека ею и его уверенности в будущем значительно важнее нечто более фундаментальное — хорошее здоровье, образование, духовное богатство личности, гарантированная работа, гарантированный материальный достаток в семье, уверенность в обеспеченной старости. Хочется подчеркнуть, что все это реально для каждого гражданина социалистического общества.
Наша логика рассуждений по поводу уровня жизни такова: наш человек уверен в том, что его болезнь не скажется на материальном благополучии семьи. Лечить его будут бесплатно. Во время болезни за ним сохраняется рабочее место, и он будет получать пособие по временной потере трудоспособности.
Мы исходим из того, что возможность учиться и в средней школе, и в вузе не должна зависеть от достатка семьи. У нас нет привилегированных учебных заведений, куда могут попасть лишь избранные. Бесплатность образования у нас гарантирована.
А что касается области материального достатка семьи, то есть того, что она могла бы купить и реально покупает, то нужно сказать следующее: в США, например, средняя семья имеет возможность тратить на покупки лишь 40 % дохода, а остальные 60 % у нее уходят как раз на то, что находится за пределами "мира вещей": на налоги, взносы в кассы социального страхования, на плату за лечение, образование, квартиру и так далее. В СССР же средняя семья расходует на покупки 80 % своих денежных доходов.
Кроме того, нужно учесть то, что "среднестатистическая семья" в странах Запада чаще встречается на бумаге, чем в жизни. Миллионер и безработный, владелец прекрасной виллы и бездомный — все они вносят свой вклад в формирование среднестатистических показателей, но все равно они остаются на разных полюсах уровня благосостояния.
Итак, для определения уровня жизни мало сопоставить лишь материальные аспекты — подлинное качество жизни определяется истинной заботой государства о благе человека.

8.1.9. Упражнения по фиксированию информации прослушанного текста

8.1.9.1. ⊙━ (F_L) Запишите в сокращенной форме информацию, содержащуюся в предложениях. Замените при этом глаголы символом "—" (см. прил. 2.2.—2.2.2.). Слова, не несущие основную информацию, желательно опустить. Используйте возможные сокращения слов (см. прил. 2.1.—2.1.1.9.).

8.1.9.2. ⊙━ ⊙ ⊙ Прослушайте предложения, запишите их в сокращенной форме.

8.1.9.3. Воспроизведите на основе ваших записей основную информацию, содержащуюся в прослушанных предложениях.

8.1.10. Интонация

8.1.10.1. ⊙━ ⊙ ⊙ Прослушайте вопросительные предложения разных типов и определите в них интонационную конструкцию.

1. На какой основе складывается представление об обществе? 2. Охватывает ли понятие "образ жизни" и условия труда и быта? 3. Буржуазные конституции обеспечивают гражданам разные формальные права и свободы. А право на труд? 4. Что означает "жизнь на грани прожиточного минимума"? 5. При капитализме острейшая конкуренция и страх потерять рабочее место / оказывают немалое влияние на повышение производительности труда. А в нашем обществе? 6. Что побуждает людей добросовестно работать? 7. Можно ли все отклонения от нормы свести к пережиткам прошлого?

8.1.10.2. Прочитайте вслух предложения из 8.1.10.1.

8.1.10.3. ⊙━ Прочитайте следующие предложения про себя. Определите тип ИК в каждой синтагме. После этого прочитайте предложения вслух.

1. Все ли пережитки прошлого уже устранены? 2. Почему сложились такие отрицательные навыки потребления? 3. Социализм ставит целью / неуклонный рост материального благосостояния. А удовлетворение духовных запросов? 4. Особенности быта / относятся к специфике определенного образа жизни. А нравственные принципы? 5. Какие у вас претензии ко мне? 6. Оскорбляет ли потребительское поведение достоинство других людей?

8.2. Второй раздел

8.2.1. Прочитайте статью из газеты "Правда" и составьте подробный план на основе полученной информации.

Культура потребления при социализме

Высшую цель социализма В. И. Ленин определял как "планомерную организацию общественно-производительного процесса для обеспечения благосостояния и всестороннего развития всех членов общества". Сделать человека смыслом всего общественного бытия, не средством, а целью прогресса — давняя мечта философов-гуманистов, неосуществимая в условиях господства эксплуататорских классов. Только после победы социализма реальной целью нового общества стало программное требование — все во имя человека, все для блага человека.

Сравнивая различные этапы развития социалистического общества, можно отметить, что развитой социализм, несомненно, достиг значительных успехов в деле всестороннего удовлетворения потребностей членов общества. И социалистический строй дает гарантию для дальнейшего динамичного развития этой важной сферы человеческой жизни. С другой стороны, конечно, нельзя закрывать глаза на то, что задача как можно более полного удовлетворения потребностей связана с рядом важных проблем.

В первую очередь нужно иметь в виду, что потребности никогда не остаются на одном и том же уровне, а имеют тенденцию постоянно расширяться, а также, и это, может быть, еще важнее, качественно преобразовываться. И это закономерно. Человек в своем потреблении, вероятно, никогда не достигнет предела, где бы он мог остановиться и сказать себе: "Довольно[1], все мои желания удовлетворены сполна". Если сравнить потребности сейчас с потребностями в начале века, то можно сделать вывод, что в их структуре с каждым годом происходят заметные изменения. Доказательством этого может служить тот факт, что в настоящее время выпускается в 10 раз больше видов потребительских товаров, чем в начале века было известно человечеству. И тенденция эта усиливается. Сам по себе факт "неуклонно растущих" потребностей не заслуживает отрицательной оценки, наоборот, постоянное воспроизводство такой неудовлетворенности, несомненно, служит важнейшим стимулом человеческого развития. Дело только в том, в каком направлении развиваются потребности, на какую долю общественного богатства претендует отдельное лицо.

Следует исходить из того, что в настоящее время в социалистическом обществе абсолютное большинство людей работает добросовестно и находит заработанным материальным благам подлинно человеческое применение. Они не становятся самоцелью, а создают необходимые

8.2.

условия для улучшения быта людей, для всестороннего развития личности. Но бывают, к сожалению, и случаи потребительского поведения, "вещизма", "культа потребления". Спекулянт, тунеядец[2], потребитель, который не упустит случая побольше взять от общества и поменьше дать ему, — это типы, все еще реальные в нашей жизни. Встречаются люди, которые рассматривают наличие автомобиля, дачи и сверхмодной одежды как свидетельство "умения жить", как средство повышения своего социального статуса, о других же они судят лишь по их возможности покупать. Такие люди превращают доставание дефицитных вещей в смысл и цель жизни. Все это в конце концов приводит к эгоистическому существованию, а иногда и к нарушениям социалистических законов.

"Культ потребления" не имеет ничего общего с целями и ценностями социалистического образа жизни, наоборот, он враждебен гуманистической сущности нашего общества. С этими явными пережитками прошлого необходимо решительно бороться, причем недостаточно только выступать против самого явления, нужно выявить его объективные и субъективные причины с целью их постепенного устранения.

В этом плане первостепенно важным остается все более полное удовлетворение всех разумных потребностей трудящихся. Хотелось бы особо выделить здесь слово "всех", ибо даже незначительные отклонения в этом вопросе могут привести к погоне[3] за дефицитными вещами, к развитию спекуляции, уже не говоря о том, что такие отклонения нередко вызывают у массы трудящихся отрицательную реакцию, ограничивая их деловую активность, снижая производительность труда, что в конечном счете отрицательно сказывается на потенциальном уровне удовлетворения потребностей населения.

Тесно связана с этим и проблема рационального и справедливого распределения. Жизнь требует, в частности, повышения стимулирующей роли заработной платы, строгого установления зависимости ее размеров от действительных результатов труда. Это будет важной предпосылкой для того, чтобы закрыть все лазейки[4] для спекуляции, нетрудовых доходов, жизни за счет других.

Но материальные предпосылки — это одно. Общество должно вести борьбу за социалистическую культуру потребления, т. е. за формирование разумных навыков потребления. Можно выявить ряд критериев такой культуры потребления. Прежде всего она исключает желание индивида получить для себя больше благ, чем может предоставить общество за равноценный труд любому другому своему члену. Несовместимо с культурой потребления удовлетворение потребностей, вытекающих из эгоистических побуждений, игнорирующих долговременные интересы коллектива, общества. Никакое потребление, оскорбляющее достоинство других, демонстрирующее превосходство над менее "преуспевшими"[5], не может в наших условиях считаться нормальным. Только высокий уровень культуры потребления создает тот общественный нравственный климат, когда невозможно следовать лишь личным претензиям, тем более чрезмерным с точки зрения общественных норм.

Итак, социализм нуждается в социалистическом способе потребления. Для этого нужно создать соответствующие объективные и субъективные предпосылки. И только на их основе каждый человек сумеет разумно пользоваться постоянно растущими материальными и духовными возможностями, предоставляемыми ему социалистическим обществом.

[1] довóльно — genug   [2] тунея́дец — Müßiggänger   [3] погóня — Jagd   [4] лазе́йка — Schlupfloch, hier: Hintertür   [5] преуспе́вший — hier: erfolgreich

8.2.2. Изложите содержание статьи, используя ваш план.

8.2.3. Обсудите с товарищем вопрос: "Что такое разумные навыки потребления?"

8.2.4. Сделав покупки на Калининском проспекте, вы решили пообедать в ресторане с советскими товарищами. Вы беседуете с ними о постоянно растущих потребностях населения, об их все более полном удовлетворении, а также о тенденциях потребительства, встречающихся при социализме. Один из ваших товарищей считает, что было бы разумнее установить четкие нормы потребления для всех членов социалистического общества. Выскажите свое мнение по этому поводу.

8.3. Третий раздел

8.3.1. ◉ ◉ Прослушайте беседу-интервью по проблемам культуры потребления в социалистических и капиталистических странах. На вопросы журналиста из ФРГ отвечает сотрудник редакции журнала "Культура и жизнь". Законспектируйте вопросы и ответы.

8.3.2. Ваш товарищ попросил помочь ему подготовить выступление на семинаре. Тема семинара: "Потребление и потребности при социализме и капитализме". Познакомьте его с содержанием прослушанного интервью. Используйте при этом ваш конспект.

8.3.

8.3.3. Обсудите с товарищем проблемы, затронутые в интервью. В ходе беседы сравните подход к удовлетворению потребностей в социалистических и капиталистических странах. Дополните ответы сотрудника редакции конкретными примерами.

8.3.4. После выступления товарища на семинаре началась дискуссия по теме. Примите в ней участие. Сформулируйте и задайте интересующие вас вопросы докладчику и попросите его ответить на эти вопросы.

8.4. Четвертый раздел

8.4.1. В письме советскому другу вы затронули вопрос о заботе социалистического государства об удовлетворении материальных и духовных запросов людей. В немецком журнале вы нашли статью известного советского писателя Чингиза Айтматова по этой теме. Переведите другу несколько абзацев.

Auf dem Binnenmarkt hat sich bei uns eine weitgehend positive Situation herausgebildet. Das Nationaleinkommen und damit auch das Lebensniveau in unserem Land sind ständig gestiegen. Die immer umfangreicheren und vielfältigeren Bedürfnisse der Bevölkerung werden in wachsendem Maße befriedigt. Das berechtigt uns, von einem allgemeinen materiellen Wohlstand der werktätigen Massen zu sprechen. Das ist gut. Doch sind wir bis jetzt aus diesen oder jenen objektiven und manchmal leider auch subjektiven Gründen nicht in der Lage, die Befriedigung dieser Bedürfnisse voll und ganz zu gewährleisten. Es werden bedeutend mehr Waren benötigt, als auf dem Binnenmarkt vorhanden sind. Und um dieses Ziel zu erreichen, ist es vor allem notwendig, die Arbeitsproduktivität unablässig zu erhöhen. Das bedeutet, daß wir alle besser, gewissenhafter und mehr arbeiten müssen. Denn letztlich ist der Staat kein abstrakter Begriff. Der Staat — das sind wir.
Wir haben oft genug Grund, mit der Tatsache unzufrieden zu sein, daß es an diesen oder jenen Dingen mangelt. Wir mühen uns ab, sie zu beschaffen, wenden uns vielleicht sogar an einen Spekulanten und denken dabei nicht immer daran, daß letztlich du und ich und wir alle nicht die Warenmenge produzieren, die es ermöglichen würde, jeden beliebigen Artikel in der gewünschten Anzahl zu kaufen und damit gleichzeitig der Spekulation die ökonomische Grundlage zu entziehen. Und das ist meines Erachtens nicht nur eine ökonomische Frage, sondern auch eine Frage der Menschenwürde.

Das Problem des Konsumdenkens und -verhaltens wird erst dann endgültig gelöst sein, wenn wir das Warendefizit als ökonomische Erscheinung beseitigt haben. Das wiederum hängt von jedem einzelnen von uns ab und zuallererst davon, ich wiederhole es, wie gewissenhaft und produktiv wir arbeiten werden. Denn es wird kein guter Onkel kommen, der für uns arbeitet. Das ist ganz allein unsere Sache.

8.4.2. Однокоренные слова

8.4.2.1. (F_L) Прочитайте словосочетания с однокоренными словами и обратите внимание на их разное значение:

1. **суждéние**
   высказывать/высказать свое суждение
   суждения об искусстве
   Urteil, Meinung, Ansicht

2. **обсуждéние** (проблемы)
   ставить/поставить на обсуждение
   Besprechung, Erörterung, Diskussion

3. **осуждéние** (потребительского поведения)
   Verurteilung, Mißbilligung

8.4.2.2. 🗝 Спишите предложения, вставляя вместо точек подходящие по смыслу однокоренные слова:

1. Ученый высказал свое ... о соотношении материального и духовного в социалистическом образе жизни. 2. ... вопросов потребительского поведения вызвало у студентов большой интерес. 3. ... о неуклонном росте потребностей всех людей в социалистическом обществе глубоко справедливы. 4. ... пережитков прошлого характерно для советских людей. 5. Каково ваше ... по вопросу о высоком качестве жизни в западных странах? 6. Сама жизнь выдвигает на передний план ... назревших вопросов "вещизма" при социализме. 7. Морально-нравственные нормы жизни в социалистическом обществе способствуют формированию высокой сознательности каждого человека, ... потребительского поведения. 8. ... исследователя о необходимости выработки разумных навыков потребления подтверждаются практикой построения социалистического общества. 9. На ... был поставлен вопрос о недобросовестном отношении некоторых товарищей к работе.

8.4.2.3. Составьте письменно предложения с однокоренными словами.

8.4.3. Синонимы

8.4.3.1. (F) Прочитайте словосочетания, обращая внимание на значение глаголов и их сочетаемость:

1. **получа́ть/получи́ть** — erhalten, bekommen
   письмо, книгу, паспорт — *einen best. Gegenstand ausgehändigt, übermittelt bekommen*

   зарплату, премию, доход, вознаграждение — *auf Grund best. Verdienste ausgehändigt bekommen*

   знания, квалификацию, образование — *best. Bildungsinhalte vermittelt bekommen*

   разрешение, согласие, информацию, ответ — *eine best. Mitteilung übermittelt bekommen*

   высокую оценку, известность — *auf Grund best. Verdienste erlangen*

2. **достава́ть/доста́ть** — besorgen, (sich) verschaffen
   билет в Большой театр, ценную книгу, редкое лекарство

3. **приобрета́ть/приобрести́** — erwerben, erlangen
   картину, книгу — *käuflich erwerben*
   знания, квалификацию, навык — *durch Lernprozeß erwerben*
   значение, известность, популярность — *auf Grund best. Verdienste erlangen*
   красный цвет, хороший вид, необычную форму, национальный характер — *eine best. Eigenschaft erhalten, bekommen, annehmen*

8.4.3.2. ⊙─ Вставьте вместо точек подходящие по смыслу синонимичные глаголы. Укажите случаи, где возможны варианты.

1. Работа этого художника ... самую высокую оценку. 2. Недавно он ... в антиквариате ценную книгу. 3. Судя по всему, он быстро ... разрешение на выезд. 4. Эффективность этого метода состоит в том, что учащиеся ... навыки слушания и говорения за очень короткий срок. 5. Надо было срочно ... какую-то квалификацию. 6. Я попросил его ... мне два билета на этот спектакль. 7. Наука сегодня все больше и больше ... характер непосредственной производительной силы общества. 8. К сожалению, мне так и не удалось ... эту книгу. 9. Работая на этом заводе, он всегда ... высокие премии. 10. Фильм "Чапаев" ... широкую известность не только в СССР, но и в других странах.

8.4.3.3. Составьте письменно предложения с синонимичными глаголами.

8.4.4. Сформулируйте письменно данные ниже положения как сравнение / сопоставление. Используйте при этом конструкции из прил. 3.8. (см. образец в 8.1.5.).

1. Lage in entwickelten kapitalistischen und sozialistischen Staaten: Letztere erzielten bedeutende Erfolge bei der allseitigen Befriedigung der Bedürfnisse der Menschen   2. Bedürfnisse am Anfang des Jahrhunderts und Bedürfnisse heute: Tendenz der ständigen qualitativen Veränderung der Bedürfnisstruktur   3. Konsumtionsweise in kapitalistischen und in sozialistischen Ländern: Im Sozialismus findet absolute Mehrheit der Bevölkerung wahrhaft menschliche Verwendung für materielle Güter   4. Verbrauchergewohnheiten einzelner Bürger in der sozialistischen Gesellschaft: Leider noch Fälle von übermäßigem Streben nach Beschaffung materieller Werte, z. T. auf Überbleibsel aus der kapitalistischen Vergangenheit zurückzuführen   5. Reaktion der Öffentlichkeit in sozialistischen Ländern auf Erscheinungen des sogenannten "Konsumtionskults" und Reaktion in kapitalistischen Ländern: Im Sozialismus entschiedenes Auftreten dagegen, Aufdecken seiner Ursachen mit dem Ziel ihrer allmählichen Beseitigung, Kampf um vernünftige Verbrauchergewohnheiten   6. Verteilung der materiellen Güter im Kapitalismus und Sozialismus: In kapitalistischen Ländern überwiegende Mehrheit der produzierten materiellen Werte von Kapitalisten angeeignet

8.4.5. Переписка

8.4.5.1. Прочитайте образец письма про себя:

Глубокоуважаемые коллеги!

Наша сотрудница Мария Николаевна Тимошина **направляется в командировку** в Ваш НИИ во II-ом квартале 19.. г. Цель командировки – проведение исследовательских работ по тематике "Морально-нравственные проблемы социалистического образа жизни" **на основе рабочего плана** научно-технического сотрудничества между нашими учреждениями **на текущий год.**
В соответствии с пунктом № 2 этого плана **просим Вас принять** тов. Тимошину и **обеспечить** все необходимые **условия для успешного выполнения** тов. Тимошиной **исследовательских работ в полном объеме.**
Программа научной командировки следующая:
– ознакомление с работами сотрудников Вашего НИИ и изучение Вашего опыта по вышеуказанной теме;
– проведение 3 экскурсий (на предприятия, в культурные учреждения и т. д.);

8.4.

— проведение совместных консультаций по отдельным, особо трудным исследовательским вопросам данной тематики.

Мы просим Вас **подтвердить программу командировки** во всех ее пунктах.

Будем глубоко благодарны за возможно скорый ответ.

С уважением

Директор НИИ трудовых ресурсов
АН СССР, академик   О. П. Лаптев

8.4.5.2.   (F_L)   Переведите типичные для письма конструкции. Прочитайте их вслух и спишите.

8.4.5.3.   Прочитайте письмо вслух.

8.4.5.4.   Переведите ответное письмо, используя данные конструкции.

Sehr geehrter Professor Laptew!

Wir möchten uns für Ihren Brief vom 31. 03. 19. . herzlich bedanken. Wir sind bereit, Genossin Timoschina ab 3. April zu empfangen und alle notwendigen Bedingungen für ihre erfolgreiche Tätigkeit zu schaffen (=gewährleisten). Das Programm des Studienaufenthaltes der Genn. Timoschina bestätigen wir in vollem Umfang.

Wir möchten Sie unsererseits davon in Kenntnis setzen, daß wir auf der Grundlage von Pkt. 2 des Arbeitsplans der Zusammenarbeit zwischen unseren Einrichtungen für das IV. Quartal des laufenden Jahres unseren Mitarbeiter H. Müller zu einem Studienaufenthalt zu Ihnen entsenden. Das Programm des Studienaufenthaltes von Gen. Müller wird Ihnen rechtzeitig übersandt.

Auch wir bitten Sie um eine möglichst rasche Beantwortung unseres Schreibens.

Hochachtungsvoll
Prof. Dr. sc. phil. M. Treffmann

8.4.6.   Вас направляют в научную командировку в Институт экономики мировой социалистической системы. Напишите письмо руководителю исследовательской группы по разработке совместной научной темы "Культура потребления при социализме". Выразите благодарность руководителю группы за готовность принять вас и перечислите основные пункты программы вашей научной командировки. Назовите ключевые проблемы, которыми занимается ваша исследовательская группа, и изложите точку зрения вашей группы относительно путей решения одной из этих проблем (например, культа потребления).

> Используйте для вашего письма выделенные в письме-образце (8.4.5.1.) конструкции, а также конструкции из прил. 3.8.

8.4.7. Вы принимали участие в международном симпозиуме по проблемам социалистического образа жизни. Обсуждение выступлений велось в рамках двух тематических групп:

1. Социалистический образ жизни — его сущность и реализация;
2. Формирование культуры потребления при социализме.

Подготовьте письменно краткое сообщение о работе этого симпозиума, дайте обзор исследовательских работ, выделите главные направления развития социалистического образа жизни в вашей стране, сравните их с некоторыми тенденциями в развитии образа жизни в капиталистических странах.

> Используйте в вашем сообщении конструкции из прил. 3.8.

8.5. Пятый раздел

8.5.1. Прочитайте статью из газеты "Правда" без словаря, обращая внимание на ее главные мысли. Найдите те абзацы, в которых говорится о необходимости решения некоторых практических вопросов, связанных с внедрением в жизнь новой обрядности. Переведите их письменно со словарем.

Советскому человеку — новые обряды

В СССР прочно утвердились десятки новых гражданских обрядов. Они стали неотъемлемой частью советского образа жизни, отличающегося атмосферой подлинного коллективизма и товарищества, сплоченностью, дружбой всех наций и народов страны.

В условиях советского образа жизни особенно широкое распространение получили общественно-политические обряды, совершаемые в дни государственных и революционных праздников; обряды, отражающие деятельность представителей разных профессий; семейные, сопровождающие важные события в личной жизни людей — рождение ребенка, вступление в брак, серебряную и золотую свадьбы и другие.

В ряде случаев семейные обряды имеют общественно-политический характер, как, например, обряды, посвященные получению юношами и девушками паспорта, проводам молодых людей в Советскую Армию. Наконец, особую группу составляют обряды, совершаемые в дни народных празднеств, связанных со сменой времен года (праздник Русской зимы, праздник Встречи весны и т. п.).

Новая социалистическая обрядность коллективно, в символической, образно-эмоциональной форме выражает значимые для людей события. Причем образная форма обрядов обусловливает их эмоционально-психологическое воздействие на людей. Являясь элементом духовной культуры, социалистическая обрядность служит одним из средств передачи от поколения к поколению передовых идей и представлений, способствует утверждению коммунистических идеалов, революционных и патриотических традиций, нравственному воспитанию человека. Таким образом она выполняет важные социальные, мировоззренческие, идеологические функции.

Но есть среди этих функций социалистической обрядности и такая, которая требует к себе особого внимания. Это функция атеистическая. Религия имеет свою сложившуюся систему ритуалов. Религиозность большинства верующих поддерживается именно эмоционально-психологическим влиянием религиозного культа. Чаще всего людей привлекают в церковь праздники, обряды, богослужения, оказывающие порой сильное воздействие на чувства верующих. И архитектура церквей, и хоровое пение, и религиозные церемонии — все это производит впечатление на верующих.

К церковным обрядам иногда прибегают и люди, далекие от религии. Большинство молодых людей, которые окрестили детей в церкви, руководствовались отнюдь не религиозными мотивами. Одни это делали по настоянию верующих родителей и родственников. Других, по их собственным словам, привлекали "красота и торжественность". Третьи ссылались на традиции: "Ведь так уж исстари повелось..."

Новая социалистическая обрядность оказывается действенным средством преодоления религиозного культа, вытесняя из быта старые обряды. Так, в 1957 году в Эстонской ССР из общего числа молодоженов венчалось в церкви 29,8 %. А ныне, после того как в республике открылись десятки домов бракосочетаний, к помощи церкви прибегает не более 2,5 % людей.

Большинство людей, порвавших в последние годы с религией, в значительной степени связывает свое решение с влиянием на них новой обрядности. По их мнению, с появлением содержательных и интересных праздников и обрядов возникли дополнительные возможности для живого общения и духовного обогащения, благодаря чему не остается места для религии.

Атеистическая направленность новой социалистической обрядности состоит не только в отрицании, преодолении религиозных обрядов. Советские ритуалы, опираясь на коммунистические духовные ценности, укрепляют в человеке уверенность в его силах, его возможностях, воспитывают в людях коллективизм, привязанность к родному краю, родной культуре, традициям и обычаям страны.

Внедрение в быт новой гражданской обрядности — процесс довольно сложный. Он требует решения ряда теоретических и практических вопросов. Это касается, например, проблемы соотношения старых и новых обрядовых форм. Речь идет о критическом переосмыслении старых народных обычаев и ритуалов, о включении их в новую социалистическую обрядность. Что следует сохранить от прошлого? В этом плане, к сожалению, пока не выработаны четкие критерии, что порой приводит или к отрицанию всего наследия прошлого, или, напротив, к некритическому использованию обрядовых форм, не имеющих ничего общего с народными.

Ждут своего решения и некоторые практические вопросы, связанные с внедрением в жизнь новой обрядности. Широкого распространения требует уже накопленный в республиках и областях страны опыт. Так, на Украине создана республиканская комиссия по изучению и внедрению гражданских праздников и обрядов. Общественные советы, занимающиеся новой обрядностью, сформированы в областях республики, а также на многих промышленных предприятиях, в совхозах, колхозах. Активно ведется пропаганда новой обрядности. Разработаны типовые проекты помещений для торжественной регистрации браков, новорожденных и прочих обрядов; созданы образцы одежды для всех, кто принимает непосредственное участие в их организации. Намечаются и другие конкретные мероприятия, которые помогут ярко, красочно оформить церемонии, связанные с теми или иными событиями в жизни людей.

Ряд обрядов нуждается в том, чтобы их избавили от формализма. Возьмем, например, свадьбу. В организации свадеб, культуре их проведения немало проблем. Очень часто свадьба еще отмечается по старой традиции: "побогаче и погромче". Не о жизни будущей семьи думают на ней, а все о том же странно понимаемом престиже. С той минуты, когда родные узнали о "серьезных намерениях" детей, вся их деятельность посвящается предстоящему торжеству. Нередко бывает, что на свадьбу приглашаются сотни гостей, музыкальные ансамбли, в изобилии готовится пища. На это, конечно, затрачиваются значительные средства, которые можно было бы с большей пользой употребить для устройства быта молодоженов. Современная свадьба должна отличаться не богатством и громкостью, а скромностью и высокой культурой. А этому способствует внедрение новых обрядов и традиций. Практика показывает, что своеобразными центрами организации новых гражданских обрядов и ритуалов во многих местах становятся культурно-просветительные учреждения. В Молдавской ССР за последние годы выросли десятки дворцов культуры, в них, как правило, и совершается регистрация браков и другие обряды.

Важное значение приобретает вопрос о кадрах работников, которые

8.5.

должны заниматься внедрением и организацией новой гражданской обрядности. Работников такого профиля в СССР никто не готовит. Между тем совершение обрядов — дело совсем не простое, требующее профессиональных навыков. Видимо, подготовку кадров целесообразно вести в институтах культуры, культурно-просветительных училищах. А вместе с тем надо организовать на местах специальные семинары или курсы для переподготовки, повышения квалификации работников, занимающихся вопросами внедрения в быт социалистической обрядности. Назрела необходимость в создании учебного пособия, обобщающего опыт гражданской обрядности. Такое пособие оказало бы большую помощь тем, кто ведет эту работу на местах.
Обряды не просто украшают жизнь. Новая гражданская обрядность — один из важных факторов совершенствования советского образа жизни.

8.5.2. Прочитайте статью еще раз и сформулируйте ее основные мысли в виде краткого конспекта.

8.5.3. Используя конспект, сообщите собеседнику, что вы узнали из статьи о новой социалистической обрядности в СССР. Дайте оценку содержания статьи относительно ее информативности.

8.5.4. Ваших советских коллег интересует ряд вопросов, касающихся сохранения старых и возникновения новых традиций и обрядов в ГДР (какие новые обряды утвердились в ГДР, какие трудности имеются при внедрении новой обрядности и т. д.). Постарайтесь ответить на вопросы советских коллег.

Слова для справки: Ostern — па́сха, Weihnachten — рождество́, Jugendweihe — пра́здник совершенноле́тия

8.6. Шестой раздел: Наш калейдоскоп

8.6.1. Высказывания об образе жизни

Нашим наследникам необходимо прививать такой взгляд на жизнь, при котором материальные блага (а их со временем должно быть и будет становиться больше) не довлели бы над человеком, а служили удовлетворению его самых высоких потребностей. Только духовное богатство человека поистине безгранично. И хотя его не положишь в кошелек и не повесишь ради престижности на стену — мы за такое накопительство. Единственно достойное человека, советского человека.

(Ю. В. Андропов)

Рост потребления не есть конечная цель человека, не есть самоцель. Это лишь средство полного и свободного раскрытия всех его творческих сил.

(Ю. В. Бондарев)

Мы видим, куда ведет общество "всеобщего благоденствия" по американскому образцу. США по-прежнему занимают ведущее место в мире по количеству автомобилей, холодильников, телевизоров и телефонов, находящихся в личном пользовании граждан. И столь же ведущее место по преступности, наркомании, самоубийствам, растлению и разобщению душ. Но лишь 11-е место по числу учителей и 20-е по числу врачей на каждые сто тысяч населения.

(Ю. В. Бондарев)

8.6.2. Немного юмора

— Когда наш сосед мистер Джонс сменил мебель, мы тоже купили новый гарнитур, — сказал Ричардсон своей жене. — Едва он привез новый цветной телевизор с большим экраном, ты заставила меня сделать то же. Я уже не говорю о том, сколько нам стоила новая машина, которую пришлось купить из-за них! Ладно, бог с ними, но что делать сейчас?
— А что, у Джонса опять новая покупка?
— У него новая жена!

8.7. Седьмой раздел

8.7.1. ⦿ ⦿ Основные глаголы

цени́ть *nur uv.*   schätzen
  Этого сотрудника высоко ценят в коллективе.
цена́   Preis
  повышение цен на товары
  добиваться победы любой ценой
це́нность (работы)   Wert, Bedeutung

8.7.

це́нности, -ей	Werte; Wertsachen, Kostbarkeiten
материальные и духовные ценности	
хранение ценностей	
це́нный	Wert-; wertvoll; kostbar
ценная посылка	
выдвигать ценное предложение	
ценные подарки	
равноце́нный	gleichwertig, von gleichem Wert; ebenbürtig
равноценные вещи	
равноценные противники	
оце́нивать/оцени́ть	bewerten, einschätzen, beurteilen; schätzen, zu schätzen wissen

Необходимо объективно оценивать знания студентов.
Руководство высоко оценило работу коллектива.

оце́нка	Bewertung, Einschätzung, Urteil; Wertschätzung, Würdigung; Note, Zensur
оценка знаний	
давать высокую оценку	
хорошие оценки по русскому языку	

скла́дываться/сложи́ться	sich (heraus)bilden, sich gestalten

Обстоятельства сложились благоприятно.

скла́дывать/сложи́ть	(ein)packen; addieren, summieren

За два дня до поездки в Москву он сложил чемодан.
На уроке математики ученики складывали числа.

склад (готовой продукции)	Lager, Magazin
склад* (характера)	Beschaffenheit
скла́дка* (кожи)	(Haut)Falte, Runzel
складно́й* (нож, стул)	Klapp-, zusammenklappbar
сложе́ние (чисел)	Addition, Summierung
сло́жный	zusammengesetzt; schwierig, kompliziert
сложное предложение	
сложная задача	
сло́жность (проблемы)	Kompliziertheit
слог	Silbe
слово из трех слогов	
односло́жный	einsilbig
односложные слова, ответы	

8.7.2. ◉ ◉ Новая лексика

устраня́ть/устрани́ть   beseitigen, beheben, aufheben
устране́ние всех недостатков
  Общественная собственность устраняет социальные антагонизмы.

выявля́ть/вы́явить   aufdecken, feststellen, herausstellen
выявле́ние резервов
то или иное явле́ние
  Можно выявить ряд критериев социалистической культуры потребления.

предоставля́ть/предоста́вить   gewähren, einräumen, bieten
предоста́вленный отпуск
предоставле́ние возможности
  Социалистическое общество предоставляет своим членам широчайшие социальные гарантии.

оскорбля́ть/оскорби́ть   beleidigen, verletzen, kränken
оскорбле́ние чувств
оскорби́тельное слово
  Его грубое поведение оскорбляет весь коллектив.

претендова́ть *nur uv.* **на** что   beanspruchen, Anspruch erheben
личные прете́нзии   auf; sich bewerben um
турнир претенде́нтов
  Этот спортсмен претендует на получение золотой медали.

своди́ть/свести́ к чему   zurückführen, reduzieren auf
  Понятие "благосостояние" нельзя сводить только к уровню потребления материальных благ.

суди́ть *nur uv.* **о** ком/чём (по чему)   urteilen über (nach etw.)
су́дя по обстоятельствам
высказывать свое сужде́ние
  Нельзя судить о человеке только по возможности покупать.

достава́ть/доста́ть   beschaffen, besorgen, auftreiben
достава́ние дефицитных вещей
  Трудно достать эту книгу.

быт   *alltägliches* Leben, Alltag
условия труда и бы́та
бытовы́е условия
  В нашем быту произошли заметные изменения.

о́браз жи́зни   Lebensweise
  Понятие "образ жизни" охватывает буквально все стороны жизнедеятельности людей.

8.7.

дохо́д, дохо́ды   Einkommen, Einkünfte
рост национального дохо́да
государственные дохо́ды
    Нужно обеспечить динамичный рост трудовых доходов людей.

доста́ток   Wohlhabenheit, Wohlstand
жить в доста́тке
    При социализме растущий достаток служит фундаментом для духовного обогащения человека.

пережи́ток   Überbleibsel, Überrest
пережи́точные явления
    Пережитки прошлого в сознании людей еще не везде устранены.

на́вык   Fertigkeit; Gewohnheit
развитие на́выков слушания
    Общество должно вести борьбу за формирование разумных навыков потребления.

страх   Furcht, Angst
бесстра́шный человек
    В социалистических странах люди не испытывают страха потерять работу.

прожи́точный ми́нимум   Existenzminimum
    Прожиточный минимум — наименьшее количество средств, необходимое для существования.

запро́сы, -ов   Ansprüche, Bedürfnisse, Bedarfswünsche
    Социалистический образ жизни исключает противопоставление материальных и духовных запросов людей.

досто́инство   Würde
сотрудник, досто́йный уважения
    Человек никогда не должен терять своего достоинства.

отклоне́ние   Abweichen, Abweichung
отклоня́ться/отклони́ться от темы
    Социалистический образ жизни утверждается в борьбе с отклонениями от норм и принципов социализма.

побужде́ние   Beweggrund, Veranlassung, Ansporn
побужда́ть/побуди́ть к действиям
побуди́тельная причина
    С культурой потребления несовместимо удовлетворение потребностей, вытекающих из эгоистических побуждений.

грань, -и *f.*   Grenze; Rand
грани́ца возмо́жного
поли́тика на гра́ни войны́
   Бо́льшая часть безрабо́тных в капиталисти́ческих стра́нах живёт на грани прожи́точного ми́нимума.

потреби́тельский   Konsum-, Konsumenten-, Ver-
пропаганди́ровать потреби́тельство   braucher-
потреби́тель электроэне́ргии
культ потребле́ния
о́бщество потребле́ния
   Нельзя́ закрыва́ть глаза́ на слу́чаи потреби́тельского поведе́ния.

нра́вственный   moralisch, sittlich
крите́рии нра́вственности
   Социалисти́ческое о́бщество де́лает всё возмо́жное для нра́вственного разви́тия ли́чности.

добросо́вестный   gewissenhaft
добросо́вестность в рабо́те
лю́ди с чи́стой со́вестью
   Все чле́ны коллекти́ва рабо́тают добросо́вестно.

чрезме́рный   übermäßig
чрезме́рность запро́сов
ме́ра потребле́ния
   Потреби́тельство характеризу́ется стремле́нием к удовлетворе́нию чрезме́рных потре́бностей.

неукло́нный   unablässig, stetig
неукло́нно развива́ться
   Неукло́нный подъём благосостоя́ния сопровожда́ется обогаще́нием вну́треннего ми́ра люде́й.

вероя́тно   wahrscheinlich, vermutlich
тео́рия вероя́тностей
по всей вероя́тности
   Челове́к в своём потребле́нии, вероя́тно, никогда́ не дости́гнет преде́ла.

9. Девятый урок: "Вопросы воспитания и образования"

9.1. Первый раздел

9.1.1. ◉ ◉ Предполагаемые знания: владение лексикой (9.7.) и конструкциями (прил. 3.9.); ИК-2 и ИК-5 в восклицательных предложениях (прил. 1.5., предложения 11 и 12); ⊖ фиксирование информации прослушанного текста (прил. 2.2.3.—2.2.4.).

9.1.2. ◉ ◉ Прослушайте доклад кандидата педагогических наук А. Ю. Кузнецова и выделите главную информацию.

Уважаемые товарищи!
Позвольте мне сегодня остановиться на проблеме воспитания нового человека. Можно без преувеличения сказать, что воспитать новых людей — это значит перестроить их психику, отношение к труду, обществу, к семье, то есть совершить в полном смысле слова революцию в сознании и поведении людей.
Каковы же основные факторы, воздействующие на формирование личности? Это, во-первых, само общество, социальная среда, которые формируют личность самим объективным фактом своего существования. А во-вторых, это сознательная и планомерная воспитательная работа, проводимая различными учреждениями и членами общества.
Что касается формирования человеческой личности, то особого внимания здесь заслуживает дошкольный и младший школьный возраст. Глубоко прав писатель и педагог Л. Н. Толстой в том, что от рождения до пятилетнего возраста ребенок берет из окружающего мира во много раз больше для своего разума, чувств, воли, характера, чем от пятилетнего возраста до конца своей жизни. Ту же мысль повторил и советский педагог А. С. Макаренко: человек станет тем, чем он стал до пятилетнего возраста. Что касается, например, развития речи, то установлено, что возраст от одного года до трех лет в этом отношении является решающим этапом. Следует иметь в виду, что отставание в развитии речи именно в этот период в последующие годы компенсируется лишь с большим трудом. Это относится также к другим способностям и навыкам на соответствующем этапе их развития.

Из этого можно сделать вывод, что нужно разработать единую систему воспитания с самого раннего возраста до полной духовной зрелости. Такая система воспитания существует в СССР и других социалистических странах. Характерной чертой этой системы является то, что воспитание в раннем и дошкольном возрасте, т. е. в яслях и детских садах, стало таким же государственным делом, как и школьное обучение. Причем дело не в том, чтобы перенести формирование некоторых школьных навыков и знаний на более ранние периоды. Важно своевременно обнаружить скрытые в ребенке задатки и дарования, обеспечить необходимые условия для развития всех возможных способностей подрастающего человека.

Некоторые родители в наших странах еще не уверены в воспитательной эффективности дошкольных учреждений, сознательно оставляют детей дома до школы. Но нельзя отрицать того, что почти во всех яслях и садах созданы максимально благоприятные условия для физического, умственного, нравственного и эстетического развития ребенка, для воспитания в нем чувства коллективизма. Кроме того, практика показывает, что ребенок, который посещал дошкольные учреждения, с большей легкостью и интересом усваивает учебную программу.

Велика, конечно, и роль семьи во всестороннем воспитании детей и подростков. Семья приобщает ребенка к труду, формирует привычки, приучает его к послушанию, воспитывает принципиальность, скромность и другие качества. Однако нельзя упускать из виду и определенные недостатки в семейном воспитании, которые иногда отрицательно сказываются в дальнейшем на судьбе молодых людей. Некоторые родители ограничиваются лишь тем, чтобы материально обеспечить своих детей. При этом рассуждают примерно так: у нас было нелегкое детство, а теперь пусть дети поживут в достатке. И часто тем самым невольно осложняют жизненный путь своих воспитанников.

Конечно, нельзя ожидать, чтобы семья несла всю нагрузку воспитания. Основы трудолюбия, нравственности, а также идейно-политического воспитания вместе с семьей закладывают школа, пионерская и молодежная организации. Особую актуальность приобретает формирование марксистско-ленинского мировоззрения. Это связано с обострением идеологической борьбы на международной арене. Идейный противник понимает, что сила социализма в сознательности масс, в их добросовестном труде, горячем патриотизме и пролетарском интернационализме. Это заставляет его приспособиться к новым условиям идеологической борьбы, находить новые методы вмешательства в дело воспитания нашей молодежи. С этим фактом необходимо считаться. Поэтому нужно поднимать уровень идейно-политического и нравственного воспитания, вырабатывать у молодежи марксистско-ленинское мировоззрение и на его основе глубокие коммунистические убеждения.

Революция в сознании — самая сложная из всех революций. Но она непременно победит в обществе, где сами условия жизни людей объективно способствуют изменению их психологии, победе новой, коммунистической морали.

Благодарю за внимание.

9.1.3. Сообщите, что вы узнали из доклада о воспитании и образовании, используя опорные слова и словосочетания:

воспитать новых людей — революция в сознании и поведении

формирование личности — социальная среда — сознательная воспитательная работа

дошкольный и младший школьный возраст — решающий этап в развитии речи — компенсировать отставание

единая система воспитания — государственное дело — обнаружить скрытые задатки и дарования — обеспечить условия для развития

дошкольные учреждения — благоприятные условия — с легкостью усваивать учебную программу

семья — приобщать к труду, приучать к послушанию и т. д. — недостатки: ограничиваться материальным обеспечением — невольно осложнять жизненный путь

школа, пионерская и молодежная организация — основы трудолюбия, нравственности, идейно-политического воспитания

марксистско-ленинское мировоззрение — заставлять противника приспособиться — поднимать уровень идейно-политического воспитания — вырабатывать коммунистические убеждения

9.1.4. Прочитайте доклад и обсудите некоторые вопросы воспитания, используя данные конструкции:

1. Что значит воспитать новых людей?

Конструкции: Можно без преувеличения сказать, что . . .
     Несомненно, . . .

2. Какие факторы воздействуют на формирование личности?

Констр.: В первую очередь необходимо отметить, что . . .
   Хотелось бы добавить, что . . .

3. Какой возраст имеет решающее значение для формирования личности?

Констр.: Хочется подчеркнуть, что . . .
   Нужно исходить из того, что . . .

4. Чем характеризуется единая система воспитания, существующая в СССР и других социалистических странах?

Констр.: Необходимо отметить, что ...
Хочется указать на тот факт, что ...

5. Правы ли те родители, которые сознательно оставляют детей дома до школы?
Констр.: На мой взгляд, ...
Практика показывает, что ...

6. Какие недостатки в семейном воспитании иногда отрицательно сказываются на судьбе молодых людей?
Констр.: Беспокоит то, что ...
Следует добавить, что ...

7. Почему формирование марксистско-ленинского мировоззрения приобретает в настоящее время особую актуальность?
Констр.: Это объясняется тем, что ...
Нужно учитывать и тот факт, что ...

9.1.5. Используя конструкции из прил. 3.9., выразите необходимость учитывать определенные факты, обстоятельства и т. п. Употребите при этом нижеприведенные высказывания. Образец:

Wichtigster Faktor der Herausbildung der Persönlichkeit ist soziales Umfeld →
Нужно учитывать то (тот факт), что важнейшим фактором формирования личности является социальная среда.

1. Erziehungsarbeit muß möglichst planmäßig und bewußt verlaufen 2. Zurückbleiben in bestimmtem Ausbildungsbereich in der Folgezeit schwer kompensierbar 3. Nicht wenige Menschen verfügen über verborgene Anlagen und Begabungen 4. Bedeutende Rolle der Familienerziehung beim Heranführen der Kinder und Jugendlichen an die Arbeit 5. Erziehung zu Gehorsam, Prinzipienfestigkeit und Bescheidenheit verläuft nicht problemlos 6. Für politisch-ideologische Erziehung nicht allein Schule verantwortlich 7. Erfolge unserer Erziehungsarbeit zwingen Gegner zur Anpassung an neue Bedingungen

9.1.6. Переведите на русский язык:

"Erziehung ist vor allem zielgerichtetes Heranführen an die Probleme der sozialen Wechselwirkung von Mensch, Natur und Gesellschaft", schrieb der bekannte sowjetische Pädagoge A. S. Kostyljow in seinem Buch "Zum Problem der erzieherischen Wirkung des sozialen Umfeldes im Kindes- und Jugendalter". Diesen Gedanken bestätigen die theoretischen Arbeiten vieler Pädagogen aus anderen sozialistischen Ländern, darunter aus der

DDR. Dabei wird in der Mehrzahl der Arbeiten die entscheidende Bedeutung der bewußten und planmäßigen Erziehungsarbeit als notwendige Ergänzung der mehr oder weniger objektiv auf den Heranwachsenden einwirkenden Faktoren des sozialen Umfeldes hervorgehoben.

Besondere Aufmerksamkeit wird in einer Reihe von Publikationen dem Problem der Herausbildung von Fähigkeiten auf der Grundlage bestimmter Anlagen und Begabungen gewidmet. Es wird unterstrichen, daß die rechtzeitige Aufdeckung der im Kind verborgenen individuellen Anlagen und Begabungen sowohl für die weitere Entwicklung des einzelnen Kindes und Jugendlichen als auch für die Erziehungsarbeit im Rahmen des Kollektivs günstige Voraussetzungen schafft. Untersuchungen auf diesem Gebiet zeigten, daß es möglich und nützlich ist, schon im frühesten (Kindes)Alter, in Kinderkrippe und Kindergarten, bestimmte individuelle Potenzen des Kindes herauszufinden und diese zielgerichtet zu entwickeln. Natürlich erfordert die Lösung dieser Aufgabe Geduld und Zurückhaltung (сде́ржанность) von seiten des Erziehers. Eine allzu offensichtliche Einmischung in die Gedanken- und Gefühlswelt des Kindes muß vermieden werden. Haupterziehungsmittel muß das Lob bleiben, wobei allerdings zu beachten ist, daß nicht vernünftig dosiertes Lob die Gefahr birgt, daß das Kind zur Unbescheidenheit erzogen wird — eine Tatsache, der nach Meinung vieler Autoren nicht immer genügend Beachtung geschenkt wird.

In diesem Zusammenhang ist es interessant zu vermerken, daß nicht wenige Autoren ihre Aufmerksamkeit auf das Problem der "Bestrafung zur rechten Zeit" konzentrieren. Es wird hervorgehoben, daß bestimmte Handlungen des Kindes nicht selten falsch interpretiert werden, woraus unbegründete Erziehungsmaßnahmen wie unnötige Belehrungen, Verbote und undurchdachte Strafen resultieren. Man muß in diesem Zusammenhang berücksichtigen, daß damit den Kindern nicht geholfen wird, die sozialen Verhaltensregeln zu akzeptieren und in jedem Fall bewußt und freiwillig einzuhalten. Man kann im Höchstfalle erreichen, daß sich die Kinder an den individuellen Erziehungsstil des jeweiligen Erwachsenen gewöhnen, sich anpassen, ohne die Garantie zu haben, daß sie sich auch außerhalb des gewohnten Milieus gehorsam zeigen.

Aus allem kann die Schlußfolgerung gezogen werden, daß sich Eltern und Erzieher noch mehr mit der Theorie der Pädagogik befassen sollten.

9.1.7. Сделайте краткое сообщение на тему "Воспитание и образование", используя следующие подтемы, затронутые в докладе, а также конструкции из прил. 3.9.

1. Наша цель — воспитание нового человека   2. Роль дошкольного и младшего школьного возраста в формировании личности   3. Задачи воспитания в раннем и дошкольном возрасте   4. Значение семейного

воспитания, его положительные стороны и недостатки   5. Формирование коммунистических убеждений в условиях обострившейся идеологической борьбы

9.1.8. Проведите семинар на тему "Роль общества в воспитании молодежи на этапе зрелого социализма". Один из ваших товарищей прочитает доклад (см. ниже). Прослушайте этот доклад и обсудите следующие тезисы:

1. Действие закономерности "Новое рождается и укрепляется в острой борьбе со старым" особенно наглядно проявляется в представлениях об идеалах молодежи. 2. Необходимо постоянно крепить взаимосвязь объективных условий и субъективных факторов коммунистического воспитания. 3. Полностью сохраняет актуальность ленинское указание о том, что наша сила — в правде.

Некоторые аспекты воспитания в условиях зрелого социализма

Жизнь реального социалистического общества на любом уровне его развития — не безоблачная идиллия. Новое и сегодня рождается и укрепляется в острой борьбе со старым. Действие этой закономерности проявляется особенно четко именно в представлениях об идеалах подрастающего поколения, то есть в том, какие взгляды у молодых людей складываются о мире, о своем месте в нем, какую линию поведения они выбирают.

Успех воспитания обеспечивается лишь тогда, когда оно опирается на прочный фундамент социально-экономической политики. Политическое и экономическое развитие общества создает необходимые условия для формирования нового человека. Однако успех воспитания, его эффективность во многом определяются и другими факторами, начиная от качества подготовки специалистов и повышения действенности общественного мнения и кончая единой системой нравственных принципов, органическим единством политики, права и морали, которые характерны для общества зрелого социализма. Необходимость постоянно крепить взаимосвязь объективных условий и субъективных факторов коммунистического воспитания обусловливает ныне дальнейшее повышение требований ко всей системе воспитания.

Конкретность, оперативность, убедительность слова пропагандиста, целеустремленность и органическая связь с назревшими практическими задачами всех средств пропаганды и агитации, их действенность сегодня, в условиях общего роста образования и культуры советских людей, особенно значимы. Полностью сохраняет актуальность ленинское указание о том, что наша сила — в правде, в том, насколько честно и смело коммунисты говорят правду, какой бы неприятной она ни была. Выявить назревшие проблемы и трудности, возникшие на определенном этапе, правильно проанализировать их и показать пути их решения и преодоления — такова наша задача, идет ли речь о международных событиях или хозяйственных проблемах, о недостатках в системе обучения или задачах воспитания людей. Сила коммунистических идеалов — в опоре на реальность, в неразрывной связи с повседневной жизнью, с трудом и борьбой многомиллионных масс.

9.1.9. Упражнения по фиксированию информации прослушанного текста

9.1.9.1. ⊙━━ (F_L) Запишите в сокращенной форме информацию, содержащуюся в предложениях. Замените при этом соответствующие глаголы символами "—" и ":" (см. прил. 2.2.1.—2.2.3.) и опустите конструкции, указанные в прил. 2.2.4. Слова, не несущие основную информацию, также желательно опустить. Используйте возможные сокращения слов (см. прил. 2.1.—2.1.1.9.).

9.1.9.2. ⊙━━ ⊙ ⊙ Прослушайте предложения, запишите их в сокращенной форме.

9.1.9.3. Воспроизведите на основе ваших записей основную информацию, содержащуюся в прослушанных предложениях.

9.1.10. Интонация

9.1.10.1. ⊙ ⊙ Прослушайте предложения с ИК-2 и ИК-5 в восклицательных предложениях.

1. Поча́ще хвали́ть[2] на́до, / а не нака́зывать[1]! 2. Воспи́тывайте дете́й в ду́хе солида́рности[2]! 3. Приобща́йте их к труду́[2]! 4. Заставля́йте[2] его́ слу́шаться! 5. Каку́ю[5] огро́мную воспита́тельную рабо́ту провел Мака́ренко! 6. Каки́е[5] больши́е зада́тки и дарова́ния скры́ты в челове́ке! 7. Каки́е[5] благоприя́тные усло́вия для нра́вственного воспита́ния!

9.1.10.2. ⊙ ⊙ Прослушайте предложения еще раз и повторите за диктором.

9.1.10.3. Прочитайте предложения из 9.1.10.1. с заданной интонацией.

9.1.10.4. Составьте на основе материала из текста 9.1.2. восклицательные предложения с ИК-2 и ИК-5.

9.2. Второй раздел

9.2.1. Прочитайте статью из журнала "Семья и школа" и озаглавьте каждый абзац в письменной форме.

Значение труда в формировании личности

Для каждого человека в социалистическом обществе созданы все предпосылки для развития его дарований, устранены все социальные барьеры на пути освоения завоеваний науки и техники, духовных ценностей общества. Но именно это обстоятельство побуждает глубже понимать качественную сторону общеобразовательной подготовки и особенно трудового воспитания с самого раннего возраста.

В первые годы жизни надо не только научить ребенка думать, наблюдать, понимать, что такое умственный труд, что значит хорошо трудиться, но и помочь ему выработать в себе способность к систематическому напряжению и целеустремленности.

Нельзя упускать из виду, что еще существуют случаи, когда высокоодаренные от рождения дети, став взрослыми, превращаются в обычные посредственности[1]. Это объясняется тем, что, затрачивая чрезвычайно мало усилий на учебу, они своевременно не вырабатывают у себя усидчивости[2], трудолюбия, воли. Между тем исправлять эти недостатки в дальнейшем крайне трудно. Дети же с обычными и даже слабо выраженными задатками проходят нередко противоположный путь. Волей-неволей[3] они должны в начале своего жизненного пути затрачивать много времени на усвоение самого простого материала. В результате они вырабатывают у себя трудолюбие, выносливость[4], терпение, способность долго и напряженно работать.

Итак, чтобы пробудить, развить скрытые в человеке возможности, необходимо научить ребенка трудиться. А этого мы можем достичь только путем постоянной, систематической работы в дошкольном и школьном возрасте.

Наша школа сосредоточивает внимание прежде всего на том, чтобы дать своим воспитанникам знания. Это правильно. Знания были и остаются важнейшей социальной ценностью. Но в современных условиях важно, чтобы они выступали фактором не только интеллектуального, но и нравственного развития, трудового воспитания человека.

Однако следует заметить, что роль знаний в воспитании детей в определенной степени переоценивается. Судя по расписанию средней школы в СССР, около 90 % времени приходится на учебу. Уже это невольно приводит к мысли о решающем преимуществе теоретического обучения перед уроками непосредственного труда.

И родители зачастую сосредоточивают внимание детей лишь на приобретении знаний, хвалят их за хорошие отметки, а за плохие наказывают. Ребятам часто говорят: "Будешь хорошо учиться — перед тобой откроются все дороги. Выбирай любую профессию!" Все это, конечно, так. Но дело в том, что у нас существует и еще долго будет существовать ряд профессий, которые не являются творческими и увлекательными, однако они общественно необходимы. К тому же следует иметь в виду, что любой вид деятельности содержит в себе элементы механического труда. Об этом родители часто забывают. Ориентация на приобретение знаний односторонне связывается с ориентацией на "перспективные" и "бесперспективные" профессии.

Нужно осознать простую истину: основной воспитательной ценностью обладает труд, создающий материальные блага. Здесь сама цель, предмет и, конечно, результаты максимально мобилизуют, развивают, воспитывают подростка, приобщают его к потребностям экономики, общества.

Приобщение учащихся к производительному труду начинается с первых дней школьного обучения. Сначала в кабинете ручного труда и в школьной мастерской, затем на пришкольном учебно-опытном участке[5] и, наконец, на полях совхоза в составе ученической производственной бригады или в цехах школьного завода. Можно быть уверенным, что в процессе производительного труда ребята крепнут физически, вырабатывают необходимые навыки, психологически приспосабливаются к ритму современного производства, формируют активную жизненную позицию.

Однако нельзя не учитывать того, что приобщение ребят к производительному труду все еще связано с некоторыми недостатками. Немало школьников плохо информировано о трудовых потребностях, имеет слабое представление о содержании различных видов труда, а также о своих способностях. В связи с этим можно отметить, что все еще недостаточно разработана теория и методика трудового образования и воспитания. Поэтому и не удивительно, что во многих школах и районах слаба эффективность трудового воспитания и профессиональной ориентации. Это находит проявление в том, что часть выпускников школ негативно относится к труду в сфере материального производства, а также в поступках иных молодых людей, которые до тридцатилетнего возраста "успевают" по пять-шесть раз переменить профессию и место работы. Необходимо подчеркнуть: главная задача состоит в том, чтобы добиваться повышения эффективности всех составных частей трудового образования и воспитания детей.

Мы часто говорим и пишем: дети — наше будущее. Эти слова ко многому обязывают. Они все в бо́льшей мере должны подкрепляться конкретными делами, становиться программой действий по приобщению детей к труду, по усвоению ими лучших традиций рабочего класса.

---

[1] посре́дственность — Durchschnittsmensch [2] уси́дчивость — Ausdauer, Beharrlichkeit [3] во́лей-нево́лей — wohl oder übel [4] выно́сливость — Zähigkeit, Ausdauer [5] уче́бно-о́пытный уча́сток — Schulgarten

9.2.2. Изложите содержание статьи, используя ваши записи.

9.2.3. Обменяйтесь с товарищем мнениями о том, какое внимание уделялось трудовому воспитанию в ваши школьные годы и как это повлияло на ваш жизненный путь.

9.2.4. На родительском собрании обсуждается вопрос о выборе профессии и профориентации. Идет дискуссия о том, что могут и должны делать родители и школа, чтобы воспитывать в детях любовь к труду, в частности к производительному. Примите участие в этой дискуссии.

9.3. Третий раздел

9.3.1. ⊙ ⊙ По радио передается выступление доктора педагогических наук Б. В. Богданова по проблемам семейного воспитания. Прослушайте и законспектируйте его выступление.

9.3.2. Ваш советский коллега пригласил вас к себе в гости. За столом завязалась беседа о воспитании детей в семье. Выяснилось, что у него есть определенные трудности в воспитании сына. Сын не слушается родителей, не приучен к самостоятельности, к дисциплине. Расскажите советскому коллеге, что вы узнали о способах воспитания детей в семье из выступления Б. В. Богданова.

9.3.3. Следующие высказывания Б. В. Богданова представляются вам полемичными:

1. Родители должны приучить себя к самоограничению. 2. Приучая детей к дисциплине, мы укрепляем их самостоятельность. 3. Ребенок должен уже с детства научиться подчинять свое поведение разумным требованиям других людей. 4. Важную роль играют педагогическое мастерство и такт родителей. 5. Лучше чаще хвалить детей, чем наказывать.

Спросите вашего товарища, признает ли он правильность данных положений. Обсудите с ним эти высказывания и выразите свое мнение относительно их убедительности / неубедительности.

9.3.

9.3.4. Во время стажировки в Москве вас и ваших товарищей пригласили в дискуссионный клуб для участия в беседе на тему: "Как я воспитываю своих детей?" Дискуссия развернулась вокруг вопроса о способах воспитания ребенка в семье. Примите участие в этой дискуссии.

9.4. Четвертый раздел

9.4.1. Ваш советский друг попросил вас перевести отрывок из интересующей его книги "Беседы о самовоспитании".

Es besteht kein Zweifel, daß, ausgehend von seinen psychophysischen Eigenschaften, jeder normale Mensch Anlagen für alle Arten der menschlichen Tätigkeit besitzt. Sie sind jedoch in quantitativer Hinsicht unterschiedlich ausgebildet. Der eine ist auf diesem, der andere auf jenem Gebiet mehr begabt. Das ist jedoch kein Grund, mit seinem Schicksal zu hadern (обижа́ться на что), denn jede der zweifellos vorhandenen Anlagen ist letztlich nur eine Potenz, die unter entsprechenden günstigen Bedingungen weiterentwickelt werden kann. Und wenn geringere Anlagen auch größere Anstrengungen erfordern, so entstehen auf ihrer Grundlage doch, wie die Praxis zeigt, häufiger hoch entwickelte Fähigkeiten als bei Menschen, die sich von Anfang an alles mit Leichtigkeit aneignen, sich nicht an konzentriertes Arbeiten gewöhnen und nicht dem notwendigen Arbeitsrhythmus anpassen. In diesem Falle erweisen sich die reichsten Anlagen unwillkürlich als ungenutzte, tote Schätze (мёртвые сокровища).
Den Satz "Unsere Mängel sind die Fortsetzung unserer Vorzüge" (на́ших досто́инств) müßte man unseres Erachtens anders formulieren: "Der Mensch kann, wenn er nur will, sogar seine Mängel in Vorzüge verwandeln!" Denn Fähigkeiten sind nicht naturgegeben — sie werden anerzogen. Dafür gibt es in der Geschichte eine Vielzahl von Beispielen. In diesem Zusammenhang ist es interessant zu vermerken, daß viele zweifellos talentierte oder geniale Menschen immer wieder die große Bedeutung ständiger, beharrlicher, systematischer Arbeit für ihr erfolgreiches Schaffen unterstrichen haben. Genau das ist es, was wir meinen, wenn wir von "Selbsterziehung" sprechen. Es geht vor allem um systematische und beständige Arbeit, sogar wenn diese zuweilen wenig fesselnd ist. Man muß lernen, sich selbst zu befehlen: Arbeite, kläre dieses oder jenes Problem, verallgemeinere, frage nach möglichen neuen Lösungswegen!
Der Sieg über sich selbst, die Überwindung geistiger und physischer Trägheit, die Gewöhnung an das ständige, systematische, möglichst schöpferische Arbeiten, mit einem Wort, eine wirksame Selbsterziehung — das

sind die wichtigsten Voraussetzungen für eine erfolgreiche Entwicklung der Persönlichkeit, für die volle Nutzung vorhandener Anlagen und Begabungen.

9.4.2. Однокоренные слова

9.4.2.1. (F$_L$) Прочитайте словосочетания с однокоренными словами и обратите внимание на их разные значения:

1. **усвоéние**   Aneignung; Erlernen, Einprägen
   усвоение лучших традиций
   усвоение новой лексики

2. **освоéние**   Beherrschung, Meisterung; Erschließung; Aufnahme
   освоение техники
   освоение Сибири
   освоение производства новых товаров

3. **присвоéние**   Aneignung *von Fremdem*; Verleihung, Zuerkennung
   присвоение результатов труда других
   присвоение звания

9.4.2.2. ⊙━ Спишите предложения, вставляя вместо точек подходящие по смыслу однокоренные слова:

1. До ... производства новых товаров в технологический процесс были внесены многие изменения. 2. ... учебного материала часто зависит от увлекательности работы с ним. 3. ... результатов труда других людей заслуживает наказания. 4. ... ребенком учебной программы ведется с бóльшей легкостью и интересом после посещения дошкольных учреждений. 5. ... ребенком знаний в младшем школьном возрасте заслуживает особого внимания педагогов. 6. Имя и судьба С. П. Королева тесно связаны с ... космоса. 7. Президиум Верховного Совета СССР принял решение о ... Москве почетного звания "Город-герой". 8. На заводе началось ... новой техники. 9. Приобщение детей к труду — важная предпосылка ... ими лучших традиций рабочего класса.

9.4.2.3. Составьте письменно предложения с однокоренными словами.

9.4.3. Синомимы

9.4.3.1. (F) Прочитайте словосочетания, обращая внимание на значение глаголов и их сочетаемость:

1. **учи́ть/вы́учить**   lernen
   слова, правило, стихотворение, *durch Wiederholen* sich einprägen,
   песню, *auch* язык *итд.*   (er)lernen
   наизусть, хорошо

2. **учи́ться/научи́ться**   lernen; studieren
   читать, писать, плавать   sich *best. Kenntnisse, Fähigkeiten*
   произношению, пению, языку   aneignen,
   принципиальности, настойчи-   sich *eine best. Eigenschaft* aneignen,
   вости, терпению   anerziehen
   nur uv. в школе, в пятом классе   Schüler sein
   nur uv. в университете, заочно   Student sein

3. **изуча́ть/изучи́ть**   (er)lernen, studieren; untersuchen
   педагогику, историю, иностран-   *an einer Hochschule, seltener in der*
   ный язык   *Schule* als Fach absolvieren
   вопрос, проблему, недра Земли   *wissenschaftlich* untersuchen

4. **занима́ться**   sich beschäftigen
   подготовкой чего, состав-   beschäftigt sein mit
   лением чего
   изучением чего, математикой,   *ständig* betreiben (meist professio-
   музыкой, спортом, балетом   nell oder als Hobby), *auch:*
      regelmäßig Stunden besuchen
   русским языком, математикой   lernen, sich üben in
   с сыном математикой, с другом   j-m beim Lernen helfen, mit j-m
   физикой   üben
   в библиотеке, в читальном зале   arbeiten, sich auf den Unterricht
      vorbereiten
   в классе, в аудитории   Unterricht haben

   заня́ться *v.* подготовкой чего,   beginnen, sich mit etw. zu beschäf-
   изучением чего, русским   tigen
   языком, с сыном математикой

9.4.3.2. ⊙⎯ Вставьте вместо точек подходящие по смыслу синонимичные глаголы. Укажите случаи, где возможны варианты.

1. В библиотеке им. Ленина ... ежедневно до 10 тыс. читателей.
2. В настоящее время человек может ... недр ... Земли с помощью автоматических устройств. 3. Он ... стихотворен... наизусть.
4. Подготовк... к международному коллоквиуму оргкомитет ... не-

сколько недель. 5. В начальных классах дети ... читать, писать, считать. 6. Она ... балет... у известного педагога. 7. Ребенок должен ... терпен... и настойчивост... при выполнении определенных задач. 8. Он решил ... английск... язык... 9. Ученики хорошо ... нов... слов... 10. Как... язык... ты ... в школе? 11. Отец начал ... с сыном математик... 12. Она ... заочно в вузе. 13. Я ... педагогик... на втором курсе. 14. Мой сын ... в пятом классе. 15. В какой аудитории ... эти студенты? 16. На занятиях по фонетике студенты ... правильн... произношен... 17. Раньше она ... французск... язык..., а теперь ... английск...

9.4.3.3. Составьте письменно предложения с синонимичными глаголами.

9.4.4. На основе материала из текстов 9 урока напишите предложения, в которых выражается необходимость учета определенных фактов, обстоятельств и т. п. Используйте при этом конструкции из прил. 3.9. (см. образец в 9.1.5.).

9.4.5. Переписка

9.4.5.1. Прочитайте образец письма про себя:

Глубокоуважаемый проф. Вагнер!
Разрешите в этом письме **дать краткий отчет** о работе, проделанной Вашими сотрудниками в нашем институте.
Сотрудники Вашего института д-р Вольф и д-р Энгель работали с 20 октября 19.. г. по 27 апреля 19.. г. в НИИ общей педагогики при АПН СССР согласно Плану двустороннего сотрудничества между АПН СССР и ГДР.
С удовлетворением мы можем констатировать, что Ваши сотрудники выполнили все предусмотренные планом задания в полном объеме. Кроме того, они проделали огромную работу по методологии исследований в области педагогики.
В дополнение к сказанному сообщаем Вам следующее: учитывая большое количество, новизну и важность данных, полученных д-ром Вольфом и д-ром Энгелем вместе с нашим сотрудником канд. фил. наук Н. В. Никитенко под руководством проф. А. С. Васильева, и согласно решению Ученого совета нашего института мы **считаем целесообразным выдвинуть** этот совместный труд **на конкурс** работ следующего года в области общественных наук.

В заключение считаю своим долгом поблагодарить Вас, уважаемый профессор Вагнер, и **в Вашем лице** весь коллектив института за проявленный интерес к нашему сотрудничеству. Разрешите мне выразить уверенность в успехе нашей дальнейшей совместной работы.

С уважением

Директор НИИ общей педагогики
при АПН СССР, академик   Л. И. Локтева

9.4.5.2.   (F_L)   Переведите типичные для письма конструкции. Прочитайте их вслух и спишите.

9.4.5.3.   Прочитайте письмо вслух.

9.4.5.4.   Переведите ответное письмо, используя данные конструкции.

Sehr geehrte Kollegin Professor Loktjewa!

Wir bestätigen dankend den Eingang Ihres Schreibens vom 17. Mai 19. . mit dem Bericht über die von unseren Mitarbeitern Dr. Wolf und Dr. Engel während ihres Aufenthaltes an Ihrem Institut von Oktober bis April geleistete Arbeit. Mit Genugtuung konstatieren wir, daß unseren gemeinsamen Forschungsarbeiten auch Ihrerseits solch großer Wert beigemessen wird. Es ist uns sehr angenehm zu erfahren, daß die von Dr. Wolf, Dr. Engel und Dr. Nikitenko unter der Leitung von Prof. Wassiljew verfaßte Arbeit zum wissenschaftlichen Wettstreit eingereicht wurde. Wir würden es für zweckmäßig halten, diese Arbeit auch in deutscher Sprache zu publizieren. Gestatten Sie, Ihnen und in Ihrer Person Ihrem ganzen Kollektiv nochmals herzlich für die Unterstützung unserer Mitarbeiter Dank zu sagen.

In Ergänzung zu dem (bereits) Gesagten möchten wir Ihnen mitteilen, daß auch an unserer Hochschule ein wissenschaftlicher Wettbewerb stattfinden wird, für den wir die obengenannte Arbeit aller Wahrscheinlichkeit nach vorschlagen werden. Wir sind überzeugt, daß die in der Arbeit berührten Fragen und Probleme von allgemeinem Interesse sind, und halten es deshalb auch für unsere Pflicht, die Forschungen auf diesem wichtigen Gebiet mit vereinten Kräften fortzusetzen.

Zum Schluß gestatten Sie mir, der Überzeugung Ausdruck zu verleihen, daß sich unsere wissenschaftliche Kooperation auch in Zukunft zum Nutzen unserer Staaten und Völker weiterentwickeln wird.

Hochachtungsvoll
Prof. Dr. sc. Wagner

9.4.6. Ответьте на письмо советских товарищей, сотрудничающих с вашим институтом в области педагогики. Выразите свое удовлетворение относительно того, что ваш последний совместный труд был выдвинут на конкурс научных работ этого года. Сообщите, что вы готовы продолжить научное сотрудничество, и в связи с этим предложите начать работу над новой исследовательской темой "Влияние семейного и школьного воспитания на выбор профессии". Объясните причины, которые побудили вас к выбору данной темы, и назовите некоторые проблемы, которые, по вашему мнению, должны быть разработаны.

Употребите при этом выделенные в письме-образце конструкции (9.4.5.1.), а также конструкции из прил. 3.9. При необходимости используйте информацию из статьи 9.2.

9.4.7. Вас попросили выступить на совещании лекторов-международников социалистических стран по идейно-политическому воспитанию молодежи в условиях усиливающейся идеологической борьбы между капитализмом и социализмом. Подготовьте письменно ваш доклад, назовите в нем факторы, воздействующие на коммунистическое воспитание молодежи в социалистических странах, укажите в нем также способы, приемы или методы вмешательства идейного противника в процесс воспитания молодежи ГДР и других социалистических стран и приведите конкретные примеры.

Используйте в вашем выступлении конструкции из прил. 3.9.

9.5. Пятый раздел

9.5.1. Переведите письменно первые пять абзацев статьи из журнала "Наука и жизнь" со словарем. Остальные абзацы прочитайте без словаря. Выделите устно основную информацию статьи.

Образование и свободное время

Современный этап общественного развития характеризуется заметным ростом свободного времени. В настоящее время каждый человек в социалистических странах имеет в среднем 25—28 часов свободного времени в неделю. Такое большое количество свободного времени стало возможным благодаря внедрению новейших достижений НТР во имя человека и на благо человека.

9.5.

На первый взгляд, свободное время не таит в себе особых загадок и проблем. Все вроде бы ясно. Каждому хочется одного — чтобы времени было достаточно для реализации своих желаний, удовлетворения своих коренных потребностей. Тем самым перед каждым человеком возникает проблема выбора путей использования растущего свободного времени. Прочитать очередной детектив легче, чем послушать серьезную лекцию о международном положении, а лежать на диване проще, чем совершить поездку за город.

Возникает вопрос, заинтересовано ли общество в том, каким образом человек проводит часы досуга. Безразлично ли ему, какой вид времяпрепровождения предпочитают отдельные его члены? Для ответа на этот вопрос нужно прежде всего разобраться, какие функции выполняет свободное время в социалистическом обществе. Их три. Важнейшая из них — социальная функция, обеспечивающая достижение главной цели коммунистического общества — всестороннего развития способностей каждого человека, формирования гармоничной личности. Свободное время выполняет и экономическую функцию, так как оно подготавливает человека к непосредственному процессу производства. И наконец, физиологическая функция — отдых, восстановление физических и психических сил человека, необходимых ему для успешной жизнедеятельности.

Таким образом, свободное время, с одной стороны, является резервом развития человека, то есть богатством личности, а с другой стороны — резервом развития производства, то есть богатством общественным. В этом-то и причина глубокой заинтересованности социалистического общества в разумном использовании свободного времени. Эта заинтересованность основывается на понимании того, что уже простое отсутствие интересов и увлечений, обычные "ничегонеделания" являются не только тормозом развития личности, но и общественного развития вообще.

Обратимся к вопросу, какое отношение к свободному времени наблюдается в капиталистическом обществе. Здесь не ставится, да и не может ставиться, задача всестороннего развития личности каждого труженика. Развитию подлежат прежде всего те способности, существование и уровень которых соответствуют требованиям так называемой "экономической рациональности", то есть помогают удовлетворять непосредственные потребности производства и способствуют созданию дополнительной прибыли.

В то же время отношение господствующих классов к свободному времени трудящихся носит двойственный характер. С одной стороны, свободное время считается "потенциально опасным", так как в его рамках социальный контроль за индивидуумом ослабляется, что приводит к угрозе возникновения и расширения различных форм социального протеста. С другой стороны, свободное время обладает для буржуазии значительной притягательной силой, поскольку оно становится как бы огромным рынком сбыта и превращается в объект острой конкурентной борьбы различных монополий "индустрии досуга". Исходя из этого, можно сказать, что политика предпринимателей в сфере свободного времени призвана решать две основные задачи: во-первых, формировать "человека потребляющего", ориентированного в первую очередь на материальные ценности, и тем самым извлекать максимальную прибыль, а во-вторых, отвлекать трудящихся от социально-активной деятельности.

В отличие от этого социализм сознательно стремится создать все необходимые предпосылки для повышения культуры проведения свободного времени. Важнейшими из них, несомненно, являются учеба и самообразование.

Результаты множества социологических исследований показывают, что с ростом образования повышается производительность и качество труда работников, растет уровень их дисциплинированности и ответственности за порученное дело, увеличивается творческая активность, совершенствуются формы и способы проведения досуга. Знания нужны и для общественной деятельности, и для общения с другими людьми, и для воспитания детей, и для активного отдыха, и для многих других занятий в часы досуга. Получение же необходимых знаний связано с постоянной учебой.

Людям любого возраста необходимо обновлять, дополнять и применять ранее приобретенные знания и умения, постоянно расширять свой кругозор, развивать дарования и способности, получать специальность и совершенствоваться в ней, а нередко и приобретать новую специальность. Все это требует таких изменений в ранее сложившейся образовательной системе, которые превратили бы ее в систему непрерывного образования, сопровождающую каждого человека в течение всей его сознательной жизни. Такое непрерывное образование должно реализоваться как в специализированных учебных заведениях, так и путем самообразования.

В этой связи невольно встает вопрос: будет ли достаточно только наличия сети образовательных и культурных учреждений для решения поставленной задачи постоянной учебы и самообразования? Очевидно, нет. До сих пор используются далеко не все предоставленные обществом возможности для повышения квалификации. Это связано в первую очередь с действием хорошо известной закономерности, согласно которой чем выше у человека уровень образования, тем больше он стремится к его дальнейшему росту, и наоборот, чем ниже образовательный уровень, тем меньше потребность в повышении квалификации.

Правда, с общим отрицательным отношением к образованию в социалистических странах приходится встречаться крайне редко. Случается сталкиваться с безразличным отношением к образованию, смысл которого можно передать словами: "вообще-то образование — вещь хорошая, но лично мне хватает того, что уже есть".

Намного чаще встречаются лица, считающие образование (в том числе и самообразование) важным, а иной раз и единственным средством для достижения определенных целей. В процессе самообразования именно из этой группы обычно выходят люди, которые уже не мыслят своей жизни без постоянного расширения идейно-политического, профессионального и культурного кругозора, которым сам процесс усвоения новых знаний в возрастающей мере доставляет огромное наслаждение.

Итак, практика показывает, что недостаточно только предоставить людям равные возможности получения образования. Нужно еще вызвать у людей, в частности у тех, которые имеют сравнительно низкий уровень образования, активное желание воспользоваться предоставленными возможностями, так сказать, выработать установку на учебу. Формирование такой ценностной ориентации с точки зрения повышения культуры использования свободного времени можно и надо ускорить посредством создания специальной службы по пропаганде непрерывного образования. Вместе с тем нужно оказывать разнообразную помощь людям, желающим учиться, но испытывающим всякого рода затруднения или не имеющим необходимой информации о реальных возможностях. Все это будет способствовать продвижению социалистического общества на пути совершенствования форм и способов проведения досуга, повышения культуры использования свободного времени.

9.5.2. Прочитайте статью еще раз. Найдите и выпишите информацию, уточняющую следующие положения:

1. Социалистическое общество глубоко заинтересовано в разумном использовании свободного времени. 2. В капиталистическом обществе отношение к свободному времени носит двойственный характер. 3. Учеба и самообразование — важнейшие предпосылки для повышения культуры проведения свободного времени при социализме.

9.5.3. Используя записи, сообщите собеседнику, какую информацию о взаимосвязи образования и свободного времени вы получили из статьи. Конкретизируйте эту информацию своими примерами.

9.5.4. Во время командировки в Ленинграде вас пригласили на очередную встречу обществоведов в Клуб молодых ученых, где в этот день проводится диспут на тему "Повышение образовательного уровня людей как предпосылка правильной организации свободного времени". Примите участие в диспуте.

9.6. Шестой раздел: Наш калейдоскоп

9.6.1. Афоризмы о воспитании

Главный смысл и цель семейной жизни — воспитание детей. Главная школа воспитания детей — это взаимоотношения мужа и жены, отца и матери. (В. А. Сухомлинский)

Ребенок умеет любить того, кто его любит, — и его можно воспитывать только любовью. (Ф. Э. Дзержинский)

Любить детей — это и курица умеет. А вот уметь воспитывать их — это великое государственное дело, требующее таланта и широкого знания жизни. (М. Горький)

Ребенка обучи — дашь миру человека. (В. Гюго)

9.6.2. Говорят дети

— Мама, у тебя уже несколько седых волос, — говорит маленький Саша.
— Родители всегда седеют, когда их не слушаются дети.
Саша задумался.
— Теперь я понимаю, почему бабушка совсем седая.

— Знаешь, мам, я решила выйти замуж только за солдата. Он умеет шить, штопать, стирать, варить и, что самое главное, привык слушаться.

Отец перелистывает школьный дневник сына и качает головой. Стоящий рядом сын говорит: — Не удивляйся, папа. Это просто дурная наследственность. Вот посмотри, я нашел твой дневник за четвертый класс.

— Папа, сегодня в школе родительское собрание ... но только для самого узкого круга.
— Как это понять, Петя?
— Будут только учитель и ты.

— Ну, похвастай своими успехами, сынок, — сказал отец. — Покажи дневник.
— Ты знаешь, папа, я дал его Сереже. Он хочет испугать своих родителей.

9.7. Седьмой раздел

9.7.1. ◉ ◉ Основные глаголы

воспи́тывать/воспита́ть	erziehen

Воспитать новых людей — это значит совершить подлинную революцию в сознании и поведении людей.

воспи́тывать/воспита́ть кого кем	j-n zu etw. (d. h. zu einer Person mit bestimmten Eigenschaften) erziehen

Мать воспитала сына честным, трудолюбивым человеком.

воспи́тывать/воспита́ть что в ком	j-n zu etw. (d. h. zu einer bestimmten Eigenschaft) erziehen, j-m etw. anerziehen

Уже в первые годы жизни надо воспитывать в детях трудолюбие.

воспита́ние	Erziehung
вопросы обучения и воспитания	
воспита́тель	Erzieher
обязанности воспитателя	
воспита́тельница	Kindergärtnerin, Krippenerzieherin
работать воспитательницей	
воспита́тельный	erzieherisch
значение воспитательной работы	
воспи́танник* (детского дома)	Zögling
воспи́танный (человек)	wohlerzogen, höflich
воспи́танность (молодых людей)	Wohlerzogenheit, Höflichkeit
перевоспи́тывать/перевоспита́ть (детей)	umerziehen
трудновоспиту́емый (ребёнок)	schwererziehbar
учи́ть/научи́ть	lehren
учи́ть/научи́ть кого чему	j-n etw. lehren, j-m etw. beibringen; j-n in etw. unterrichten (*nur zu* учить, *uv.*)
Мать научила сына двум языкам.	
Он учил детей физике.	
учи́ть/научи́ть кого + *Inf.*	j-n etw. lehren, j-m etw. beibringen
Отец научил сына играть в шахматы.	
уче́ние (Маркса и Энгельса)	Lehre, Theorie
учи́тель (русского языка)	Lehrer
учи́тельница (младших классов)	Lehrerin
учи́тельский (коллектив)	Lehrer-
учи́тельская (в новой школе)	Lehrerzimmer
учёба (на предприятии)	Lehre, Ausbildung

учёбный (план)	Lehr-, Ausbildungs-
учебник (немецкого языка)	Lehrbuch
обучать/обучить (студентов иностранному языку)	j-n etw. lehren, j-n in etw. ausbilden
обучение	Ausbildung
срок обучения стажеров	
поучать* *итд.*, *nur uv.* (молодежь)	belehren
(выслушивать) поучения*	Belehrungen
поучительный* (пример)	lehrreich
приучать/приучить (детей) к (порядку)	j-n an etw. gewöhnen, j-n zu etw. erziehen
отучать/отучить* (ребенка) от (плохого поведения)	j-m etw. abgewöhnen
учить/выучить	lernen
Он должен выучить стихотворение наизусть.	
ученик, ученица	Schüler, Schülerin; Lehrling
ученики старших классов	
стать учеником на заводе	
ученический (кружок)	Schüler-; Lehrlings-
учёба (в школе; в вузе)	Lernen; Studium
учёбный (материал; год)	Lern-; Schul-, Studien-
изучать/изучить (естественные науки; проблему)	studieren; untersuchen
изучение (иностранных языков; явления)	Studium, Studien; Untersuchung
разучивать/разучить* (песню)	einstudieren, einüben
разучивание* (текста песни)	Einstudieren, Einüben
учиться/научиться	lernen
учиться *nur uv.* где	lernen; studieren
Моя сестра учится в пятом классе.	
Мой брат учится на третьем курсе.	
учиться/научиться (плавать; языку)	lernen, erlernen
обучаться *nur uv.* (в школе; в вузе)	unterrichtet werden, lernen; ausgebildet werden, studieren
обучаться/обучиться (профессии)	(in etw.) ausgebildet werden, lernen, erlernen
отучаться/отучиться* (от курения, курить)	sich etw. abgewöhnen
разучиваться/разучиться (играть на флейте)	verlernen

9.7.2. ◉ ◉ Новая лексика

нака́зывать/наказа́ть strafen, bestrafen
заслуженное наказа́ние
  Некоторые родители слишком часто наказывают своих детей.

прика́зывать/приказа́ть befehlen, anordnen
выполня́ть прика́з
непродуманное приказа́ние
  Родители должны научиться приказывать детям как можно реже.

усва́ивать/усво́ить sich aneignen, sich einprägen
усвое́ние учебного материала
  Ученики с трудом усвоили новую лексику.

сосредото́чивать(ся)/сосредото́- (sich) konzentrieren auf
чить(ся) на чём
сосредото́ченно работать
  Наша школа сосредоточивает внимание на том, чтобы дать своим воспитанникам знания.

приобща́ть/приобщи́ть к чему heranführen an, bekanntmachen
приобще́ние школьников к труду mit
  Практическая работа приобщает школьников к потребностям экономики.

исправля́ть/испра́вить berichtigen, korrigieren
исправле́ния в тексте
оставить ошибку неиспра́вленной
  Нужно непременно исправить эту ошибку.

заставля́ть/заста́вить zwingen
  Иногда нужно заставлять детей выполнять определенные задачи.

приспоса́бливаться/приспосо́биться sich anpassen an
к чему
приспособле́ние к новой социальной среде
  В процессе производительного труда ребята психологически приспосабливаются к ритму современного производства.

слу́шаться/послу́шаться кого/чего gehorchen, hören auf
приучать к послуша́нию
(не)послу́шный ребенок
  Ребенок должен с детства научиться слушаться своих родителей.

хвали́ть/похвали́ть loben
заслуживать похвалы́/заслужить
похвалу́
похва́льное поведение
  Лучше чаще хвалить детей, чем наказывать.

подро́сток   Jugendlicher, Halbwüchsiger
подраста́ющее поколение
подро́стковый возраст
   Большую роль в воспитании детей и подростков играет семья.

посту́пок   Tat, Handlung
поступа́ть/поступи́ть правильно
   Нужно учить ребенка отвечать за свои поступки.

запре́т   Verbot
запреща́ть/запрети́ть курение
запре́тная зона*
   Из-за частых запретов родители могут потерять доверие детей.

взро́слый   Erwachsener; erwachsen
быстро взросле́ть/повзросле́ть
   Воспитание — это прежде всего постоянное духовное общение взрослых и детей.

судьба́   Schicksal
   Недостатки в семейном воспитании отрицательно сказываются в дальнейшем на судьбе детей.

привы́чка   Gewohnheit, Angewohnheit
привыка́ть/привы́кнуть к новым
условиям
привы́чный образ жизни
   Надо с ранних лет воспитывать в ребенке привычку к труду.

скро́мность   Bescheidenheit
скро́мная девушка
   Семья воспитывает в ребенке принципиальность, скромность, трудолюбие.

вмеша́тельство   Einmischung
вме́шиваться/вмеша́ться в разговор
   Родители должны учиться ограничивать свое вмешательство в жизнь взрослеющих детей.

мировоззре́ние   Weltanschauung
мировоззре́нческие* вопросы
   Особую актуальность приобретает формирование коммунистического мировоззрения.

терпе́ние   Geduld
терпе́ть несправедливость
терпели́вый слушатель
   Учитель должен обладать терпением.

9.7.

дарова́ние   Begabung
(высоко)одарённый ребенок
литературный дар
    В социалистическом обществе созданы все предпосылки для развития дарований человека.

зада́тки, -ов   Anlagen
    Дети со слабо выраженными задатками вынуждены долго и напряжённо работать.

я́сли, я́слей   Kinderkrippe
я́сельный* возраст
    В яслях и садах созданы благоприятные условия для успешного воспитания детей.

иде́йный   ideologisch, ideell
иде́йно-полити́ческое воспитание
    Идейный противник понимает, что сила социализма в сознательности масс.

увлека́тельный   fesselnd, begeisternd, spannend
увлека́ться/увле́чься работой
с увлече́нием расска́зывать
    Его рассказ был увлекательным.

скры́тый   verborgen, versteckt
скрыва́ть/скрыть недостатки
    Важно пробудить и развить скрытые в человеке возможности.

своевре́менно   rechtzeitig
    Очень важно своевременно приучить ребенка к послушанию.

нево́льно   unwillkürlich
воспитывать силу во́ли
волево́й* человек
    Неопытные родители невольно допускают ошибки в воспитании детей.

10. Десятый урок: "Изучение иностранных языков"

10.1. Первый раздел

10.1.1. ⦿ ⦿ Предполагаемые знания: владение лексикой (10.7.) и конструкциями (прил. 3.10.); ⊖ повторение всех ИК (прил. 1.1.–1.5.); ⊖ фиксирование информации прослушанного текста (прил. 2.2.5.–2.2.7.).

10.1.2. ⦿ ⦿ Прослушайте доклад кандидата филологических наук В. А. Орлова и выделите главную информацию.

Уважаемые товарищи!

Тема моего сегодняшнего доклада: "Клуб мировых языков". Хотелось бы начать с того, что язык является одним из самых ценных и самых необходимых приобретений человека за всю историю его существования.

Язык представляет собой гигантскую энциклопедию знаний. Он позволяет человеку осмыслить и использовать накопленное в памяти человечества богатство знаний и опыта. Таким образом, язык является связующим звеном между поколениями, уникальным средством для познания коллективного опыта человечества.

Сейчас в мире имеется около трех тысяч языков. Более 250 из них обладают собственной письменностью. Каждый язык развивается в связи с историей данного народа, его природой, особенностями производительных сил и производственных отношений. И каждый народ по праву гордится своим языком, его красотой и богатством.

Вместе с тем существует необходимость выдвинуть некоторые из наиболее развитых и распространенных языков в качестве языков международного общения — мировых языков. Эта необходимость обусловлена потребностями социально-экономического и культурного развития всех народов, их духовного взаимообогащения. В настоящее время 13 языков смогли бы выполнить функцию такого мирового средства общения. Однако в действительности мировыми языками стали лишь те, родина которых играет в мировом масштабе значительную роль в области политики, экономики, науки и культуры.

До 16 века своего рода мировым языком был латинский язык. Крупные географические открытия и колониальные завоевания содействовали широкому распространению испанского, португальского, английского и французского языков. Французский приобрел мировое значение, став языком дипломатов и аристократов. Английский считался языком торговли, науки, а в 19 веке за ним последовал немецкий язык. С развитием капитализма и расширением экономических отношений между странами усиливалась потребность в международном средстве общения. Развитые государства стали налаживать систему преподавания формирующихся мировых языков. Они совершенствовали методы и приемы обучения, издавали учебные пособия, грамматики, словари.

В настоящее время в "клуб мировых языков" входят французский, испанский, английский, немецкий и русский языки. Какими преимуществами должен обладать язык, чтобы считаться "мировым"?

Несомненно, одним из важнейших критериев является количество людей, говорящих на определенном языке. Но допустим, что мы исходим только из количества носителей языка. Тогда можно прийти к заключению, что китайский язык занимает ведущее место среди мировых языков. Каждому известно, что это не так. Нельзя упускать из виду другие, не менее важные критерии мирового языка.

Решающим, на наш взгляд, критерием является реальный объем и качество коммуникации между государствами, обеспечиваемой тем или иным языком. Другими словами, нужно поставить вопрос о том, сколько иностранцев достаточно эффективно пользуется данным языком.

Хотелось бы затронуть еще один важный аспект, а именно: какие духовные импульсы народ-носитель того или иного языка может давать другим народам. Бесспорно, что язык, народ-носитель которого вносит значительный вклад, например, в мировую литературу и науку, будет пользоваться большим авторитетом. А это в свою очередь стимулирует большое количество людей настойчиво овладевать этим языком.

И наконец, нужно принимать во внимание политическую активность страны, точнее говоря, прогрессивный характер исходящих от нее инициатив.

Можно привести еще ряд немаловажных внутриязыковых критериев, таких, как богатство словарного запаса, широкие возможности словообразования, синтаксическая гибкость, открытость языка по отношению к замиствованиям из других языков, логический строй и доступность грамматики, соответствие произношения написанию.

В заключение хочется отметить, что названные языки в достаточной мере соответствуют этим требованиям. Поэтому их не зря называют подлинно мировыми языками. Они обеспечивают эффективную коммуникацию между народами, и, несомненно, их стоит преподавать и изучать.

Благодарю за внимание.

10.1.3. Сообщите, что вы узнали из доклада о мировых языках, используя опорные слова и словосочетания:

язык: самое ценное и необходимое приобретение — гигантская энциклопедия знаний — связующее звено между поколениями

количество языков — обладать письменностью — развиваться в связи с историей, природой и т. д. — гордиться языком

необходимость выдвинуть некоторые языки в качестве мировых — роль в области политики, экономики и т. п.

латинский язык до 16 века — географические открытия, колониальные завоевания — развитие капитализма — наладить систему преподавания

критерии мирового языка: объём и качество коммуникации — вклад народа-носителя в мировую культуру — политическая активность

внутриязыковые критерии: богатство словарного запаса, синтаксическая гибкость и т. д.

соответствовать требованиям — обеспечивать коммуникацию

10.1.4. Прочитайте доклад и обсудите некоторые вопросы, касающиеся мировых языков, используя данные конструкции:

1. Что представляет собой язык?
Конструкции: Можно с уверенностью сказать, что ...
Следует добавить, что ...

2. Чем обусловлена необходимость выдвинуть некоторые из наиболее распространённых и развитых языков в качестве мирового языка?
Констр.: Прежде всего необходимо сказать следующее: ...
Нужно учесть и такой факт: ...

3. Что содействовало широкому распространению ряда языков?
Констр.: Следует отметить, что ...
Напомним, что ...

4. На основании каких критериев можно отнести какой-либо язык к мировым языкам?
Констр.: Не вызывает сомнения, что ...
Нельзя упускать из виду ...

5. Назовите внутриязыковые критерии мирового языка.
Констр.: В первую очередь можно назвать ...
Кроме того, хочется указать на ...

10.1.

10.1.5. Используя конструкции из прил. 3.10., сформулируйте предложения, в которых в качестве главной информации выделяются нижестоящие высказывания. Образец:

Ständig wachsendes Interesse für (Erlernen der) russische(n) Sprache in der Welt →
Особое внимание нужно уделить тому факту, что интерес к изучению русского языка в мире постоянно возрастает.

Bedeutende Rolle der russischen Sprache als internationales Kommunikationsmittel →
Следует особо подчеркнуть значительную роль русского языка как средства международного общения.

1. Sprache bietet die Möglichkeit, durch die Menschheit gespeicherten Informationsreichtum zu nutzen   2. Forderung, das System des Fremdsprachenunterrichts unter Verwendung modernster Methoden und Verfahren zu organisieren (налáживать)   3. Bedeutung einer Sprache als Weltkommunikationsmittel von vielen Faktoren abhängig, wobei einseitige Betonung einzelner Faktoren (angenommen: Anzahl der Sprachträger oder reicher Wortschatz) zu falschen Schlüssen führt   4. Anzahl der Sprachträger nicht entscheidendes Kriterium für Weltsprache   5. Diejenigen Sprachen genießen hohes Ansehen, deren Trägervolk großen Beitrag zu Weltkultur und -wissenschaft leistet   6. Bedeutung der innersprachlichen Faktoren wie syntaktische Flexibilität, Zugänglichkeit der Grammatik, relativ einfache Aussprache und Intonation   7. Entscheidende Bedeutung des Gedächtnisses für Sprachaneignung

10.1.6. Переведите на русский язык:

Die Verbreitung einer Sprache hat verschiedene Ursachen. Erstrangige Bedeutung kommt dabei der Tatsache zu, welche internationale Autorität das Land genießt, für dessen Volk die jeweilige Sprache die Muttersprache darstellt. Aus dem Einfluß dieses Landes auf die politischen und ökonomischen, auf die sozialen und kulturellen Ereignisse in der ganzen Welt ergibt sich die mehr oder weniger dringende Notwendigkeit der Aneignung der entsprechenden Sprache, um mit ihrer Hilfe die Weiterentwicklung auf allen Gebieten des gesellschaftlichen Lebens verfolgen und an der internationalen Kooperation erfolgreich teilhaben zu können. Mit Hilfe der Fremdsprache wird es möglich, die reichen Erfahrungen des anderen Landes schnell und effektiv zu nutzen.
Ausgehend davon kann man sagen, daß nicht jede der Sprachen, die für eine relativ hohe Anzahl von Menschen die Muttersprache darstellt, in der Tat eine Weltsprache ist. Der Begriff "Weltsprache" wird bestimmt durch eine Reihe von Faktoren, die sich historisch herausgebildet haben. Dazu gehören als einzelne Aspekte der wachsenden Autorität des Lande

die Qualität und Quantität der in der betreffenden Sprache veröffentlichten belletristischen und wissenschaftlich-technischen Literatur, die Rolle der Sprache als offizielles Verständigungsmittel in internationalen Organisationen, ihre Bedeutung als Unterrichtsgegenstand in der Welt, angefangen vom Universitäts- und Hochschulstudium über die Erlernung an allgemeinbildenden Schulen bis hin zu kurzfristigen Ausbildungsformen zu touristischen und anderen Zwecken, die Nutzung der Sprache in Funktionen, für die der Gebrauch der Muttersprache nicht ausreicht, z. B. im Flugwesen, im Kosmos usw.

Die russische Sprache hat sich in den letzten Jahrzehnten unbestritten zu einer der Weltsprachen entwickelt. Ihre Bedeutung als Mittel der internationalen Verständigung nahm mit dem Anwachsen der Erfolge der Sowjetgesellschaft in Wissenschaft und Technik, in Politik und Ökonomie ständig zu. Erstes äußeres Kennzeichen war die Anerkennung des Russischen als eine der offiziellen Verhandlungssprachen der UNO. Immer größere Bedeutung erlangte die Beherrschung der russischen Sprache bei der Entwicklung der Zusammenarbeit im Rahmen des RGW.

Die Einführung des Russischunterrichts als Lehrfach in die allgemeinbildenden Schulen der sozialistischen Staaten zeugte von der entscheidenden Bedeutung, die der russischen Sprache in den Bruderländern beigemessen wird. Die Tendenz der Verbreitung des Russischunterrichts setzte sich in den folgenden Jahren in vielen anderen Ländern fort. Zugleich wurde es erforderlich, die Methodik des Russischunterrichts auf neuer Grundlage zu organisieren, sie in Abhängigkeit von den Zielen und Bedingungen in den einzelnen Ländern weiterzuentwickeln.

Heute gibt es in allen sozialistischen Ländern Millionen Russischlernende, die ungeachtet dessen, daß die russische Sprache angeblich schwer zugänglich sei, sich beharrlich und zielstrebig mit der Sprache befassen. Viele von ihnen erreichen einen hohen Grad an Sprachbeherrschung, einige beherrschen die russische Sprache perfekt.

10.1.7. Сделайте краткое сообщение на тему "Мировые языки", используя следующие вопросы, а также конструкции из прил. 3.10.

1. Чем обусловлена необходимость выдвинуть некоторые языки в качестве языков международного общения? 2. Как вы оцениваете различные критерии мирового языка с точки зрения их значимости? 3. Целесообразно ли выдвинуть лишь один язык в качестве мирового языка? Имеются ли для этого необходимые предпосылки? 4. Какие функции могут выполнять искусственные языки и какова их перспектива?

10.1.

10.1.8. Примите участие в семинаре, посвященном проблеме "Язык и общество". Руководитель семинара просит вас обсудить нижестоящие высказывания видных специалистов по языкознанию.

А. А. Леонтьев, доктор филологических наук, инициатор разработки в советской науке проблем психолингвистики:

"Без языка не было бы самого человека, потому что все то, что есть в нем человеческого, связано с языком, выражается в языке и закрепляется в языке".

"Умение говорить — не врожденная способность человека. Язык, как и все другие человеческие способности, входит в социальный опыт человечества, развивается вместе с человеческим обществом и усваивается каждым отдельным человеком только благодаря общению с другими людьми".

Георг Ф. Майер и Барбара Майер, видные филологи ГДР, авторы пособия по лингвистике и коммуникационной науке:

"Язык изменяется в зависимости от пользования им в определенном обществе, а также в зависимости от изменений, происходящих в обществе в течение определенного времени. Эти изменения имеют политико-экономические причины и не имеют ничего общего с наследственными[1] биологическими признаками. Общественные отношения, обусловленные развитием производительных сил, производственных отношений, классов, накладывают свой отпечаток[2] на коммуникативные потребности и тем самым оказывают влияние на коммуникационные средства, хотя чаще всего косвенным образом. Новые изделия, новые отношения между людьми, другой образ жизни, новые общественные организационные формы ... и т. д., с одной стороны, конфликты внутри одной группы людей или с другими группами (войны, порабощение[3], миграция, смешение, колонизация и т. д.), с другой стороны, порождают противоречия между существующими системами коммуникации и коммуникативными потребностями, преодоление которых может и чаще всего должно привести к новым качественным и количественным изменениям коммуникационных средств ... Язык является открытой, в соответствии с общественными импульсами саморегулирующейся системой, которая в должной степени сама себя оптимизирует".

А. А. Леонтьев:

"Заимствования — это слова и выражения, перенесенные из одного языка в другой и преобразованные в этом языке по его законам (фонетическим, грамматическим). Это очень важная оговорка[4]: мы можем просто вставить в свою речь иностранное слово, и это не будет заимствованием. В разных языках количество заимствований разное. Например, в персидском и языке урду масса арабских слов. В других языках заимствований меньше, например, в русском, немецком, французском. Есть языки — чешский, китайский, венгерский, — которые всячески сопротивляются введению иноязычных слов и стремятся образовать для новых понятий новые слова и выражения своими средствами. Но нет и не может быть языка, в котором совсем не было бы заимствований..."

[1] насле́дственный — erblich, Erb-   [2] накла́дывать отпеча́ток на что — etw. das Geprä́ge geben, prägen   [3] порабоще́ние — Versklavung   [4] огово́рка — Vorbehalt, ergänzende Bemerkung

0.1.9. Упражнения по фиксированию информации прослушанного текста

0.1.9.1. ○━━ (F_L) Запишите в сокращённой форме информацию, содержащуюся в тексте. Замените при этом конструкции, указанные в прил. 2.2.5. и 2.2.6., символами "Σ" и "⌒". Слова и конструкции, не несущие основную информацию, желательно опустить. Используйте возможные сокращения слов и символы (см. прил. 2.1.1.—2.2.3.).

0.1.9.2. ○━━ ◉◉ Прослушайте предложения, запишите их в сокращённой форме.

0.1.9.3. Воспроизведите на основе ваших записей основную информацию, содержащуюся в прослушанном тексте.

0.1.10. Интонация

0.1.10.1. ○━━ ◉◉ Прослушайте текст и определите в каждой синтагме интонационную конструкцию.

Какое большое количество языков существует на нашей планете! В настоящее время / 13 из них могли бы выполнить функцию мирового языка. Можно ли отнести и русский язык к клубу мировых языков? — Конечно! Каждый мировой язык, / в том числе и русский, / обладает определёнными преимуществами. Главное — / объём и качество коммуникации между государствами, / обеспечиваемые тем или иным языком.

10.1.

Есть еще и другие критерии? Какие можно назвать? Разрешите указать / хотя бы на политическую роль народа-носителя в мире / и его вклад в мировую литературу и науку. А внутриязыковые критерии? Они тоже играют определенную роль? — Бесспорно.

10.1.10.2. Прочитайте текст из 10.1.10.1. вслух, употребляя соответствующие интонационные конструкции.

10.1.10.3. ⊙━ Прочитайте текст про себя. Определите типы ИК. После этого прочитайте текст вслух.

Что касается внутриязыковых критериев мирового языка, / то многие недооценивают их значение. Подумайте о богатстве словарного запаса! Разве это не важный показатель значения языка? Возьмем русский язык. Какое богатство лексики! А возможности словообразования? Доступность алфавита? — Все это нужно принимать во внимание. Но несмотря на это, / важнейшим критерием / остается реальный объем обеспечиваемой языком коммуникации.

10.1.10.4. Составьте письменно текст на основе новой лексики, содержащий, по возможности, все известные вам ИК.

10.2. **Второй раздел**

10.2.1. Прочитайте статью из журнала "Культура и жизнь" и озаглавьте каждый абзац в письменной форме.

"Я русский бы выучил только за то, что им разговаривал Ленин!"
В. В. Маяковский

За последние десятилетия в различных странах мира значительно возрос интерес к изучению русского языка. Никто не оспаривает того факта, что ныне русский язык стал одним из основных мировых языков, неотъемлемой составной частью мировой культуры и образования. Это и не удивительно. Советский Союз стал могучей высокоразвитой страной. На русском языке сейчас публикуется до 70 % всей информации, накопленной народами Земли. На русском выходят каждые три книги из четырех, издаваемых в мире. Этот язык широко используется в торговле, в глобальных системах массовой информации и коммуникации, в научном общении, в туризме.

Этим объясняется тот факт, что число людей, владеющих русским, в мире становится все больше: его преподавание введено сейчас почти в 100 странах (в 1970 году — 80). Но, войдя в "клуб мировых языков" сравнительно недавно, русский пока еще не пользуется такой популярностью среди изучающих иностранный язык, как другие мировые языки. Английский, как иностранный, учат приблизительно 120 млн. человек, французский и немецкий — 80, а русский — 20 миллионов. Следует, однако, отметить, что рост числа иностранцев, изучающих русский язык, идет довольно быстро и стабильно (в 1970 г. их было 4 млн.). Но быстрее сокращать отрыв от английского русскому языку мешает наряду с прочим легенда: он якобы исключительно труден. А вот что пишет по этому поводу член-корреспондент АПН СССР Виталий Костомаров:

".. Научных оснований для деления языков на легкие и трудные не существует: все они усваиваются одинаково, вопрос лишь в том, как рано начинается их изучение. Все они одинаково эффективны в человеческом общении — в быту, в науке, в литературе и искусстве. Во всех языках есть качества, объективно сложные (большое число омонимов[1], редкостная многозначность и двусмысленность форм в английском, неопределенное место ударения[2] в русском) и объективно простые (немногочисленность окончаний в английском, близость произношения и письма в русском). Они находятся в равновесии, и система в целом оказывается не проще и не сложнее любой другой. Одинаковый речевой аппарат, единое мышление всех людей определили высокую универсальность за кажущейся бесконечностью языковой материи. Скажем, число звуков, известных в языках мира, велико, но число звуков конкретного языка почти одинаково: 41 — в русском, 40 — в английском, 36 — в немецком. В ходе исторического развития все языки стремятся к эталону[3] — оптимальному средству общения и мышления, причем фактор взаимообогащения языков, например, путем заимствований, содействует этому в значительной мере.

Хотя все языки с научно-объективной позиции одинаково сложны или одинаково просты, в жизни мы воспринимаем их, конечно же, через призму своего родного языка: чем данный язык ближе к нашему родному, тем он "легче", чем дальше, тем "труднее". Хочется особо подчеркнуть, что эта формула (учебно-психологическая по своему существу!) относительна. Русский язык для славян, конечно, намного доступнее, чем для африканцев. Славяне легче запоминают лексику, морфологические правила, определенные синтаксические конструкции языка, близкого к родному. Но опыт показывает, что при глубоком изучении славяне с бо́льшим трудом, чем африканцы, преодолевают

10.2.

тонкости произношения и словоупотребления. Вообще субъективное ("кто изучает") оказывается важнее объективного ("что изучает"). Отсюда и мифы! По житейской логике[4] трудно то, что плохо сам знаешь и что хорошо знают лишь немногие. И как не признать трудным русский язык, который даже многие учителя знают не очень хорошо. В отличие от других иностранных языков, традиционно изучаемых в школах разных стран, русский язык только в последние два-три десятилетия стал по-настоящему предметом специальной методической обработки. Сейчас появились эффективные и интересные учебные пособия, словари, кинофильмы, налажена система подготовки и повышения квалификации преподавателей-русистов в разных странах. В результате этого русский язык все меньше воспринимается как трудный. Это сказывается и на составе изучающих его. Среди них школьники, студенты, специалисты разных профессий. Многие выучивают русский в совершенстве . . .

В заключение можно сказать следующее: несмотря на кажущуюся трудность русского языка, его стоит изучать. Русский язык давно уже стал связующим звеном не только внутри многонационального советского народа, но и средством общения и взаимопонимания между Советским Союзом и людьми разных стран мира. Богатство русской и — шире — многонациональной советской культуры, которую он представляет, делает его исключительно важным. В свое время уже Карл Маркс указывал на необходимость изучения русского языка: "Результат стоит усилий, которые должен потратить человек на овладение языком, так сильно отличающимся от классических, германских и романских языков".

И тысячу раз прав поэт В. В. Маяковский, с гордостью сказав:

    "Да будь я и негром преклонных[5] годов,
    и то без унынья и лени[6]
    я русский бы выучил только за то,
    что им разговаривал Ленин!"

[1] омо́ним — Homonym (gleichlautende Wörter mit unterschiedlicher Bedeutung
[2] ударе́ние — Betonung   [3] этало́н — *etwa*: Vollkommenheit, Ideal   [4] по жите́йской ло́гике — das Leben lehrt uns, daß . . .   [5] прекло́нных годо́в — in vorgerücktem Alter   [6] без уны́нья и ле́ни — *etwa*: unverzagt und nicht träge

10.2.2.   Изложите содержание статьи, используя ваши записи.

10.2.3.   Ваш товарищ, изучающий русский язык, считает его особенно трудным. Убедите его в том, что научного обоснования для деления языков на легкие и трудные не существует.

10.2.4. В Центре интенсивного обучения иностранным языкам проводится встреча выпускников. Обсуждается вопрос: "Русский язык как эффективное средство международного общения. Успехи и проблемы при его изучении". Примите участие в дискуссии, используя данную в статье информацию. Дополните ее фактами из собственного опыта.

10.3. Третий раздел

10.3.1. ◉ ◉ В радиопередаче из цикла "Как я изучаю иностранные языки" передается интервью с инженером Е. В. Чернявским, знающим 38 языков. Прослушайте и законспектируйте вопросы и ответы.

10.3.2. Ваши товарищи интересуются проблемами преподавания и изучения иностранных языков. Используя ваш конспект, познакомьте их с содержанием прослушанного интервью.

10.3.3. Один из ваших товарищей не согласен со следующими высказываниями выступающего:

1. Для овладения несколькими иностранными языками требуется небольшое количество времени. 2. Самое трудное — это овладеть первым иностранным языком. 3. Новые методические системы обещают, даже гарантируют, что язык якобы можно изучить без всякого труда за год, полгода, месяц.

Обсудите с ним эти высказывания. В ходе беседы изложите свою точку зрения.

10.3.4. На одной из встреч дружбы во время стажировки в Москве вы и ваши товарищи познакомились с советским коллегой, который знает несколько иностранных языков. Спросите его, с какой целью он изучал их и какими методами пользовался при этом. Поделитесь с ним своим опытом изучения иностранных языков. Скажите ему, какие у вас были трудности при изучении того или иного языка, как вам удалось их преодолеть и т. д.

10.4. Четвертый раздел

10.4.1. В письме своему советскому другу вы затронули вопросы обучения иностранным языкам в ГДР. Дополняя написанное, переведите ему отрывки из предисловия к пособию по методике преподавания русского языка в школах ГДР:

Niemand bezweifelt die Tatsache, daß die Beherrschung einer oder möglichst mehrerer Fremdsprachen ein wesentliches Merkmal des allseitig gebildeten Menschen im Sozialismus ist. Man kann sogar sagen, daß Fremdsprachenkenntnisse für viele Menschen zum unverzichtbaren Bestandteil der persönlichen Qualifikation geworden sind. Deshalb ist es vollkommen berechtigt, wenn das sozialistische Bildungssystem auf die Aneignung von mindestens zwei Fremdsprachen orientiert.
In unserer Republik wird der russischen Sprache besondere Bedeutung beigemessen. Jeder Schüler in der DDR erlernt die Sprache Lenins spätestens von der 5. Klasse an. Natürlich empfindet dabei fast jeder die russische Sprache mit ihrem reichen Wortschatz, den Feinheiten ihrer Aussprache, der nicht immer leicht zugänglichen Morphologie und sehr flexiblen Syntax als relativ schwierig. Das ist insofern auch nicht verwunderlich, als Russisch keine germanische Sprache wie beispielsweise das Englische ist. Trotzdem sind auf dem Gebiet des Erlernens der russischen Sprache in der DDR fraglos bemerkenswerte Erfolge zu verzeichnen, die sich nicht zuletzt darauf gründen, daß der Fremdsprachenunterricht in der DDR heute ein sehr hohes Niveau erreicht hat. Davon zeugen das Vorhandensein interessanter Lehrbücher, einer großen Zahl von modernen Anschauungsmitteln, Fernseh- und Radiokurse und nicht zuletzt die bewußt kommunikative Ausrichtung des Fremdsprachenunterrichts und die Anwendung modernster Methoden und Verfahren, besonders in der intensiven Sprachausbildung.
Das erreichte Niveau des Russischunterrichts einerseits, zum anderen die sich aus den Erfordernissen der allseitigen Kooperation mit der UdSSR ergebende hohe Motivation aller Russischlernenden tragen dazu bei, daß die Beschäftigung mit der russischen Sprache sich wachsender Beliebtheit erfreut, was seinen konkreten Ausdruck in der wachsenden Zahl Sprachkundiger findet, von denen nicht wenige die Fremdsprache perfekt beherrschen.

10.4.2. Однокоренные слова

10.4.2.1. (F_L) Прочитайте словосочетания с однокоренными словами и обратите внимание на их разные значения:

1. **помнить** *nur uv.*   sich erinnern an, gedenken,
о друзьях, о событиях   denken an, nicht vergessen haben,
товарища, стихотворение   sich erinnern können an

2. **вспомина́ть/вспо́мнить** sich erinnern an, zurückdenken an,
   о родителях, о поступке ins Gedächtnis zurückrufen
   брата, спор
   Вдруг я вспомнил это событие. j-m einfallen, in den Sinn kommen

3. **напомина́ть/напо́мнить** кому
   3.1. родителям о себе, ученику j-n erinnern an, j-m in Erinnerung
   о задании bringen
   товарищу прошлое, сыну слова
   отца
   3.2. Он напоминает мне по j-n *durch Ähnlichkeit* erinnern an
   внешности моего преподавателя.
   Здание (туристу) напоминало
   дворец.

4. **запомина́ть/запо́мнить** (стихи) sich einprägen, sich merken

10.4.2.2. 🗝 Спишите предложения, вставляя вместо точек подходящие по смыслу однокоренные слова:

1. Я еще прекрасно ... своего первого преподавателя. 2. Вы должны постоянно ... о своих обязанностях. 3. Мать по любому поводу ... сыну слова отца. 4. Он наконец-то ... фамилию нового преподавателя. 5. Я не ..., как произносится этот звук. 6. Не могли бы вы ..., из какого языка заимствовано слово "метод"? 7. Словарный запас русского языка иногда ... мне безбрежное море. 8. Я никак не могу ..., куда я положила пособие по стилистике. 9. К сожалению, у нас есть повод постоянно ... вам о ваших обязанностях. 10. Благодаря своей прекрасной памяти он без труда ... наизусть целые страницы любимых книг. 11. По любому поводу она ... о своем отце. 12. Я тебе не зря ... о том, что нужно закреплять лексику.

10.4.2.3. Составьте письменно предложения с однокоренными словами.

10.4.3. Синонимы

10.4.3.1. **(F)** Прочитайте словосочетания, обращая внимание на значение глаголов и их сочетаемость:

1. **овладева́ть/овладе́ть** чем **Besitz ergreifen von, sich aneignen**
   знаниями, языком, теорией, sich aneignen, zu eigen machen,
   методом, техникой, профессией, erlernen
   специальностью
   духовными ценностями sich aneignen, Besitz ergreifen von

2. **усва́ивать/усво́ить**   sich aneignen
   знания, язык, правило   sich aneignen, erlernen, sich einprägen
   хорошие манеры, привычки   etw. Neues annehmen, übernehmen

3. **приобрета́ть/приобрести́**   erwerben, erlangen
   знания, опыт, навык, квалификацию, профессию, специальность   durch Lernprozeß, Üben erwerben, sich aneignen

10.4.3.2. 🖝 Вставьте вместо точек подходящие по смыслу синонимичные глаголы. Укажите случаи, где возможны варианты.

1. Знания, котор... ученики... в средней школе, дают им возможность поступить в любой вуз Советского Союза. 2. Подросток быстро... хорош... манер... 3. Он ... русск... язык... в совершенстве. 4. Изучая иностранные языки, мы ... духовн... ценност... других народов. 5. Сейчас многие рабочие стремятся ... нескольк... професс... 6. Дети ... необходим... навык... мышления благодаря постоянному общению со взрослыми. 7. Учащиеся профессиональных училищ успешно ... различн... специальност... 8. Нужно настойчивее ... нов... техник...

10.4.3.3. Составьте письменно предложения с синонимичными глаголами.

10.4.4. На основе материала из текстов 10 урока напишите предложения, в которых в качестве главной информации выделяются определенные высказывания. Используйте при этом конструкции из прил. 3.10. (см. образец в 10.1.5.).

10.4.5. Переписка

10.4.5.1. Прочитайте образец письма про себя:

Глубокоуважаемый профессор Лидтке!

Наше многолетнее научное сотрудничество позволяет нам **обратиться к Вам с просьбой предоставить** нам **возможность публикации** в Вашем журнале научных работ нашего института.
В настоящее время нами закончены две работы, посвященные проблемам сопоставительного анализа русско-немецкого перевода художественной литературы.

Извините, что мы затрудняем Вас просьбой о публикации, но мы были бы Вам очень признательны, если бы эти две работы были опубликованы в Вашем журнале.
В связи с Вашим письмом от 20 апреля 19. . г. сообщаем Вам, что мы прочитали Вашу статью с большим интересом. К сожалению, у нас нет возможности опубликовать ее в июне. Но мы **можем заверить Вас**, что статья будет напечатана еще в этом году.
Мы были бы **очень рады, если бы Вы** сообщили нам свое решение по данному вопросу до конца июня с. г.

                                                        С уважением

Директор Института языкознания
АН СССР, академик   В. А. Рыбаков

Приложение: две статьи по сопоставительному анализу русско-немецкого перевода художественной литературы объемом в 25 печатных листов

10.4.5.2. (F_L) Переведите типичные для письма конструкции. Прочитайте их вслух и спишите.

10.4.5.3. Прочитайте письмо вслух.

10.4.5.4. Переведите ответное письмо, используя данные конструкции.

Sehr geehrter Kollege Professor Rybakow!
Wir danken Ihnen für Ihren Brief vom 22. Mai dieses Jahres, der bei uns am 5. Juni eingegangen ist. Wir bitten um Entschuldigung, daß wir wegen der zur Zeit angespannten Situation (Vorbereitung und Durchführung der Abschlußprüfungen) nicht früher antworten konnten.
Wir möchten Ihnen mitteilen, daß die beiden von Ihnen gesandten Arbeiten bei uns veröffentlicht werden. Sie haben uns mit Ihrer Bitte keinesfalls über Gebühr in Anspruch genommen, im Gegenteil: Wir sind angesichts der hohen wissenschaftlichen Qualität beider Arbeiten sehr froh, sie in unserer Zeitschrift veröffentlichen zu können. Wir möchten Ihnen gleichzeitig versichern, daß wir Ihnen auch in Zukunft gern die Möglichkeit zur Publikation von Arbeiten der Mitarbeiter Ihres Institutes bieten werden.
In Verbindung mit Ihrem Schreiben vom 1. Februar dieses Jahres und dem darin enthaltenen Vorschlag zur Erarbeitung gemeinsamer Publikationen möchten wir folgende Bitte an Sie richten: Wir wären Ihnen sehr verbunden, wenn Sie uns eine Aufstellung der potentiellen gemeinsamen Forschungsthemen aus Ihrer Sicht zuschicken könnten. Als Anlage schicken wir unsere Vorschläge.

Gestatten Sir mir zum Schluß, meinen aufrichtigen Dank für Ihr großes Interesse an einer effektiven Wissenschaftskooperation zwischen unseren beiden Instituten zum Ausdruck zu bringen.

Hochachtungsvoll
Prof. Dr. sc. phil. Liedtke

Anlage: Übersicht der für gemeinsame Forschungsarbeiten mit dem Institut für Sprachwissenschaft der Akademie der Wissenschaften der UdSSR vorgesehenen Themen

10.4.6. Напишите письмо советскому коллеге. Поблагодарите его за предоставленную возможность публикации вашей статьи. Попросите выслать вам сборник статей "О роли наглядных пособий при закреплении и автоматизации лексических знаний", изданный Воронежским университетом. Сообщите ему, что на вашей секции организована исследовательская группа "Языки мира". Назовите некоторые направления исследовательской работы этой группы, а также выразите свое мнение относительно проблемы мировых языков.

Используйте для письма выделенные в письме-образце конструкции (10.4.5.1.), а также конструкции из прил. 3.10.

10.4.7. Вас попросили подготовить стенгазету на тему "Иностранные языки — средство познания мировой культуры и науки". Напишите для стенгазеты статью. Укажите, какую роль играют иностранные языки как средство общения, и остановитесь подробнее на особом значении русского языка. Назовите также проблемы, которые осложняют процесс усвоения русского языка (языковые трудности, недостатки в школьном обучении и т. д.). Дайте коллегам несколько советов для самостоятельного изучения иностранных языков.

Используйте в статье конструкции из прил. 3.10.

10.5. Пятый раздел

10.5.1. Прочитайте статью из газеты "Советская культура" без словаря, обращая внимание на ее главные мысли. Найдите те абзацы, в которых говорится о применении суггестокибернетического метода при обучении иностранному языку. Переведите их письменно со словарем.

Краткосрочное обучение иностранным языкам

За последние десятилетия в связи с возросшей потребностью в изучении иностранных языков и русского языка как иностранного в сжатые сроки с узкопрактическими целями появились различные формы обучения, которые объединяются общим названием — интенсивное или краткосрочное обучение языку.

Краткосрочные курсы представляют собой особый тип обучения иностранным языкам, позволяющий значительно оптимизировать обучение речевой деятельности на изучаемом языке, обеспечить ускоренное формирование речевых умений.

Предпосылки интенсивности обучения речи заложены в высокой концентрации учебных часов, отличающей курсы. Занятия проходят без значительных интервалов по 5—8 часов ежедневно. Учащиеся постоянно находятся в атмосфере изучаемого языка. При этом снижается процент забываемости усваиваемого материала, появляется готовность общаться на изучаемом языке.

Привлекает внимание и такое свойство краткосрочных курсов, как гибкость, подвижность обучения. При организации таких курсов большое значение придается выявлению мотивов обучения слушателей: цели курса учитывают цели учащихся, программа курса корректируется в зависимости от интересов аудитории. Это с самого начала создает необходимую мотивацию, убежденность учащихся в том, что курс направлен на достижение ожидаемых результатов.

Усиленное внимание к личности учащихся в процессе преподавания, которое возможно благодаря малочисленности групп и высокой временно́й концентрации занятий, становится важным резервом дальнейшей интенсификации обучения. В краткосрочном обучении сложился особый, неформальный стиль общения слушателей и преподавателя, что благотворно влияет на овладение языком как средством коммуникации.

Изучение языка на курсах как особый вид творческой деятельности удовлетворяет и такие психологические потребности взрослых учащихся, как, например, потребности в смене занятий, в установлении новых человеческих взаимоотношений, в расширении знаний, выходящих за пределы профессиональных интересов.

Поиски эффективных путей обучения взрослых иноязычной речи в сжатые сроки привели к появлению целого ряда новых методов интенсивного обучения иностранным языкам. К числу наиболее известных современных интенсивных методов относятся: суггестопедический метод, гипнопедия, релаксопедия, ритмопедия, суггестокибернетический и интегративный методы.

Ниже будут рассмотрены два из этих методов. Несомненно, самым известным из них является суггестопедический. Он возник в Болгарии в 60-е гг. По определению Г. Лозанова, основателя этого метода, суггестология — это наука о внушении. Суггестопедия — это раздел суггестологии, посвящённый вопросам практической, теоретической и экспериментальной разработки проблем внушения в педагогике. А само внушение — это универсальная форма психического отражения, при котором преимущественно путем неосознаваемых механизмов создаются благоприятные условия для раскрытия резервов личности.

Врачи-психотерапевты знают, что у человека имеются большие резервы памяти. Наиболее яркое проявление — это состояние гипермнезии, или сверхпамяти, когда человек без всякого напряжения запоминает огромные учебные программы. Сделать учебный процесс легким, приятным и увлекательным занятием, сократить время обучения, существенно увеличить объем учебного материала — таков далеко не полный перечень задач суггестопедического метода обучения.

Новая суггестопедическая методика повлекла за собой создание нового типа учебного процесса, который отличается по своей структуре, содержанию, организации и результативности от всех известных до сих пор. В педагогическую практику вводится необычное занятие "сеанс" (название заимствовано из психотерапии), во время которого учащиеся ничего не пишут и ничего не пытаются запомнить, а только сидят и слушают, как на концерте. Однако, по мнению Лозанова, эта внешняя концертная псевдопассивность сопровождается огромной внутренней активностью, и обучающиеся, освобожденные от напряжения, прекрасно все запоминают.

Применяя суггестопедический метод, софийские ученые и преподаватели получают значительные практические результаты: за 120 часов обучаемые достигают такого уровня владения речью, который позволяет им вести беседу с партнером в рамках 1800 лексических единиц.

В СССР этот метод получил дальнейшее развитие и совершенствование за счет синтеза его с принятым в этой стране сознательно-практическим методом обучения. Под руководством кандидата биологических наук В. Петрусинского был создан автоматизированный метод ускоренного обучения. Он получил название "суггестокибернетический".

С. Киселёв, сотрудник Академии наук СССР, рассказывает:

— Традиционные методы обучения основаны на использовании сознательной деятельности человека. Однако известно, что в реальной жизни огромную роль играют неосознаваемые компоненты деятельности. Взяв их за основу, мы решили подавать обучающую информацию не только в виде осознанного потока (речь, музыка, свет), но и в виде неосознанно воспринимаемых аудиовизуальных сигналов. И хотя казалось, что ученик не в состоянии уловить слова, мелькающие на киноэкране с огромной скоростью (более ста в секунду), он все же их запоминал. Именно здесь, следовательно, и включались резервы мозга.

Конечно, к подобному восприятию обучающийся должен быть подготовлен. Поэтому разработанный суггестокибернетический метод состоял из нескольких этапов. Прежде всего группы комплектовались из людей со схожими психофизиологическими признаками, для выявления которых были разработаны специальные тесты.

Второй этап заключается в том, что перед каждым занятием в короткие перерывы осуществляются сеансы аутогенной тренировки. Музыка и речевое воздействие помогают ученикам расслабиться, что создает наиболее благоприятные условия для запоминания очередного материала.

Заключает подготовку третий этап, названный программой информационной стимуляции. Она состоит из быстро мелькающих кинокадров, слайдов, речевой информации. Осуществляют это новейшие технические средства — от экранно-вычислительных машин до квадрофонических магнитофонов и скоростных слайд-проекторов. Ими и достигается проникновение в ту самую резервную зону бессознательного, куда не удается проникнуть с помощью традиционных методов обучения.

Каковы же результаты такого обучения? Создатели скоростного обучения провели очередной эксперимент. За 18 дней набранная ими группа изучала одновременно английский, немецкий и французский языки, обучалась машинописи и скорочтению, не имея предварительных знаний и навыков ни в одном из этих предметов. По оценке специалистов, после окончания обучения каждый член группы мог свободно вести беседу на всех трех языках, профессионально печатать на машинке, быстро читать и хорошо запоминать текстовой материал...

Интенсивные курсы с применением психосуггестивных методов проводились и проводятся и в ГДР, например, в Институте интенсивного обучения иностранным языкам им. П. Марковского, а также исследовательской группой мнемологии при Лейпцигском университете. Убедительных результатов они пока не дали. Но выяснилось, что эти методы отличаются высокой эффективностью при запоминании лексики. Однако само по себе запоминание не обеспечивает практического владения языком. Речевые навыки и умения приходят только в результате активного, сознательного изучения языка. Несомненно, сочетание традиционных методов с психосуггестивными приемами является перспективным, многообещающим направлением методики преподавания иностранных языков. Но прежде чем их сочетать и давать конкретные практические рекомендации, ученым предстоит еще немало поработать.

10.5.2. Прочитайте статью еще раз. Выпишите основную информацию в виде тезисов (рекомендации к разработке тезисов см. прил. 4.2.).

10.5.

10.5.3. Вашего товарища интересует, какую информацию о новых методах интенсивного обучения иностранным языкам вы получили из статьи. Используя тезисы, познакомьте его с этой информацией. Выскажите свое мнение относительно суггестопедического метода.

10.5.4. Вас пригласили на факультет иностранных языков (инфак) для участия в дискуссии на тему "Проблемы и перспективы краткосрочного обучения иностранным языкам". На встречу приглашены также сотрудник софийского НИИ суггестопедии и сторонник суггесто-кибернетического метода из Москвы. Примите участие в дискуссии.

10.6. Шестой раздел: Наш калейдоскоп

10.6.1. Высказывания известных людей

Изучение иностранных языков обогащает родной язык, делает его более ярким, гибким и выразительным. (Н. К. Крупская)

На свете есть много языков, иногда совсем не похожих друг на друга. Но, как бы они ни отличались один от другого, любой язык способен выразить все, что захочет высказать говорящий на нем человек. Нет плохих и хороших языков. Каждый язык хорош по-своему.
(А. А. Леонтьев)

Как красив русский язык! Все преимущества немецкого без его ужасной грубости ... (Ф. Энгельс)

10.6.2. Знаете ли вы, что ...

1. народы всех стран мира говорят на 2796 языках? 11 являются основными, а около 50 составляют так называемые "малые" лингвистические группы. Люди, говорящие на этих языках, используют 7000—8000 диалектов.

2. когда Марксу было уже 50 лет, он принялся за изучение русского языка и, несмотря на трудность этого языка, овладел им через какие-нибудь полгода настолько, что мог с удовольствием читать русских поэтов и прозаиков? Он стал заниматься русским языком, чтобы иметь возможность читать официальные документы, которые получал из России от преданных друзей ...

10.6.3.   Это интересно знать

Язык связан с народом. Когда исчезает народ, исчезает и язык, на котором этот народ говорил. Но с латынью дело обстоит не так. Почему?
Вспомним историю. Западная Римская империя существовала до 476 года. В этом же году Римское государство было захвачено и уничтожено германцами. Государство погибло, но язык сохранился. Как же это произошло?
На протяжении многих веков латинский язык был международным языком науки и литературы. В Европе во всех университетах в течение многих веков лекции читали не на национальных языках, а на латинском языке. Первая лекция на национальном языке была прочитана в 1688 году в университете города Галле.
Но и сейчас латинский язык используется во многих областях науки. Например, он остается международным языком для врачей и биологов всех стран.

10.6.4.   Немного юмора

Учитель: "В чем были преимущества греков по сравнению с нами?"
Ученик (тяжело вздыхая): "Им не нужно было учить греческий язык".

Объявление в итальянской газете о приеме на курсы ускоренного обучения японскому языку: "Плата за курс 200000 лир. Вносится перед началом занятий, но если вы не будете удовлетворены, то можете потребовать свои деньги обратно, но уже по-японски".

10.7.   Седьмой раздел

10.7.1.   ⊙ ⊙ Основные глаголы

овладева́ть/овладе́ть	sich aneignen, erlernen; sich aneignen, Besitz ergreifen

Студенты овладели основами марксизма-ленинизма.
Изучая иностранный язык, мы овладеваем духовными ценностями других народов.

овладе́ние (языком; ценностями культуры)	Aneignung, Erlernen; Aneignung, Inbesitznahme
владе́ть *nur uv.* (правилами словообразования; территорией)	beherrschen

10.7.

владе́ть собой	sich beherrschen
владе́ние	Beherrschen; Besitztum
владение методами исследования	
колониальные владения	
владе́лец (капитала)	Besitzer
рабовладе́льческий* (строй)	Sklavenhalter-
власть (Советов)	Macht
вла́сти, -е́й	Behörde(n), Organe
местные власти	
вла́стный* (характер, тон)	herrschsüchtig, herrisch
властолюби́вый* (человек)	herrschsüchtig

спо́рить/поспо́рить	streiten

  Честно говоря, с ним трудно спорить.

спо́рить/поспо́рить (с кем на что) *итд.*	wetten

  Я готов спорить с тобой на что угодно, что он победит.

спор	Streit
предмет интересного спора	
спо́рный (вопрос)	strittig, umstritten, Streit-
бесспо́рный	unbestritten; unumstößlich
бесспорное право	
бесспорная истина	
бесспо́рно	fraglos, zweifelsohne; es ist unbestritten, daß ...

  Русский язык, бесспорно, является мировым языком.

оспа́ривать/оспо́рить (факт; мнение)	bestreiten; anfechten
неоспори́мый (факт)	unbestreitbar, unumstößlich

10.7.2. ⊙ ⊙ Новая лексика

нала́живать/нала́дить	in Ordnung bringen, in Gang bringen, organisieren
Ла́дно! *итд.*	

  Во многих странах уже налажена система подготовки учителей русского языка.

нака́пливать/накопи́ть	anhäufen, (an)sammeln, akkumulieren, speichern; sparen
накопле́ние (запасов, опыта, капитала, данных)	
копи́ть/накопи́ть деньги	

  На русском языке публикуется до 70 % информации, накопленной народами Земли.

осмы́сливать/осмы́слить   durchdenken, gedanklich verarbeiten
осмысле́ние процессов
  Специалисты творчески осмысливают закономерности в процессе усвоения языков.

запомина́ть/запо́мнить   behalten, sich merken, sich einprägen; speichern
запомина́ние правил
запомина́ющее устройство
  Трудно запомнить такое большое количество лексики.

закрепля́ть/закрепи́ть   festigen; verankern
закрепле́ние лексики
закреплённые Конституцией права
  Нужно ежедневно тренироваться в языке, закреплять свои знания.

наста́ивать/настоя́ть на чём   bestehen auf, beharren auf
по настоя́нию* учителя
насто́йчивый человек
насто́йчивость в учебе
  Некоторые авторы новых систем настаивают на универсальности своих методов.

воспринима́ть/восприня́ть   aufnehmen, auffassen, empfinden als, wahrnehmen
неправильно воспри́нятые слова
восприя́тие действительности
  Тренированному человеку легче воспринимать особенности иностранного языка.

преподава́ть *nur uv.*   unterrichten, lehren
преподава́ние иностранных языков
преподава́тель математики
преподава́тельская деятельность
  Он преподает немецкий язык в педагогическом институте.

соде́йствовать *uv./v.* чему   beitragen zu, fördern
просить соде́йствия
  Расширение торговли между странами содействует распространению мировых языков.

по́льзоваться *nur uv.* чем   genießen, sich erfreuen an
  Русский язык пользуется большой популярностью как средство международного общения.

звук   Laut; Schall
ско́рость зву́ка
гро́мко звуча́ть *nur uv.*
бли́зко по звуча́нию
  В русском языке 41 звук и 33 буквы.

10.7.

приём — Verfahren, Methode
Для развития речевых навыков и умений существуют разные приемы.

по́вод — Anlaß, Beweggrund
по по́воду защиты диссертации
по этому по́воду
Наблюдения психолога послужили поводом для создания нового метода.

соверше́нство — Vollkommenheit, Perfektion
соверше́нствовать/усоверше́нствовать знания
соверше́нно верно
Довольно редко встречаются люди, владеющие иностранным языком в совершенстве.

посо́бие — Lehrbuch, Handbuch; (Unterrichts)Mittel; Unterstützung, Beihilfe
издавать посо́бие по стилистике
нагля́дное посо́бие
посо́бие многодетным семьям
В последнее время появились эффективные и интересные учебные пособия.

заи́мствование — Lehnwort, Entlehnung; das Entlehnen, die Übernahme
заи́мствовать *uv./v.* слово
Взаимообогащение языков происходит, например, с помощью заимствований.

произноше́ние — Aussprache
правильно произноси́ть/произнести́ звуки
соблюдать произноси́тельную* норму
Для русского языка характерна близость произношения и письма.

па́мять, -и *f.* — Gedächtnis, Erinnerungsvermögen
на па́мять о нашей экскурсии
па́мятная медаль
У этой студентки исключительно хорошая память.

ги́бкость — Flexibilität, Biegsamkeit
ги́бкая политика
Синтаксическая гибкость — один из внутриязыковых критериев мирового языка.

го́рдость — Stolz
горди́ться *nur uv.* успехами
го́рдый человек
Каждый человек относится с гордостью к своему родному языку.

то́нкость   Feinheit; Dünnheit
то́нкие разли́чия
то́нкий слой
   Студе́нты-иностра́нцы с трудо́м усва́ивают то́нкости ру́сского произноше́ния.

слова́рный запа́с   Wortschatz
бога́тый запа́с слов
   У э́того студе́нта сравни́тельно большо́й слова́рный запа́с.

досту́пный   zugänglich, leicht faßlich
(не)досту́пность алфави́та
получа́ть до́ступ к секре́тным докуме́нтам
   Ру́сский язы́к для славя́н намно́го доступне́е, чем для африка́нцев.

неотъе́млемый   unverzichtbar, untrennbar, интегри́ровать
   Ру́сский язы́к стал неотъе́млемой составно́й ча́стью мирово́й культу́ры.

допу́стим   angenommen
   Допу́стим, он вы́учил все слова́ и пра́вила, но мо́жно ли э́то назва́ть владе́нием языко́м?

зря *итд.*   unnütz, umsonst
   Она́ никогда́ не тра́тит де́нег зря.

я́кобы   angeblich
   Мно́гие утвержда́ют, что язы́к мо́жно изучи́ть я́кобы без вся́кого труда́.

11. Одиннадцатый урок: "Обострение идеологической борьбы"

11.1. Первый раздел

11.1.1. ◉ ◉ Предполагаемые знания: владение лексикой (11.7.) и конструкциями (прил. 3.11.).

11.1.2. ◉ ◉ Прослушайте радиопередачу на тему "Опасные замыслы ультрареакционных империалистических кругов". Выделите и запишите главную информацию.

Дорогие радиослушатели!

Начало 80-х годов вошло в историю международных отношений как этап заметного обострения идеологической борьбы в мировой политике и резкого возрастания угрозы мирового конфликта — ядерной войны.
Полную ответственность за это весьма опасное развитие мировой политической обстановки, за потерю солидного и ценного капитала доверия и сотрудничества, накопленного многими государствами за 70-е годы, несли определенные ультрареакционные империалистические круги в Вашингтоне и Пентагоне. Они взяли курс на отход от принципов мирного сосуществования, на нарушение сложившегося в мире военно-стратегического баланса сил и достижение военного превосходства над Советским Союзом.
В последние десятилетия некоторые американские лидеры неоднократно предпринимали подобные попытки проводить агрессивный имперский курс на мировой арене, отличительной чертой которого были планы обеспечить США прежние позиции угнетения и диктата в ряде стран. После некоторого перерыва, связанного с крупными провалами американской политики во Вьетнаме, Анголе, Иране, Афганистане, Эфиопии, Никарагуа и других точках планеты, правящая верхушка в Вашингтоне с начала 80-х годов снова открыто взяла курс на достижение мирового господства. Этот курс представлял собой фактически классовую реакцию государственно-монополистических верхов США на исторические успехи сил социализма и национального освобождения.
Следует отметить, что идеологи имперского курса и "крестового похода" всегда рассматривали и рассматривают крепнущие политические, экономические и оборонные позиции социализма как главное препятствие на пути осуществления их гегемонистских притязаний. Не желая примириться с сокращением возможностей империализма

господствовать над другими странами и народами, наиболее агрессивно настроенные представители правящей элиты США пытаются найти все новые средства восстановления их прежних военных, политических и экономических позиций в международных отношениях.

Учитывая все сказанное, можно прийти к выводу, что вашингтонские инициаторы "крестового похода" не хотят считаться с реальными фактами и теми изменениями в мире, в ходе которых марксизм-ленинизм превратился в мировоззрение сотен миллионов людей на всех континентах нашей планеты, готовых отстаивать его от любых нападок.

Открыто объявив политику силы и резкой конфронтации по всем направлениям, ультраправые круги в Вашингтоне делают особый упор на эскалацию "психологической войны" против Советского Союза и других социалистических стран, разжигают милитаристский психоз и шовинистские настроения в своей стране и в странах Запада. Разжигая вражду, ненависть и недоверие между народами путем психологических диверсий, т. е. попыток использования лжи, клеветы, дезинформации, шантажа и т. п., эти круги пытаются воздействовать на сознание населения. Тем самым они делают ставку на идеологическую и психологическую подготовку населения к ядерной войне против Советского Союза и других соцстран, так как именно эти страны мешают им добиться мирового господства.

В этой борьбе за умы людей ультраправые круги стремятся мобилизовать все средства дипломатии, культуры, печать, телевидение, радиовещание в надежде преодолеть органически присущие империалистической идеологии мировоззренческие слабости, которые особенно явно проявляются при сравнении с передовой социалистической идеологией. В своих нападках на социализм эти круги Вашингтона широко пользуются тактикой моральной и политической дискредитации Советского Союза и других соцстран.

В заключение следует напомнить, что история знает немало "крестоносцев", и хорошо известно, что все их походы потерпели провал.

Спасибо за внимание.

11.1.3. Сообщите своему собеседнику, что вы узнали из радиопередачи об опасных замыслах ультрареакционных кругов, используя свои записи.

11.1.4. Прочитайте текст радиопередачи (11.1.2.) и обсудите основные проблемы, связанные с сущностью империалистического "крестового похода", используя данные конструкции:

1. Почему именно в конце 70-х — начале 80-х годов резко обострилась идеологическая борьба, а также "психологическая война" против стран социализма?

11.1.

Конструкции: Если обратиться к истории, то можно отметить, что ...
Нельзя упускать из виду и того, что ...

2. Какие опасные цели преследовали ультрареакционные круги в Вашингтоне в связи с обострением идеологической борьбы?
Констр.: Не вызывает сомнения тот факт, что ...
Следует особо подчеркнуть, что ...

3. В чем заключалась опасность такой американской внешней политики для всего человечества?
Констр.: На мой взгляд, ...
Особую озабоченность вызывает ...

4. Как вы думаете, какие из американских империалистических кругов особенно заинтересованы в эскалации "психологической войны"?
Констр.: Можно с уверенностью сказать, что ...
В доказательство этого разрешите привести следующие факты: ...

5. Чем, по вашему мнению, отличается нынешний "крестовый поход" от прежних?
Констр.: Если сопоставить ..., то нельзя не заметить, что ...
Наряду с этим можно отметить и ...

6. Какими средствами и методами пользуются ультрареакционные круги США, чтобы добиться своей цели?
Констр.: Прежде всего хотелось бы обратить внимание на ...
Вызывает опасение и тот факт, что ...

11.1.5. Сформулируйте данные ниже положения как вывод, резюме. Используйте при этом конструкции из прил. 3.11. Образец:

Enorme Erhöhung der atomaren Kriegsgefahr — unmittelbare Folge der Verschärfung der internationalen Lage durch bestimmte ultrarechte Kreise in den USA →

Резюмируя сказанное, можно сделать вывод, что значительное повышение угрозы ядерной войны является непосредственным следствием обострения международной обстановки определенными ультраправыми кругами в США.

1. Herrschende Kreise in USA, nicht an Weiterführung der Entspannung interessiert, setzten zu Beginn der 80er Jahre verstärkt auf Politik der Stärke und Konfrontation 2. Beträchtlicher Verlust an Vertrauen zwischen Staaten wurde verursacht durch Konfrontationspolitik führen-

der Kreise der USA, die bewußt Haß und Kriegspsychose schürten 3. USA-Administration ließ sich zu dieser Zeit nicht mehr von Politik der friedlichen Koexistenz und Helsinkier Beschlüssen leiten, sondern von aggressivem Vormachtstreben 4. Politik dieser Kreise war offenkundig auf Beseitigung des militärstrategischen Gleichgewichts zugunsten der USA ausgerichtet 5. Wesenszug der Außenpolitik der herrschenden Kreise waren hegemonistische Ansprüche in Verbindung mit Kreuzzug gegen Sozialismus 6. Imperialismus in bestimmten Situationen bereit, zur Realisierung seiner Ziele alle Mittel wie Lüge, Verleumdung, Erpressung und Diskriminierung einzusetzen 7. Hunderte Millionen Menschen auf unserem Planeten sind bereit, Marxismus-Leninismus gegen Attacken ultrarechter Kreise in USA und anderen Ländern zu verteidigen 8. Versuche der USA, den Westeuropäern die Führbarkeit eines begrenzten Atomkrieges zu suggerieren, werden scheitern

11.1.6. Переведите на русский язык:

Analysiert man die Außenpolitik der USA zu Beginn der 80er Jahre, so kommt man zu dem Schluß, daß bestimmte ultrareaktionäre Kreise in der USA-Administration bewußt und gezielt einen Atomkrieg gegen die Sowjetunion und die anderen sozialistischen Staaten vorbereiteten, um die historischen Errungenschaften der revolutionären Weltbewegung zu vernichten. Aus der Veränderung des Kräfteverhältnisses zugunsten des realen Sozialismus hatten diese Kreise nur eine Schlußfolgerung gezogen: Eskalierung der Hochrüstung, totale psychologische Kriegführung gegen die Sowjetunion und die übrigen sozialistischen Länder und Vorbereitung eines begrenzten atomaren Krieges gegen diese Länder und schließlich militärische Vernichtung der Sowjetunion als Zentrum des revolutionären Weltprozesses. Diese Schlußfolgerung wurde von der USA-Regierung ganz offen in der Erstschlagsstrategie und in der Strategie des begrenzten Atomkrieges dargelegt und vertreten. Auf Grund dieser Washingtoner Militärstrategie und Außenpolitik mußten auch die zu Beginn der 80er Jahre laufenden Genfer Verhandlungen über die Verhinderung der Stationierung atomarer Mittelstreckenraketen in Europa scheitern, da die USA von vornherein an einer ernsthaften Lösung dieses Problems im Interesse einer weiteren Entspannung nicht interessiert waren.
Faßt man die außenpolitischen und militärischen Aktivitäten der USA zusammen, so ergibt sich daraus für die Sowjetunion, die übrigen sozialistischen Länder sowie alle progressiven Kräfte in der Welt die einzige Schlußfolgerung, den Kampf gegen die friedensgefährdende Politik bestimmter Kreise des USA-Imperialismus auf allen Ebenen zu verstärken und wirksame politische, ökonomische und militärische Gegenmaßnahmen zu ergreifen, um die Kräfte des Friedens so zu stärken, daß es dem USA-Imperialismus unmöglich gemacht wird, einen atomaren Weltkonflikt zu entfesseln.

Die UdSSR hat durch eine Vielzahl von Friedensinitiativen bewiesen, daß sie zutiefst an einer Fortsetzung des Entspannungsprozesses interessiert ist. Davon zeugt nicht zuletzt die Tatsache, daß sie im Frühjahr 1985 trotz der erfolgten Stationierung amerikanischer Mittelstreckenraketen in Europa die Bereitschaft zu neuen Verhandlungen in Genf zeigte. Die Völker der Welt erwarten von diesen und späteren Verhandlungen konkrete Schritte auf dem Wege der Beendigung des Wettrüstens, der Entspannung und der Friedenssicherung.

11.1.7. Истолкуйте смысл следующих понятий и словосочетаний:

1. мирное сосуществование 2. разрядка (напряженности) 3. политика конфронтации 4. "крестовый поход" против социализма 5. "психологическая война" 6. стремление к военному превосходству 7. ответные меры социалистических стран на размещение ракет средней дальности в Западной Европе 8. антивоенное движение 9. прекращение гонки вооружений

11.1.8. Сделайте краткое сообщение на тему "Вашингтонский 'крестовый поход' против социализма", используя следующие подтемы, а также конструкции из прил. 3.11.

1. "Крестовые походы" против социализма как неотъемлемая часть стратегии империализма 2. Укрепление позиций реального социализма и мирового революционного движения несмотря на попытки вмешательства со стороны империализма 3. Относительная разрядка в 70-е годы и резкое обострение международной обстановки вашингтонскими ультраправыми кругами в конце 70-х – начале 80-х годов 4. Методы, используемые ультрареакционными кругами США в целях резкого обострения "психологической войны" против Советского Союза и других соцстран 5. Усилия СССР и других соцстран в деле обеспечения мира во всем мире и безопасности стран социалистического содружества

11.1.9. В Москве проводится пресс-конференция. На вопросы журналистов из разных стран мира отвечают представители министерства иностранных дел СССР. Примите участие в обсуждении следующих вопросов:

1. Verschärfung der internationalen Lage durch die Konfrontationspolitik ultrarechter imperialistischer Kreise 2. Versuche der USA, Überlegenheit über Sowjetunion und andere sozialistische Länder zu erringen und die Entwicklung des revolutionären Weltprozesses zu stoppen 3. Verschärfung der psychologischen Kriegführung gegen sozialistische Länder,

verstärkte antikommunistische und antisowjetische Propaganda (Lüge von der "sowjetischen Bedrohung"; Schüren nationalistischer und militaristischer Psychosen; Verleumdung, Diskriminierung und Erpressung der sozialistischen Länder und aller fortschrittlichen Kräfte in der Welt)
4. Notwendigkeit verstärkter ideologischer Arbeit in den sozialistischen Ländern zwecks Aufdecken des Wesens der imperialistischen Politik
5. Ausgehend von der Tatsache, daß es zur friedlichen Koexistenz keine vernünftige Alternative gibt, Vielzahl konstruktiver Vorschläge der UdSSR und der anderen sozialistischen Länder zur Minderung der Kriegsgefahr und Beendigung des Wettrüstens 6. Gegenmaßnahmen der sozialistischen Länder zur Gewährleistung ihrer Sicherheit 7. Bedeutung der Friedensbewegung in kapitalistischen Staaten für den Kampf gegen NATO-Hochrüstung 8. Aktiver Beitrag der DDR zum Kampf um Friedenssicherung: noch höhere Arbeitsleistungen, aber auch Erhöhung der Verteidigungsbereitschaft

11.2. Второй раздел

11.2.1. Прочитайте статью из газеты "Правда". Обратите внимание на различный подход к характеру и целям международного обмена информацией. Составьте план статьи.

Обмен информацией или ставка на "психологическую войну" и диверсию?

Отличительной чертой последних десятилетий является быстрый рост международного обмена информацией. Вызвано это объективными факторами, в том числе расширением межгосударственных хозяйственных и духовных связей, повышением культурного уровня и грамотности масс, включением в международную политику и пропаганду десятков освободившихся стран Азии, Африки и Латинской Америки, стремительным научно-техническим прогрессом в сфере средств массовой информации. В результате происходящего ныне так называемого "информационного взрыва" число радиостанций в мире достигло более 30 тыс., радиоприемников — 1300 млн., телевизоров — почти 500 млн.; во всех странах выходит 8200 только ежедневных газет суммарным разовым тиражом 440 млн. экземпляров и десятки тысяч других периодических изданий, за год выпускается на экраны около 3800 художественных кинофильмов и выходит 650 тыс. названий книг.
По мере расширения сотрудничества государств и совершенствования техники растет международный обмен информацией, который осуществляется главным образом через телеграфные агентства (они имеются

примерно в 120 странах), радиовещание (вещание на зарубеж осуществляют около 80 стран), обмен печатными изданиями, кино- и телевизионной продукцией, литературой и т. д. Многими миллионами измеряются тиражи изданий, специально предусмотренных для зарубежной аудитории.

Все больше государств мира приступают к ведению систематической внешнеполитической пропаганды, рассматривая ее как важное подкрепление дипломатической деятельности. Проблемы международного обмена информацией стали активно обсуждаться в ООН и ее органах, в ЮНЕСКО, они рассматривались на Совещании по безопасности и сотрудничеству в Европе, Белградской, Мадридской и др. встречах представителей 35 государств.

Исходя из вышеизложенного, можно сделать вывод, что обмен информацией стал активным компонентом современной международной жизни. Однако следует отметить различные, во многом противоположные подходы социалистических и капиталистических стран к характеру и целям международного обмена информацией. Советский Союз, затем другие страны социализма явились первыми в истории государствами, которые стали распространять на международной арене информацию, правдиво показывающую жизнь миллионов трудящихся масс, отражающую объективные закономерности развития человеческого общества, способствующую укреплению мира и взаимопонимания народов, духовному обогащению людей. Советский Союз никогда не ставил перед своей информационной деятельностью за рубежом иных задач, чем те, которые вытекают из его миролюбивого внешнеполитического курса и за достижение которых борется его дипломатия.

Советская информация пользуется растущей популярностью на всех континентах. Так, Московское радио ведет вещание на 76 иностранных языках; к числу крупнейших в мире принадлежат советские агентства ТАСС и АПН, широко распространяются в зарубежных странах советская литература и кинофильмы. Эта популярность объясняется в первую очередь гуманным, миролюбивым содержанием нашей информации.

Курсу социалистических стран противостоит линия империализма, направленная на использование средств массовой информации в целях идеологической экспансии против народов социалистических и развивающихся стран, апологии буржуазного строя, клеветы на коммунизм, поддержания международной напряженности, оправдания гонки вооружений. Это объясняется тем, что идеологи имперского курса и "крестового похода" не хотят примириться с укреплением политических, экономических и оборонных позиций социализма, поскольку это мешает осуществлению их гегемонистских притязаний. Поэтому и не удивительно, что с первых же дней после победы Великой Октябрьской социалистической революции в основе внешнеполитической пропаганды империализма лежит антисоветизм.

В связи с этим постоянно расширяется, вооружается новейшей техникой специальный пропагандистский аппарат. О его масштабах дают представление такие, например, данные. В головном внешнепропагандистском ведомстве США — Управлении по международным связям (УМС) — насчитывается 7500 штатных пропагандистов. Оно имеет около 200 центров в 126 странах, выпускает журналы на 22 языках, руководит радиостанцией "Голос Америки", которая ведет вещание на 39 языках общим объемом более ста часов в сутки.

Свои, причем гигантские, диверсионно-пропагандистские службы имеют ЦРУ, Пентагон и аналогичные учреждения в других империалистических странах, а также штаб-квартира НАТО.

В недрах империалистической пропаганды ныне происходит еще один важный процесс, оказывающий большое влияние на интенсивность и характер международной идеологической борьбы. Речь идет об ускоряющейся концентрации средств массовой информации Запада в руках монополистического капитала, и в первую очередь его наиболее агрессивного крыла, тесно связанного с военно-промышленным комплексом.

Давно известно: средства массовой информации в несоциалистической части мира прочно монополизированы горсткой[1] корпораций, которые контролируют примерно 80 % тиража ежедневных газет, 90 % радиопередатчиков международного диапазона, 95 % мощностей телевидения; 80 % распространяемой капиталистическими и развивающимися странами информации сходит с конвейеров четырех крупнейших телеграфных агентств Запада: Юнайтед Пресс Интернэйшнл, Ассошиэйтед Пресс, Рейтер и Франс Пресс. Они передают в 110 стран мира около 40 млн. слов в сутки.

Телеграфные агентства, как и ведущие радио- и телевизионные организации Запада, отстаивают интересы гигантских корпораций, производящих электронику, спутники, телевизоры и т. п. А эти корпорации являются, как правило, органической частью военно-промышленного комплекса и крупнейшими подрядчиками Пентагона и подобных военных ведомств в Западной Европе и Японии.

В связи с этим не удивительно, что они, выполняя заказ военно-промышленного комплекса, делают ставку на развязывание "психологической войны" против всех прогрессивных сил в мире.

[1] го́рстка — eine Handvoll, einige wenige

11.2.2. Изложите содержание статьи, используя ваш план.

11.2.3. В беседе с товарищем приведите примеры использования империализмом средств массовой информации в целях "психологической войны" и идеологической экспансии против народов социалистических и развивающихся стран, против прогрессивных сил в мире.

11.2.

11.2.4. Вас пригласили на встречу, организованную представителями агентства печати Новости (АПН). На встрече обсуждается проблема международного обмена информацией. Примите участие в дискуссии. Укажите на причины быстрого роста обмена информацией, затроньте проблему информационной политики социалистических и капиталистических государств. Расскажите о преимуществах дальнейшего развития средств массовой информации и о проблемах, возникающих в этой связи.

11.3.   Третий раздел

11.3.1.   ◉ ◉ Прослушайте интервью на тему "Критерии оценки информационной политики". На вопросы корреспондента "Правды" отвечает специалист в области информации Петр Васильевич Константинов. Законспектируйте вопросы и ответы.

11.3.2.   Используя конспект, познакомьте вашего собеседника с содержанием прослушанного интервью. Дополните ответы П. В. Константинова известными вам сведениями, конкретными примерами, связанными с темой интервью.

11.3.3.   Следующие высказывания П. В. Константинова представляются особенно важными:

1. Климат международных отношений зависит от характера исходящей из той или иной страны информации.   2. Американские средства информации используются с целью дискредитации социализма и для создания обстановки военной истерии.   3. Миллионам американцев внушается мысль о необходимости и правомерности тех функций мирового жандарма, на которые претендует верхушка в Вашингтоне. 4. Эскалация клеветы и дезинформация со стороны империалистических кругов не принесет успеха ее организаторам.

Обсудите эти высказывания с товарищами. Выскажите свое мнение относительно их актуальности.

11.3.4. На научной конференции, посвященной проблемам информационной политики, вы беседуете со специалистами из социалистических и капиталистических стран. Спросите их, как отражаются коренные проблемы современности в печати, радио и телевидении в этих странах и какую позицию занимают страны посредством распространяемой ими информации в борьбе за сохранение и упрочение мира. Попытайтесь убедить ваших собеседников в преимуществах информационной политики социалистических стран. Выскажите и аргументируйте свою точку зрения относительно опасных последствий, связанных с воздействием западной пропаганды на сознание людей.

11.4. Четвертый раздел

11.4.1. Ваш советский коллега, не владеющий немецким языком, интересуется содержанием аннотации, посвященной вопросам массовой информации. Переведите ему эту аннотацию на русский язык.

Die Fragen und Probleme der Informationspolitik, wie der Massenkommunikation generell, gewinnen für alle Bereiche des gesellschaftlichen Lebens mehr und mehr an Bedeutung. Die wissenschaftlich-technische Revolution sowie der rapide zunehmende Wissens- und Erkenntniszuwachs, die Aktivierung der zwischenstaatlichen Beziehungen, der Zusammenarbeit und internationalen Arbeitsteilung, die Intensivierung des Kultur- und Informationsaustauschs, die Entwicklung moderner elektronischer Massenmedien sind einige objektive Faktoren, die die Informationsflut und die Intensivierung des Informationsaustauschs bedingen. Eine Folge dieser Entwicklung ist, daß es heute in der Welt mehr als 30000 Rundfunkstationen, über 1,3 Milliarden Rundfunkempfänger und mehr als 500 Millionen Fernsehgeräte gibt. Auf dem Gebiet der Presseerzeugnisse gibt es z. Z. in der Welt etwa 8200 Tageszeitungen mit einer täglichen Gesamtauflage von etwa 440 Millionen Exemplaren. Außerdem erscheinen in der Welt etwa 120000 Zeitschriften. Dazu kommen 650000 Buchtitel und einige Tausend wissenschaftlicher Schriften, wie z. B. Hochschulschriften, Patentschriften, Forschungsberichte, Studien usw. Ergänzt wird dieses gewaltige Informationsaufkommen durch rund 3800 Spielfilme, einige hundert Millionen Rundfunk- und Fernsehsendungen usw.

Mit diesen und anderen Problemen der Massenkommunikation und des Informationsstandes haben sich auch die UNO und die UNESCO wiederholt beschäftigt. Auch auf der Helsinkier Konferenz sowie auf den Nachfolgekonferenzen in Belgrad und Madrid spielten diese Probleme eine große Rolle. Es geht immer wieder um die Durchsetzung des Prinzips eines objektiven Informationsaustauschs. Während dieses Prinzip von den sozialistischen Ländern konsequent realisiert wird, benutzen die imperialistischen Länder, insbesondere die USA und die NATO-Länder, den Informationsaustausch in erster Linie für Zwecke der psychologischen Kriegführung gegen die sozialistischen Länder und die gesamte revolutionäre Weltbewegung. Der Imperialismus nutzt dabei den Informationsaustausch auch verstärkt als Mittel der bewußten und gezielten Desinformation, der antikommunistischen Propaganda, der Verleumdung und Diskriminierung, des Schürens militaristischer und nationalistischer Psychosen. Die Massenkommunikationsmittel liegen in diesen Ländern zu 80—90 % in den Händen des Monopolkapitals, das somit Ziel, Inhalt und Form der Informationstätigkeit bestimmt. Die von dieser Konzentration ausgehenden Gefahren werden durch die Abhängigkeit der Medien vom militärisch-industriellen Komplex noch verschärft.

So ist es in den imperialistischen Ländern relativ unproblematisch, alle Massenmedien einheitlich auf die psychologische Kriegführung und subversive Aktivitäten gegen den Sozialismus auszurichten. Allein gegen die UdSSR sind 400 solcher Subversionszentren und -organisationen mit 40 Radiostationen gerichtet, die in 23 Sprachen insgesamt rund 200 Stunden am Tag antikommunistische und antisozialistische Propaganda betreiben. Die fortschrittliche Weltöffentlichkeit ist darüber besorgt, daß z. B. allein die drei größten imperialistischen Nachrichtendienste in 24 Stunden 40 Millionen Wörter in 110 Länder der Welt senden und auf diese Weise versuchen, die Menschen in ihrem Sinne zu beeinflussen und zu manipulieren.

11.4.2. Однокоренные слова

11.4.2.1. (F_L) Прочитайте словосочетания с однокоренными словами и обратите внимание на их разные значения:

1. устано́вка
установка нового оборудования
установка на повышение качества
холодильная установка

Aufstellen; Orientierung; Vorrichtung, Anlage

2. расстано́вка
заниматься расстановкой мебели
расстановка классовых сил

Aufstellen *in best. Ordnung*, Anordnung; Verteilung

3.	перестано́вка перестановка мебели	Umstellung
4.	обстано́вка обстановка квартиры международная обстановка	Einrichtung, Ausstattung; Lage, Situation
5.	постано́вка правильная постановка работы постановка голоса новая постановка спектакля	Organisation; Ausbildung; Aufführung, Inszenierung
6.	остано́вка вынужденная остановка конечная остановка	Anhalten, Halt; Haltestelle
7.	приостано́вка приостановка работ	Aufhalten, Einstellen *für eine kurze Zeit*

11.4.2.2. 🔑 Спишите предложения, вставляя вместо точек подходящие по смыслу однокоренные слова:

1. Правящая верхушка США несла полную ответственность за опасное развитие мировой политической ... 2. В будущем году будут предприняты все необходимые меры по ... нового оборудования в инструментальном цехе. 3. В дороге мы были вынуждены сделать несколько ... 4. В своем выступлении директор сделал особый упор на необходимость правильной ... работы в техническом отделе. 5. От ... классовых сил зависит революционная ситуация в стране. 6. Горсовет дал всем строительным предприятиям ... на повышение качества продукции. 7. Я думаю, что мне придется серьезно заняться ... квартиры. 8. Вам нужно выходить на конечной ... 9. Руководитель отдела сообщил, что экспериментальная холодильная ... работает отлично. 10. Приехав домой после отпуска, она увидела, что ее родители сделали полную ... мебели в квартире. 11. Новая ... спектакля, в отличие от старой, была тепло принята театральной публикой. 12. Опытные педагоги занимаются ... голоса у начинающих певцов. 13. Ленинградцы сделали все возможное, чтобы не допустить ... работ на оборонных предприятиях. 14. Он занялся ... мебели в новой квартире.

11.4.2.3. Составьте письменно предложения с однокоренными словами.

11.4.3. Синонимы

11.4.3.1. (F) Прочитайте существительные-синонимы и словосочетания. Обратите внимание на оттенки значения синонимов:

1. сле́дствие *Pl nicht gebr.*   Folge(erscheinung), Ergebnis
   болезни, политики, кризиса, развития, войны
2. после́дствие   Folge(erscheinung), Ergebnis
   болезни, политики, кризиса, развития, войны

   после́дствия   Folgen
   болезни, политики, кризиса, развития, войны
   тяжелые, негативные последствия для кого-либо
3. результа́т   Resultat, Ergebnis
   политики, кризиса, развития, войны   Ergebnis, Folge
   эксперимента, опыта   *konkretes, meßbares* Ergebnis

   результа́ты   Ergebnisse, Resultate
   политики, кризиса, развития, войны   Ergebnisse, Folgen
   эксперимента, опыта, труда, работы, соревнования, выборов, переговоров   *meßbare, fixierbare* Ergebnisse
4. ито́г   Ergebnis, Resultat; Bilanz, Fazit
   усилий, работы
   подводить/подвести итоги   Bilanz ziehen, zusammenfassen

   ито́ги   Ergebnisse, Resultate, Gesamtergebnis, Fazit
   эксперимента, опыта, работы, развития, соревнования, выборов, переговоров

11.4.3.2. ☞ Вставьте вместо точек подходящие по смыслу синонимичные существительные. Укажите случаи, где возможны варианты.

1. В перерыве руководитель отдела объявил о(б) ... проведенного эксперимента. 2. ... политики конфронтации, проводимой правящей верхушкой США, явилось резкое возрастание угрозы ядерной войны. 3. Разжигание вражды и ненависти между народами имеет негативные ... для человечества. 4. На профсоюзном собрании обсуждали ... выполнения плана. 5. Телеграфные агентства сообщили об

окончательных ... выборов в этой стране. 6. Временная потеря трудоспособности была ... тяжелой болезни. 7. Ввод в строй нового цеха — это перв.. . ... двухгодовых усилий. 8. Материалы о(б) ... переговоров между этими странами были опубликованы во всех газетах. 9. Комиссия подвела ... проделанной работы. 10. ... экономического кризиса в капиталистических странах явилось резкое увеличение безработицы. 11. В докладе был затронут вопрос о(б) ... развития народного хозяйства за этот год.

11.4.3.3. Составьте письменно предложения с синонимичными существительными.

11.4.4. Сформулируйте письменно данные ниже положения как вывод или резюме. Используйте при этом конструкции из прил. 3.11. (см. образец в 11.1.5.).

1. Faktoren wie Erweiterung der zwischenstaatlichen Beziehungen, Erhöhung des kulturellen Niveaus und des Bildungsstandes der Massen bedingen objektiv schnelles Wachstum des internationalen Informationsaustauschs 2. Informationsaustausch, insbesondere mittels Presse, Rundfunk und Fernsehen, wurde aktive Komponente des internationalen Lebens 3. Ideologen des Weltherrschaftskurses und antikommunistische Kreuzritter nicht bereit, sich mit errungenen politischen, ökonomischen und militärischen Positionen des Sozialismus abzufinden 4. Westliche Nachrichtenagenturen, Rundfunk- und Fernsehsender vertreten Interessen gigantischer Korporationen 5. Gesteuert durch Militär-Industrie-Komplex, heizen führende Presseorgane der USA militaristische Psychose und Haßgefühle gegenüber sozialistischen Staaten an 6. CIA nutzt für seine Aktionen auch außerhalb der USA stationierte Rundfunkanlagen 7. Ultrareaktionäre Kräfte der herrschenden Kreise der USA legen besonderes Gewicht auf heftige Eskalation der ideologischen Diversion

11.4.5. Переписка

11.4.5.1. Прочитайте образец письма про себя:

Глубокоуважаемый профессор Цауне!

Сердечно благодарю Вас за **предложение выступить с публикацией на страницах Вашего журнала**. Прошу извинить меня за то, что **задержался ответом**. Это было вызвано рядом уважительных причин, на которых **не хотел бы останавливаться** в этом письме.

Посылаю Вам свою **статью для раздела** "Борьба за мир". Надеюсь, что она по своему **содержанию соответствует тематике** этого раздела и не

11.4.

превышает допустимого объема. Буду весьма признателен Вам за внесение терминологических и стилистических поправок, если они окажутся необходимыми.

В Вашем письме Вы выражаете пожелание, чтобы мы выслали до конца настоящего года рукопись главы IV "Борьба за упрочение безопасности в Центральной Европе" для совместной работы "За мир на Земле". Этот срок является для нас вполне приемлемым. Могу заверить Вас, что рукопись данной главы будет непременно выслана Вам до конца этого года, в крайнем случае до января следующего года. Однако прошу Вас сообщить мне возможно скорее, каков должен быть объем рукописи.

В надежде на скорый ответ

д-р философских наук   с искренним уважением и благодарностью
А. Н. Петров

11.4.5.2.   (F_L) Переведите типичные для письма конструкции. Прочитайте их вслух и спишите.

11.4.5.3.   Прочитайте письмо вслух.

11.4.5.4.   Переведите ответное письмо, используя данные конструкции.

Sehr geehrter Herr Dr. Petrow!

Ich muß mich ebenfalls bei Ihnen dafür entschuldigen, daß sich meine Antwort aus einer Reihe von wichtigen Gründen etwas verzögert hat.
Ich freue mich, Ihnen mitteilen zu können, daß der von Ihnen geschickte Artikel voraussichtlich im Februar kommenden Jahres in unserer Zeitschrift abgedruckt wird. Er entsprach im übrigen vollkommen der Thematik des Abschnitts, für den er vorgesehen war. Ihn zu kürzen, erwies sich als nicht notwendig, da er den zulässigen Umfang nicht überschritt. Ich habe mir lediglich gestattet, entsprechend dem in Ihrem Brief geäußerten Wunsch einige terminologische und stilistische Korrekturen anzubringen, die allerdings so unbedeutend sind, daß ich glaube, in diesem Brief nicht darauf zurückkommen zu müssen.
Die Redaktion der Zeitschrift hat mich gebeten, Ihnen den Vorschlag zu unterbreiten, weitere Arbeiten zu diesem wichtigen Thema auf den Seiten unserer Zeitschrift zu veröffentlichen.
Was das IV. Kapitel unserer gemeinsamen Arbeit "Für den Frieden der Welt" anbetrifft, so werden wir Ihnen sehr verbunden sein, wenn es Ihnen gelingt, das Manuskript des Kapitels bis Ende dieses Jahres abzuschicken. Für uns ist dieser Zeitpunkt durchaus noch annehmbar, da wir erst in Januar zur Endredaktion des Buches übergehen. Wir möchten Sie jedoch

bitten, uns das Manuskript unbedingt bis Ende Januar zu übermitteln. Der Umfang sollte 15 Druckseiten nicht überschreiten.

Ich hoffe auf weitere fruchtbringende Zusammenarbeit.

Mit aufrichtiger Hochachtung
Prof. Dr. sc. phil. D. Zaune

11.4.6. Напишите письмо вашему советскому коллеге, редактору известного политического журнала. Извинитесь за задержку с ответом. Поблагодарите его за присылку номера журнала, в котором напечатана ваша статья. Заверьте редактора, что вы еще в этом месяце, в соответствии с договоренностью, вышлете рукопись статьи для определенного раздела журнала.
В целях продолжения сотрудничества предложите редакции восемь статей на тему "Идеологическая диверсия — ее сущность и методы". Назовите заглавия отдельных статей.

Употребите при этом, по возможности, выделенные в письме-образце конструкции (11.4.5.1.), а также конструкции из прил. 3.11.

11.4.7. Подберите из "Правды" или из другого советского органа печати интересующую вас статью, которая по содержанию соответствует тематике 11-ой лекции (объем: примерно 200 строчек). Вас попросили выступить на политзанятии. На основе подобранной статьи разработайте для участников политзанятия тезисы объемом приблизительно в одну печатную страницу (рекомендации к разработке тезисов см. прил. 4.2.).

Употребите в тезисах конструкции из прил. 3.11.

11.5. Пятый раздел

11.5.1. Переведите письменно первые три абзаца статьи из советского журнала со словарем. Остальные абзацы прочитайте без словаря. Выделите устно основную информацию статьи.

К вопросу о международно-правовом регулировании использования средств массовой информации

Современные средства международной массовой информации расширяют сферу международного сотрудничества. Необходимость регулирования такого сотрудничества и недопустимость "информационного хаоса" объясняются целым рядом объективных причин и прежде всего продолжающимся обострением идеологической борьбы между двумя противоположными социально-политическими системами.

Современные международные отношения, как известно, строятся на основе принципов и норм международного права, устанавливающих соответствующие права и обязанности государств. Правильное, научно обоснованное использование международного права позволяет не только активно воздействовать на развитие международных отношений, но и направлять его в определенное русло. Этот тезис, однако, оспаривается некоторыми западными юристами применительно к международно-правовому регулированию развития и использования средств международной массовой информации. Они, в частности, утверждают, что, поскольку в сфере идеологии компромисс между двумя противоположными общественными системами считается невозможным, а средства массовой информации выступают именно в качестве орудия идеологического противоборства этих систем, то невозможно и правовое регулирование их использования, по крайней мере до тех пор, пока не будет достигнута общность идеологий.

Раскрывая несостоятельность подобного рода теоретических построений, советский юрист Г. И. Тункин отмечает, что вопросы идеологии не являются и не могут быть предметом соглашения. Однако "при создании норм международного права, в частности при заключении международных договоров, речь идет не о соглашениях по вопросам идеологии, а о согласовании правил поведения государств". Справедливость такой точки зрения наилучшим образом подчеркивается исторической практикой развития отношений государств, затрагивающих их идеологические интересы, в том числе и в области средств массовой информации. Отношения в этой сфере, как известно, с самого начала подвергались правовому регулированию, о чем свидетельствует большое количество соответствующих международных договоров. На сегодняшний день деятельность в области международной массовой информации регулируется целым рядом двусторонних договоров, а также положениями 50 конвенций, деклараций и резолюций таких авторитетных международных организаций, как ООН и ЮНЕСКО. Характерным для всех этих документов является то, что речь в них идет не о компромиссе по идеологическим вопросам, а о нормах международного права, обязывающих государства не допускать пропаганды определенных концепций и использовать в идеологической борьбе на международной арене лишь средства, допустимые по международному праву.

Международно-правовое регулирование использования средств массовой информации представляется не только возможным, но и необходимым. Однако, как показывает анализ различных точек зрения на проблемы массовой информации, как в теории, так и на практике здесь сталкиваются две диаметрально противоположные концепции.

Социалистические и большинство развивающихся стран исходят из необходимости дальнейшего повышения роли международного права в развитии международных отношений с тем, чтобы оно становилось все более эффективным средством укрепления мира и развития дружественных отношений между государствами на основе равноправия и самоопределения народов. При этом они считают, что решение любого вопроса, затрагивающего международные отношения, должно строиться на основе строгого соблюдения общепризнанного принципа уважения государственного суверенитета, в соответствии с которым государства должны уважать право друг друга свободно выбирать свои политические, социальные, экономические и культурные системы, устанавливать свои административные законы и правила, определять и осуществлять в пределах, ограниченных международным правом, отношения с другими государствами. Соблюдение принципов и норм современного международного права распространяется ими на использование средств массовой информации на международном уровне.

Реакционные круги империалистических государств, развертывающие в интересах экспансии своей идеологии настоящую "психологическую войну", рассматривают какое бы то ни было правовое регулирование принципиально важных видов деятельности международной массовой информации как явление крайне нежелательное. Они пытаются утвердить такое положение, при котором не существовало бы никаких барьеров для экспорта их идеологии. Под лозунгом "свободы информации" они, опираясь на собственные высокоразвитые средства массовой информации, стремятся навязать ничем не контролируемое "право сильного", признание которого другими участниками информационного обмена равносильно их идеологической капитуляции.

В буржуазной доктрине международного права необходимость правового регулирования использования средств массовой информации подвергается ожесточенным нападкам с двух направлений. Такие известные западные специалисты, занимающиеся проблемами информации, как А. Дзанакки (Италия), Ж. д'Арси (Франция), Дж. Томас (США), усматривают в международно-правовом регулировании развития международного информационного обмена угрозу "разобщения народов", снижения эффективности коммуникации между ними, необходимой для "свободного распространения идей" в интересах прогресса цивилизации.

Учитывая нынешнюю остроту идеологической борьбы, вряд ли можно рассматривать подобные утверждения как простую "недооценку" возможностей пагубного влияния пропаганды с помощью средств массовой информации на развитие международных отношений. Все эти рассуждения о коммуникации между людьми и свободе распространения информации — не более, чем попытка дать "научное" обоснование практики идеологических диверсий средствами массовой информации. Среди противников международно-правового регулирования использования средств массовой информации находятся также и те, кто отрицает саму́ возможность такого регулирования по формально-юридическим мотивам. В частности, тот же Ж. д'Арси утверждает, например, что идея установления правительственного контроля за распространением информации должна быть отвергнута как несовместимая с идеалами "свободного мира", где "граждане не признают существования 'государства' в том смысле, который придают этому термину в других странах, и традиционно и даже конституционно запрещают исполнительной власти вмешиваться в область информации". Предлог, как видим, иной, а цель прежняя: регулирование нежелательно и невозможно, а потому единственный путь развития средств информации — полный и ничем не ограниченный произвол в сфере коммуникации.

Действующие международные договоры и соглашения, документы различных международных организаций, посвященные проблемам массовой информации, дают полное право говорить о существовании вполне определенного юридического инструментария, с помощью которого осуществляется регламентация информационной деятельности на международном уровне. Надо сказать, что на этот счет среди юристов-международников и специалистов в области массовой информации не только нет единства мнений, но и идет достаточно острая и принципиальная борьба. Многие западные ученые — Ж. д'Арси, Л. С. Хармс (США) и некоторые другие — считают, что существующее положение в области международной массовой информации не может называться порядком, о чем, как следует из их рассуждений, они и не сожалеют. В буржуазной правовой доктрине в абсолют возводится "свобода информации", а любое регулирование, любой порядок предполагает определенные правила ведения информационной деятельности. Поэтому эти западные ученые отрицают не только существование сегодня порядка в области международной массовой информации, но и саму́ необходимость упорядочения деятельности в этой сфере в принципе. С такой точкой зрения нельзя согласиться. Это значило бы закрыть глаза на действительность, отрицать объективное положение вещей, состоящее в том, что уже сегодня осуществление международного информационного обмена регулируется международным правом, что само по себе уже обеспечивает определенный порядок.

11.5.2. Прочитайте статью еще раз. Найдите и выпишите информацию, раскрывающую разные точки зрения на проблемы международно-правового регулирования использования средств массовой информации.

11.5.3. Используя записи, проинформируйте собеседника о проблемах, затронутых в статье. Дайте анализ и оценку статьи. Скажите, что, по вашему мнению, является в статье важным, новым, убедительным.

11.5.4. Во время стажировки в Москве вас пригласили в Дом журналиста для участия в беседе за "круглым столом" на тему "Средства массовой информации на современном этапе". На беседу приглашены также гости из других стран. Дискуссия развернулась вокруг вопроса: "Каковы причины необходимости международно-правового регулирования использования средств массовой информации?" Примите участие в дискуссии. Расскажите также об информационной политике ГДР. Остановитесь, в частности, на проблемах, вытекающих из существования на немецкой земле двух государств с различным общественным строем.

11.6. Шестой раздел: Наш калейдоскоп

11.6.1. Их оружие — терроризм

В одном из своих первых выступлений после прихода в Белый дом Рейган заявил о том, что США будут вести борьбу с "международным терроризмом". И тогда, и тем более сейчас ясно, что вкладывалось в подобные рассуждения. Руководители США обходили стороной американский расизм, разгул преступности в Соединенных Штатах, политический террор правящих кругов в отношении инакомыслящих. Причины пороков капитализма выносились за рамки американского общества, виновником бед объявлялась национально-освободительная борьба народов. Им администрация США объявила фактически войну с применением различных форм подавления. Мобилизовались политические, экономические и военные ресурсы США на противодействие антиимпериалистической, антиколониальной борьбе народов на всех континентах мира. Там, где борьба народов увенчалась успехом и появились новые суверенные государства, США вознамерились повернуть процессы общественного развития вспять. В ход идут все средства, вплоть до применения оружия, экономических блокад, психологического давления, запугивания и шантажа.

На призыв США к борьбе с "международным терроризмом" охотно откликнулись сионистские круги Израиля. Они надеялись использовать имперские амбиции Вашингтона для перекройки карты Ближнего Востока. Расчет был и на физическое уничтожение палестинцев.

11.6.

В Тель-Авиве поспешили заявить о своей готовности предоставить все ресурсы, военные средства на реализацию программы Рейгана.

В действиях Израиля четко прослеживаются те же методы, которые используются империализмом США для подавления национально-освободительного движения — применение оружия вместо переговоров, территориальные захваты, военные провокации против передовых отрядов, возглавляющих освободительную борьбу арабских народов, проповедь идей расизма, разжигание ненависти и подозрения.

Тель-Авив и Вашингтон умышленно игнорируют один из главных вопросов Ближнего Востока — обеспечение неотъемлемых прав народа Палестины на самоопределение, на создание собственного государства, что подтверждено решениями ООН. Как известно, Организация освобождения Палестины решением Организации Объединенных Наций признана законным представителем арабского народа Палестины. Однако США и Израиль игнорируют мнение международного сообщества. В ходе агрессивных войн Тель-Авив оккупировал палестинские земли на Западном берегу реки Иордан и в секторе Газы, пытался навязать арабскому народу Палестины капитулянтский курс кэмп-дэвидского сговора. Действия Израиля и США на Ближнем Востоке, как и в других районах, охваченных национально-освободительным движением, пронизаны неприкрытым цинизмом. Они возвели террор, опробованный ими в прошлом, в ранг официальной политики.

11.6.2. Цифры и факты

Население самых крупных государств капиталистических стран Европы — Англии, ФРГ, Франции и Италии — примерно равно населению СССР. Но в вузах этих стран, вместе взятых, учится студентов в 4 раза меньше, чем в университетах и институтах Советского Союза. ("Правда" 12–10–1980 г.)

11.7. Седьмой раздел

11.7.1. ⊙ ⊙ Основные глаголы

руководи́ть *nur uv.* кем/чем   führen; leiten; betreuen
  Только истинно марксистско-ленинская партия может руководить революционным процессом в этой стране.
  Кто руководит этим коллективом?
  Моей дипломной работой руководил профессор Леонов.
руководя́щий (орган)   führend, leitend, Führungs-, Leit

руководи́тель	Leiter; führende Persönlichkeit

руководитель отдела, кла́ссный руководитель
руководители партии и правительства

нау́чный руководитель	wissenschaftlicher Betreuer
руково́дство	Führung, Leitung *als Prozeß*

Руково́дство Коммунисти́ческой партии обеспе́чило побе́ду револю́ции.
эффекти́вное руково́дство предприя́тием
под руково́дством СЕПГ

руково́дство (заво́да)	Leitung *als Organ*
руково́дствоваться *nur uv.* (при́нципом)	sich leiten lassen von, sich halten an
управля́ть *nur uv.* кем/чем	leiten, führen, verwalten, regieren; *ein Fahrzeug bzw. einen Prozeß steuern*

После револю́ции трудя́щиеся должны́ бы́ли учи́ться управля́ть госуда́рством.
Капита́н уме́ло управля́л судно́м.
В бу́дущем ста́нет возмо́жным управля́ть термоя́дерной реа́кцией.

управля́ющий *subst.*	Leiter; Verwalter
управля́ющий дела́ми*	Geschäftsführer, Kanzleichef
управля́ющий до́мом (управдо́м)	Hausverwalter
управля́емый	lenkbar, steuerbar

управля́емая термоя́дерная реа́кция

управля́емость* (самолёта)	Lenkbarkeit, Steuerbarkeit
управле́ние (чем)	Leitung, Führung, Verwaltung *als Prozeß*; *das Steuern, Lenken von Prozessen bzw. Fahrzeugen*

управле́ние произво́дством
те́хника управле́ния и регули́рования
управле́ние маши́ной, судно́м, самолётом

управле́ние	Verwaltung *als Organ*

строи́тельно-монта́жное управле́ние (СМУ)

управле́нческий* (аппара́т)	Verwaltungs-, Leitungs-

11.7.2. ◉ ◉ Но́вая ле́ксика

отста́ивать/отстоя́ть	verteidigen, schützen

отста́ивание де́ла ми́ра
За́падные телегра́фные аге́нтства отста́ивают интере́сы гига́нтских корпора́ций.

11.7.

предпринима́ть/предприня́ть unternehmen
предпри́нятые меры
кру́пный предпринима́тель
  США предпринимают явные попытки нарушить военно-стратегический баланс в мире.

разжига́ть/разже́чь entfachen, entzünden, schüren
разжига́ние вражды
поджига́тели войны
  Стратеги в Вашингтоне разжигают милитаристский психоз в странах Запада.

внуша́ть/внуши́ть einflößen, suggerieren
мето́ды внуше́ния
внуши́тельный вид
  Буржуазная пропаганда пыталась внушить населению мысль о допустимости "ограниченной ядерной войны".

де́лать/сде́лать упо́р на что zum Schwerpunkt machen, Gewicht legen auf
  Ультрареакционные круги США делают особый упор на эскалацию "психологической войны".

де́лать/сде́лать ста́вку на кого/что setzen auf, seine Hoffnung setzen auf
  Противник делает ставку на психологическую подготовку населения к ядерной войне.

прова́л Fiasko, Schlappe, das Scheitern
провали́ть планы врага
неоднократно прова́ливаться/оконча́тельно провали́ться
  Замыслы империалистов неоднократно терпели провал.

тира́ж Auflage, Auflagenhöhe
тира́жный экземпля́р*
  Во всех странах выходит 8 200 ежедневных газет суммарным разовым тиражом 440 млн. экземпляров.

шанта́ж Erpressung
шантажи́ровать *nur uv.* прогрессивные режимы
  В своей пропаганде ультраправые круги пользуются присущими им средствами: ложью, клеветой и шантажом.

подря́дчик Auftragnehmer
  Все эти корпорации являются крупнейшими подрядчиками Пентагона.

кресто́вый похо́д   Kreuzzug
похо́ды "крестоно́сцев"
рома́н "Седьмо́й крест"
  В чем заключа́ется су́щность вашингто́нского "кресто́вого похо́да" про́тив социали́зма?

ве́домство   Behörde, Amt, Verwaltung
  Головны́м ве́домством по организа́ции антисове́тской пропага́нды явля́ется Управле́ние по междунаро́дным свя́зям США.

притяза́ние   Anspruch
притяза́ть *nur uv.* на пе́рвое ме́сто
  Империалисти́ческие круги́ стремя́тся к осуществле́нию свои́х гегемони́стских притяза́ний.

радиовеща́ние   Rundfunk
вести́ веща́ние на зарубе́ж
радиовеща́тельная ста́нция*
  В борьбе́ про́тив социа́льного прогре́сса буржуа́зная пропага́нда уме́ло испо́льзует телеви́дение и радиовеща́ние.

верху́шка   die oberen Schichten, die führen-
верхи́ о́бщества   den Kräfte
  "Кресто́вый похо́д" верху́шки в Вашингто́не яви́лся агресси́вной реа́кцией на успе́хи сил социали́зма.

печа́ть, -и *f.*   Presse; Druck
печа́тные изда́ния
печа́тать/напеча́тать статью́ в газе́те
  В печа́ти сообща́лось о прибы́тии посла́ э́той страны́ в СССР.

не́нависть, -и *f.*   Haß
ненави́деть *nur uv.* врага́
ненави́стный мне челове́к
человеконенави́стническая поли́тика
  Э́ти круги́ разжига́ют вражду́ и не́нависть к наро́дам социалисти́ческих стран.

гра́мотность   Schreib- und Lesekundigkeit; Sach-
(не)гра́мотный челове́к   kundigkeit, Bildungsstand
борьба́ с безгра́мотностью
полити́ческая безгра́мотность
  Небыва́лый рост междунаро́дного обме́на информа́цией вы́зван повыше́нием культу́рного у́ровня и гра́мотности масс.

11.7.

напа́дки, -ок   Ausfälle, Angriffe
напада́ть/напа́сть на проти́вника
неожи́данное нападе́ние
    Со́тни миллио́нов люде́й отста́ивают маркси́зм-ленини́зм от любы́х напа́док.

ЦРУ   CIA (USA-Geheimdienst)
Центра́льное разве́дывательное управле́ние
    ЦРУ и Пентаго́н име́ют свои́ гига́нтские диверсио́нно-пропаганди́стские слу́жбы.

импе́рский   Vorherrschafts-, Weltherrschafts-
Ри́мская импе́рия
    Хорошо́ изве́стны неоднокра́тные попы́тки США проводи́ть агресси́вный импе́рский курс на мирово́й аре́не.

оборо́нный   Verteidigungs-, Wehr-
руководи́ть оборо́ной го́рода
оборона́ть *nur uv.* за́нятые пози́ции
    Идео́логи импе́рского ку́рса не хотя́т примири́ться с укрепле́нием оборо́нных пози́ций социали́зма.

шта́тный   hauptamtlich, hauptberuflich
сокраще́ние шта́тов
    В Управле́нии по междунаро́дным свя́зям США насчи́тывается 7500 шта́тных пропаганди́стов.

ре́зкий   scharf, schroff, heftig
ре́зкость слов
    Небыва́лые по масшта́бам вое́нные приготовле́ния США сопровожда́ются ре́зкой эскала́цией антикоммуни́зма.

отличи́тельный   Unterscheidungs-, kennzeichnend
отлича́ть/отличи́ть пра́вду от лжи
основа́тельно отлича́ться от други́х прое́ктов
в отли́чие от зарубе́жных радиоста́нций
    Отличи́тельной черто́й поли́тики соцстра́н явля́ется борьба́ за упроче́ние ми́ра.

пра́вящий   regierend, führend, Regierungs-
пра́вить *nur uv.* госуда́рством
чле́ны прави́тельства
    Пра́вящая эли́та США пыта́ется найти́ но́вые сре́дства восстановле́ния пре́жних пози́ций.

12. Двенадцатый урок: "Авантюризм во внешней политике США"

12.1. Первый раздел

12.1.1. ◉ ◉ Предполагаемые знания: владение лексикой (12.7.) и конструкциями (прил. 3.12.).

12.1.2. ◉ ◉ Прослушайте доклад на тему "Достичь военного превосходства — никому не позволим!" Выделите и запишите главную информацию.

Дорогие товарищи!

Неотъемлемой составной частью политического курса США является поистине безумная гонка вооружений. Одни типы и системы вооружений сменяют другие, продолжается небывалое наращивание военного потенциала, в частности ядерного оружия.

Основным курсом своей внешней политики ультрареакционные круги США объявили "крестовый поход" против социализма как общественной системы. Их цель состоит в том, чтобы приостановить победное наступление социализма на нашей планете, а также подавить революционные движения и прогрессивные режимы во всем мире.

Замысел агрессивных кругов НАТО во главе с США заключается в том, чтобы нарушить достигнутое в 60-ые — 70-ые годы относительное военное равновесие между мировыми системами социализма и империализма и достичь военного превосходства. В этих целях еще в 70-х годах, несмотря на прекращение вьетнамской войны, несмотря на начавшуюся разрядку, Договоры об ограничении стратегических вооружений ОСВ-1, ОСВ-2 и другие договоры и мероприятия по оздоровлению международной обстановки, военные концерны продолжали наращивать выпуск вооружений. Быстрыми темпами шла и их модернизация.

Но объемы и темпы милитаризации, разумеется, не удовлетворяли аппетиты военного бизнеса. Военные концерны, главные враги разрядки, прилагали все усилия, чтобы еще в бо́льшей мере извлекать материальные и политические выгоды из состояния международной напряженности. Их расчеты просты: любое обострение напряженности можно использовать для оправдания дальнейшего наращивания гонки вооружений, выпуска все новых и более дорогостоящих видов оружия.

Позвольте привести такой пример. В свое время сенатор Эдвард Кеннеди, объясняя причину оппозиции ультрареакционных сил в Белом доме и Пентагоне Договору ОСВ-2, отмечал, что подписание Соединенными Штатами этого документа дает государству экономию примерно 100 млрд. долл. Вполне понятно, почему концерны военно-промышленного комплекса делали все возможное, чтобы сорвать заключение Договора ОСВ-2 и таким образом заполучить эту крупную сумму.

В настоящее время особенно наглядно проявляется стремление ультраправых империалистических кругов США обеспечить неуклонное увеличение военного бюджета. И не на год, и не на пять лет, а на десятилетия вперед! С этой корыстной целью осуществляется долгосрочная программа стратегического вооружения США и НАТО. Эта программа предусматривает многомиллиардную модернизацию ядерного оружия и средств его доставки. Огромные средства расходуются на развитие новых стратегических ракет, создание широкомасштабной противоракетной обороны в нарушение всех ранее взятых США международных обязательств. Эта программа сверхвооружения обеспечивает прибыли, например, авиакосмической промышленности вплоть до второго десятилетия следующего века. Вот какая дальновидность империализма!

Осуществление этих чудовищных планов несет в себе угрозу превращения современного государственно-монополистического капитализма в преимущественно военный капитализм, т. е. такую форму государства, где все бо́льшая часть национального продукта производственного аппарата, финансовых и людских ресурсов прочно привязана к военной промышленности и где главные позиции в экономике и политике занимает военно-промышленный комплекс вместе с транснациональной финансовой олигархией. Причем особенность этого этапа развития военно-промышленного комплекса также в том, что он все больше интернационализируется. Так, ведущее место в этой гонке вслед за США занимают Англия, ФРГ, Франция, Италия, Япония.

Ради своих корыстных целей ультрареакционные круги военно-промышленного комплекса готовы совершить любое преступление, даже если за это придется заплатить такую чудовищную цену, как будущее человечества. Руководствуясь этой преступной, человеконенавистнической политикой на грани всемирной ядерной катастрофы, США начали в конце 1983 года размещение нового поколения ядерных ракет средней дальности в Западной Европе. Это привело к тому, что женевские переговоры по ограничению ядерных вооружений в Европе были сорваны. В ответ на эту провокацию СССР и другие соцстраны приняли действенные меры с тем, чтобы не позволить империализму изменить военное равновесие в свою пользу. Они готовы и в будущем делать все для того, чтобы положить конец проискам поджигателей войны, которая имела бы страшные последствия для всего человечества.

Спасибо за внимание.

12.1.3. Проинформируйте своего собеседника об основном содержании прослушанного доклада, используя свои записи.

12.1.4. Прочитайте текст доклада (12.1.2.) и обсудите некоторые вопросы, связанные с внешнеполитическим курсом США, используя данные конструкции:

1. Какие цели преследуют ультрареакционные круги США, объявив "крестовый поход" против социализма?
Конструкции: Есть все основания считать, что ...
Вызывает тревогу тот факт, что ...

2. Почему военные концерны заинтересованы в обострении международной напряженности?
Констр.: Совершенно очевидно, что ...
Позвольте привести следующий пример: ...

3. Как можно охарактеризовать долгосрочную военную политику США и НАТО?
Констр.: Необходимо отметить, что ...
Особую озабоченность вызывает тот факт, что ...

4. В чем проявляются особенности развития современного государственно-монополистического капитализма?
Констр.: В первую очередь необходимо подчеркнуть, что ...
Серьезные опасения вызывает и тот факт, что ...

5. Какова роль СССР и других стран социалистического содружества в деле обеспечения военного равновесия?
Констр.: Хочется отметить, что ...
Можно быть уверенным, что ...

12.1.5. Используя конструкции из прил. 3.12., выразите сомнение в ответах на данные ниже вопросы. Образец:

Verzichten USA in nächster Zeit auf abenteuerlichen militärpolitischen Kurs? →
Я считаю очень сомнительным, что США в ближайшее время откажутся от своего авантюристического военно-политического курса.

1. Wird sich progressive Weltöffentlichkeit gegenüber gigantischer Anhäufung von Kriegspotential in USA ruhig verhalten? 2. Streben USA Abschluß eines vernünftigen Abkommens über Begrenzung der strate-

12.1.

gischen Rüstungen an? 3. Stimmen USA Einstellung der Stationierung ihrer Mittelstreckenraketen um Erhaltung des militärischen Gleichgewichts in Europa willen zu? 4. Ist militärisch-industrieller Komplex der USA bereit, auf Realisierung des Langzeitprogramms der strategischen Rüstungen und daraus zu ziehende Profite zu verzichten? 5. Erfüllen sich Hoffnungen der ultrareaktionären Kreise in USA, Weltherrschaft zu erringen? 6. Gelingt es dem Imperialismus, Vormarsch des Sozialismus in der Welt aufzuhalten? 7. Garantiert offensive Militärdoktrin, z. B. Setzen auf nuklearen Erstschlag, Sicherheit des amerikanischen Volkes? 8. Bringen ungeheuerliche Pläne zur Militarisierung des Kosmos aggressiven Kreisen der USA gewünschten Erfolg? 9. Lassen Entwicklungsländer weitere Eskalation der neokolonialistischen Politik der führenden imperialistischen Länder zu?

12.1.6.   Переведите своему коллеге статью на русский язык:

Wie zu Zeiten des "kalten Krieges" unternehmen führende Kreise der USA auch heute noch den Versuch, die militärische Überlegenheit über die Sowjetunion zu erlangen, um sie und das gesamte sozialistische Lager zum Objekt militärischer und politischer Erpressung machen zu können. Diese hegemonistischen Bestrebungen der USA sind für ihre gesamte Politik der Nachkriegsperiode kennzeichnend. Sie haben ihr Ziel nicht aufgegeben, die revolutionäre Entwicklung in der Welt aufzuhalten. Sie ignorieren die Veränderung des Kräfteverhältnisses in der Welt zugunsten des Sozialismus und setzen auf die Politik der Stärke, der Hochrüstung und des zügellosen Antikommunismus. Um der Wiederherstellung ihrer verlorenen Positionen willen sind sie sogar bereit, einen atomaren Weltkonflikt vom Zaune zu brechen.

Mit Hilfe einer verstärkten antikommunistischen und antisowjetischen Kampagne versuchen sie, die Menschen ideologisch und psychologisch für ihre gefährlichen und menschenverachtenden aggressiven Abenteuer vorzubereiten. Alles Progressive in der Welt — Bewegungen und Regierungen — wird zum Opfer ihrer scharfen Attacken. Dabei sind sie bereit, jedes Mittel zu nutzen, von Lügen und Verleumdungen bis hin zu terroristischen Akten, Morden, Aggressionen, Konterrevolutionen u. a. m. Hunderte Millionen Dollar werden in diese menschenverachtende Politik investiert.

Aber die Hoffnungen der ultrareaktionären Kreise des Imperialismus, die Herrschaft über unseren Planeten zu erringen, werden sich nicht erfüllen. Die sozialistische Staatengemeinschaft und alle fortschrittlichen Kräfte in der Welt werden auch weiterhin einen konsequenten Kampf gegen den aggressiven und reaktionären Kurs der Kriegstreiber führen und dazu beitragen, deren gefährliche Pläne zum Scheitern zu bringen.

12.1.7. Объясните смысл следующих понятий и словосочетаний:

1. сущность империализма   2. гегемонистский курс   3. государственно-монополистический капитализм   4. военный капитализм   5. концерны военно-промышленного комплекса   6. ультрареакционные круги США   7. Договор ОСВ-1 / ОСВ-2   8. военное равновесие и "равновесие страха"   9. соотношение сил в мире   10. политические компромиссы и усту́пки (Zugeständnisse)

12.1.8. Сделайте краткое сообщение на тему "Достичь военного превосходства — никому не позволим!" Используйте для этого следующие подтемы, а также конструкции из прил. 3.12.

1. Гегемонистский курс США   2. Империалистические круги — главные враги разрядки   3. Наращивание гонки вооружений — долгосрочная военная политика США   4. Превращение государственно-монополистического капитализма в военный капитализм   5. Размещение новых американских ракет средней дальности в Западной Европе в середине 80-х годов и ответные меры государств Варшавского Договора

12.1.9. В Институте повышения квалификации вы прослушали лекцию о современном международном положении. После лекции проводится дискуссия, в ходе которой обсуждаются следующие вопросы:

1. Gefährliche Folgen des aus dem Wesen des Imperialismus resultierenden hegemonistischen Kurses bestimmter führender Kräfte in USA und NATO   2. Bedeutung der Erhaltung des militärischen Gleichgewichts in unserer Zeit; Inhalt und Funktion des früher im Westen oft verwendeten Begriffs "Gleichgewicht des Schreckens"   3. Gefahren, die sich aus der aktuellen Tendenz zur Herausbildung eines "militärischen Kapitalismus" für die Arbeiterklasse in den westlichen Ländern und die Völker der Welt ergeben   4. Aus dem veränderten Kräfteverhältnis in der Welt resultierende neue Bedingungen für die Durchsetzung des hegemonistischen Kurses des Imperialismus einerseits und den Kampf der Völker für den Frieden und sozialen Fortschritt andererseits   5. Motive der Befürworter bzw. der Gegner der Entspannung   6. Ursachen für die neue strategische Bedeutung des Friedenskampfes und Schlußfolgerungen daraus für die Politik der sozialistischen Staaten   7. Eventuelle Notwendigkeit eines höheren Grades an Bereitschaft zu Kompromissen und Zugeständnissen unter heutigen Bedingungen; Grenzen der Kompromißbereitschaft 8. Kriege heute vermeidbar?

12.2. Второй раздел

12.2.1. Прочитайте статью из газеты "Правда" от 12 декабря 1983 года. Обратите внимание на хронологию развития военных приготовлений США к войне с Советским Союзом. Составьте таблицу по следующему образцу:

Год и место события	Событие/содержание документа	Военное значение/потенциальные последствия
1945 г., США	доклад Объединенного разведывательного комитета № 329: "Выбрать приблизительно двадцать наиболее важных целей, пригодных для стратегической атомной бомбардировки в СССР и на контролируемой им территории".	нанесение первого атомного удара по Советскому Союзу; стремление к безраздельному господству США над послевоенным миром

Погоня за призраком[1] превосходства

Еще при Трумэне появился чудовищный замысел: нанести атомный удар по Советскому Союзу прежде, чем он успеет оправиться от военных разрушений, и тем самым устранить последнее препятствие к безраздельному господству США над послевоенным миром. 3 ноября 1945 года — меньше чем через три месяца после уничтожения Хиросимы и через два месяца после капитуляции Японии — на рассмотрение Комитета начальников штабов США поступил доклад Объединенного разведывательного комитета № 329. Его первый параграф гласит: "Выбрать приблизительно двадцать наиболее важных целей, пригодных для стратегической атомной бомбардировки в СССР и на контролируемой им территории".

14 декабря 1945 года другой орган Пентагона — Объединенный комитет военного планирования издал директиву № 432/Д. Авиации дальнего действия предписывалось использовать для нападения на СССР базы в Англии, Италии, Британской Индии (Агра), Китае (Чэнду), Японии (Окинава). "Применив все имеющиеся в наличии 196 атомных бомб, — говорилось в директиве, — Соединенные Штаты смогли бы нанести такой разрушительный удар по промышленным источникам военной силы СССР, что он в конечном счете оказался бы решающим".

Итак, успеть нанести удар первыми, пока Советский Союз еще не оправился от жертв и разрушений, пока экономическое и военное превосходство Соединенных Штатов еще налицо[2], причем нанести удар, предварительно создав вокруг СССР цепь американских баз. Такова была суть стратегии Пентагона в 1945 году. Причем уже тогда в ней содержались главные элементы современной военной доктрины США: ставка на первый удар и средства передового базирования, размещенные на территории союзных стран.

4 апреля 1949 года было объявлено о создании Организации Североатлантического договора (НАТО). По мере того, как в антисоветскую коалицию вовлекалось все больше стран, а у Пентагона накапливалось все больше атомного оружия, расширялись и масштабы запланированного нападения на СССР. По плану "Троян" объектами их удара должны были стать уже 70 советских городов. Начало военных действий было назначено на 1 января 1950 года. Почему же упреждающий[3] атомный удар по Советскому Союзу так и не был нанесен? Прежде всего потому, что количество атомного оружия и средств его доставки, которыми в то время располагал Пентагон, не могло гарантировать подавление оборонной мощи СССР, победного исхода этой авантюры.

Решено было накопить для удара побольше сил и сделать соучастниками нападения на СССР большее число стран. Для этого требовалось время. В 1949 году Комитет начальников штабов США начал разрабатывать план "Дропшот". Начало военных действий было перенесено и назначено на 1 января 1957 года. Зато предусматривалось, что вместе с Соединенными Штатами в войну вступят все страны НАТО. На первом этапе конфликта планировалось сбросить 300 атомных бомб на 100 советских городов.

Но тут произошло событие, которое остудило пыл[4] пентагоновских стратегов. 3 сентября 1949 года американский бомбардировщик "Б-29", совершавший патрульный полет над северной частью Тихого океана, обнаружил повышенную радиоактивность в верхних слоях атмосферы. Проверка данных не оставила сомнений: Советскому Союзу потребовалось всего четыре года, чтобы лишить США монополии на атомное оружие.

— Что же нам теперь делать? — такими словами прореагировал президент Трумэн на известие о советском атомном взрыве. Впрочем, ответ на этот риторический вопрос очень скоро определился: как можно быстрее заиметь водородную бомбу, чтобы вернуть Соединенным Штатам военное превосходство, вновь попытаться шантажировать Советский Союз.

1 ноября 1952 года на атолле Эниветок в Тихом океане было проведено первое испытание американского термоядерного устройства. Но 20 августа 1953 года официальный Вашингтон был вновь приведен в состояние шока. ТАСС распространил сообщение, в котором говорилось: "На днях в Советском Союзе в испытательных целях был произведен взрыв одного из видов водородной бомбы".

В Пентагоне заговорили о размещении в Западной Европе баллистических ракет средней дальности "Тор" и "Юпитер", предназначенных также для достижения военного превосходства. Одновременно продолжалось наращивание стратегической авиации. К середине 50-х годов Соединенные Штаты создали основу существующей ныне цепи баз вокруг Советского Союза. Ставка делалась на то, чтобы обеспечить военное превосходство США за счет сил передового базирования.

Но и эти расчеты оказались тщетными. 4 октября 1957 года Советский Союз первым в мире вывел на орбиту искусственный спутник Земли. Это означало, что СССР располагает ракетами межконтинентальной дальности, так что Соединенным Штатам больше нечего рассчитывать на географическую неуязвимость[5].

Уповать[6] на атомную бомбу как на козырного туза[7], видеть в ней гарантию главенствующей роли США в послевоенном мире — этот расчет с самого начала был иллюзией. Однако вашингтонские стратеги не оставляли надежды добиться военного превосходства, сменяя с этой целью одни типы и системы вооружений другими. Утратив монополию на атомную бомбу, взялись за водородную. Потом сделали ставку на подводные ракетоносцы, потом — на нейтронное оружие, потом — на милитаризацию космоса.

Именно Вашингтон начинал каждый новый этап ядерной гонки. И всякий раз его инициаторы сталкивались с растущим сопротивлением. Они оказывались в таком же положении, что и Трумэн со своей обанкротившейся политикой атомного шантажа. Сторонникам этого курса пора понять, что стремление к военному превосходству — это погоня за призраком, которая и бессмысленна, и опасна.

[1] при́зрак — Gespenst [2] налицо́ — vorhanden [3] упрежда́ющий — Präventiv- [4] остуди́ть пыл — den Eifer abkühlen [5] неуязви́мость — Unverletzbarkeit, Unanfechtbarkeit [6] упова́ть — hoffen [7] козырно́й туз — Trumpfas

12.2.2. Используя составленную вами таблицу, проинформируйте вашего собеседника о содержании статьи.

12.2.3. Подготовьтесь с товарищем к дискуссии на тему "Милитаристский курс Вашингтона". Приведите актуальные примеры агрессивной политики американского империализма, свидетельствующие о его стремлении к военному превосходству, о попытках шантажировать социалистические страны, подавлять прогрессивные режимы и революционные движения.

12.2.4. В ИГП (Институт государства и права) вы прослушали лекцию о международном положении: "Кто ставит мир на грань катастрофы?" После лекции проводится дискуссия. Примите в ней участие. На основе исторических фактов и актуальных примеров докажите, что американский милитаризм — главный враг прогрессивного человечества и всех миролюбивых сил мира. Остановитесь подробнее на том, какую политику проводили и проводят США в отношении СССР и других социалистических стран. Докажите также, что стремление к военному превосходству в настоящее время — это бессмысленная и опасная политика.

12.3. Третий раздел

12.3.1. ⊙ ⊙ Прослушайте запись доклада представителя посольства ГДР в Москве, с которым он выступил на факультете журналистики МГУ. Тема доклада: "Позиция ГДР в борьбе за мир, против авантюристической политики агрессивных кругов империализма". В ходе прослушивания запишите основную информацию. На основе записей составьте подробный план доклада.

12.3.2. Используя план, ознакомьте собеседников с основным содержанием прослушанного доклада.

12.3.3. Обсудите с товарищем следующие высказывания докладчика:

1. "Крестовый поход" против коммунизма, объявленный агрессивными кругами в США, не остался только лозунгом. 2. США и их союзники по НАТО все еще пытаются нарушить сложившееся военно-стратегическое равновесие между СССР и США. 3. Лидеры США и НАТО предпринимают разные меры, чтобы обеспечить себе возможность форсировать военные приготовления. 4. Силы мира сейчас влиятельнее, чем когда-либо. 5. Главное содержание политики СЕПГ — делать все для того, чтобы с немецкой земли никогда больше не исходила угроза войны.

Проиллюстрируйте высказывания докладчика своими примерами.

12.3.4. Представьте себе, что вы работаете в пресс-центре конференции, посвященной вопросам внешней политики социалистических и капиталистических стран. В перерыве вы должны узнать мнение участников конференции о сложившейся в настоящее время обстановке; о новых условиях, позволяющих положить конец проискам поджигателей войны; о позиции ГДР в борьбе против милитаристских авантюр США и НАТО. Задайте участникам конференции вопросы, касающиеся данной тематики.

12.4. Четвертый раздел

12.4.1. В письме своему советскому другу вы пишете о возрастании влияния антивоенного движения в странах Запада. Дополняя написанное, переведите ему отрывок статьи из газеты, которая посвящена этой теме.

Mit der gegen den Willen der Völker vollzogenen Stationierung ihrer atomaren Mittelstreckenraketen in der BRD, Großbritannien und Italien hoffte die USA-Administration zwei Aufgaben zugleich zu lösen — die UdSSR und ihre Verbündeten zu erpressen und gleichzeitig damit die Friedensbewegung in den westeuropäischen Ländern zu paralysieren und ihrer Handlungsfreiheit zu berauben.
Wie sich erwiesen hat, waren diese Hoffnungen vergeblich. Was z. B. die Friedensbewegung anbetrifft, so hatte man in den USA und der NATO beharrlich behauptet, daß ihr mit der Stationierung der ersten neuen amerikanischen Raketen in Europa der Masseneinfluß entzogen würde und die Aktionen derjenigen, die den Kampf trotzdem fortsetzen, mittels repressiver Akte leicht unterdrückt werden könnten. Den sich auf BRD-Territorium befindlichen USA-Militäreinheiten wurde sogar die Anweisung erteilt, auf Demonstranten zu schießen (стрелять по), falls sie versuchen sollten, in die Basen einzudringen, in denen die neuen Raketen stationiert sind.
Was aber geschah in Wirklichkeit? Die UdSSR und ihre Verbündeten trafen um der Erhaltung des militärstrategischen Gleichgewichts willen die bekannten Gegenmaßnahmen und bewiesen damit zum wiederholten Male, daß es niemandem gelingen wird, die sozialistischen Staaten zu erpressen. Auch die Pläne, die Friedensbewegung zu schwächen, wurden vereitelt. Die Friedenskräfte zogen aus der neuen, noch komplizierteren Situation die einzig richtige Schlußfolgerung: Sie setzten den Kampf gegen das sinnlose Wettrüsten noch konsequenter fort und forderten nun die Beseitigung der bereits stationierten ungeheuerlichen Waffen.
Man kann sicher sein, daß die Friedensbewegung auch in der entstandenen neuen Situation in der Lage ist, ihren Einfluß noch auszuweiten. Immer neue Bevölkerungsgruppen, die die unterschiedlichsten ideologischen Richtungen repräsentieren, schließen sich der Friedensbewegung an, darunter auch solche Kräfte, die angesichts ihrer sozialen Herkunft, ihrer weltanschaulichen Positionen und ihrer Traditionen in der Vergangenheit den Kurs der herrschenden Kreise unterstützten. Sie weigern sich entschieden, zum Opfer der abenteuerlichen und gewinnsüchtigen Politik der USA-Administration und des militärisch-industriellen Komplexes in den NATO-Ländern zu werden. Sie haben begriffen, daß nur die Kräfte des Militarismus Nutzen aus der zügellosen Forcierung des Wettrüstens ziehen, daß das Streben nach militärischer Überlegenheit über den Sozialismus und die von der NATO propagierte Erstschlagsstrategie schreckliche

Folgen für die gesamte Menschheit haben können. Deshalb verstärken die Friedenskräfte ihre Bemühungen im Kampf gegen die aggressive NATO-Politik, für die Begrenzung der konventionellen und strategischen Rüstungen bis hin zur allgemeinen und vollständigen Abrüstung.

12.4.2. Однокоренные слова

12.4.2.1. (F$_L$) Прочитайте словосочетания с однокоренными словами и обратите внимание на их разные значения:

1. **менять** *nur uv.*   ändern
   убеждения, мнение
   меняться *nur uv.*   sich ändern
   меняются условия, обстановка,
   жизнь
   меняются убеждения, мнение

2. **изменять/изменить**   ändern, verändern
   условия, обстановку, жизнь
   убеждения, мнение
   изменяться/измениться   sich ändern, sich verändern
   изменяются условия, обстановка, жизнь; убеждения, мнение

3. **менять/поменять**   wechseln, tauschen, umtauschen
   работу (место работы), место-   wechseln
   жительство
   паспорт, документы, билеты   umtauschen
   деньги, рубли на марки   tauschen, umtauschen
   старую квартиру на новую   tauschen, umtauschen

4. **обменивать/обменять**   tauschen, umtauschen
   паспорт, документы, билеты
   деньги, рубли на марки
   квартиру

5. **разменивать/разменять**   wechseln, tauschen
   деньги, сто рублей   *in kleineres Geld* wechseln
   umg. квартиру   tauschen

6. **сменять/сменить**   wechseln, austauschen, ablösen
   работу, фамилию   wechseln
   одни типы вооружений дру-   austauschen, ablösen, ersetzen
   гими
   руководство, заведующего   austauschen, ablösen, ersetzen
   дежурного, солдата на посту   ablösen

12.4.

7. **заменя́ть/замени́ть**
металл пластмассой, деталь
старое руководство новым, заведующего, плохого работника
директора, преподавателя

ersetzen, auswechseln; vertreten
ersetzen, austauschen, auswechseln
ersetzen, auswechseln, ablösen

zeitweise ersetzen, vertreten

8. **меня́ться/поменя́ться**
монетами, фотографиями, местами

untereinander tauschen, austauschen

9. **обме́ниваться/обменя́ться**
монетами, фотографиями
опытом, мнениями

untereinander tauschen, austauschen

12.4.2.2. ○━▶ Спишите предложения, вставляя вместо точек подходящие по смыслу однокоренные слова:

1. С целью экономии материалов новаторы предложили ... металл пластмассой. 2. К сожалению, этот коллега постоянно ... сво... мнен... 3. Благодаря внедрению достижений науки и техники в производство ... и условия труда рабочих. 4. Его надежда ... работ... оказалась тщетной. 5. На память они ... фотограф... 6. Давайте ... с вами мест... 7. Она рассчитывала на то, что он сможет ... ей деньг... 8. Перед отъездом в ГДР туристы ... в банке рубл... на марки. 9. Вы правы, с годами наши убеждения могут ... 10. Вашингтонские стратеги всегда направляли свои усилия на то, чтобы одни типы вооружений ... друг... 11. На конференции ударники производства ... опыт... относительно организации труда на заводах. 12. Ты представляешь, они ... сво... прекрасн... квартир... на две маленькие! — сказала она. 13. Тебе уже давно надо было ... свой паспорт. 14. После долгих поисков им удалось ... стар... квартир... в центре города на новую в районе Черёмушек. 15. В 6 часов вечера нужно было ... дежурн... 16. Октябрьская революция коренным образом ... услов... жизни трудящихся. 17. Я прошу вас временно ... преподавател... математики: он уезжает в командировку.

12.4.2.3. Составьте письменно предложения с однокоренными словами.

12.4.3. Синонимы

12.4.3.1. **(F)** Прочитайте существительные-синонимы. Обратите внимание на их разное значение:

1. **усиле́ние** — Verstärkung
   гонки вооружений, напряженности, опасности, авантюристических тенденций, противоречий, кризиса, борьбы

2. **форси́рование** — Forcierung
   гонки вооружений, военных приготовлений

3. **нара́щивание** — Verstärkung, Forcierung, Vergrößerung
   гонки вооружений, ядерного потенциала, военных приготовлений
   темпов производства

4. **увеличе́ние** — Vergrößerung, Erhöhung
   ядерного потенциала, опасности
   темпов производства, производительности, объема, количества
   доходов, расходов, затрат, прибыли

5. **обостре́ние** — Verschärfung, Zuspitzung
   напряженности, противоречий, кризиса, борьбы
   международного положения

12.4.3.2. Вставьте вместо точек подходящие по смыслу синонимичные существительные. Укажите случаи, где возможны варианты.

1. В начале 80-х годов, в условиях ... международного положения советские мирные инициативы указывали единственно правильный путь к упрочению безопасности. 2. Огромные средства были предназначены для ... темпов производства. 3. Ради достижения своих корыстных целей милитаристы продолжают ... гонки вооружений. 4. Внедрение достижений науки и техники в производство приводит к ... производительности труда. 5. Военные концерны США стремятся обеспечить ... прибыли из безумной гонки вооружений. 6. Осуществление чудовищных замыслов США распространить гонку воору-

жений на космос привело бы к заметному ... международной напряженности. 7. США продолжают ... количества боевых танков, самолетов, ракет средней дальности. 8. ... ядерного потенциала ставит человечество перед угрозой ядерной катастрофы. 9. ... расходов на вооружение в Японии, стране, ставшей первой жертвой ядерной катастрофы, вызывает протест народа. 10. Любое ... напряженности военные концерны США используют для оправдания дальнейшего ... гонки вооружений.

12.4.3.3. Составьте письменно предложения с синонимичными существительными.

12.4.4. Используя конструкции из прил. 3.12., выразите в письменной форме сомнение в ответах на данные ниже вопросы (см. образец в 12.1.5.).

1. Bringen Bemühungen des Imperialismus, revolutionäre Bestrebungen zu unterdrücken, gewünschten Erfolg? 2. Verzichten USA auf jegliche Versuche, militärische Überlegenheit über Sozialismus zu erlangen? 3. Verzichten Konzerne des militärisch-industriellen Komplexes auf Pläne zur Kosmosmilitarisierung? 4. Sind führende militaristische Kräfte in USA an ehrlichen Verhandlungen mit dem Ziel der Begrenzung der konventionellen und strategischen Rüstungen interessiert? 5. Gelingt es USA-Administration, durch Stationierung für atomaren Erstschlag vorgesehener neuer Raketentypen sozialistische Gemeinschaft zu erpressen? 6. Bewahrheitet sich Hoffnung ultrareaktionärer Kräfte in NATO-Ländern, der Friedensbewegung Massenbasis zu entziehen? 7. Sind Kriegsbrandstifter angesichts Stärke der Friedenskräfte in der Lage, in nächster Zeit bewaffneten Zusammenstoß in Europa zu provozieren?

12.4.5. Переписка

12.4.5.1. Прочитайте образец письма про себя:

Уважаемый профессор Шредер!

В соответствии с достигнутой в прошлом году договоренностью посылаем Вам на рецензию рукопись второго тома монографии "Общество без будущего".
Сообщаем также, что выполненная Вами рецензия на рукопись первого тома нами уже получена. **От имени авторского коллектива выражаю Вам искреннюю признательность** за глубокий анализ содержания работы и **критические замечания** относительно допущенных в рукописи **неточностей.**

С удовлетворением сообщаем Вам, что все неточности, содержавшиеся в рукописи, в настоящее время уже **устранены**.
Выражаем надежду, что Ваша рецензия на второй том монографии также послужит улучшению качества нашего издания.

                                     С искренним уважением
                                     заранее признательный Вам
д-р философских наук   И. С. Наумов

12.4.5.2. (F_L) Переведите типичные для письма конструкции. Прочитайте их вслух и спишите.

12.4.5.3. Прочитайте письмо вслух.

12.4.5.4. Переведите ответное письмо, используя данные конструкции.

Sehr geehrter Kollege Dr. Naumow!
Ihren Brief und das Manuskript des zweiten Bandes der Monographie "Gesellschaft ohne Zukunft" haben wir erhalten. Im Namen meines ganzen Kollektivs möchte ich mich herzlich für die Zusendung des Manuskripts und das uns erwiesene Vertrauen bedanken. Es freut uns sehr, daß Sie unsere kritischen Hinweise zum ersten Band berücksichtigt haben und einige Ungenauigkeiten eliminieren konnten.
Wir können Ihnen mit Befriedigung mitteilen, daß wir zum gegenwärtigen Zeitpunkt die Erarbeitung des Manuskripts unseres neuen Hochschullehrbuches "Politische Ökonomie des Kapitalismus" abschließen und dieses, entsprechend der mit Ihnen im Vorjahr erzielten Übereinkunft, in Kürze zwecks Rezension an Sie absenden werden. Wir sind Ihnen im voraus für Ihre wertvollen Hinweise dankbar, die zweifellos zur Hebung der Qualität des Buches beitragen werden.
Zum Schluß gestatten Sie, unseren aufrichtigen Dank für Ihre Bereitschaft zur weiteren Zusammenarbeit mit uns auszudrücken. Wir geben der Hoffnung Ausdruck, daß diese Zusammenarbeit sich auch in Zukunft so erfolgreich wie bisher gestalten wird.

                                                    Hochachtungsvoll
                                                    Prof. Dr. sc. phil. Schröder

12.4.6. Напишите письмо советскому коллеге, рецензенту работ, издаваемых сотрудниками вашего учреждения. Сообщите ему, что в соответствии с достигнутой ранее договоренностью вы высылаете на рецензию вторую статью тематического сборника "Эскалация милитаризма в США", редактором которого вы являетесь. Подтвердите получение рецензии на вашу предыдущую статью и поблагодарите советского коллегу за глубокий анализ ее содержания. Выразите надежду на то, что рецензия на вторую статью также послужит улучшению качества издаваемых работ. В целях ускорения выпуска тематического сборника попросите советского коллегу включить в план рецензирование других предусмотренных статей сборника. Ознакомьте рецензента с предварительными темами этих статей.

Употребите при этом выделенные в письме-образце конструкции (12.4.5.1.), а также, по возможности, конструкции из прил. 3.12.

12.4.7. Редакция газеты советского вуза, где вы проходите стажировку, попросила вас написать статью о позиции ГДР в борьбе против авантюристической имперской политики США и НАТО. Подберите соответствующий актуальный материал из прессы ГДР или СССР.

Употребите в статье конструкции из прил. 3.12.

12.5. Пятый раздел

12.5.1. Переведите письменно первые пять абзацев статьи А. Толкунова из газеты "Правда" от 24 мая 1984 года со словарем. Остальные абзацы прочитайте без словаря. Выделите устно основную информацию статьи.

Космические авантюры США

Годы своего пребывания у власти администрация Рейгана отметила своеобразными "начинаниями" в космосе. Сначала по личному приказу президента была прекращена программа поиска возможных сигналов от внеземных цивилизаций. А 23 марта 1983 года Р. Рейган объявил о разработке в США планов "звездной войны".

Подготовку космических авантюр, выдаваемых чуть ли не за проявление "миролюбия", попытались было притормозить конгрессмены. Законодатели потребовали от администрации прежде "добросовестно и искренне" провести с Советским Союзом переговоры и договориться о запрещении противоспутникового оружия. Однако Белый дом объявил, что это оружие абсолютно "необходимо для национальной безопасности" США, и в подтверждение направил на Капитолийский холм специальный доклад.

Замышляемое распространение гонки вооружений на космос администрация США оправдывает все той же пресловутой "советской угрозой". Требования же вступить в переговоры с СССР отвергались под предлогом "невозможности" установить контроль за космическим оружием. Даже если будет заключен соответствующий договор, выполнение его все равно "нельзя будет проверить", и поэтому такой договор "противоречил бы интересам" США и их союзников.

Предлагая начать без каких-либо условий официальные переговоры в целях заключения соглашения, которое надежно перекрыло бы все каналы милитаризации космического пространства, пока этот процесс не приобрел необратимого характера, Советский Союз для облегчения достижения договоренности в одностороннем порядке объявил мораторий на вывод в космос противоспутникового оружия до тех пор, пока другие страны не делают этого. Однако США не устраивал и предложенный СССР мораторий. "Пока мы не определим, существует ли в действительности решение этих проблем, я не считаю конструктивным вступление в официальные международные переговоры", — заявил президент. Пуская законодателям пыль в глаза, Рейган пообещал "изучить возможность контроля над вооружениями в космосе".

Это, так сказать, пропагандистский камуфляж, "звездная пыль". На деле администрация США уже решила развязать опаснейшую гонку вооружений в космическом пространстве, планирует развернуть противоракетные средства, дать простор для действия разного рода противоспутниковых систем, разместить сверхновые виды оружия для нанесения ударов по целям на Земле, в воздухе и на море.

В начале 1984 года хозяин Белого дома подписал директиву о национальной безопасности № 119. В соответствии с нею начата расширенная программа научных исследований и разработок вариантов развертывания на околоземной орбите "оборонных систем". Программа полностью подчинена специальной группе, занимающейся созданием систем противоракетной обороны с элементами космического базирования. Только в 1984 году на данную программу было выделено два миллиарда, а до 1990 года предусмотрено выделить около 26 миллиардов долларов. Белый дом замышляет создание всеохватывающей противоракетной системы. Ее ядро должно составить лазерное оружие. Оружейные концерны "ТРВ", "Локхид", "Хьюз эйркрафт" уже приступили к созданию боевых лазеров, специальных зеркал-отражателей для них, систем управления, наведения и т. д.

Важная роль в милитаризации космоса отводится и космическим кораблям многоразового использования "Шаттл". В ближайшее время по крайней мере треть их полетов будет предназначена для военных целей. На базе Ванденберг форсированными темпами сооружается специальный военный космодром. Пентагон намерен закупить у компаний "Дженерал электрик" и "Мартин-Мариетта" десять тяжелых ракет для доставки своего груза на околоземную орбиту.

И все это направлено, если верить вашингтонским сиренам, на создание

противоракетного "зонтика", которым укроют всю Америку, чуть ли не на спасение от ядерной угрозы всего человечества.
Командир "Шаттла" полковник Джек Лусма откровенно выболтал главную цель Вашингтона: "Из космоса можно держать в страхе весь мир". Так получилось, что в тот момент, когда президент направил на Капитолийский холм доклад относительно противоспутникового оружия, влиятельная научная организация Союз обеспокоенных ученых опубликовала свое исследование о последствиях милитаризации космоса. Среди ее авторов крупнейшие ученые — Г. Бете, В. Панофски, Г. Йорк, Дж. Стоун, Дж. Визнер и другие, принимавшие участие в создании атомной бомбы, в разработке космических программ, стратегических систем.

Основной вывод коллективного исследования таков: "Наш анализ красноречиво свидетельствует о том, что невозможно достичь всеохватывающей противоракетной обороны. В то время, когда разрекламированные ее преимущества гипотетичны и недостижимы для нас, опасность этого замысла реальна и предсказуема".

Как предупреждает Союз обеспокоенных ученых, если даже расчеты вашингтонских стратегов правильны и Соединенные Штаты могут надеяться "совершить чудо" — достичь уничтожения 95 процентов ракет противника, то оставшихся пяти процентов будет достаточно, чтобы уничтожить десятки миллионов американцев, вызвать неописуемые разрушения, необратимые экологические потрясения.

Теперь о стоимости этого начинания. Как подсчитали ученые, лишь вывод на орбиту станции с лазерами и отражателями, по самым скромным подсчетам, обойдется в десятки миллиардов долларов. Если же Советский Союз в ответ модернизирует свое стратегическое оружие, в чем не сомневаются в Пентагоне, то эта цифра достигнет нескольких сот миллиардов.

"Есть ли еще возможность остановить космическую авантюру?" — задаются вопросом американские ученые. И сами же отвечают: "Совершенно очевидно, что прямейшей и безопаснейшей дорогой стало бы незамедлительное начало переговоров о запрещении любого космического оружия".

Бьют тревогу не только американские ученые. 147 государств поддержали предложенный Советским Союзом мораторий и проголосовали на одной из сессий Генеральной ассамблеи ООН за то, чтобы поручить женевской Конференции по разоружению рассмотреть вопрос о предотвращении гонки вооружений в космосе. И лишь одно "нет" рядом с надписью "США" загорелось тогда на панели голосования.

СССР продолжает активную борьбу против разработки широкомасштабных систем противоракетной обороны, которые не могут рассматриваться иначе, как рассчитанные на безнаказанное осуществление ядерной агрессии, за то, чтобы космос был ареной мира, а не ареной войны. Советский Союз ясно и четко заявил, что он будет рассматривать разработку и создание подобной противоракетной обороны ка неприемлемую для него угрозу. Известно, что на любое новое оружие неизменно следует контроружие. Поэтому расчеты на возможность в будущем безнаказанно нанести агрессивный удар по крайней мере не менее иллюзорны, чем это было в прошлом и остается в настоящем.

12.5.2. Прочитайте статью еще раз. Найдите и выпишите факты, подтверждающие стремление США к распространению гонки вооружений на космос. Дополните эти факты актуальной информацией из советских органов печати.

12.5.3. Используя записи, сообщите собеседнику, что вы узнали из статьи о космической политике США. Ознакомьте его и с дополнительной информацией из печати.

12.5.4. В институте, где вы проходите стажировку, вас попросили провести в группе политзанятие на тему "Космические авантюры США — новый этап форсирования гонки вооружений". Проведите политзанятие. Поставьте на обсуждение вопрос об опасных последствиях распространения гонки вооружений на космос и о борьбе народов против космических авантюр США.

12.6. Шестой раздел: Наш калейдоскоп

Как важно слушать радио

Два пентагоновских полковника в последние недели выполняли особое задание. В связи с заявлением государственного секретаря о том, что США не откажутся от стратегии "первого удара", было решено подготовить записку в конгресс с подробной аргументацией необходимости увеличить военный бюджет для создания новых видов наступательного ядерного оружия.

— Раз наверху так считают, было бы глупо этим не воспользоваться, — объяснил им генерал. — Докажите нашим законодателям, что если мы готовы первыми развязать ядерную войну, то делать это надо не голыми руками.

Полковники работали день и ночь, буквально отрезанные от внешнего мира — никаких тебе газет, радио или телевидения. И вот, основательно потрудившись, они направились на доклад.

12.6.

У входа в здание Пентагона часовой проверил у них документы.
— Мир вам, — сказал он, отдавая честь.
— Что это с ним? — удивился один из полковников.
Второй в это время изучал стену коридора — она была выкрашена в голубой цвет, на фоне которого оказались нарисованы белым какие-то птички, похожие не то на ястребов, не то на голубей. "Странно, — подумал он, — к чему бы это?"
Когда же полковники поднялись на этаж своего отдела, то замерли от удивления. Надпись на дверях гласила: "Отдел стратегического разоружения". Дальше — больше: "Сектор антикрылатых ракет", "Антитрайдент", "Анти-В-1".
— Они что — с ума посходили? — пробормотал один из полковников.
В это время в коридор выглянул генерал.
— Мир вам! — воскликнул он. — Ну, что вы там сочинили?
Полковники положили на стол генерала подготовленную записку. Тот всплеснул руками.
— Что это? Да вы просто ядерные маньяки! Я начинаю подозревать, что вам не дорог мир. Ведь что вы пишете: "США могут выиграть ядерную войну, а их население выжить, если будет вырыто достаточное количество бомбоубежищ". Или вот здесь: "Есть вещи поважнее, чем мир..." Какой идиот это придумал?
— Разрешите доложить. Насчет бомбоубежищ — это дословная цитата из заявления нашего непосредственного начальника Томаса Джонса, которое он сделал газете "Лос-Анджелес таймс" всего два месяца назад. А слова, что "есть вещи поважнее, чем мир", сказал...
— Знаю, знаю, — отмахнулся генерал. — Но это когда было! Тогда еще никто не знал, что наша администрация возглавляет борьбу за мир как в США, так и за рубежом. А теперь это известно всем, кроме вас. Вы что, с Луны свалились? Не слушаете радиопосланий из Белого дома? И почему на вас нет значков организации "Граунд зироу", которая требует ликвидации ядерного оружия? Немедленно пойдите в хозотдел, получите значки. Ведь и Белый дом, и госдеп, и мы теперь стоим во главе антивоенного движения. Ввели новое приветствие — "мир вам".
— У нас же ни телевизора, ни радио не было, — оправдывались полковники.
— Ах да, — сбавил тон генерал. — Тогда вы не виноваты. Но записка ваша, сами понимаете, уже не подходит, ее надо переделать.
— Понял! — воскликнул один из полковников. — Надо все пересчитать и доказать, что нам не только не нужно новое ядерное оружие, дополнительные военные расходы, но и то, что у нас имеется, можно значительно сократить...
— Не заговаривайтесь, — в голосе генерала зазвенела сталь. — Вы на работе, а не среди журналистов. Подсчитали вы все правильно. Речь идет не об этом, а только об аргументации, поняли?
— Не поняли! — хором ответили полковники.

— Ладно, поясню, — согласился генерал. — Вы пишете, что нам нужно новое оружие в больших масштабах, особенно в случае, если мы нанесем "первый удар". Так можно было писать еще неделю-две назад. А сейчас надо писать иначе. Нам нужно новое оружие в больших масштабах, чтобы сокращать его. Поняли?
— Нет, — в один голос ответили полковники.
— Что здесь непонятного? — удивился генерал. — Чем больше у нас будет оружия, тем больше можно будет его сокращать. Скажем, если у вас сто боеголовок, то в лучшем случае вы можете сократить сто единиц, а если у вас их будет 20 тысяч, то, будучи пацифистами, вы сможете сократить не сто, а, скажем, уже сто одну боеголовку. Дошло?
— Так точно. Значит, все надо переделать на "анти", а содержание оставить.
— Теперь вижу, — сказал генерал, — что вы не зря работаете в отделе стратегического вооружения, тьфу, то есть разоружения. Еще есть вопросы?
— Одна просьба, сэр. Пусть нам все-таки поставят телевизор и радиоприемник.
— Это я вам обещаю.
— Мир вам, — козырнули полковники.

12.7. Седьмой раздел

12.7.1. ◉ ◉ Основные глаголы

воева́ть *nur uv.*	kämpfen, Krieg führen
Мы будем воевать до победного конца.	
во́ин (Советской Армии)	Kämpfer, Soldat
во́инский (долг)	Militär-; Wehr-
воинская часть	
воинская обязанность	
вои́нствующий* (материализм)	kämpferisch, streitbar, militant
война́	Krieg
Великая Отечественная война	
объявлять войну	
вое́нный *subst.*	Militärperson
стать военным	
вое́нный	Kriegs-; militärisch, Militär-
военное положение	
военные приготовления	
военные учения	

12.7.

довое́нный (у́ровень)	Vorkriegs-
послевое́нный (пери́од)	Nachkriegs-
антивое́нный	Antikriegs-
антивоенное движение	Friedensbewegung
военнообя́занный *subst.*	Militärpflichtiger, Wehrpflichtiger
быть военнообязанным	
военнообя́занный	militärpflichtig, wehrpflichtig
военнообязанное население	
военнослу́жащий *subst.*	Militärangehöriger, Militärperson
списки военнослужащих	
военнопле́нный *subst.*	Kriegsgefangener
колонна военнопленных	
вое́нно-полити́ческий (курс США)	militärpolitisch
вое́нно-стратеги́ческий (баланс)	militärstrategisch
вое́нно-морско́й флот	Seekriegsflotte, Kriegsmarine
вое́нно-возду́шные силы	Luftstreitkräfte
вое́нно-промы́шленный комплекс	Militär-Industrie-Komplex
воениздáт (вое́нное изда́тельство)	Militärverlag
работать в воениздате	
военкома́т (вое́нный комиссариа́т)	Militärkommissariat, Wehr(kreis-,
стоять на учете в военкомате	bezirks- usw.)kommando
(изра́ильская) вое́нщина*	Militärmaschinerie, Soldateska
завоёвывать/завоева́ть (страну;	erobern; erringen
свободу, доверие)	
завоева́ние	Eroberung; Erringung; Errungen-
завоевание страны; свободы	schaft
революционные завоевания	
завоева́тель	Eroberer
испанские завоеватели	
завоева́тельный	Eroberungs-
завоевательные войны	
отвоёвывать/отвоева́ть (позиции)	zurückerobern

годи́ться *nur uv.*	taugen, tauglich sein, geeignet sein
Для научной работы этот коллега совершенно не годится.	
Это никуда не годится.	
го́дный (к военной службе)	tauglich, geeignet
пригоди́ться *nur v.*	nützen, nützlich sein, brauchbar sein, geeignet sein
Этот материал ему еще пригодится для диссертации.	

пригодный	geeignet, brauchbar, tauglich
пригодные для обработки данные	
пригодность* (материала)	Eignung, Brauchbarkeit, Tauglichkeit
выгода	Nutzen, Vorteil, Gewinn
на основе взаимной выгоды	
выгодный (договор)	nützlich, vorteilhaft
выгодность* (переговоров)	Nützlichkeit, Vorteilhaftigkeit
угождать/угодить кому *oder* на кого	j-n durch *Gefälligkeiten u. a.* zufriedenstellen, befriedigen
Впрочем, ему трудно угодить.	
На всех не угодишь.	
угодно* кому	gefällig, erwünscht
Что вам угодно?	Was wünschen Sie?
угодно *nach Fragepron. u. -adv.*	ganz gleich ..., ... auch immer
кто угодно, сколько угодно	
угодничать* *nur uv.* (перед начальством)	liebedienern, kriechen
угодничество* (перед сильным)	Liebedienerei, Heuchelei
угодливый* (человек)	liebedienerisch, kriecherisch

12.7.2. ◉ ◉ Новая лексика

наращивать/нарастить	vergrößern, verstärken, forcieren
наращивание обычных вооружений	

Военные концерны продолжали наращивать выпуск вооружений.

оснащать/оснастить	ausrüsten, ausstatten
современное оснащение	

Стратегические бомбардировщики оснащены крылатыми ракетами большого радиуса действия.

лишать/лишить кого чего	j-n einer Sache berauben, j-m etw.
лишаться/лишиться свободы	entziehen, j-m etw. nehmen
лишение премии	

Советский Союз лишил Соединенные Штаты Америки монополии на атомное оружие.

назначать/назначить	bestimmen, festsetzen; ernennen, berufen
назначенный срок	
назначение на работу в вуз	

Начало военных учений было назначено на 10 октября.

12.7.

предназнача́ть/предназна́чить im voraus festsetzen; bestimmen, vorsehen
предназначе́ние денег на пое́здку
  Крыла́тые раке́ты предназна́чены для достиже́ния превосхо́дства над соцстра́нами.

рассчи́тывать *nur uv.* **на кого́/что** hoffen auf, rechnen auf
рассчи́тывать/рассчита́ть сто́имость
предвари́тельный расчёт
  США всерьёз рассчи́тывали на достиже́ние вое́нного превосхо́дства.

сменя́ть/смени́ть ersetzen, ablösen; (aus)wechseln
сме́на руково́дства
сме́нное бельё*
  Одни́ ти́пы и систе́мы вооруже́ний сменя́ют други́е.

доставля́ть/доста́вить bringen, liefern, zustellen
сре́дства доста́вки
доста́вщик* телегра́мм
  Раке́ты "Пе́ршинг 2" бы́ли доста́влены в Запа́дную Евро́пу в середи́не 80-х годо́в.

оправля́ться/опра́виться от чего sich erholen von, wieder zu sich kommen nach
  Империалисти́ческие круги́ не хоте́ли, что́бы СССР опра́вился от после́дствий войны́.

ста́лкиваться/столкну́ться с чем zusammenstoßen mit, aufeinanderprallen
толка́ть/толкну́ть ядро́ *Sport*
вооружённое столкнове́ние
  Агресси́вные де́йствия США ста́лкиваются с расту́щим сопротивле́нием.

срыва́ть/сорва́ть hintertreiben, zum Scheitern bringen, vereiteln
срыв пла́на
  Жене́вские перегово́ры по ограниче́нию я́дерных вооруже́ний в Евро́пе бы́ли со́рваны.

извлека́ть/извле́чь ziehen, herausziehen, erzielen
извлече́ние вы́годы
  Империалисти́ческие круги́ извлека́ют пои́стине гига́нтские вы́годы из го́нки вооруже́ний.

уда́р Schlag; Stoß
ударя́ть/уда́рить по столу́
уда́рный труд
стать уда́рником произво́дства
  Раке́ты "Пе́ршинг 2" предназна́чены для нанесе́ния пе́рвого я́дерного уда́ра.

наде́жда   Hoffnung
наде́яться/понаде́яться на по́-
мощь
   Милитаристы США не оставляют надежды на то, чтобы вернуть прежние позиции.

авантю́ра   Abenteuer
опасный авантюри́зм
авантюристи́ческие тенденции
   Не оставляет сомнений, что можно положить конец милитаристским авантюрам США.

орби́та   Umlaufbahn
орбита́льный комплекс
   СССР первым в мире вывел на орбиту искусственный спутник Земли.

же́ртва   Opfer
же́ртвовать/поже́ртвовать собой
же́ртвенное* отношение к науке
   Нельзя допустить, чтобы народ Вьетнама вновь стал жертвой американской агрессии.

цепь, -и *f.*   Kette
купить золотую цепо́чку
цепна́я реакция
   К середине 50-х годов США создали основу существующей цепи баз вокруг СССР.

про́иски, -ов   Ränke, Umtriebe, Intrigen
   Надо положить конец проискам поджигателей войны.

раке́та сре́дней да́льности   Mittelstreckenrakete
сре́дняя да́льность полета
раке́та межконтинента́льной
да́льности
   США начали размещение нового поколения ядерных ракет средней дальности в Западной Европе.

боево́й   Gefechts-, Kriegs-, Kampf-
в ходе боёв
бойцы́ Красной Армии
проверка боегото́вности
   НАТО принимает на вооружение новые и намного улучшенные боевые танки.

стра́шный   schrecklich, furchtbar
страши́ться *nur uv.* ответственности
жить в постоянном стра́хе
   Ядерная война имела бы страшные последствия для всего человечества.

12.7.

чудо́вищный ungeheuer, ungeheuerlich
морско́е чудо́вище
чудо́вищность преступления
　Осуществление чудовищных планов США поставило бы под угрозу жизнь на Земле.

безу́мный unsinnig, sinnlos; wahnwitzig
соверши́ть безу́мие
　Возможно ли остановить безумную гонку вооружений?

коры́стный eigennützig, gewinnsüchtig
бескоры́стная по́мощь
　Для достижения своих корыстных целей милитаристы готовы совершить любое преступление.

тще́тный vergeblich, nutzlos
тще́тность надежд
　Расчеты США на достижение военного превосходства оказались тщетными.

ра́ди кого/чего wegen, um ... willen
　Прогрессивное человечество борется за мир ради жизни на Земле.

вплоть до чего bis zu, bis an
　Долгосрочная программа сверхвооружения предусматривала модернизацию ядерного оружия и средств его доставки вплоть до конца 80-х годов.

13. Тринадцатый урок: "Проблемы интернационализации хозяйственной жизни"

13.1. Первый раздел

13.1.1. 🔘 🔘 Предполагаемые знания: владение лексикой (13.7.) и конструкциями (прил. 3.13.)

13.1.2. 🔘 🔘 Прослушайте доклад на тему "О различиях интернационализации хозяйственной жизни при капитализме и социализме". Выделите и запишите главную информацию.

Дорогие товарищи!

Еще классики марксизма-ленинизма отметили тенденцию к специализации производства и международному разделению труда и, следовательно, к интернационализации производительных сил и хозяйственной жизни, к устранению национальных перегородок, обособленности и замкнутости. Они подчеркнули, что эта тенденция носит объективный характер.

Чем объясняется тенденция к интернационализации хозяйственной жизни? Производительные силы, как известно, развивались на протяжении многих веков в основном в национальных рамках. При капитализме они достигли такого уровня, который настоятельно требовал международного разделения труда. В работе "Немецкая идеология" К. Маркс и Ф. Энгельс охарактеризовали тенденцию к интернационализации хозяйственной жизни при капитализме. Они указали на то, что крупная промышленность "впервые создала всемирную историю, поскольку поставила удовлетворение потребностей каждой цивилизованной страны и каждого индивида в ней в зависимость от всего мира и поскольку уничтожила прежнюю, естественно сложившуюся обособленность отдельных стран". Два года спустя в "Манифесте Коммунистической партии" они углубили это положение: "Национальная обособленность и противоположности народов все более и более исчезают уже с развитием буржуазии, со свободой торговли, всемирным рынком, с единообразием промышленного производства и соответствующих ему условий жизни. Господство пролетариата еще более ускорит их исчезновение".

В этой формулировке К. Маркс и Ф. Энгельс дают не только глубокую характеристику тенденции общественного развития к интернационализации при капитализме, но и указывают на историческую ограниченность данной тенденции в рамках капитализма. В "Тезисах по национальному вопросу" В. И. Ленин научно обобщил исторический опыт нового этапа развития. Подтверждая вывод К. Маркса и Ф. Энгельса, он выдвинул известное положение о том, что "вся хозяйственная, политическая и духовная жизнь человечества все более интернационализируется уже при капитализме. Социализм целиком интернационализирует ее". Из этого вытекает, что только социализм способен завершить этот процесс.

Обратимся к вопросу о характере капиталистической интернационализации хозяйства. В первую очередь следует отметить, что капиталистические отношения собственности порождают неравенство и обусловливают эксплуатацию одних народов другими. Вследствие этого капиталистическая интернационализация выступает как средство получения громадных прибылей путем эксплуатации экономически менее сильных стран более сильными. Тем самым она углубляет противоречия как между развитыми капиталистическими странами, так и между ними и развивающимися странами.

Из сказанного можно сделать вывод, что для действительного объединения народов общие интересы должны преобладать над национальными. А для этого должны быть прежде всего уничтожены капиталистические отношения собственности.

Разумеется, принципиально иной характер носит интернационализация хозяйственной жизни в условиях социализма. В социалистическом обществе имеются все объективные предпосылки для того, чтобы направить начавшуюся при капитализме тенденцию к интернационализации на путь, который отвечает интересам всех трудящихся участвующих в кооперации стран. Итак, социалистическая интернационализация содействует объединению усилий братских стран, рациональному и эффективному использованию их совокупных ресурсов. На этой основе обеспечивается неуклонный рост производительности труда, повышение благосостояния трудящихся.

Выдающимся примером для всего мира является опыт СЭВ. СЭВ — несомненно самая динамичная экономическая организация мира. Опыт и практика стран-членов СЭВ убедительно демонстрируют присущие социализму коренные преимущества над капитализмом, такие, как социальное и национальное равноправие, планомерное и согласованное развитие экономики, постоянная забота о человеке. Можно быть уверенным, что упрочение единства и сплоченности стран социалистического содружества, углубление многостороннего сотрудничества способствует дальнейшему подъему экономик социалистических стран и укреплению позиций реального социализма.

Здесь уместно напомнить интересное высказывание К. Маркса и Ф. Энгельса о том, что "взаимоотношения между различными нациями

зависят от того, насколько каждая из них развила свои производительные силы, разделение труда и внутреннее общение". Другими словами, уровень интернационализации хозяйственной жизни определяется степенью развития экономического потенциала каждой участвующей страны.
Страны-члены СЭВ в рамках своего многостороннего сотрудничества последовательно руководствуются этим выводом. Они прилагают все усилия к тому, чтобы ни одна из них не оставалась слабым звеном в цепи сотрудничающих братских стран. Поэтому они уделяют большое внимание дальнейшему сближению уровней экономического развития стран-членов СЭВ, оказывая усиленное содействие в первую очередь тем странам, которые пока еще отстают в своем экономическом развитии. И это, на мой взгляд, важнейшее преимущество социалистической интернационализации.

Спасибо за внимание.

13.1.3. Проинформируйте своего собеседника об основном содержании прослушанного доклада, используя свои записи.

13.1.4. Прочитайте текст доклада (13.1.2.) и обсудите некоторые вопросы, связанные с интернационализацией хозяйственной жизни, используя данные конструкции:

1. Какая тенденция, отмеченная еще классиками марксизма-ленинизма, наблюдается в хозяйственной жизни при капитализме?
Конструкции: Прежде всего хотелось бы обратить внимание на . . .
Напомним, что . . .

2. Что можно сказать о тенденции к интернационализации хозяйственной жизни, исходя из ее характеристики, данной в "Манифесте Коммунистической партии"?
Констр.: Исходя из . . ., можно отметить, что . . .
Не вызывает сомнения тот факт, что . . .

3. Как можно охарактеризовать капиталистическую интернационализацию хозяйства?
Констр.: Нужно исходить из того факта, что . . .
Нельзя упускать из виду и то, что . . .

4. Каким путем можно преодолеть негативные явления, связанные с капиталистической интернационализацией?
Констр.: Учитывая сказанное, можно сделать вывод, что . . .
Хочется подчеркнуть, что . . .

13.1.

5. Какой характер носит интернационализация хозяйственной жизни в условиях социализма?
Констр.: Если сопоставить ... и ..., то можно сказать, что (только) ...
В подтверждение сказанного хочется указать на то, что ...

6. Какую роль играет СЭВ в процессе социалистической интернационализации?
Констр.: Можно с уверенностью сказать, что ...
Имеются все основания предположить, что ...

7. Чем определяется уровень интернационализации хозяйственной жизни?
Констр.: При этом нужно принимать во внимание ...
В связи с этим хочется отметить, что ...

13.1.5. Используя конструкции из прил. 3.13., выскажите предположение относительно нижеприведенных высказываний. Образец:

Tendenz zur Spezialisierung in einzelnen Ländern wird zu weiterer Internationalisierung des Wirtschaftslebens führen → **Можно предположить, что** тенденция к специализации в отдельных странах приведет к дальнейшей интернационализации хозяйственной жизни.

1. Herrschaft des Proletariats wird Internationalisierung des gesamten Wirtschaftslebens beschleunigen 2. Nationale Barrieren, Isoliertheit und Abgeschlossenheit werden dann beseitigt sein 3. Im Verlaufe vieler Jahrhunderte existente Gegensätze zwischen Völkern werden dann verschwinden 4. Sozialismus in der Lage, Prozeß der Internationalisierung endgültig abzuschließen 5. Entwicklungsländer werden sich mit ihnen aufgezwungenen wirtschaftlichen Bedingungen nicht abfinden 6. Bald wird Zeit anbrechen, wo viele Entwicklungsländer sich aus wirtschaftlicher Vormundschaft der neokolonialistischen Mächte befreien 7. Einheit und Geschlossenheit der Länder der sozialistischen Gemeinschaft wird auch in wirtschaftlichen Erfolgen Niederschlag finden

13.1.6. Переведите на русский язык:

Bereits Marx, Engels und Lenin haben die Tendenz zur Internationalisierung des Wirtschaftslebens als eine Erscheinung bzw. Folge der Entwicklung der Produktivkräfte erkannt und darauf hingewiesen, daß im Kapitalismus einerseits ein gewaltiger Aufschwung der Produktivkräfte zu

verzeichnen ist, andererseits mit der Liquidierung der nationalen Barrieren die Isoliertheit und Abgeschlossenheit der einzelnen Länder auf wirtschaftlichem Gebiet allmählich beseitigt wird. Marx und Engels deckten gleichzeitig jedoch auch die historische Begrenztheit der Internationalisierungstendenz unter den Bedingungen des Kapitalismus auf.
Lenin entwickelte diesen Gedanken unter den Bedingungen des Imperialismus weiter, wobei er diese Etappe als das höchste Stadium des Kapitalismus kennzeichnete und verallgemeinernd feststellte, daß sich die Internationalisierung unter den Bedingungen des Imperialismus in bedeutendem Maße verstärkt und alle Bereiche des wirtschaftlichen, politischen und geistig-kulturellen Lebens erfaßt. Völlig zu Ende geführt werden könne dieser Internationalisierungsprozeß jedoch erst unter den Bedingungen sozialistischer Produktionsverhältnisse, weil erst dann die kapitalistischen Eigentumsverhältnisse, die eine ständige Quelle der Ungleichheit, des Profitstrebens sowie der Ausbeutung und Unterdrückung des einen Landes durch das andere darstellen, beseitigt seien.
Die sozialistische Internationalisierung der Wirtschaft ist nicht gegen die Interessen einzelner Länder gerichtet, sondern berücksichtigt diese in umfassendem Sinne und fördert die Erschließung der gemeinsamen ökonomischen Ressourcen zum Wohle aller an der Kooperation beteiligten Völker. Die sozialistische Integration geht weit über die ökonomische Zusammenarbeit hinaus. Auf der Grundlage des sozialistischen Internationalismus gestalten sich engste Beziehungen zwischen den Ländern der sozialistischen Gemeinschaft, die alle Bereiche, auch den allerkleinsten, einschließen. Man muß in diesem Zusammenhang betonen, daß sich diese Beziehungen auf der Grundlage absoluter Gleichberechtigung der Partner entfalten.
Angesichts der heutigen komplizierten außenpolitischen und außenwirtschaftlichen Situation wird die Notwendigkeit einer noch engeren Zusammenarbeit der sozialistischen Staaten besonders nachdrücklich empfunden. Von der klaren Absicht, die Kooperation auf allen Gebieten ständig zu vertiefen, und von der Einheit und Geschlossenheit der Staaten der sozialistischen Gemeinschaft zeugen die Erklärungen führender Repräsentanten der Mitgliedsländer des RGW auf den Wirtschaftsberatungen der vergangenen Jahre.

13.1.7.   Объясните смысл следующих понятий и словосочетаний:

1. производительные силы   2. интернационализация хозяйственной жизни   3. международное разделение труда   4. всемирный рынок   5. социалистическая интеграция   6. Совет Экономической Взаимопомощи   7. сближение уровней экономического развития

13.1.

13.1.8. Сделайте краткое сообщение на тему "О различиях интернационализации хозяйственной жизни при капитализме и социализме". Используйте для этого следующие подтемы, а также конструкции из прил. 3.13.

1. Развитие производительных сил при капитализме и их значение для интернационализации хозяйственной жизни 2. Ограниченность интернационализации хозяйственной жизни при капитализме 3. Принципиально новый характер интернационализации хозяйственной жизни при социализме 4. СЭВ — самая динамичная экономическая организация мира

13.1.9. Проведите с товарищами беседу "за круглым столом" на тему "Интернационализация хозяйственной жизни — объективная тенденция общественного развития". В ходе беседы обсудите следующие вопросы:

1. Wie weit ist der Grad der Internationalisierung der Beziehungen zwischen den Ländern bis zum gegenwärtigen Zeitpunkt gediehen? 2. Warum bringt erst der Sozialismus-Kommunismus die Voraussetzungen für die Vollendung des Prozesses der Internationalisierung mit sich? 3. Welche wesentlichen Erfolge hat die sozialistische Integration erzielt? 4. Bremst die Einbeziehung neuer Länder (Kuba, Vietnam usw.) nicht das Gesamtentwicklungstempo der RGW-Staaten? 5. Kann man unter heutigen Bedingungen bereits von einer vollständigen Ausschöpfung der Internationalisierungspotenzen im Sozialismus sprechen? 6. Welche internationalen Faktoren wirken beschleunigend oder auch hemmend auf den weltweiten allseitigen Internationalisierungsprozeß?

13.2. Второй раздел

13.2.1. Прочитайте статью из журнала "Экономическое сотрудничество стран-членов СЭВ". Выделите основные этапы интернационализации хозяйственной жизни в рамках СЭВ. Составьте краткий план статьи.

Основные этапы интернационализации хозяйственной жизни соцстран

Интернационализация хозяйственной жизни в рамках мировой системы социализма — это длительный, динамичный процесс, который охватывает многие стороны жизни братских стран. Эта интернационализация прошла несколько этапов, качественно отличающихся своими особенностями друг от друга.

На начальном этапе большинство стран имело невысокий уровень развития производительных сил и в структуре их экономики преобладали сельское хозяйство и добывающие отрасли промышленности. В этот период каждое государство, вскрывая в основном собственные резервы, развивало свою экономику, руководствуясь при этом в подавляющей степени удовлетворением внутренних потребностей. В это время взаимосвязь и взаимодействие социалистических стран осуществлялись главным образом в двустороннем порядке.

Образование в 1949 г. Совета Экономической Взаимопомощи (СЭВ) положило начало многостороннему экономическому и научно-техническому сотрудничеству социалистических стран, коллективному поиску принципиально новых методов международного сотрудничества.

На протяжении первых лет в рамках СЭВ решалась главным образом задача налаживания и расширения взаимной торговли, обмена научно-техническим опытом, кредитных связей. Экономическое сотрудничество, базируясь на многоотраслевом развитии национальных экономик, имело сравнительно ограниченные цели: содействовало тому, чтобы каждая из стран-членов на основе равноправных социалистических взаимоотношений обеспечивала себя необходимыми видами продукции за счет импорта и получала возможность реализации на социалистическом рынке продукции, имеющейся в избытке.

Вместе с тем и в этот период в сотрудничестве уже можно было видеть отдельные элементы экономической интеграции. В странах СЭВ начинают создаваться отдельные производства и отрасли с учетом не только интересов своей страны, но и потребностей других социалистических стран, налаживается производственное сотрудничество. Это было особенно важно для небольших и средних по величине и экономическому потенциалу стран, потому что они только в таких условиях могли организовать эффективное производство продукции на уровне мировых стандартов.

В 50-х годах в большинстве братских стран с завершением переходного периода вырос экономический потенциал на основе индустриализации, утвердился социалистический уклад хозяйства. На этой основе формировалось социалистическое содружество как союз государств нового типа, основой которого является социалистический интернационализм, углубилось межгосударственное разделение труда стран СЭВ. Это позволило в конце 50-х годов приступить к более тесному, согласованному, планомерному сотрудничеству и, в частности, к объединению сил и средств для решения совместными усилиями некоторых топливно-энергетических и сырьевых проблем, к определению отдельных перспективных направлений специализации и кооперирования в области машиностроения.

В 60-е годы в странах СЭВ на базе победившего социалистического уклада в экономике и сложившейся системы сотрудничества, осуществляемого теперь как в двустороннем, так и многостороннем порядке, значительно вырос уровень развития производительных сил, произошли глубокие качественные изменения в отраслевой структуре народного хозяйства, в частности в промышленности. В результате более высоких темпов развития менее развитых в прошлом стран произошло относительное выравнивание уровней экономического развития стран-членов СЭВ, сблизились структуры национальных народнохозяйственных комплексов и одновременно возросли масштабы новых проблем. В этих условиях для эффективного решения многих экономических, технических и социальных задач возникла необходимость выйти за рамки отдельных стран и более уверенно вступить на путь скоординированного развития национальных экономик, объединения сил и средств, производственных и научно-технических потенциалов в масштабах СЭВ.

В связи с этим начинает все настоятельнее ощущаться необходимость формирования такой модели хозяйственного взаимодействия братских стран, которая позволила бы им создать целостную систему экономических взаимосвязей, учитывающую перспективные задачи социально-экономического развития каждой страны и всего социалистического содружества, долгосрочные тенденции научно-технического прогресса в мире. Этой цели в определенной мере отвечали, в частности, созданные тогда заинтересованными странами СЭВ Объединенные электроэнергетические системы "Мир", такие многосторонние экономические организации, как "Интерметалл", Организация сотрудничества в области подшипниковой[1] промышленности, Общий парк грузовых вагонов (ОПВ) и др. Однако этого было уже недостаточно.

На рубеже 60—70-х годов настало время для перехода от отдельных интеграционных мероприятий к широкому планомерному процессу социалистической экономической интеграции. Принятие в июле 1975 года на XXV сессии СЭВ Комплексной программы дальнейшего углубления и совершенствования сотрудничества и развития социалистической экономической интеграции положило начало качественно новому этапу взаимовыгодных связей между братскими странами. Этот курс на экономическую интеграцию является долговременной стратегией и означает совместное освоение природных ресурсов для общей пользы, совместное строительство крупных промышленных комплексов, рассчитанных на удовлетворение нужд всех участников, спланированную на многие годы вперед кооперацию между предприятиями соцстран и целыми отраслями промышленности, создание громадных международных производственных комплексов в ключевых отраслях и т. д.

Цель этой интенсивной интеграционной политики — обеспечить более эффективное и рациональное использование совокупных материальных, финансовых и людских ресурсов в масштабе социалистического содружества. Можно привести немало примеров успешно функционирующих международных производственных комплексов СЭВ, например, "Мир" (Объединенные электроэнергетические системы стран-членов СЭВ), "Дружба" (система нефтепроводов, включающая нефтедобывающую промышленность СССР и нефтеперерабатывающую и нефтехимическую промышленность европейских стран СЭВ). В области машиностроения здесь уместно назвать в качестве наглядного примера успешной специализации и кооперирования развитие производства средств вычислительной техники, т. е. единой серии ЭВМ "Ряд" и "мини-ЭВМ". Подобные примеры можно назвать и в области оборудования для атомных электростанций и в других областях промышленности.

В 80-е годы братские страны вступили в более высокий этап интеграции, центральной задачей которого является разработка экономической стратегии на 80-е — 90-е годы, всесторонняя интенсификация народного хозяйства и претворение в жизнь пяти взаимосвязанных комплексных долгосрочных целевых программ СЭВ на период до 1990 г., а именно: 1) в области энергии, топлива и сырья, 2) в области сельского хозяйства и пищевой промышленности, 3) в области машиностроения, 4) в области товаров народного потребления и 5) в области транспорта.

[1] подши́пниковый — Kugellager-

13.2.2. Используя ваш план, изложите содержание статьи.

13.2.3. Подготовьтесь с товарищем к дискуссии на тему "Вклад ГДР в решение задач СЭВ". Выделите актуальные, на ваш взгляд, проблемы.

13.2.4. На экономическом факультете МГУ проводится беседа за "круглым столом", посвященная годовщине основания СЭВ. На беседе присутствуют специалисты в области экономики, а также студенты из ГДР и других стран, интересующиеся проблемами интеграции. Обсуждаются вопросы углубления сотрудничества в рамках СЭВ. Участники беседы затрагивают следующие вопросы: 1. Важнейшие, самые перспективные области сотрудничества 2. Проблемы и трудности, связанные со специализацией производства 3. Проблемы, связанные с выравниванием уровней экономики развитых стран-членов СЭВ 4. Особенности в применении принципов взаимной выгоды 5. Вклад ГДР в решение задач СЭВ

Примите участие в дискуссии.

13.3.   **Третий раздел**

13.3.1.   ⊙ ⊙ По радио передается выступление доктора экономических наук Виктора Александровича Новикова на тему "Проблемы внешнеэкономической политики стран ЕЭС". Прослушайте это выступление и запишите основную информацию. На основе записей составьте краткий план выступления.

13.3.2.   Ваши коллеги просят вас изложить основные проблемы, затронутые в выступлении В. А. Новикова. Используя план, ознакомьте их с содержанием выступления.

13.3.3.   Обсудите с товарищем вопросы внешнеэкономических отношений ЕЭС, затронутые в выступлении В. А. Новикова. Остановитесь, в частности, на попытках вмешательства Вашингтона во внешнеэкономическую политику ЕЭС. Проиллюстрируйте это своими примерами.

13.3.4.   Вас пригласили на конференцию в Институт мировой экономики и международных отношений АН СССР, посвященную проблемам общеевропейского сотрудничества. В одной из рабочих групп проводится дискуссия на тему "Тенденции в развитии экономических отношений между ЕЭС и СЭВ и попытки США помешать этому развитию". На обсуждение поставлены следующие вопросы: 1. Какого уровня достигли внешнеэкономические отношения между отдельными странами ЕЭС и СЭВ? 2. По какой причине "Общий рынок" не стремится к развитию связей с СЭВ на многосторонней основе? 3. Какую выгоду ЕЭС могло бы извлечь из торговых отношений со странами СЭВ? 4. С какой целью США оказывают нажим на страны ЕЭС? 5. Как реагируют страны ЕЭС на попытки вмешательства со стороны США?

13.4. Четвертый раздел

13.4.1. Во время стажировки вас попросили перевести для стенгазеты следующую статью из немецкого журнала:

Integration der RGW-Länder erreicht höhere Stufe

Vertiefte Intensivierung und steigende Produktivität sind die Hauptrichtungen eines Programms, das in der Geschichte der internationalen Beziehungen zweier Länder untereinander seinesgleichen nicht kennt — des langfristigen Programms der Zusammenarbeit zwischen der DDR und der UdSSR in Wissenschaft, Technik und Produktion bis zum Jahre 2000. Erich Honecker und Andrej Gromyko hatten es am 8. Oktober 1984 in Berlin feierlich unterzeichnet.

Mit diesem Programm wurde eine neue Etappe der bilateralen Beziehungen zwischen unseren Ländern eingeleitet. Die vertragsschließenden Seiten erklärten ihre feste Absicht, die ökonomische und wissenschaftlich-technische Zusammenarbeit allseitig zu erweitern und zu vertiefen. Die erfolgreiche Realisierung des Programms wird vor allem dazu beitragen, die Macht des Sozialismus zu stärken und damit den Frieden sicherer zu machen und zweitens durch wachsende wirtschaftliche Leistung die Hebung des Wohlstandes beider Völker zu beschleunigen.

Alle in den elf Komplexen des Programms vorgesehenen Maßnahmen sind darauf gerichtet, die vollständige Überführung der Volkswirtschaften beider Länder auf den Weg der Intensivierung als der Schlüsselfrage der künftigen Wirtschaftsentwicklung konsequent zu verwirklichen und dazu die neuesten Errungenschaften von Wissenschaft und Technik in ganzer Breite zu nutzen.

Die Notwendigkeit, eine höhere Stufe der Integration zu erreichen, wird heute um so nachdrücklicher empfunden, als in den letzten Jahren wesentliche Veränderungen der inneren und äußeren Bedingungen des Wirtschaftswachstums eingetreten sind. In diesem Zusammenhang sollte man auch erwähnen, daß diese Notwendigkeit sich nicht zuletzt aus den anspruchsvollen Zielen der sozialen Entwicklung ergibt, die sich die überwiegende Mehrheit der RGW-Länder gestellt hat.

Dies zwingt dazu, die bedeutenden gemeinsamen Reserven für die Erweiterung der bilateralen und multilateralen Zusammenarbeit, für die Vertiefung der Spezialisierung und Kooperation der Produktion und die Steigerung des gegenseitigen Handels auf der Grundlage der Nutzung des wissenschaftlich-technischen Fortschritts aufzudecken und zu mobilisieren. Damit können zugleich auch Einflüsse der kapitalistischen Weltwirtschaftskrise wesentlich abgeschwächt und Möglichkeiten geschaffen werden, dem ökonomischen Druck von seiten der aggressivsten Kreise der USA und ihrer Verbündeten zu widerstehen.

Die vorgesehenen Integrationsmaßnahmen werden einen gewichtigen Beitrag zur weiteren Annäherung unserer Völker, zur Festigung ihrer Einheit und Geschlossenheit, zu ihrer ökonomischen Stärkung und damit zur Sicherung des Weltfriedens leisten.

13.4.2. Однокоренные слова

13.4.2.1. (F_L) Прочитайте словосочетания с однокоренными словами и обратите внимание на их разные значения:

1. дру́жеский — freundschaftlich, Freundschafts-, Freundes-
   связи, отношения, помощь, совет, привет, тон, атмосфера, обстановка, встреча
2. дру́жественный — freundschaftlich, freundlich
   связи, отношения, помощь, встреча, тон, атмосфера, обстановка, письмо, послание
   страна, народ, нация — befreundet, Freundes-
3. дру́жный — durch Freundschaft verbunden, im vollen Einverständnis, einmütig;
   семья, коллектив, ребята
   работа, усилия, пение — gemeinsam, einmütig

13.4.2.2. ○━▶ Спишите предложения, вставляя вместо точек подходящие по смыслу однокоренные слова:

1. ... связи между народами этих стран укреплялись на протяжении целого ряда лет. 2. Он предпочитает говорить со всеми коллегами ... тоном. 3. Я попросила его передать моему другу ... привет. 4. В этом сплоченном коллективе все задания выполняются ... усилиями. 5. На уроке учительница рассказывала ученикам о ... семье Ульяновых. 6. ... страны заключили договор о сотрудничестве в области пищевой промышленности. 7. Во время встречи, прошедшей в ... атмосфере, были обсуждены некоторые международные вопросы. 8. Я дал ему ... совет не навязывать свое мнение другим коллегам. 9. Социалистические страны оказывают ... помощь многим развивающимся странам.

13.4.2.3. Составьте письменно предложения с однокоренными словами.

13.4.3. Синонимы

13.4.3.1. (F) Прочитайте существительные-синонимы. Обратите внимание на оттенки значения синонимов:

1.	**окончáние**	**Beendigung, Ende**
	работы, занятий, эксперимента, чемпионата, соревнований, войны, переговоров	Beendigung, Abschluß
	школы, института	Beendigung, Absolvierung
	рассказа, романа	Ende, Schluß
	слова	Endung *gramm.*
2.	**завершéние**	**Abschluß, Vollendung**
	работы, эксперимента, переговоров	
	периода, этапа, пятилетки	
3.	**конéц**	**Ende, Schluß**
	дня, недели, квартала, года занятий, эксперимента, чемпионата, соревнований, войны, выступления	
	рассказа, романа, книги, оперы, симфонии, пьесы	
4.	**финáл**	**Finale**
	оперы, симфонии, пьесы	
	чемпионата, соревнований	
5.	**прекращéние**	*durch besondere Umstände erzwungene* **Beendigung, Einstellung, Abbruch**
	гонки вооружений, войны, работы, занятий, эксперимента, чемпионата, соревнований, переговоров	

13.4.3.2. ⚬━▶ Вставьте вместо точек подходящие по смыслу синонимичные существительные. Укажите случаи, где возможны варианты.

1. По настоятельной просьбе инженера было решено ускорить ... работ. 2. ... переговоров предусмотрен... в следующем году. 3. Родители одобрили решение сына поработать после ... школы на строительстве трубопровода. 4. После ... переходного этапа страна вступила на путь построения социализма. 5. ... гонки вооружений в конечном счете смягчило бы остроту глобальных проблем в их комплексе. 6. В 50-х годах в большинстве братских стран с ... переходного периода утвердился социалистический уклад хозяйства. 7. Работники пищевой промышленности выполнили к ... года взятые на себя обязательства. 8. В ... выступления докладчик обобщил результаты проведенных экспериментов. 9. Все с нетерпением ждали ... войны. 10. Он намеревался дочитать эту книгу до ... 11. Наша команда вышла в ... чемпионата мира по футболу. 12. ... пьесы

произвел на всех огромное впечатление. 13. Прогрессивные силы всего мира выступали за ... войны во Вьетнаме. 14. После взрыва в лаборатории руководитель настоял на ... эксперимента.

13.4.3.3.   Составьте письменно предложения с синонимичными существительными.

13.4.4.   Вы хотите высказать предположение относительно приведенных ниже высказываний. Напишите предложения, используя конструкции из прил. 3.13. (см. образец в 13.1.5.).

1. Diese Einzelerscheinung läßt kaum Verallgemeinerung zu   2. In erster Etappe der internationalen Kooperation überwiegen im allgemeinen bilaterale Beziehungen   3. Herstellung gutnachbarlicher Beziehungen überwindet auch bestimmte ökonomische Barrieren   4. Mit Durchsetzung der sozialistischen Wirtschaftsform in einzelnen Ländern vertieft sich zwischenstaatliche Arbeitsteilung   5. Es wird noch sehr lange dauern, bis Zeit anbricht, in der der Stand der Produktivkräfte Leben im Überfluß gestattet   6. Reihe von EG-Ländern wird Anstrengungen unternehmen, um sich von Bevormundung durch USA-Administration zu befreien   7. Überwiegende Mehrheit der Länder der dritten Welt kämpft konsequent für Befreiung von durch Imperialismus aufgezwungenen Handelsbeschränkungen   8. Ökonomischer und wirtschaftlicher Druck der ultrareaktionären Kreise des Imperialismus auf Reihe von Länder hat noch nicht Höhepunkt erreicht   9. Realisierung des "Gas-Röhren-Abkommens" sichert Brennstoffversorgung Westeuropas bis ins 21. Jahrhundert

13.4.5.   Переписка

13.4.5.1.   Прочитайте образец неофициального письма про себя:

Здравствуйте, дорогая Рози!

Очень жаль, что Ваша командировка к нам, **запланированная на лето этого года, не состоялась. Я так надеялся** встретиться с Вами и поговорить о наших общих делах. Поэтому я решил обратиться к Вам с вопросом: не могли бы Вы **приехать** к нам **по индивидуальному приглашению,** скажем, в сентябре? Я был бы очень рад, если бы мог считать Вас нашим гостем, показать Вам наш город и хотя бы несколько других городов нашей страны. Вы могли бы также побывать в институте, где я работаю, и в других институтах, работой которых Вы интересуетесь. Словом, мы постараемся сделать все для того, чтобы Ваша поездка к нам была приятной и интересной.

Напишите, пожалуйста, **устраивает** ли Вас мое **предложение**, сообщите также, какое время было бы самым удобным для Вашего приезда, чтобы я мог заранее подготовиться и **оформить Вам вызов**. Надеюсь, дорогая Рози, что Вы не **откажетесь принять приглашение**. Очень жду **Вашего ответа** и радуюсь нашей предстоящей встрече.

С дружеским приветом
Ваш Алексей Петрович

13.4.5.2. (F_L) Переведите типичные для письма конструкции. Прочитайте их вслух и спишите.

13.4.5.3. Прочитайте письмо вслух.

13.4.5.4. Переведите ответное письмо, используя данные конструкции.

Lieber Alexej Petrowitsch!

Vielen Dank für Ihren Brief, über den ich mich wie immer sehr gefreut habe.
Ja, es ist wirklich schade, daß meine Dienstreise in die SU, die für den Sommer dieses Jahres geplant war, nicht stattgefunden hat. Ich hatte sehr gehofft, daß ich wenigstens im Herbst noch fahren kann, aber die Fertigstellung des Lehrbuchmanuskripts hat diese Hoffnung schließlich zunichte gemacht.
Um so mehr freue ich mich über den Vorschlag, auf Ihre persönliche Einladung hin nach Kiew zu kommen. Natürlich werde ich Ihre freundliche Einladung nicht ablehnen. Auch Ihr Vorschlag, im Juni nächsten Jahres Ihr Gast zu sein, ist mir sehr recht, denn dann werden unsere Arbeiten am Lehrbuch aller Wahrscheinlichkeit nach abgeschlossen sein. Wenn es Ihnen keine Umstände macht, würde ich Sie bitten, die Einladung so bald wie möglich ausfertigen zu lassen und sie mir vielleicht schon im Frühjahr zuzuschicken.
Ich warte sehr auf Ihre Antwort und freue mich schon jetzt auf das bevorstehende Zusammentreffen.

Es grüßt Sie recht herzlich
Ihre Rosi Werner

13.4.6. Напишите письмо своему советскому знакомому. Выразите сожаление по поводу несостоявшейся командировки в Ригу. Напишите также, что вы рады предложению вашего знакомого приехать к нему по индивидуальному приглашению. Попросите его оформить вам вызов как можно скорее.

13.4.

Сообщите о результатах вашей работы над монографией "Вопросы интернационализации хозяйственных отношений" и остановитесь кратко на некоторых проблемах, которые вы считаете особенно интересными.

> Употребите при этом, по возможности, выделенные в письме-образце конструкции (13.4.5.1.), а также конструкции из прил. 3.13.

13.4.7. В институте, где вы проходите стажировку, вас попросили выступить перед студентами на семинаре по политэкономии социализма. Тема семинара: "Социалистическая экономическая интеграция". Подготовьте письменно краткое выступление по данной тематике. Дайте оценку результатам многолетней успешной деятельности СЭВ и остановитесь на следующих вопросах: 1. Преимущества социалистической интернационализации хозяйства 2. Актуальные задачи в области кооперирования в рамках СЭВ 3. Экономические связи стран СЭВ с другими государствами, в частности со странами ЕЭС 4. Долгосрочные перспективы кооперирования в рамках СЭВ

> Используйте для выступления актуальный материал из прессы. Употребите также, по возможности, конструкции из прил. 3.13.

13.5. Пятый раздел

13.5.1. Прочитайте статью из журнала "Вопросы философии" и выделите ее основную информацию. Найдите в статье те абзацы, где говорится об опыте СССР и других социалистических стран в формировании нового типа отношений между государствами и о двух закономерных прогрессивных тенденциях в интернационализации хозяйственной жизни при социализме. Переведите их письменно со словарем.

Гармоничное сочетание национальных и интернациональных интересов при социализме

Процесс интернационализации хозяйственной жизни при социализме следует рассматривать в неразрывной связи с проблемами гармоничного сочетания национальных интересов трудящихся социалистических стран и интернациональных интересов социалистического содружества как единого целого. Этот процесс сложен, имеет проблемы и трудности, пути решения которых не может подсказать прошлый опыт человечества, так как страны социализма идут непроторенными путями. В этих условиях братские социалистические страны, их коммунистические и рабочие партии постоянно работают над тем, чтобы найти такие формы и методы сотрудничества, взаимодействия и взаимосвязи национальных народнохозяйственных комплексов, которые бы отвечали и их национальным, и интернациональным интересам содружества, обеспечивали гармоничное сочетание этих интересов.

К. Маркс и Ф. Энгельс придавали исключительно большое значение интернациональной солидарности пролетариата. Они всегда рассматривали ее с точки зрения как совместной борьбы трудящихся за свое социальное освобождение, так и объединения усилий по преодолению национальной обособленности, национальных трений между народами. Еще на заре своей политической деятельности Ф. Энгельс указывал: "Только пролетарии способны уничтожить национальную обособленность, только пробуждающийся пролетариат может установить братство между различными нациями". Международная сила пролетариата и его сила в национальных рамках — это факторы, дополняющие друг друга. Поэтому пролетариату любой страны объективно свойственны не только патриотизм как ведущая и наиболее прогрессивная сила нации, но и интернационализм. В "Манифесте Коммунистической партии" — первой программе коммунистов — провозглашен лозунг пролетарского интернационализма: "Пролетарии всех стран, соединяйтесь!" К. Маркс и Ф. Энгельс теоретически обосновали принципы единения и сближения пролетариата в международном масштабе.

В. И. Ленин, творчески развивая марксизм, разработал глубоко научную программу по национальному вопросу и ее сердцевину — диалектическое единство национального и интернационального, гармоническое сочетание и взаимодействие национальных и интернациональных интересов социалистических наций. "Старому миру, миру национального угнетения, национальной грызни или национального обособления, — писал он, — рабочие противопоставляют новый мир единства трудящихся всех наций . . .".

Марксизм-ленинизм никогда не абсолютизировал ни одну из сторон диалектического единства национального и интернационального. Напротив, постоянно, твердо и недвусмысленно подчеркивал ведущую сторону общественных классовых интересов пролетариата, являющихся сутью интернационализма.

Великая Октябрьская социалистическая революция открыла эпоху революционного перехода человечества от капитализма к социализму, которая представляет собой одновременно и переходную эпоху в развитии международных отношений. В это время, как указывал В. И. Ленин, создаются объективные и субъективные условия сначала для сближения, а в конечном счете для слияния наций и государств.

В. И. Ленин теоретически обосновал основные принципы межгосударственных отношений социалистических наций и государств, вытекающие из самого существа социалистического общества: полное равноправие, уважение национального суверенитета, дружба, взаимопомощь и братское сотрудничество, независимо от уровня экономического развития, экономического потенциала стран. Претворение в жизнь этих принципов означало бы создание добровольного союза наций, который не допускал бы никакого насилия одной нации над другой и был бы основан на полнейшем доверии, на ясном осознании братского единства, на вполне добровольном согласии.

Марксизм-ленинизм считает вопрос отношений между нациями и государствами одним из наиболее сложных, поскольку различия между народами и государствами, как указывал В. И. Ленин, "будут держаться еще очень и очень долго даже после осуществления диктатуры пролетариата во всемирном масштабе". До создания братского союза социалистических наций, отмечал он, "надо доработаться с величайшей терпеливостью и осторожностью, чтобы . . . не вызвать недоверия, чтобы дать изжить недоверие, оставленное веками гнета помещиков и капиталистов, частной собственности и вражды из-за ее разделов и переделов. Поэтому, неуклонно стремясь к единству наций, беспощадно преследуя все, что разъединяет их, мы должны быть очень осторожны, терпеливы, уступчивы к пережиткам национального недоверия".

Сотрудничество социалистических стран на практике подтвердило, что в формировании нового типа отношений между государствами, действительно справедливых, равноправных, братских отношений между народами, важная роль принадлежит опыту Советского Союза. И это признано братскими коммунистическими и рабочими партиями и марксистско-ленинскими партиями всего мира. В СССР впервые в истории восторжествовала ленинская национальная политика, принципы социалистического интернационализма, создано братское содружество всех народов страны, обеспечивающее всесторонний расцвет каждой нации и народности и вместе с тем их всемерное сближение. Сбываются слова о роли СССР, содержащиеся в резолюции XII съезда Коммунистической партии СССР: "Союз Республик, созданный на началах равенства и добровольности рабочих и крестьян отдельных республик, является первым опытом пролетариата в деле урегулирования международных взаимоотношений независимых стран и первым шагом к созданию будущей всемирной Советской республики труда".

Интернационализация хозяйственной жизни в рамках мировой социалистической системы происходит на основе диалектического единства и взаимодействия двух закономерных прогрессивных тенденций. С одной стороны, высокие темпы развития национальных экономик каждой страны и укрепление на этой основе их суверенитета (национальные интересы). С другой — углубление экономического сотрудничества в общих интересах и сближение социалистических стран (интернациональные интересы). В основе этого лежит действие общих закономерностей социализма, единство национальных и интернациональных интересов и целей. Такое единство органически вытекает из объективных основ социалистического интернационализма, а также из его функций, которые расширились после образования мировой системы социализма: пролетарская солидарность в борьбе с капиталом дополнилась функциями защиты социалистических завоеваний и взаимопомощью в строительстве нового общества.

Исходя из вышеизложенного, можно сделать вывод, что принципы социалистического интернационализма, будучи залогом укрепления суверенитета и самостоятельного развития социалистических государств, служат прочной гарантией обеспечения гармоничного сочетания национального и интернационального в межгосударственных отношениях стран социалистического содружества.

13.5.2. Вы хотели бы обсудить с товарищем следующие проблемы, затронутые в статье:

1. Марксистско-ленинские принципы единения и сближения пролетариата в международном масштабе 2. Роль переходной эпохи в развитии международных отношений 3. Две основные тенденции в развитии взаимоотношений между социалистическими странами и их проявление в общественной практике

С целью подготовки к беседе сделайте соответствующие записи.

13.5.3. Используя записи, обсудите с товарищем названные в 13.5.2. проблемы. Выскажите свою точку зрения относительно их важности / актуальности.

13.5.4. Вас пригласили в Институт экономики мировой социалистической системы для участия в симпозиуме, посвященном вопросам интернационализации хозяйственной жизни при социализме. Во время перерыва завязалась беседа между специалистами из социалистических стран. Примите в ней участие. Обсудите следующие проблемы:

1. Негативные последствия абсолютизации только одной стороны диалектического единства национального и интернационального 2. Изменение условий классовой борьбы под влиянием усиливающейся интернационализации капиталистического хозяйства 3. Трудности в решении вопроса регулирования отношений между нациями и государствами и пути их преодоления 4. Перспективы дальнейшего сближения стран социалистического содружества и существующие для этого субъективные и объективные условия

13.6. Шестой раздел: Наш калейдоскоп

13.6.1. Высказывания великих людей

Оставаясь на точке зрения принципов коммунизма, российская делегация признает, что в нынешнюю историческую эпоху, делающую возможным параллельное существование старого и нарождающегося нового социального строя, экономическое сотрудничество между государствами, представляющими эти две системы собственности, является повелительно необходимым. (В. И. Ленин, Генуя, 1922 г.)

Мы видим во внешнеэкономических связях эффективное средство, способствующее решению и политических, и экономических задач. На путях экономической интеграции укрепляются мощь и сплоченность содружества стран социализма. Сотрудничество с развивающимися странами облегчает перестройку их экономики и общественной жизни на прогрессивных началах. Наконец, экономические и научно-технические связи с капиталистическими государствами упрочивают и расширяют материальную базу политики мирного сосуществования.

(Л. И. Брежнев)

13.6.2. СЭВ: цифры роста

1. Если к моменту основания СЭВ соотношение между самым высоким и самым низким уровнем национального дохода на душу населения в европейских странах составляло 3,2 : 1, а по промышленной продукции — 5 : 1, то к настоящему времени разрывы сократились соответственно до 1,3 : 1 и 1,7 : 1.

2. Национальный доход возрос с 1950 по 1983 год у стран-членов СЭВ в 8,6 раза, в развитых капиталистических государствах — в 3,4 раза.

3. Взаимный товарооборот составил в 1983 г. 167,4 миллиарда рублей и был в 36 раз выше уровня 1950 г.

4. Общий внешнеторговый оборот стран-членов СЭВ превысил в 1983 г. 285 млрд. руб.

5. Удельный вес взаимной торговли в общем внешнеторговом обороте стран-членов СЭВ в 1983 г. превысил 58 %.

6. Реальные доходы на душу населения в 1983 году по сравнению с началом 50-х годов увеличились в целом по странам СЭВ почти в 5 раз.

13.6.3. Это интересно знать

В европейских странах и на Кубе до 1990 года будут построены атомные электростанции суммарной мощностью 37 миллионов киловатт. Кроме того, в СССР будет построена Хмельницкая атомная электростанция мощностью 4 миллиона киловатт, половина энергии которой будет передаваться в братские страны. Для обеспечения строящихся электростанций необходимым оборудованием страны СЭВ заключили крупнейшее соглашение о многосторонней международной специализации и кооперировании в производстве и взаимных поставках такого оборудования на период 1981–1990 годов.

13.7. Седьмой раздел

13.7.1. ◉ ◉ Основные глаголы

обобща́ть/обобщи́ть	verallgemeinern
Необходимо обобщить результаты исследовательской работы.	
обобщённый (опыт)	verallgemeinert
обобще́ние (результатов)	Verallgemeinerung
о́бщий	allgemein; allgemeingültig; gemeinsam
общие вопросы философии	
общая закономерность	
Общий парк вагонов; Общий рынок	
в о́бщем	im allgemeinen, im großen und ganzen
вообще́	im allgemeinen; überhaupt
общеизве́стный (композитор)	all(gemein)bekannt
общенау́чный (стиль)	allgemeinwissenschaftlich
общеобразова́тельный (предмет)	allgemeinbildend
общеполе́зный (труд)	gemeinnützig
общепри́знанный (талант)	allgemein anerkannt
общепри́нятый (способ)	(allgemein) üblich
общеупотреби́тельный (метод)	allgemeingebräuchlich
общечелове́ческий (вопрос)	allgemeinmenschlich
всео́бщий (закон природы)	allgemein, allgemeingültig

13.7.

о́бщность	Gemeinsamkeit; Gemeinschaft
общность интересов	
историческая общность	
одобря́ть/одо́брить	gutheißen, billigen

В министерстве одобрили наш проект, поскольку он целиком отвечает требованиям практики.

одобре́ние (решения)	Billigung
одобри́тельный	billigend, zustimmend
одобрительно высказаться	
до́брый (человек)	gut, gutherzig
Всего до́брого!	Alles Gute!
добро́	das Gute, Gutes
желать добра людям	
добродуш́ный (сосед)	gutmütig
доброжела́тельный (тон)	wohlwollend
добросо́вестный (коллега)	gewissenhaft
добрососе́дский	gutnachbarlich
добрососедские отношения	
доброта́ (к людям)	Güte, Herzensgüte
добро́тный* (костюм)	gut, von guter Qualität

13.7.2.   ◉ ◉   Новая лексика

преоблада́ть *nur uv.* (над кем/чем) (*1. и. 2. Р. ungebr.*)   vorherrschen, überwiegen, dominieren
преобладающее большинство

И в наше время преобладает тенденция к выравниванию уровней экономического развития стран-членов СЭВ.

заверша́ть/заверши́ть   vollenden, beenden, (ab)schließen
заверша́ющий этап
заверше́ние работ по ремонту оборудования

После того как был завершен переходный период, страна вступила на путь построения социализма.

ощуща́ть/ощути́ть   empfinden, fühlen, verspüren
ясно ощуща́ться *nur uv.*
ощути́мая потеря
приятное ощуще́ние

Прогрессивное человечество ощущает острую необходимость активной борьбы за мир.

заявля́ть/заяви́ть   erklären, deklarieren
заявле́ние протеста
  Страны заявили о своей готовности согласовать действия по выполнению долгосрочных целевых программ.

навя́зывать/навяза́ть   aufzwingen, aufdrängen
навя́зчивый* человек
извиниться за навя́зчивость*
  Вашингтон стремится навязать союзникам свой агрессивный внешнеполитический курс.

вскрыва́ть/вскрыть   aufdecken, entdecken, finden
вскры́тие причин
  Предприятия должны стремиться вскрывать все имеющиеся производственные резервы.

настава́ть/наста́ть (*1. и. 2. P. ungebr.*)   anbrechen, kommen, beginnen
  На рубеже 60—70-х годов настало время для дальнейшего углубления социалистической интеграции.

предпочита́ть/предпоче́сть   vorziehen, bevorzugen
отдавать предпочте́ние классике
предпочти́тельный путь решения
  "Общий рынок" предпочитает вести переговоры с СЭВ по второстепенным вопросам.

укла́д   Form, Ordnung, System
  Благодаря победе социалистического уклада в экономике значительно вырос уровень развития производительных сил.

избы́ток   Überfluß, Überschuß
избы́точные* товары
  Страны-члены СЭВ получили возможность реализации на социалистическом рынке продукции, имеющейся в избытке.

нажи́м   Druck
нажима́ть/нажа́ть на кнопку
  В некоторых западноевропейских странах резко осуждают усиливающийся политический нажим со стороны Вашингтона.

опе́ка   Vormundschaft, Obhut
опека́ть* *nur uv.* детей
права опекуна́*
  Страны "Общего рынка" пытаются "высвободить" Западную Европу из-под опеки США.

труба́   Rohr
строительство трубопрово́да
   Страны "Общего рынка" были заинтересованы в реализации проекта "газ — трубы".

перегоро́дка   Trennwand, Scheidewand, Barriere
перегора́живать/перегороди́ть* комнату
   Специализация производства способствует устранению национальных перегородок.

обосо́бленность   Isoliertheit, Abgetrenntheit
занимать обосо́бленное положение
   Крупная промышленность при капитализме уничтожила прежнюю обособленность отдельных стран.

за́мкнутость   Abgeschlossenheit, Begrenztheit; Verschlossenheit
замыка́ть/замкну́ть* круг
за́мкнутый характер
   Интернационализация хозяйства устраняет национальную замкнутость.

сплочённость   Geschlossenheit, Einigkeit
спла́чивать/сплоти́ть народные массы
сплочённые ряды
сплоче́ние коллектива
   Позиции реального социализма укрепляются по мере упрочения единства и сплоченности братских стран.

наме́рение   Absicht, Vorhaben
намерева́ться *пит иv.* уехать
наме́ренный поступок
   Мне не совсем ясно, какие у него намерения.

ЕЭС   EWG
Европе́йское экономи́ческое соо́бщество
   ЕЭС пытается сохранить отвечающие его интересам торговые связи с Советским Союзом.

грома́дный   riesig, gewaltig, immens
   Капиталистическая интернационализация выступает как средство получения громадных прибылей.

настоя́тельный dringend; nachdrücklich, inständig
настоя́тельность просьбы
наста́ивать/настоя́ть на своём мне́нии
  Всё настоятельнее ощущается необходимость претворения в жизнь принятых решений.

совоку́пный gemeinsam, Gesamt-
совоку́пность проблем
  Необходимо рациональное использование совокупных материальных, финансовых и людских ресурсов.

пищево́й Nahrungs(güter)-, Ernährungs-
употреблять в пи́щу
  Выдающиеся успехи были достигнуты в области пищевой промышленности.

уме́стно passend, angebracht
(не)уме́стный вопрос
  Здесь уместно напомнить о необходимости поиска новых методов международного сотрудничества.

в двусторо́ннем поря́дке bilateral, zweiseitig
  На начальном этапе взаимодействие социалистических стран осуществлялось в двустороннем порядке.

на протяже́нии чего im Verlauf, im Laufe von
  Переговоры между ЕЭС и СЭВ идут уже на протяжении целого ряда лет.

спустя́ *vor oder hinter der Zeitangabe* nach, nach Ablauf von
  Несколько лет спустя были установлены деловые отношения между этими организациями.

14. Четырнадцатый урок: "Казахстан — процветающая советская республика"

14.1.   Первый раздел

14.1.1.   ◉ ◉ Предполагаемые знания: владение лексикой (14.7.) и конструкциями (прил. 3.14.)

14.1.2.   ◉ ◉ Прослушайте радиолекцию из цикла "Казахстан — процветающая советская республика" на тему "Из истории развития Казахстана". Выделите и запишите главную информацию.

Дорогие товарищи!

Непросто рассказать подробно о союзной республике в одной радиолекции, особенно когда речь идет о такой большой по площади и разнообразной по природным условиям, экономике, культуре, как Казахская ССР.
Начнем с того, что представляет собой сегодняшний Казахстан. Это огромная территория в 2 717 000 квадратных километров с населением свыше 16 млн. человек. Казахская ССР — вторая по площади после РСФСР союзная республика. На ней могли бы одновременно разместиться Великобритания, Франция, ФРГ, Испания, Австрия, Голландия и Дания. Здесь дружной семьей живут и трудятся представители 100 национальностей и народностей. Природные контрасты Казахстана таковы, что когда на юге зацветает яблоня, то на севере республики все еще лежит снег. Недра Казахстана исключительно богаты полезными ископаемыми. Здесь обнаружены почти все элементы таблицы Менделеева.
Напомним, что до Великой Октябрьской социалистической революции Казахстан был одной из наиболее отсталых окраин царской России. Казахский народ был лишен элементарных прав. Российский империализм всеми мерами сохранял здесь, как и на всех других восточных окраинах, патриархально-феодальные отношения. Старые законы и обычаи унижали достоинство народа, ограничивали его творческие силы и духовные возможности. Все это тормозило экономическое,

социальное и культурное развитие казахского народа, у которого царизм отобрал даже имя[1].

Но, несмотря на колонизаторскую политику царизма, добровольное присоединение Казахстана к России, которое произошло в 18 веке, сыграло и определенную положительную роль в развитии этого края. Оно способствовало развитию экономики, торговли, разнообразных связей между казахским и русским населением. Таким образом оно решительно ускорило ликвидацию старых патриархально-феодальных отношений в казахском обществе и, самое главное, помогало равитию антифеодального и антиколониального движения. Присоединение Казахстана к России содействовало распространению передовой демократической русской культуры и общественной мысли.

Благодаря тесным контактам с прогрессивными силами России казахский народ приобщался к революционному движению, к идеям марксизма. Трудовые массы Казахстана рука об руку с русскими рабочими и крестьянами выступали против царизма и местных угнетателей. В ходе этих классовых боев, которые обострились с начала XX века, они убедились, что только под руководством русского революционного пролетариата можно завоевать социальную и национальную свободу.

Великая Октябрьская социалистическая революция открыла новую, поистине счастливую главу в многовековой истории казахского народа. С огромным энтузиазмом встретили трудящиеся Казахстана подписанные В. И. Лениным исторические Декреты о мире, о земле. Полностью оправдались слова В. И. Ленина о том, что "крестьяне, находящиеся в полуфеодальной зависимости, отлично могут усвоить идею советской организации и осуществить ее на деле".

Подавляющее большинство казахских трудящихся встало на защиту завоеваний Октября. Войска контрреволюционных сил были окончательно разбиты в 1920 году. 26 августа того же года В. И. Ленин и М. И. Калинин подписали декрет "Об образовании Автономной Киргизской Советской Социалистической Республики", как тогда называлась республика. Исторически правильное наименование казахского народа было восстановлено в 1925 году. Республика стала называться Казахской АССР.

Примечательно то, что казахский народ совершил переход от феодального строя к социализму без капиталистической стадии развития. Для этого нужно было прежде всего преодолеть неразвитость экономики. Ведь во всем дореволюционном Казахстане не было ни одного круп-

---

[1] Der freiwillige Anschluß an Rußland hatte widersprüchliche Auswirkungen auf die Entwicklung des kasachischen Volkes. Neben progressiven Tendenzen offenbarte sich auch das Bestreben Rußlands, Kasachstan kolonial auszubeuten und dem Volk seine nationale Identität zu nehmen. So kamen 1822 auf Grund einer durch die zaristische Regierung verordneten Änderung der Verwaltungsstruktur große Teile des kasachischen Territoriums zu Kirgisien.

14.1.

ного промышленного предприятия, здесь находилось только 0,7 % всех предприятий России, на которых выпускалось лишь 0,3 % всей промышленной продукции страны.

А что можно сказать о промышленности Казахстана в наше время? К середине 80-х годов промышленное производство в республике возросло в 1000 раз! В Казахстане созданы почти все отрасли тяжелой промышленности. По абсолютному объему валовой продукции промышленности, добыче угля и выработке электроэнергии Казахстан стоит на третьем месте среди союзных республик. А по добыче нефти — на втором. Вот что такое индустрия сегодняшнего Казахстана!

Больших успехов добились труженики сельского хозяйства Казахской ССР. Общеизвестны достижения казахских целинников, которые совершили настоящий подвиг, увеличив за короткие сроки посевные площади республики в три с половиной раза. Благодаря самоотверженному труду целинников в Казахстане была создана новая зерновая база страны, успешно развивались скотоводство и птицеводство.

Но это уже тема для других лекций нашего цикла.

Спасибо за внимание.

14.1.3. Проинформируйте своего собеседника об основном содержании прослушанной радиолекции, используя свои записи.

14.1.4. Прочитайте текст радиолекции (14.1.2.) и обсудите некоторые вопросы, связанные с развитием Казахстана, используя данные конструкции:

1. Что вы можете рассказать о сегодняшнем Казахстане?

Конструкции: Насколько мне известно, ...
Хочется добавить, что ...

2. Что тормозило экономическое, социальное и культурное развитие казахского народа до революции?

Констр.: Что касается этого вопроса, то нужно сказать следующее: ...
Следует добавить, что ...

3. Чему способствовало добровольное присоединение Казахстана к России?

Констр.: С полным основанием можно сказать, что ...
Без всякого сомнения, ...

4. Какое влияние оказывали прогрессивные силы России на трудовые массы Казахстана?

Констр.: Не вызывает сомнения тот факт, что . . .
Хочется отметить, что . . .

5. Какое значение имела Великая Октябрьская социалистическая революция для казахского народа?

Констр.: Можно с уверенностью сказать, что . . .
Полностью оправдались слова В. И. Ленина о том, что . . .

6. Какого уровня достигла казахская промышленность в настоящее время?

Констр.: Если сравнить . . . и . . ., то можно отметить . . .
В качестве примера разрешите привести следующие факты: . . .

7. Каких успехов добилось казахское сельское хозяйство?

Констр.: В первую очередь необходимо отметить . . .
Хочется особо подчеркнуть . . .

14.1.5. Используя конструкции из прил. 3.14., уточните приведенные ниже высказывания или сделайте оговорку относительно их смысла. Образец:

Vorrevolutionäres Kasachstan war eines der zurückgebliebensten Randgebiete des zaristischen Rußland →

Дореволюционный Казахстан был одной из самых отсталых окраин царской России. **В порядке уточнения хотелось бы сказать следующее.** Российский империализм здесь всеми мерами пытался сохранить патриархально-феодальные отношения. Старые законы и обычаи ограничивали творческие силы и духовные возможности казахского народа, который был лишен элементарных прав . . .

Im Vergleich zur Nachkriegsperiode hat diese Unionsrepublik zweifellos bemerkenswerte Erfolge vor allem bei der Entwicklung ihres industriellen Potentials erzielt (Einschränkung: Ungeachtet dessen bis zum heutigen Tag noch gewisse Probleme hinsichtlich der proportionalen Entwicklung der einzelnen Industriezweige) →

По сравнению с послевоенным периодом эта союзная республика, несомненно, добилась значительных успехов, в частности в развитии своего промышленного потенциала. **Но необходимо сделать следующую оговорку.** Несмотря на это, до сегодняшнего дня имеются определенные проблемы, связанные с пропорциональным развитием отдельных отраслей промышленности.

14.1.

1. Zaristisches Rußland war mitschuldig an Rückständigkeit Kasachstans (Einschränkung: In bestimmter Hinsicht durch Anschluß an Rußland auch Beschleunigung der Entwicklung) 2. Es ist eine Tatsache, daß der Zarismus den Kasachen sogar den Namen wegnahm 3. Enger Kontakt mit progressiven Kräften Rußlands führte kasachische Werktätige an revolutionäre Bewegung heran 4. Kasachstan wurde zu industriell hochentwickeltem Gebiet 5. Durch Neulanderschließung riesige Anbauflächen in Kasachstan vorhanden (Einschränkung: Hektarerträge vor allem wegen klimatischer Bedingungen relativ niedrig) 6. Man kann konstatieren, daß Bruttogetreideerträge in dieser Region relativ stabil sind (Einschränkung: Durch ungünstige Witterungsbedingungen dennoch teilweise unterschiedliche Ernteergebnisse)

14.1.6. Переведите на русский язык:

Während seiner ganzen vorrevolutionären Geschichte war Kasachstan kein einheitlicher Staat. Intrigen und Kämpfe der feudalen Herrscher untereinander und Überfälle der Nachbarländer hemmten eine schnellere Entwicklung der materiellen und geistigen Kräfte des kasachischen Volkes, verhinderten die Herausbildung eines zentralisierten Staates.
Zu Beginn des 18. Jahrhunderts versuchten Eroberer aus dem Dsungaren-Chanat (джунгарское ханство), das im 17. Jahrhundert auf dem Territorium der Mongolei entstanden war, Kasachstan zu besetzen. Sie fügten dem Land, das die Folgen der mongolisch-tatarischen Herrschaft mit Mühe überwunden hatte, erneut großen Schaden zu. Es bestand die Gefahr, daß es zum Objekt der Ausbeutung und Unterdrückung von seiten der Dsungaren-Chane, des feudalen China und der mittelasiatischen Chanate (Chiwa, Kokand und Buchara) wurde, die in erster Linie durch das an einer Erweiterung seines Kolonialreiches interessierte England und die Türkei unterstützt wurden. In dieser Situation erbaten die Kasachen Hilfe von ihrem Nachbarn Rußland.
Die Frage des Anschlusses Kasachstans an Rußland erhob sich aber nicht nur im Zusammenhang mit dem Dsungaren-Überfall; zwischen Kasachstan und Rußland existierten schon jahrhundertelang wirtschaftliche und politische Beziehungen. Kasachen betrieben einen umfassenden Handel mit Rußland, wobei sie verschiedene industrielle Waren sowie vor allem Getreide erwarben. In schweren Zeiten flohen kasachische Bauern, um sich vor ausländischen Eroberern zu retten, gewöhnlich auf russisches Gebiet.
Der freiwillige Anschluß Kasachstans an Rußland hatte für das Schicksal des kasachischen Volkes außerordentliche Bedeutung. Der Handelsumfang erweiterte sich merklich. Das führte wiederum dazu, daß die feudal-patriarchalischen Verhältnisse allmählich zu verschwinden begannen und die frühere politische Isolierung beseitigt wurde.

Aus historischer Sicht bestand der Hauptvorzug des Anschlusses an Rußland für das kasachische Volk in der Herstellung und Vertiefung der Kontakte mit der russischen revolutionären Bewegung, was letztendlich zum Sieg der sozialistischen Revolution auch auf dem Territorium Kasachstans führte.

14.1.7. Объясните смысл следующих понятий и словосочетаний:

1. союзная республика   2. исторически правильное наименование казахского народа   3. восточные окраины царской России   4. патриархально-феодальные отношения   5. добровольное присоединение   6. ленинская национальная политика   7. целинник

14.1.8. Сделайте краткое сообщение на тему "Казахстан — процветающая советская республика". Используйте для этого следующие подтемы, а также конструкции из прил. 3.14.

1. Казахская ССР — территория, население, богатства   2. Добровольное присоединение Казахстана к России   3. Развитие революционного движения в Казахстане   4. Казахская промышленность в наше время   5. Сельское хозяйство Казахстана

14.1.9. Ваш советский коллега, преподаватель по научному коммунизму, пригласил вас на семинар, посвященный успешной реализации ленинской национальной политики в южных республиках СССР. Примите участие в семинаре, в ходе которого обсуждаются следующие вопросы:

1. Kasachstan — eine blühende Sowjetrepublik   2. Die historische Bedeutung des freiwilligen Anschlusses Kasachstans an Rußland   3. Kasachstan als Beispiel für die erfolgreiche Realisierung der Leninschen Nationalitätenpolitik   4. Ursachen für den Aufschwung der Industrie, Landwirtschaft, Wissenschaft und Kultur Kasachstans   5. Der Entwicklungsstand der Kasachischen SSR im Vergleich zu einigen nichtsozialistischen Ländern der Region

14.2. Второй раздел

14.2.1. Прочитайте статью из журнала "Казахстан сегодня". Выделите основные факты и проблемы, связанные с освоением целины. Составьте краткий план статьи.

Освоение целины — великий подвиг советского народа

Освоение целинных земель является важным этапом в истории сельского хозяйства СССР. Целинная эпопея[1] стала символом трудового героизма всего советского народа. Но прежде чем конкретно говорить о подъеме целины, обратимся к обстановке, которая сложилась в сельском хозяйстве СССР в начале 50-х годов.

В эти годы отставание сельского хозяйства стало острой проблемой, поскольку диспропорции между современной промышленностью и относительно низким уровнем производства в сельском хозяйстве тормозили дальнейшее развитие социализма в стране. В первой половине 50-х годов назрели существенные предпосылки для коренных преобразований в сельском хозяйстве страны: промышленные предприятия в возрастающей мере поставляли в колхозы и совхозы техническое оборудование, минеральные удобрения; государство могло направить значительно больше средств в сельское хозяйство.

Исходя из этого, в 1953 и 1954 годах ЦК КПСС принял важные решения. Вскрывая объективные и субъективные причины, обусловившие отставание социалистического земледелия, партия наметила важнейшие мероприятия по их устранению, ориентируя на резкое повышение сельскохозяйственной продукции, в первую очередь путем значительного расширения посевных площадей. Таким образом было положено начало глубоким преобразованиям в области сельского хозяйства, борьбе советского народа за освоение целинных земель.

Отметим, что освоение целины само по себе не представляло нового явления для советского хозяйства. За 1917—1953 гг. было распахано 11,8 млн. гектаров целинных земель. Но целинная эпопея страны в 50-ые гг. не знала себе равных. В течение трех лет в районах Казахстана, Сибири, Южного Урала, Поволжья[2] и др. было поднято 36 млн. гектаров целины, а до конца 1958 года — 40 млн. гектаров. Это в 8 раз превышает площадь сельскохозяйственных угодий ГДР.

Понятно, что работы по расширению посевных площадей были связаны с огромными трудностями, т. к. это были непаханые, веками не подвергавшиеся обработке земли. Их освоение предполагало или решительные меры по орошению и улучшению засоленных почв или же осушение и обширные культуртехнические работы. Следовательно, освоение целинных земель потребовало значительных капитальных вложений. Доля средств, затраченных на подъем целины, была сравнительно высокой: если в 1954—1958 гг. капиталовложения в сельское хозяйство СССР составляли 97 млрд. рублей, то только на освоение

целины за этот период было израсходовано 30,7 млрд. рублей. В целинные районы была направлена мощная техника: свыше 200 тысяч тракторов, тысячи комбайнов и др.
Вместе с тем в восточные районы направлялись сотни тысяч энтузиастов, в т. ч. свыше 500 тысяч по комсомольским путевкам[3]. Быстрыми темпами стали создаваться новые совхозы, только в Казахстане за 1954—1960 гг. было распахано 25,5 млн. гектаров целинных земель (главным образом в северных областях — Кустанайской, Северо-Казахстанской, Кокчетавской, Павлодарской, Целиноградской). Благодаря возросшей культуре земледелия валовые сборы зерна в целинных районах Казахстана увеличились за 1954—1974 гг., т. е. за 20 лет, в 6,2 раза.
Несмотря на громадные капиталовложения, уже в 1961 г. государство имело за счет дополнительно полученной продукции свыше 3,3 млрд. рублей чистого дохода. Целинные хозяйства стали крупными поставщиками дешевого товарного зерна[4], в частности пшеницы, и таким образом внесли свой вклад в улучшение снабжения населения хлебопродуктами. Если в 1953 г. было произведено 82,5 млн. тонн зерна, то в 1958 г. производство зерна достигло 141,2 млн. тонн. При этом около половины прироста приходилось на долю целинных земель. В 1958 г. целина дала государству уже 41% всей зерновой продукции страны. Большой вклад в эти достижения внес и Казахстан. Можно с удовлетворением отметить, что целинные земли Казахстана уже в 1960 г. дали зерновую продукцию в 18,7 млн. тонн. В 1980 г. валовой сбор зерна в этой республике составлял 27,5 млн. тонн, а урожайность зерновых культур — 10,9 центнеров[5] с гектара.
Наряду с зерновым хозяйством в Казахстане росло производство сахарной свеклы, картофеля, подсолнечника и других культур, в т. ч. кормовых. Таким образом были созданы благоприятные условия для дальнейшего развития животноводства. В настоящее время Казахстан представляет собой крупнейшую животноводческую базу на Востоке страны; по поголовью[6] овец[7] и коз[8] и производству шерсти он занимает второе место среди союзных республик (после РСФСР), по поголовью крупного рогатого скота[9] и производству мяса — третье место (после РСФСР и УССР).
Все эти успехи были бы невозможны без самоотверженной помощи и поддержки других союзных республик. В борьбе за освоение новых земель нашла свое проявление нерушимая дружба советских народов. В первые два года борьбы за освоение целины украинский народ, например, направил в Казахстан свыше 93 тысяч трактористов, комбайнеров, шоферов, строителей, инженеров и агрономов. За счет новоселов[10], прибывших из всех республик страны, число специалистов сельского хозяйства и инженеров, занятых в МТС Казахстана, выросло в 1955 году по сравнению с 1953 годом в 4 раза. Всенародная помощь позволила новоселам-целинникам преодолеть огромные трудности, встретившиеся на новых местах.

14.2.

Можно без преувеличения сказать, что освоение целины — это поистине великий подвиг советского народа.

[1] целинная эпопея — *etwa*: das bedeutsame Unternehmen der Neulandgewinnung   [2] Поволжье — Wolgagebiet   [3] комсомольская путёвка — *hier*: Komsomolauftrag   [4] товарное зерно — Marktgetreide   [5] центнер — Dezitonne (*ehem.* Doppelzentner)   [6] поголовье — (Vieh)Bestand, Stückzahl   [7] овца — Schaf   [8] коза — Ziege   [9] крупный рогатый скот — Rinder   [10] новосёл — Neusiedler, zugewanderter Ansiedler

14.2.2. Изложите содержание статьи, используя ваш план.

14.2.3. Обсудите с товарищем проблемы, связанные с развитием сельского хозяйства ГДР со дня основания республики. Покажите на примерах, каких успехов добились труженики сельского хозяйства в области земледелия.

14.2.4. Вы побывали с советскими товарищами на ВДНХ. В кафе вы беседуете о достижениях сельского хозяйства СССР, в том числе об успехах в освоении целины. Попытайтесь сравнить состояние сельского хозяйства СССР и ГДР в послевоенные годы. Затроньте проблему собственности на землю, развитие кооперативов и государственного сектора в сельском хозяйстве ГДР.

14.3.   Третий раздел

14.3.1.   ◉ ◉ Прослушайте беседу-интервью по проблемам реализации Продовольственной программы в СССР. На вопросы корреспондента журнала "Знание — сила" отвечает представитель Госплана СССР. Законспектируйте вопросы и ответы.

14.3.2. Ваш товарищ не совсем понял, в чем заключались причины необходимости разработать Продовольственную программу и какие новые условия позволили поставить на повестку дня ее разработку. Расскажите ему, что вы узнали по этому поводу из ответов представителя Госплана. Используйте при этом ваш конспект.

14.3.3. Обсудите с товарищем следующее высказывание Э. Хонеккера: "От динамичного развития сельского хозяйства во многом зависит выполнение главной задачи в будущем. Значительное повышение производительности труда в сельском хозяйстве — это политическая задача первостепенной важности".

В ходе беседы обоснуйте актуальность этого высказывания.

14.3.4. Общество германо-советской дружбы в вашем городе проводит встречу с туристической группой из СССР, в состав которой входят и специалисты в области сельского хозяйства. На эту встречу приглашены и вы. Во время оживленной беседы были затронуты некоторые вопросы, связанные с развитием сельского хозяйства в СССР и ГДР. Спросите советских товарищей о том, какие успехи были достигнуты в области земледелия и животноводства при реализации Продовольственной программы. Обсудите с товарищами положение в сельском хозяйстве ГДР на современном этапе, а также проблемы, связанные с его интенсивным развитием. Остановитесь на достигнутых успехах кооперации социалистических стран в области сельского хозяйства и на возможностях расширения этой кооперации.

14.4. Четвертый раздел

14.4.1. Ваш советский коллега, не владеющий немецким языком, просит вас (по возможности дословно) перевести отрывок статьи из немецкого журнала.

Die Kommunistische Partei der Sowjetunion hat den Fragen der Agrarpolitik schon immer große Bedeutung beigemessen. Dies kam vor allem in der Ausarbeitung und Durchsetzung des Lebensmittelprogramms zum Ausdruck. Bekanntlich besteht die Hauptaufgabe dieses im Jahre 1982 angenommenen Programms darin, die landwirtschaftliche Produktion merklich zu erhöhen, indem konsequent der Weg ihrer Intensivierung beschritten wird. Das Ziel der im Lebensmittelprogramm vorgesehenen Maßnahmen ist es, wie Genosse L. I. Breshnew bei der Begründung des Programms hervorhob, "in möglichst kurzer Zeit eine zuverlässige Versorgung der Bevölkerung des Landes mit Lebensmitteln zu erreichen". Der Generalsekretär fügte hinzu: "Das ist nicht nur eine erstrangige ökonomische, sondern auch eine aktuelle sozialpolitische Aufgabe. Die Befriedigung der Lebensbedürfnisse der Sowjetmenschen — ich möchte das mit Nachdruck (*hier:* со всей определённостью) unterstreichen — ist und bleibt (было и остаётся) die wichtigste programmatische (прогрáммным) Forderung unserer Partei." Die KPdSU orientiert daher darauf, durch komplexe Maßnahmen das Niveau der sozialistischen Landwirtschaft und der sie versorgenden Zweige der Industrie, des Transportwesens und des Handels sowie die Produktivität bestimmter Zweige der Lebensmittelindustrie planmäßig und zielgerichtet zu erhöhen. Jeder weiß, daß das keine einfache Aufgabe ist.

Die in den letzten Jahrzehnten erzielten Erfolge erfüllen uns mit Optimismus. In den Jahren 1951—1980 beispielsweise erreichte das durchschnittliche Jahreswachstumstempo der landwirtschaftlichen Produktion der UdSSR 3,2 %, während es in den entwickelten kapitalistischen Ländern 2,2 % und in den USA 1,9 % betrug. Obgleich der Anteil der UdSSR an der Weltbevölkerung nur 6 % beträgt, werden hier 13 % der Weltproduktion an Getreide, 20 % an Baumwolle und Milch, 12 % an Eiern und 10 % an Fleisch erzeugt. Die Sowjetunion nimmt den ersten Platz in der Welt bezüglich der Bruttoproduktion von Weizen, Roggen, Zuckerrüben, Sonnenblumen, Baumwolle, Milch und Butter ein, den zweiten im Hinblick auf die Produktion von Fleisch und Eiern.

Diese Fakten bezeugen, daß es keinerlei Grund gibt, von irgendeiner "Krise" in der sowjetischen Landwirtschaft zu sprechen, wie es bürgerliche Ideologen nicht selten zu tun versuchen. Die sozialistische Landwirtschaft hat ihre Überlegenheit gegenüber der kapitalistischen Produktion und der kleinen Warenproduktion in der Praxis bewiesen. Und das trotz einer Reihe objektiver geographischer, klimatischer u. a. Faktoren, die die Entwicklung der sowjetischen Landwirtschaft bisher in gewissem Maße gebremst haben und bei einer objektiven Einschätzung berücksichtigt werden müssen.

14.4.2. Однокоренные слова

14.4.2.1. (F_L) Прочитайте словосочетания с однокоренными словами и обратите внимание на их разные значения:

1. счёт
   устный счет
   вести счет расходам
   платить по счету
   снимать сумму со счета
   выигрывать со счетом 2 : 0

   Zählen, Rechnen; Buchführen *über etw.*; Rechnung; Konto; *zahlenmäßig erfaßbares* Ergebnis

2. подсчёт
   подсчет голосов, по подсчетам статистиков

   Zusammenzählen, Auszählung, Berechnung

3. **расчёт** ошибка в расчете тщетные расчеты	Berechnung, Ausrechnung; das Rechnen *mit etw.*, Hoffnung
4. **вы́чет** (из зарплаты)	Abzug *bei Geldauszahlungen*
5. **просчёт** нести ответственность за просчеты	Sichverrechnen, Rechenfehler
6. **учёт** учет товаров учет себестоимости учет всех обстоятельств	Berechnen *des Bestandes*, Inventarisierung, Inventur; Berechnung, Erfassung, Bilanzierung; Berücksichtigung
7. **отчёт** (о выполнении плана)	Rechenschaft, Rechenschaftsbericht

14.4.2.2. 〇━▶ Спишите предложения, вставляя вместо точек подходящие по смыслу однокоренные слова:

1. За ... несет ответственность кассир. 2. В первом классе школьников обучают устному ... 3. Математик долго не мог найти ошибку в ... 4. После выборов комиссия занялась ... голосов. 5. Экономная хозяйка всегда ведет ... расходам. 6. По ... статистиков, среднегодовая урожайность зерновых в Казахстане составляла в 1971 г. 9,4 центнера с гектара. 7. На прошлой неделе он снял крупную сумму со своего ... 8. ... США на достижение военного превосходства оказались тщетными. 9. Мне нужно было оплатить ... за газ и электричество. 10. ... себестоимости необходим для правильной оценки деятельности предприятия. 11. Наша футбольная команда выиграла со ... 3 : 0. 12. ... товаров в этом магазине проводится два раза в год. 13. С ... о выполнении плана выступил директор предприятия. 14. Молодой специалист будет жить в квартире при институте, и за нее не будет производиться ... из зарплаты. 15. Правильное решение можно принять только при ... всех обстоятельств.

14.4.2.3. Составьте письменно предложения с однокоренными словами.

14.4.3. Синонимы

14.4.3.1. **(F)** Прочитайте глаголы-синонимы и словосочетания. Обратите внимание на разное значение синонимов:

1. **достига́ть/дости́гнуть** *und* **дости́чь** результата, цели, успехов, власти	**erreichen, erzielen, erringen** erreichen, erzielen, erringen

14.4.

соглашения, договоренности высоты ста метров, определенного размера, 5-ти млн. га	erreichen, erzielen erreichen
2. добива́ться[1]/доби́ться результата, цели, успехов, высокого урожая, власти, победы, свободы	erringen, erreichen, erzielen durch Anstrengung erreichen, erzielen, erringen
соглашения, договоренности	nach schwierigen Verhandlungen erreichen, erzielen
признания, авторитета, уважения	durch best. Leistungen, Verhalten erringen, gewinnen
3. завоёвывать/завоева́ть власть, победу, свободу	erkämpfen, erringen durch beharrlichen Kampf erringen, erkämpfen
приз, медаль, звание чемпиона	durch hohe, meist sportl. Leistungen erkämpfen
признание, авторитет, уважение	durch best. Leistungen, Verhalten gewinnen, erringen

[1] Das uv. Verb kann neben der Bedeutung "erreichen" in entsprechenden Kontexten auch in der Bedeutung "zu erreichen suchen, anstreben" auftreten, die streng genommen aus der Synonymreihe herausfällt.

14.4.3.2. ○━▶ Вставьте вместо точек подходящие по смыслу синонимичные глаголы. Укажите случаи, где возможны варианты.

1. В тяжелой борьбе народ этой страны ... свобод... и независимост... 2. Количество земель, занятых под зерновые, ... 25 млн. гектаров. 3. Советские ученые ... больш... успех... в области освоения космоса. 4. Многие страны Азии и Африки ... побед... в борьбе за независимость. 5. В ходе переговоров стороны ... договоренност... только по некоторым обсуждавшимся вопросам. 6. ГДР ... признан... на международной арене. 7. Советские спортсмены ... на чемпионате мира 10 золотых медалей. 8. Он безуспешно ... уважен... своих коллег. 9. Советский Союз ... высок... авторитет... благодаря политике мирного сотрудничества со странами с разным общественным строем. 10. Температура атмосферы на Венере ... 400°. 11. Договаривающиеся стороны неоднократно ... соглашен... по ряду вопросов. 12. Рабочие этого завода ежегодно ... высок... результат... 13. Советский Союз настойчиво ... соглашен... по вопросам, касающимся прекращения гонки вооружений. 14. Раньше эта бригада ... высок... результат... в социалистическом соревновании. 15. Многие африканские страны в течение десятилетий ... признан... суверенитета.

14.4.3.3. Составьте письменно предложения с синонимичными глаголами.

14.4.4. Используя конструкции из прил. 3.14., уточните следующие высказывания или сделайте оговорку относительно их смысла (см. образец в 14.1.5.).

1. Zu Beginn der 50er Jahre wurde Zurückbleiben der sowjetischen Landwirtschaft zu echtem Problem   2. Man kann sagen: Mitte der 50er Jahre waren wesentliche Voraussetzungen für grundlegenden Wandel in sowjetischer Landwirtschaft herangereift   3. Bestrebungen zur Erweiterung der Anbauflächen waren mit großen Schwierigkeiten verbunden   4. Neulandgewinnung der 50er Jahre war einzigartige Angelegenheit (Einschränkung: 1917—1953 auch schon ähnliche Aktionen — 11,8 Mill. ha unterm Pflug)   5. Spricht man von sowjetischem Neuland, denkt man gleich an Kasachstan (Einschränkung: Kasachstan mit 25,5 Mill. ha entscheidendes Neulandgebiet, aber auch andere Landesteile wie Sibirien, Südural, Wolgagebiet in bedeutendem Maße beteiligt)   6. Weitere bedeutende Erhöhung der Hektarerträge durch Verbesserung der Ackerbaukultur, Bewässerung bzw. Entwässerung bestimmter Ländereien u. a. Maßnahmen möglich (Einschränkung: Klimatische Faktoren im allgemeinen und ungünstige Witterungsbedingungen im besonderen können Entwicklung bremsen)

14.4.5.   Переписка

14.4.5.1.   Прочитайте про себя образцы поздравлений по случаю дня рождения, Нового года и присуждения ученой степени.

Глубокоуважаемый проф. Мюллер!

Позвольте мне от имени коллектива сотрудников Института им. Пушкина поздравить Вас с днем Вашего шестидесятилетия и пожелать Вам от всего сердца крепкого здоровья и дальнейших успехов в Вашем плодотворном труде.

Искренне уважающая Вас
В. И. Никольская

Уважаемый д-р Науманн!

Примите наши искренние поздравления с наступающим Новым годом. От всей души желаем Вам и всей Вашей семье доброго здоровья, больших успехов в работе и счастья в семейной жизни.

Искренне Ваш
А. Ф. Непряхин

14.4.

Уважаемый тов. Шмидт!

От имени кафедры иностранных языков нашего института **и от себя лично поздравляю Вас с присуждением** Вам **ученой степени** доктора педагогических наук. В этот день мы **искренне разделяем Вашу радость** и выражаем надежду, что Ваша плодотворная деятельность в области методики преподавания русского языка получит дальнейшее всестороннее признание.

С наилучшими пожеланиями
А. Г. Андреев

14.4.5.2.   (F_L) Переведите типичные для поздравлений конструкции. Прочитайте их вслух и спишите.

14.4.5.3.   Прочитайте образцы поздравлений вслух.

14.4.5.4.   Напишите поздравления по случаю следующих событий в жизни ваших знакомых из СССР:

1. Заведующему кафедрой научного коммунизма вашего института-партнера исполняется 50 лет. 2. Вы хотите поздравить вашего советского коллегу с наступающим праздником Великого Октября. 3. Вы узнали, что знакомый вам советский ученый стал лауреатом Государственной премии.

14.4.6.   Напишите письмо советскому товарищу, специалисту в области сельского хозяйства. Поздравьте его с успешной защитой кандидатской диссертации. Попросите прислать материал о сельском хозяйстве Советского Союза, который понадобится вам для проведения семинаров по политэкономии. Назовите несколько проблем, которыми вы особенно интересуетесь.
Поздравьте товарища также с прошедшим днем рождения и выразите свои пожелания по случаю его юбилея.

Употребите при этом выделенные в письме-образце конструкции (14.4.5.1.), а также, по возможности, конструкции из прил. 3.14.

14.4.7.   В советской печати вы нашли интересную статью, посвященную вопросам сельского хозяйства. В письме советскому товарищу коротко изложите основные проблемы, затронутые в статье. Сравните их с существующими проблемами в сельском хозяйстве ГДР. Выскажите также свою точку зрения относительно затронутых в статье вопросов.

Используйте конструкции из прил. 3.14.

14.5. Пятый раздел

14.5.1. Прочитайте отрывки из книги Л. И. Брежнева "Целина", концентрируя внимание на датах и связанных с ними событиях. Найдите те абзацы, где говорится о тяжелом состоянии сельского хозяйства Казахстана до 1954 года и его причинах. Переведите эти абзацы со словарем.

Л. И. Брежнев: Отрывки из книги "Целина"

Есть хлеб — будет и песня ... Не зря так говорится. Хлеб всегда был важнейшим продуктом, мерилом всех ценностей. И в наш век великих научно-технических достижений он составляет первооснову жизни народов. Люди вырвались в космос, покоряют реки, моря, океаны, добывают нефть и газ в глубинах земли, овладели энергией атома, а хлеб остается хлебом. ...

... Вспомним обстановку начала 50-х годов. Положение с хлебом вызывало в те годы серьезную тревогу. Средняя урожайность зерновых в стране не превышала 9 центнеров с гектара. В 1953 году было заготовлено немногим больше 31 миллиона тонн зерна, а израсходовано свыше 32 миллионов. Нам пришлось тогда частично использовать государственные резервы.

Для того, чтобы выйти из этого положения, нужны были кардинальные, решительные и, что особенно важно, срочные меры. В тех условиях партия, не снижая внимания к повышению урожайности в старых районах земледелия, выдвинула на первый план задачу значительного и быстрого расширения посевных площадей. А оно было возможно только за счет восточных целинных земель. ...

... Целина прочно вошла в мою жизнь. А началось все в морозный московский день 1954 года, в конце января, когда меня вызвали в ЦК КПСС. Сама проблема была знакома, о целине узнал в тот день не впервые, и новостью было то, что массовый подъем целины хотят поручить именно мне. Начать его в Казахстане надо ближайшей весной, сроки самые сжатые, работа будет трудная — этого не стали скрывать. Но добавили, что нет в данный момент более ответственного задания партии, чем это. Центральный Комитет считает нужным направить туда нас с П. К. Пономаренко. ...

... 30 января 1954 года состоялось заседание Президиума ЦК, обсудившее положение в Казахстане и задачи, связанные с подъемом целины. Через пару дней я вылетел в Алма-Ату. ...

... Тогда, в начале февраля 1954 года, едва осмотревшись на новом месте, я должен был присутствовать на пленуме ЦК Компартии Казахстана. Должен сказать, о делах в республике многие ораторы говорили на нем самокритично и резко. Мы с П. К. Пономаренко внимательно слушали, сами не выступали. Когда подошел момент выборов, представитель ЦК КПСС сообщил участникам пленума, что Президиум ЦК рекомендует первым секретарем избрать Пономаренко, а вторым — Брежнева. ...

... Вслед за пленумом состоялся VII съезд Компартии Казахстана, давший анализ состояния дел. Он признал работу Бюро и Секретариата ЦК прежнего состава неудовлетворительной.

Объясню, почему. В краю богатейших природных возможностей, где насчитывались сотни колхозов, совхозов и МТС, где на полях работали десятки тысяч тракторов и комбайнов, где помимо пригодных для пахоты земель были миллионы гектаров сенокосов и пастбищ, производство зерна, мяса, хлопка, шерсти в сравнении с довоенным уровнем не росло, а порой даже падало. Удои молока были ниже, чем в 1940 году, зерновых собирали 5—6 центнеров с гектара, хлопка — всего 10 центнеров, картофеля — не более 60 центнеров с гектара.

К тому времени даже такие полностью опустошенные войной районы страны, как Кубань, Украина, Дон, восстановили разрушенное, стали наращивать урожаи и продуктивность животноводства. А тут, хотя 1953 год выдался в республике на редкость благоприятный, из-за бескормицы допустили падеж полутора миллионов голов скота. Держали его в лютые зимы под открытым небом, не имели даже примитивных кошар, говоря: "У нас всегда так было". Добавлю, что среди председателей колхозов многие имели начальное образование, а триста были попросту малограмотны.

Конечно, тяжелое состояние сельского хозяйства в Казахстане объяснялось и объективными причинами. Оно отражало запущенность этой важнейшей отрасли по всей стране, о чем прямо и откровенно было сказано партией на сентябрьском Пленуме ЦК КПСС 1953 года. Однако даже на общем фоне дела в Казахстане выглядели удручающе. Сложность состояла еще и в том, что некоторые местные руководители смирились с трудностями и действовали по принципу "куда кривая вывезет". ...

... Мне не раз приходилось говорить о бережном отношении к кадрам. Разумеется, речь идет о людях, которые доказали на деле, что умеют работать. Речь идет не о всепрощении: работников неспособных, нечестных надо решительно заменять. Здесь же пришлось убедиться, что руководителей разных уровней в республике нередко выдвигали, так сказать, по приятельским признакам. Пресечь это следовало сразу, и мы с П. К. Пономаренко заняли жесткую позицию. А чтобы не было обиженных, заявляли об этом открыто и прямо. Так, уже в одной из первых своих речей — перед избирателями Алма-Аты в марте 1954 года — я говорил:

— В связи с огромными задачами, стоящими сейчас перед партийной организацией Казахстана, неизмеримо возрастает значение правильного подбора и расстановки кадров. VII съезд Компартии Казахстана вскрыл серьезные недостатки и ошибки в работе с кадрами, свидетельствующие о том, что некоторые руководители, утратив чувство ответственности, подбирали работников не по деловым качествам, а по принципу личной преданности. Мы не можем мириться с этим. В республике имеется много вполне зрелых, опытных, подготовленных для выдвижения на руководящую работу людей, которые способны решить задачи, поставленные партией.

Итак, подбирая волевых командиров, подтягивая тылы, мы с нетерпением ждали решения партии о начале подъема целины. И вот в самом конце февраля 1954 года начался исторический февральско-мартовский Пленум ЦК КПСС, принявший постановление "О дальнейшем увеличении производства зерна в стране и об освоении целинных и залежных земель".

Великая битва в казахстанских степях началась. Она развернулась в огромном географическом районе. Северный Казахстан простирается с запада на восток на 1300 и с севера на юг на 900 километров. Общая площадь нынешних (раньше их было пять) областей, расположенных на этой территории, — Кустанайской, Целиноградской, Северо-Казахстанской, Кокчетавской, Тургайской и Павлодарской — превышает 600 тысяч квадратных километров. Это намного больше территории такого государства, как Франция. И вот на этом-то огромном пространстве предстояло распахать заново 250 тысяч квадратных километров плодородных степей — площадь, превышающую размеры всей Англии.

Целину поднимали не только мы, но и Алтайский край, Красноярский край, Новосибирская и Омская области, Поволжье, Урал, Дальний Восток. Многим, вероятно, известно, что общая площадь освоенных в стране целинных и залежных земель составляет сейчас 42 миллиона гектаров. Из них в Казахстане вспахано 25 миллионов. И 18 миллионов гектаров из этого количества земли было поднято в казахстанских степях за 1954 и 1955 годы.

Цифры изумляют, но целина — это не только пашня. Это и жилье, школы, больницы, детсады, ясли, клубы, и новые дороги, мосты, аэродромы, и животноводческие постройки, элеваторы, склады, заводы — словом, все, что необходимо для нормальной жизни населения, для развитого современного сельскохозяйственного производства. . . .

... В феврале 1956 года на XX съезде КПСС я мог с гордостью доложить партии, что дело подъема целины увенчалось успехом. За два года посевные площади в республике были доведены до 27 миллионов гектаров. Под зерновые отводилось 23 миллиона, из них 18 миллионов гектаров под пшеницу — вчетверо больше, чем до освоения новых земель. От имени всех целинников я заверил съезд, что Казахстан может давать по миллиарду и больше пудов зерна. . . .

... В 1956 году пробил звездный час целины. Урожай в казахстанских степях был выращен богатейший, и вместо обещанных 600 миллионов республика сдала государству миллиард пудов зерна.

14.5.2. В институте, где вы проходите стажировку, организуется конференция по книге Л. И. Брежнева "Целина". Вас попросили выступить в начале конференции с небольшим докладом, отражающим основные события, которые были связаны с подъемом целины в Казахстане. В целях подготовки выступления составьте таблицу с указанием на время, событие, позицию автора.

14.5.3. Выступите с докладом на конференции. Используя таблицу, расскажите о событиях, описываемых автором. Выскажите свое мнение относительно их значимости в истории Казахстана и всей советской страны.

14.5.4. После вашего выступления руководитель конференции открывает дискуссию по затронутым в докладе проблемам. На обсуждение поставлены следующие вопросы: 1. Значение производства зерна в мировом масштабе 2. Экстенсивность и интенсификация как средства повышения зерновой продукции 3. Вклад Л. И. Брежнева и П. К. Пономаренко в освоение целины 4. Роль кадров при решении задач построения социализма.

Примите участие в дискуссии.

14.6. Шестой раздел: Наш калейдоскоп

14.6.1. Это интересно знать

Чиновники российского департамента просвещения, делая в 1913 г. подсчеты, пришли к выводу, что для ликвидации отсталости казахам потребуется не одно столетие — до революции лишь 22 казаха имели высшее образование.
Сегодня в Казахстане 55 вузов.
На душу населения приходится больше студентов, чем во многих развитых странах.
В народном хозяйстве республики занято свыше миллиона трехсот тысяч специалистов с высшим и средним специальным образованием.
96 стран имеют постоянные культурные связи с Казахстаном.
Издаются более четырехсот республиканских, областных, городских, районных и многотиражных газет на казахском, русском, уйгурском, немецком, корейском языках, десятки журналов и других периодических изданий.

14.6.2. Знаете ли вы, что ...

средняя урожайность зерновых культур на Украине и Кубани составляет 40—50 центнеров, а в Казахстане — около 11 центнеров?

в Казахстане построен канал Иртыш-Караганда? Это крупное гидротехническое сооружение: 22 насосные станции поднимают воду Иртыша на высоту более 400 метров и по каналу длиной более 500 километров подают в Центральный Казахстан свыше двух миллиардов кубометров воды в год.

14.6.3. Песня "Едут новоселы" (стихи Н. Солохиной, муз. Е. Родыгина)

Родины просторы, горы и долины,
В серебро одетый зимний лес грустит.
Едут новоселы по земле целинной,
Песня молодая далеко летит.

    Припев:
    Ой ты, зима морозная, ноченька яснозвездная!
    Скоро ли я увижу мою любимую в степном краю?
    Вьется дорога длинная, здравствуй, земля целинная!
    Здравствуй, простор широкий! Весну и молодость встречай свою!

Заметут метели, затрещат морозы,
Но друзей целинных нелегко сломить.
На полях бескрайних вырастут совхозы,
Только без тебя немножко грустно будет жить.

    Припев.

Ты ко мне приедешь раннею весною
Молодой хозяйкой прямо в новый дом.
С голубым рассветом тучной целиною
Трактора с тобой мы рядом поведем!

    Припев.

14.7. Седьмой раздел

14.7.1. 👁 👁 Основные глаголы

цвести	blühen, in Blüte stehen; gedeihen, sich erfolgreich entwickeln

В саду цветут красивые розы.
Советский Казахстан цветет.

цветение*	das Blühen, Blüte
пора цветения*	
цветок, цветка, *Pl* цветы, цветов	Blume; Blüte
букет цветов	
цветок растения	
цветочный (магазин; чай)	Blumen-; Blüten-
(опытный) цветовод	Blumenzüchter
(колхозное) цветоводство	Blumenzucht
цветоводческий (совхоз)	Blumenzucht-
зацветать/зацвести	erblühen, aufblühen, zu blühen anfangen
Сады зацвели.	
расцветать/расцвести	erblühen, aufblühen; einen Aufschwung erleben

Расцветали яблони и груши...
В нашей стране расцвели наука и искусство.

расцветающий (край)	aufblühend, im Aufschwung befindlich
расцвет (яблонь; национальных культур)	Aufblühen, Blüte; höchste Entwicklungsstufe, Blüte
процветать/процвести	(auf)blühen, gedeihen, sich erfolgreich entwickeln
Страна процветает.	
процветающий	(auf)blühend, sich erfolgreich entwickelnd
процветающая республика	
отцветать/отцвести	verblühen, zu blühen aufhören
отцветшие хризантемы	
пахать/вспахать	pflügen, ackern

Механизаторы пашут землю тракторами.

паханый	gepflügt, nicht brachliegend
непаханые земли	
пахота	das Pflügen, Ackern
начинать пахоту	
пахотный* (слой земли)	bestellbar, pflügbar

па́шня Acker, Ackerland
  работать на пашне
распа́хивать/распаха́ть (поле) aufpflügen *meist zum ersten Mal*

14.7.2. ◉ ◉ Новая лексика

намеча́ть/наме́тить festlegen, planen, sich vornehmen
намеча́емые задачи
наме́ченный партией курс
  Партия наметила пути подъема сельского хозяйства.

снабжа́ть/снабди́ть versorgen
снабже́ние покупателей продуктами питания
  Прилагаются все усилия для того, чтобы лучше снабжать население хлебопродуктами, маслом, сахаром, яйцами.

ороша́ть/ороси́ть bewässern, berieseln
ороше́ние обширных площадей
ороси́тельный канал
  С помощью специальных установок можно орошать громадные площади.

осуша́ть/осуши́ть entwässern, trockenlegen
мероприятия по осуше́нию
осуши́тельные работы
  Площадь осушенных земель расширилась в полтора раза.

тормози́ть/затормози́ть bremsen; hemmen, behindern, aufhalten
ремонтировать тормоза́
то́рмоз в работе
  Диспропорции между отдельными отраслями тормозили развитие экономики в стране.

по́двиг große Tat, Helden-, Ruhmestat
  В жизни всегда есть место подвигам.

обы́чай Brauch, Sitte
Веками старые законы и обычаи унижали достоинство народа.

окра́ина Rand, Randgebiet
окра́инные районы страны
  Царизм сохранял на восточных окраинах патриархально-феодальные отношения.

14.7.

присоедине́ние	Angliederung, Anschluß

присоединя́ть/присоедини́ть террито́рию
присоединя́ться/присоедини́ться к мне́нию
соедине́ние теории с практикой
> В 18-ом веке назрели предпосылки для добровольного присоединения Казахстана к России.

земледе́лие	Ackerbau, *landwirtschaftliche*
земледе́льческие маши́ны	Bodenbearbeitung

> Первоочередной задачей в деле интенсификации сельского хозяйства является улучшение культуры земледелия.

удобре́ние	Düngung; Dünger, Düngemittel

удобря́ть/удо́брить зе́млю
> Недра Тюрингии и Саксонии богаты солями, из которых производят минеральные удобрения.

по́чва, *G Pl* почв	Boden, Erdboden; Grundlage,
по́чвенные воды	Fundament

беспо́чвенное утвержде́ние
> Освоение новых земель предполагало также меры по орошению засоленных почв.

целина́	Neuland

освое́ние цели́нных земе́ль
по́двиг цели́нников
> В 50-х годах на повестке дня стоял вопрос о необходимости поднять целину.

хло́пок, хло́пка	Baumwolle

поля́ хлопча́тника
хлопчатобума́жная промы́шленность
> Спрос на хлопок на мировом рынке заметно возрос.

подсо́лнечник	Sonnenblumen

подсо́лнечное ма́сло
> В таблице приведены данные о среднегодовом сборе подсолнечника.

зерно́, *G Pl* зёрен	Korn, Samenkorn; Getreide

зерновы́е культу́ры
сооружа́ть зернохрани́лище
> Основной путь наращивания производства зерна — это дальнейшая интенсификация зернового хозяйства.

пшени́ца	Weizen

пшени́чный хлеб
> В этом районе пшеница является основной сельскохозяйственной культурой.

рожь, ржи *f.*   Roggen
ржанóй хлеб
Царская Россия являлась одним из ведущих экспортеров пшеницы и ржи.

сáхарная свёкла   Zuckerrübe(n)
свеклово́дческий колхоз
Хозяйства Южного Казахстана специализируются на производстве сахарной свеклы.

урожáйность   (Ernte)Ertrag, Ertragfähigkeit,
сбор урожáя   Ergiebigkeit
урожáйный сорт зерна
Продовольственная программа предусматривает значительное повышение урожайности зерна с гектара.

посевнáя плóщадь   Saatfläche, Anbaufläche
сéять/посéять рожь
сев пшеницы
Посевные площади Казахстана постоянно возрастали.

угóдья, угóдий   *landwirtschaftliche* Nutzfläche(n)
В ГДР уже практически невозможно увеличить площадь сельскохозяйственных угодий.

птицевóдство   Geflügelzucht
соревнование птицевóдов
птицевóдческий совхоз
новая птицефáбрика
Птицеводство должно внести значительный вклад в осуществление Продовольственной программы.

скотовóдство   Viehzucht
молочный скот
известный скотовóд
скотовóдческое хозяйство
Прирост продукции животноводства намечено получить главным образом за счет повышения продуктивности скотоводства.

шерсть, -и *f.*   Wolle
шерстянóй костюм
В общесоюзном разделении труда Казахстан выступает как крупнейший производитель шерсти.

кормовóй   Futter-
кормовы́е культуры
корм (*Pl* кормá) для скота
Повышения продуктивности скотоводства можно добиться путем укрепления и наращивания кормовой базы.

валово́й　　　　　　　　　　Brutto-
валово́й национа́льный проду́кт
　Один из важнейших резервов повсеместного увеличения валовых сборов зерна — расширение посевных площадей.

самоотве́рженный　　　　　　selbstlos, aufopferungsvoll
самоотве́рженность в борьбе
　В годы Великой Отечественной войны весь советский народ самоотверженно встал на защиту Родины.

15. Пятнадцатый урок: "ГДР — становление и рост"

15.1. Первый раздел

15.1.1. ◉ ◉ Предполагаемые знания: владение лексикой (15.7.) и конструкциями (прил. 3.15.).

15.1.2. ◉ ◉ Прослушайте доклад доктора исторических наук А. Ю. Богомолова на тему "Новая глава в истории немецкого народа". Выделите и запишите главную информацию.

Дорогие товарищи!

Под влиянием таких всемирно-исторических событий, как Великий Октябрь, разгром германского фашизма и создание мировой социалистической системы, на нашей планете произошли глубочайшие революционные перемены. Их выражением является, в частности, возникновение и упрочение в центре Европы первого немецкого рабоче-крестьянского государства, Германской Демократической Республики.

Создание ГДР явилось поворотным пунктом в истории немецкого народа и Европы в целом. Оно произошло в результате противоборства между силами реакции, войны и империализма, с одной стороны, и силами демократии, мира и социализма — с другой. Образование ГДР стало составной частью мирового революционного процесса.

Какие же предпосылки имелись для создания первого немецкого рабоче-крестьянского государства?

Прежде чем ответить на этот вопрос, хотелось бы напомнить о том, что фашизм оставил в наследство немецкому народу разрушенную страну. Вооружение и война деформировали народное хозяйство, подорвали денежную систему. Большие города были разрушены в среднем на 50 %. Не работали предприятия и транспорт. Угрожали голод и эпидемии. Не менее угнетающим было и духовное наследие третьего рейха.

Освобождение от фашизма открыло немецкому народу широкую возможность навсегда избавиться от монополистов и юнкеров и тем самым навсегда устранить причины фашизма и войны. А для такого коренного поворота в жизни немецкого народа имелись вполне благоприятные предпосылки, как внешние, так и внутренние.

Обратимся сначала к внешним условиям, сложившимся на мировой арене после разгрома фашизма. В первую очередь следует отметить, что вторая мировая война коренным образом изменила соотношение сил в мире. В чем состояли эти изменения?

Во-первых, социализм, который фашистские агрессоры хотели уничтожить, не только выстоял, но и стал сильнее. Начался новый этап мирового революционного процесса. В освобожденных странах Восточной и Юго-Восточной Европы антифашистская национально-освободительная борьба переросла в народно-демократические революции. Освобождение Советской Армией Маньчжурии и Северной Кореи форсировало революционный процесс в Юго-Восточной Азии.

Во-вторых, победа над германским и японским фашизмом вызвала новый подъем национально-освободительного движения, которое потрясло всю колониальную систему империализма.

В-третьих, в результате войны оказалась всесторонне ослабленной вся империалистическая система. Империалистические государства-агрессоры — Германия, Япония, Италия — фактически перестали быть великими державами. Англия и Франция вышли из войны политически и экономически ослабленными. Во многих развитых капиталистических странах революционные силы рабочего движения стали более мощными и влиятельными.

Все это нужно рассматривать в неразрывной связи с выдающейся ролью СССР во второй мировой войне. Самоотверженная, героическая борьба Советской Армии и всех советских людей за освобождение народов от фашизма привела к огромному росту морального авторитета и политического влияния Советского Союза. После 1945 года ни один важный вопрос мировой политики не мог быть окончательно решен без участия СССР. Это относилось также и к проблемам, которые касались Германии.

Обратимся теперь к внутренним условиям, которые позволяли провести коренные прогрессивные преобразования.

Во-первых, следует подчеркнуть, что поражение германского империализма означало значительно большее, чем просто проигранная война. Распался весь режим, была потрясена социально-экономическая структура капиталистического общества. Важнейшие органы государственной власти были разгромлены.

Во-вторых, среди держав-победительниц была социалистическая страна — Советский Союз. Это принципиально отличало создавшееся положение от ситуации 1918 г. Заинтересованность СССР в прочном мире, в полной ликвидации фашизма и милитаризма отвечала жизненным интересам немецкого народа.

В-третьих, одной из важных предпосылок для исторического поворота было наличие немецкого движения Сопротивления, наиболее активное участие в котором принимала КПГ. Непрерывная борьба КПГ и других антифашистов спасла честь немецкого народа и позволила поверить в его будущее. В 1945 г., в отличие от 1918 г., немецкий рабочий класс имел закаленную в борьбе коммунистическую партию.

Коммунисты были полны решимости использовать возможность, которую предоставила история немецкому народу. Они извлекли уроки из истории и начали вместе с другими силами борьбу за установление антифашистско-демократического строя с тем, чтобы в перспективе перейти к строительству социализма.

История показала, что из-за ожесточенного сопротивления реакционных сил и западных оккупационных держав эта возможность была использована лишь в восточной части Германии, на территории нынешней ГДР.

Спасибо за внимание.

15.1.3. Проинформируйте собеседника об основном содержании прослушанного доклада, используя свои записи.

15.1.4. Прочитайте текст доклада (15.1.2.) и обсудите некоторые вопросы, связанные с обстановкой, сложившейся в мире после второй мировой войны, используя данные конструкции:

1. Почему образование ГДР стало составной частью мирового революционного процесса?

Конструкции: Следует отметить, что ...
С полным основанием можно сказать, что ...

2. Что оставил фашизм в наследство немецкому народу и как это наследие повлияло на дальнейшее развитие Германии?

Констр.: Нельзя не учитывать того факта, что ...
Из всего этого можно сделать вывод, что ...

3. Какое влияние оказало изменение соотношения сил в мире на послевоенное развитие Германии?

Констр.: Прежде чем ответить на этот вопрос, хотелось бы остановиться на ...
Сравнивая развитие в восточной и западной части страны, можно сделать вывод, что ...

4. Что гарантировало прогрессивное развитие восточной части Германии?

Констр.: Думается, что ...
Резюмируя сказанное, можно сделать вывод, что ...

15.1.5. Используя конструкции из прил. 3.15., а также приведенные ниже высказывания, сформулируйте заключительную часть выступления. Образец:

> Geschichte hat gezeigt: Nur im östlichen Teil Deutschlands wurde Chance für Aufbau eines friedliebenden, demokratischen deutschen Staates genutzt →
> **В заключение хочется сказать следующее:** история показала, что только в восточной части Германии была использована возможность построения миролюбивого, демократического немецкого государства.

1. Nach Zerschlagung des Faschismus vollkommen neue Situation entstanden, die neue revolutionäre Strategie und Taktik verlangte 2. Ergebnisse des 2. Weltkrieges, vor allem Aufschwung des revolutionären Weltprozesses und Beginn des Zerfalls des Kolonialsystems, in untrennbarer Verbindung mit Wachsen des politischen Einflusses der SU zu sehen 3. Gründung der DDR in der Tat Wendepunkt in der Geschichte Europas 4. DDR-Gründung Resultat des Kampfes zwischen reaktionären Kräften und Kräften der Demokratie, des Friedens und Sozialismus 5. Mehr oder weniger günstige Voraussetzungen für grundlegenden Wandel waren in allen Besatzungszonen (оккупацио́нная зо́на) vorhanden, wurden jedoch nur in einem Teil Deutschlands genutzt 6. Spaltung Deutschlands vor allem Ergebnis des erbitterten Widerstandes der westlichen Besatzungsmächte gegen echte demokratische Erneuerung

15.1.6. Переведите отрывок из "Истории СЕПГ" на русский язык:

Als die SED gemeinsam mit den anderen Parteien im Herbst 1949 die notwendigen Maßnahmen zur Bildung des Arbeiter-und-Bauern-Staates beriet, konnte sie sich darauf stützen, daß sich das internationale Kräfteverhältnis weiter zugunsten der Kräfte des Sozialismus, der Demokratie und des Friedens verändert hatte. Das hervorstechende Kennzeichen der internationalen Lage bestand darin, daß sich ein sozialistisches Weltsystem herausgebildet hatte und sich erfolgreich entwickelte. ... In den volksdemokratischen Staaten hatte die Arbeiterklasse unter Führung der kommunistischen und Arbeiterparteien ihre politische Herrschaft gefestigt und setzte den Aufbau der Grundlagen des Sozialismus fort. Die Gründung der Volksrepublik China am 1. Oktober 1949 stärkte das Potential des Sozialismus bedeutend. Die kommunistischen und Arbeiterparteien setzten zwischen den sozialistischen Ländern und im Rat für Gegenseitige Wirtschaftshilfe die neuen internationalen Beziehungen gegenseitiger Hilfe und kameradschaftlicher Zusammenarbeit im Geiste des proletarischen Internationalismus mehr und mehr durch. Der Imperialismus sah sich nunmehr mit einem sozialistischen Weltlager konfrontiert, das bereits annähernd ein Fünftel der Industrieproduktion der Welt erzeugte. ...

Auch angesichts dieser Erfolge der Kräfte des Friedens, der Demokratie und des Sozialismus ließ die SED keinen Augenblick aus dem Auge, daß der Imperialismus nichts unversucht lassen würde, den Sozialismus ... zurückzudrängen und das internationale Kräfteverhältnis zu seinen Gunsten zu korrigieren. Dabei standen ihm bedeutende ökonomische und militärische Kräfte zu Gebote. Die imperialistischen Kreise der USA, die ihre Vorherrschaft in der kapitalistischen Welt völlig durchgesetzt hatten, verstärkten ihre Tätigkeit, um mit Hilfe des Marshallplans (план Маршалла) und der NATO das Potential der imperialistischen Länder für den Kampf gegen die UdSSR, die volksdemokratischen Staaten, die internationale Arbeiterbewegung und alle fortschrittlichen Bewegungen zusammenzufassen. ...

Auf dem Territorium des 1945 untergegangenen Deutschen Reiches hatten sich bis zum Herbst 1949 wesentliche Veränderungen vollzogen. In der sowjetischen Besatzungszone hatten die Arbeiterklasse und ihre Verbündeten unter Führung der SED die antifaschistisch-demokratische Umwälzung durchgeführt und damit auch hier die Aufgaben der Übergangsperiode vom Kapitalismus zum Sozialismus zu lösen begonnen. Die sozialistischen Elemente auf politischem, ökonomischem und geistig-kulturellem Gebiet erstarkten und bestimmten mehr und mehr die gesellschaftliche Entwicklung. In dem Maße, wie die Arbeiterklasse unter Führung der SED ... entscheidende Machtpositionen eroberte und dabei das Bündnis mit den anderen werktätigen Klassen und Schichten festigte, reiften die Notwendigkeit und die Möglichkeit heran, die antifaschistisch-demokratische Umgestaltung zur sozialistischen Revolution weiterzuentwickeln und die Aufgaben des sozialistischen Aufbaus in Angriff zu nehmen. ...

Um die nach der Befreiung vom Faschismus in der sowjetischen Besatzungszone eingeleitete revolutionäre Umwälzung konsequent weiterzuführen und damit zur Festigung der internationalen Positionen des Sozialismus und zur Sicherung des Friedens beizutragen, war es unerläßlich, eine starke zentrale Staatsmacht der Arbeiterklasse und der werktätigen Bauern zu schaffen. Einen Arbeiter-und-Bauern-Staat zu gründen, war auch die einzig mögliche Antwort auf die Spaltung Deutschlands.

15.1.7. Объясните смысл следующих понятий и словосочетаний:

1. империалистические государства-агрессоры 2. германский империализм 3. великая держава 4. державы-победительницы 5. Крымская конференция 6. оккупационные державы 7. антифашистское движение Сопротивления 8. исходная экономическая позиция 9. поворотный пункт в истории

15.1.

15.1.8. Сделайте краткое сообщение на тему "Предпосылки для образования ГДР". Используйте для этого следующие подтемы, а также конструкции из прил. 3.15.

1. Укрепление позиций социализма и национально-освободительного движения после второй мировой войны   2. Ослабление империалистической системы   3. Поражение германского империализма и его последствия   4. Рост авторитета и политического влияния СССР   5. Значение того факта, что среди держав-победительниц был Советский Союз   6. Наличие немецкого движения Сопротивления

15.1.9. Вы гость в советской школе на уроке истории, посвящённом послевоенной обстановке в Европе, в частности в Германии. Ответьте на вопросы учеников, касающиеся следующих проблем:

1. Unterschiedliche Wertung des 8. Mai in der DDR und der BRD und ihre Ursachen   2. Bedeutung der Beschlüsse der Krimkonferenz   3. Äußere und innere Voraussetzungen für die antifaschistisch-demokratische Wiedergeburt Deutschlands   4. Rolle der Besatzungsmächte   5. Bedeutung der Machtfrage   6. Vergleich der ökonomischen Ausgangspositionen der DDR und der BRD   7. Warum ist die Gründung der DDR ein Wendepunkt in der Geschichte Europas?

15.2.   Второй раздел

15.2.1. Прочитайте статью из газеты "Правда" и выделите устно основные факты и проблемы.

ГДР — высокоразвитое социалистическое государство

Логическим следствием происходивших в 1945–1949 гг. глубоких антифашистско-демократических преобразований стало создание в октябре 1949 года Германской Демократической Республики. Образование ГДР стало жизненной необходимостью, поворотным пунктом в истории Германии и всей Европы. Оно означало поражение мирового и германского империализма, сузило территориальную сферу господства монополистического капитала, навсегда закрыло германскому империализму и милитаризму пути экспансии на восток.

Важнейшими вехами[1] на пути социалистического строительства в ГДР явились следующие:

2-я конференция СЕПГ (июль 1952 г.) провозгласила переход к планомерному и систематическому созданию в ГДР основ социализма. Для этого необходимо было ликвидировать серьезные диспропорции в экономике, возникшие в результате раскола Германии западными державами, а именно: создать собственное тяжелое машиностроение, расширить и укрепить металлургическую, сырьевую и энергетическую базы.

VI съезд СЕПГ (январь 1963 г.) принял новую программу партии — программу развернутого строительства социализма. Съезд одобрил новую экономическую систему планирования и руководства народным хозяйством. В основу этой системы положено научно обоснованное планирование, широкое применение экономических рычагов и материального стимулирования. В документах VI съезда, а также в решениях VII съезда СЕПГ (апрель 1967 г.) в основных чертах были охарактеризованы развитое социалистическое общество и задачи его строительства.

VIII съезд СЕПГ (июнь 1971 г.) дал всестороннюю характеристику и обоснование задач строительства развитого социалистического общества. Исходя из принципа неразрывного единства экономической и социальной политики, съезд сформулировал главную задачу социального и экономического развития ГДР, которая заключается во все более полном удовлетворении материальных и духовных потребностей трудящихся на базе высоких темпов развития социалистического производства, повышения эффективности, научно-технического прогресса и роста производительности труда. Эта политика, направленная на благо народа, последовательно продолжается и до сегодняшнего дня.

Решающей предпосылкой для обеспечения и дальнейшего повышения материального и культурного уровня жизни трудящихся был и остается рост экономического потенциала. Вновь и вновь подтверждается, что экономические результаты имеют решающее значение для прогресса всего общества. Хотелось бы отметить, что ввиду происходящих на мировом рынке глубоких и затяжных перемен задачи социалистического строительства требуют еще более решительного повышения экономической мощи и, прежде всего, существенного роста производительности труда. Поэтому на своих съездах и пленумах и в повседневной работе СЕПГ отводит значительное место проблемам хозяйственного развития.

Экономическая стратегия партии, курс на интенсификацию производства, оправдывает себя как стратегия неуклонного роста народного хозяйства. Практика показала, что ГДР в течение длительного времени при постоянном количестве занятых в народном хозяйстве может увеличивать выпуск продукции и национальный доход, снижая при этом потребление энергии, сырья и материалов. Этот факт трудно переоценить. Но необходимо приложить все усилия, чтобы это развитие продолжалось и в будущем. Это предполагает, в первую очередь, все лучшее использование так называемых качественных факторов роста.

Определяющими дальнейший динамичный подъем экономики отраслями стали микроэлектроника и робототехника. Использование промышленных роботов, компьютеров должно внести значительный вклад в экономию сырья, материалов и энергии, с одной стороны, и экономию рабочих мест и рабочей силы — с другой. Поэтому необходимо обеспечить опережающий рост соответствующих отраслей.

Примечателен тот факт, что до конца 1985 года в промышленность ГДР было введено уже около 57000 роботов.

Необходимо подчеркнуть, что важными резервами углубления интенсификации является более эффективное использование основных фондов и трудовых ресурсов. Следует, например, задуматься над тем фактом, что еще в 1984 г. из 1,5 млн. специалистов с высшим и средним образованием 15 % имели рабочее место, не соответствующее их квалификации. Большое внимание нужно уделять также дальнейшему повышению эффективности хозяйственной деятельности комбинатов, более высокому качеству управления, планирования, хозяйственного расчета и экономического стимулирования, более полному использованию творческого потенциала трудящихся, улучшению дисциплины труда, снижению заболеваемости, уменьшению текучести кадров.

Претворение в жизнь экономической стратегии доказывает, что интенсивный тип расширенного воспроизводства обеспечивает не только временный, но и постоянный, устойчивый рост народного хозяйства, свидетельствующий о том, что социалистическая система планирования ГДР достигла значительной степени гибкости, что она в состоянии управлять очень сложными процессами. Поэтому понятно, что социалистическая система планирования является мишенью[2] для беспрерывных нападок со стороны врагов социализма.

Империализм хотел еще в колыбели[3] задушить[4] молодую республику, а позднее не брезговал[5] никакими средствами, чтобы шантажировать ее, подорвать ее государственный и экономический строй и дискриминировать ее на международной арене. Однако все его попытки повернуть вспять колесо истории позорно провалились. ГДР год от года крепла как стабильное, экономически здоровое и пользующееся всемирным признанием социалистическое государство. Сегодня она входит в число десяти сильнейших промышленных стран мира. Трудящиеся ГДР под руководством СЕПГ продолжают строительство развитого социалистического общества и создают тем самым основные предпосылки для постепенного перехода к коммунизму.

---

[1] веха — Entwicklungsetappe, Meilenstein   [2] мише́нь, -и *f.* — Zielscheibe
[3] колыбе́ль, -и *f.* — Wiege   [4] души́ть/задуши́ть — erwürgen, erdrosseln   [5] не брезговал никакими средствами — *etwa*: alle Mittel waren ihm recht

15.2.2.	Изложите основное содержание статьи.
15.2.3.	Попытайтесь убедить своего товарища в том, что в ГДР исчерпаны еще далеко не все резервы углубления интенсификации производства. В доказательство этого приведите примеры из собственного опыта.
15.2.4.	В советском вузе, где вы проходите стажировку, проводится беседа "за круглым столом", посвященная дню образования ГДР. Советские товарищи просят вас ответить на вопросы, касающиеся становления и роста вашей республики. В частности, их интересует реализация принципа единства экономической и социальной политики, а также проблемы, связанные с углублением интенсификации народного хозяйства ГДР.

15.3. Третий раздел

15.3.1.	⊙ ⊙ Прослушайте и законспектируйте доклад доктора экономических наук А. И. Успенского на тему "Экономическое и научно-техническое сотрудничество СССР и ГДР".
15.3.2.	Используя конспект, ознакомьте коллег с содержанием прослушанного доклада.
15.3.3.	Обсудите с товарищем следующее высказывание Э. Хонеккера: "Вновь и вновь подтверждается наше убеждение в том, что по мере внутреннего развития социализма объективно возрастают возможности и потребности в сотрудничестве наших стран, нарастает переплетение наших народных хозяйств". В ходе беседы обоснуйте актуальность этого высказывания.
15.3.4.	Вас пригласили на семинар по политэкономии, посвященный проблемам сотрудничества между СССР и ГДР. После небольшого сообщения началась дискуссия по теме. Примите в ней участие.

15.4. Четвертый раздел

15.4.1. Ваш советский коллега попросил вас (по возможности дословно) перевести статью.

Die DDR, die am 7. Oktober 1949 proklamiert wurde, ist heute ein hochentwickelter sozialistischer Industriestaat mit einer hochproduktiven Landwirtschaft und einem fortschrittlichen Bildungs- und Erziehungssystem, der sich die weitere Gestaltung der entwickelten sozialistischen Gesellschaft und gleichzeitig die Schaffung der grundlegenden Voraussetzungen für den allmählichen Übergang zum Kommunismus zum Ziel gesetzt hat.
Nach offiziellen Angaben war das Nationaleinkommen des Landes in der Mitte der 80er Jahre fast um das 10fache höher als im Jahre der Gründung der DDR. 1985 betrug es etwa 13500 Mark pro Kopf der Bevölkerung. Damit gehört die DDR zu den zehn ökonomisch stärksten Ländern der Erde. Die Industrieproduktion, allen voran die Produktion von Werkzeugmaschinen und elektronischen Geräten, von Erzeugnissen der Chemieindustrie und des Waggon-, Fahrzeug- und Schiffsbaus, aber auch die Förderung von Braunkohle (бурый уголь) und Kalisalzen und die Erzeugung von Walzgut, hat ein beachtliches Niveau erreicht. Mikroelektronik und Robotertechnik, heute Maßstab des erreichten Standes der Nutzung der Errungenschaften der wissenschaftlich-technischen Revolution in einem Land und gleichzeitig ein wichtiges Mittel zur schnellen Steigerung der Effektivität der Produktion, finden in den Betrieben breite Anwendung.
Alle Versuche reaktionärer imperialistischer Kräfte, vor allem in den ersten Jahrzehnten der Existenz der Republik durch gezielte Wühltätigkeit und Erpressungsversuche die erfolgreiche Entwicklung des Landes aufzuhalten, sind schmählich gescheitert. Die unermüdliche Arbeit der Werktätigen der DDR und nicht zuletzt die ständig wachsende Verknüpfung der Wirtschafts- und Wissenschaftspotentiale der Staaten der sozialistischen Gemeinschaft sichern auch in Zukunft ein stabiles Wachstum der Volkswirtschaft und ein weiteres Aufblühen der entwickelten sozialistischen Gesellschaft in der DDR.

15.4.2. Однокоренные слова

15.4.2.1. (F_L) Прочитайте словосочетания с однокоренными словами и обратите внимание на их разные значения:

1. **экономи́ческий** (-ая, -ое, -ие) закон, рычаг система, политика, потенциал, развитие, результаты, показатели, сотрудничество

   ökonomisch *wirtschaftswissenschaftlicher Terminus;* wirtschaftlich, Wirtschafts-, ökonomisch *bezogen auf die Wirtschaft z. B. eines Landes;*

институт, журнал | wirtschaftswissenschaftlich, ... für Wirtschaftswissenschaft(en)

2. **эконо́мичный** (-ая, -ое, -ые) способ, технология, проект машина, холодильник, ГЭС расходование чего-л. | kostengünstig; rentabel, wirtschaftlich arbeitend; sparsam, rationell

3. **эконо́мный** (-ая, -ое, -ые) человек, хозяйка способ, технология расходование чего-л. | sparsam, wirtschaftlich denkend; kostengünstig; sparsam, rationell

15.4.2.2. 🔑 Спишите предложения, вставляя вместо точек подходящие по смыслу однокоренные слова:

1. Решающей предпосылкой для повышения жизненного уровня трудящихся является устойчивый рост ... потенциала страны. 2. Новая технология по производству проката весьма ... 3. Использование ... законов неразрывно связано с сознательной деятельностью человека. 4. Применение промышленных роботов способствует ... расходованию сырья. 5. Следует лучше использовать все имеющиеся ... рычаги. 6. Архитектор предложил новый ... проект пятиэтажного жилого дома. 7. Мой коллега окончил ... институт. 8. Его жена — ... хозяйка. 9. Реакционные силы не раз пытались подорвать ... систему ГДР, но все эти попытки позорно провалились. 10. Старый способ добычи железной руды был заменен новым, более ... 11. Новый холодильник более ..., чем старый.

15.4.2.3. Составьте письменно предложения с однокоренными словами.

15.4.3. Синонимы

15.4.3.1. **(F)** Прочитайте глаголы-синонимы. Обратите внимание на оттенки значения синонимов:

1. **свя́зываться/связа́ться** | sich verbinden, sich in Verbindung setzen

Он связался с ней по телефону. | sich in Verbindung setzen, Kontakt aufnehmen

Сколько раз я тебе говорил, не связывайся с ним. (*umg.*) | sich abgeben, sich mit j-m *oder* auf etw. einlassen

15.4.

2. соединя́ться/соедини́ться — sich vereinigen, sich verbinden; sich in Verbindung setzen

Войска первого и второго Украинского фронта соединились. — sich vereinigen, zusammenschließen

Водород соединяется с кислородом. — sich verbinden, eine *chemische* Verbindung eingehen

Он соединился с ней по телефону. — sich in Verbindung setzen, Kontakt aufnehmen

В нем соединились твердость характера со справедливостью. — sich vereinigen, gleichzeitig vorhanden sein

3. объединя́ться/объедини́ться — sich vereinigen, sich zusammenschließen

в колхоз, в партию, в союз, в организацию — sich *zu einem organisatorischen Ganzen* vereinigen, zusammenschließen

в борьбе за мир, в борьбе за разрядку напряженности — sich vereinen, eng zusammenschließen

4. спла́чиваться/сплоти́ться — sich vereinigen, sich einmütig zusammenschließen
в борьбе за освобождение

5. сочета́ться — sich vereinigen, sich verbinden
В нем сочетается энергия с большим умом. — sich vereinigen, gleichzeitig vorhanden sein
Одно не сочетается с другим. — harmonieren, zusammenpassen

6. слива́ться/сли́ться — zusammenfließen, sich vereinigen
Две речки слились в одну. — zusammenfließen, sich vereinigen
Их усилия слились воедино. — sich vereinigen, verschmelzen

15.4.3.2. ○━▶ Вставьте вместо точек подходя́щие по смыслу синонимичные глаголы. Укажите случаи, где возможны варианты.

1. После того как в апреле 1946 г. КПГ и СДПГ ... в СЕПГ, раскол немецкого рабочего класса в одной части Германии был преодолен. 2. По-моему, эти цвета очень хорошо ... 3. Он сделал несколько неудачных попыток ... с секретарем по телефону. 4. Недалеко от границы ГДР реки Верра и Фульда ... в реку Везер. 5. Все миролюбивые силы на нашей планете должны ... в борьбе против распространения гонки вооружений на космос. 6. В этой женщине счастливо ... красота, доброта и ум. 7. ... он с этими переводами, теперь сидит ночами. 8. Правление Общества германо-советской дружбы предложило ... с советскими комсомольцами, чтобы договориться с ними о встрече дружбы. 9. С целью разгрома фашистской группировки ... две армии. 10. КПГ придавала большое значение тому, чтобы усилия

всех антифашистско-демократических сил ... воедино с целью построения нового общества. 11. Углерод при сгорании ... с кислородом.

15.4.3.3. Составьте письменно предложения с синонимичными глаголами.

15.4.4. Используя конструкции из прил. 3.15., а также приведенные ниже высказывания, сформулируйте в письменной форме заключительную часть выступления (см. образец в 15.1.5.).

1. Trotz aller Versuche, die sozialistische Ordnung in der DDR zu untergraben, ist es reaktionären Kräften nicht gelungen, Rad der Geschichte zurückzudrehen 2. Von der SED verkündete ökonomische Strategie garantiert stabiles Wachstum der Volkswirtschaft 3. Immer bessere Nutzung ökonomischer Hebel und materieller Stimuli sichert Wachstum der Arbeitsproduktivität 4. Tiefgreifende, langanhaltende Wandlungen in Weltwirtschaft erfordern vorrangiges Wachstum solcher Zweige wie Mikroelektronik und Robotertechnik 5. Senkung der Kaderfluktuation untrennbar verbunden mit Verbesserung der Arbeitsbedingungen 6. Sowjetische Lieferungen von Gas, Eisenerz und Walzerzeugnissen, die Bedarf der DDR fast vollständig decken, haben immense Bedeutung für Volkswirtschaft der Republik

15.4.5. Переписка

15.4.5.1. Прочитайте про себя образец официального соболезнования:

Уважаемые товарищи!

Позвольте от имени секции иностранных языков университета им. М. Лютера и от себя лично **выразить глубокую скорбь в связи с безвременной кончиной** известного советского ученого, специалиста с мировым именем профессора О. А. Иванова и **передать** наше **соболезнование семье** и близким **покойного**. Его смерть является тяжелой утратой не только для советской, но и для мировой науки. **Светлая память о** выдающемся советском ученом О. А. Иванове **навсегда сохранится в наших сердцах.** Он будет служить примером жизни ученого для всех поколений немецкой социалистической науки.

С глубоким уважением
д-р филологических наук, профессор   З. Келлер

15.4.5.2. (F_L) Переведите типичные для выражения соболезнования конструкции. Прочитайте их вслух и спишите.

15.4.5.3. Прочитайте образец официального соболезнования вслух.

15.4.5.4. Напишите письмо ректору института-партнера, в котором вы выражаете соболезнование по поводу смерти профессора А. И. Петрова.

15.4.6. Напишите письмо своему советскому другу. Расскажите о вашей работе, о семейной жизни. Покажите на примерах, как улучшилась жизнь вашей семьи за последние годы в результате последовательного осуществления главной задачи экономического и социального развития ГДР.

Используйте, по возможности, конструкции из прил. 3.15.

15.4.7. Во время стажировки советские товарищи попросили вас подготовить стенгазету по поводу предстоящей ...-ой годовщины со дня образования ГДР. Напишите для стенгазеты статью о значении создания ГДР и о важных событиях в ее истории. Остановитесь на проблемах, связанных с обеспечением динамичного роста народного хозяйства в нынешних условиях, в частности на необходимости более эффективного использования экономического и научно-технического потенциала страны.

Используйте, по возможности, конструкции из прил. 3.15.

15.5. **Пятый раздел**

15.5.1. Прочитайте отрывки из книги Э. Хонеккера "Из моей жизни" на русском языке и выделите устно основную информацию. Найдите те абзацы в конце текста, в которых объясняется правомерность осуществления мер по укреплению государственной границы ГДР. Переведите эти абзацы со словарем.

13 августа 1961 г. (Отрывки из книги Э. Хонеккера "Из моей жизни")

... После некоторых проблесков надежды на разрядку международной напряженности во второй половине 50-х годов, в 1960—1961 гг. вновь сгустились тучи военной опасности ...

... В марте 1961 г. выходящая в ФРГ газета "Верполитише рундшау" заявила, что возможности Запада добиться от Востока уступок мирным путем исчерпаны. Остается лишь возможность насильственного изменения статус-кво или же "отказ от собственных принципов". Бывший в то время министром обороны ФРГ Франц Йозеф Штраус заявил на пресс-конференции в США, что нужно-де быть готовыми к своего рода гражданской войне в Германии.

В начале июля 1961 г. "Исследовательский совет по вопросам воссоединения Германии" представил в Бонне отчет с новым подробным планом "дня икс". Это была целая книга, содержавшая конкретные рекомендации западногерманским монополиям, как следовало осуществить постепенный захват народного хозяйства ГДР, устранить СЕПГ и лишить прав профсоюзы ...

... Западные средства массовой информации развернули против ГДР разнузданную пропагандистскую кампанию. Рисуя картины "потоков беженцев" и расписывая "бедствия вынужденных к бегству людей", они в фатальном созвучии с августом 1939 г. создавали атмосферу для агрессии. Участились нарушения границы и пограничные провокации. Чтобы вызвать волнения среди населения, саботажники пытались устроить поджоги на берлинских скотобойнях и в Гумбольдтском университете в центре Берлина.

Вот уже 12 лет граница ГДР с Западным Берлином ... оставалась открытой. Точнее, это была открытая граница всего социалистического содружества с капиталистическим миром. Все очевиднее становилась таившаяся в этом опасность для дела мира, так как обстановка в Западном Берлине и вокруг него в любой момент могла быть использована для создания опасной международной напряженности и конфликтов ... Мы с должной бдительностью следили за этим опасным развитием событий ...

... В 1961 г. государства Варшавского Договора не раз выступали с предостережениями ... 3–5 августа 1961 г. в Москве состоялось совещание первых секретарей Центральных Комитетов коммунистических и рабочих партий государств-участников Варшавского Договора ... В полном согласии с КПСС СЕПГ предложила взять под обычный для суверенных государств контроль границы ГДР с Западным Берлином и ФРГ. Московское совещание единодушно поддержало это предложение.

Бывший в то время председателем Совета национальной обороны ГДР Вальтер Ульбрихт поручил мне подготовку и осуществление необходимых мероприятий. Были разработаны соответствующие меры и проекты боевых приказов для Национальной народной армии, органов Министерства государственной безопасности и Министерства внутренних дел, для дежурных полицейских отрядов, народной полиции и рабочих боевых дружин, а также указания для центральных государственных учреждений, для транспорта, строительства и других руководящих экономических органов. Позднее мы с удовлетворением отмечали, что у нас не было сколько-нибудь существенных упущений...

... 11 августа 1961 г. Народная палата ГДР выступила с заявлением о том, что миру в Европе угрожает серьезная опасность. Она поручила Совету Министров ГДР подготовить и осуществить все меры, необходимые для обеспечения мира. На следующий день Совет Министров принял постановление взять под надежный контроль все еще открытую границу между социалистической и капиталистической Европой...

... Об этих напряженных днях и часах вспоминает Хайнц Гофман, который с июля 1960 г. был министром национальной обороны ГДР: "Я помню, как мы подвозили тогда штабы и соединения Народной армии, замаскировав их под обычные передвижения частей. Ночью мне позвонил Эрих Хонеккер, сообщил "время икс" и сказал: "Задача вам известна, действуйте!" Не успели мы добраться до границы, как Эрих Хонеккер уже был там, чтобы убедиться, правильно ли были выдвинуты наши танки и остальные подразделения. Он беседовал не только со мной и другими представителями командования, а, как это было в его привычке, также и с солдатами на местах, разъясняя им, почему мы вынуждены принять эти меры".

За несколько часов наша государственная граница вокруг Западного Берлина была надежно защищена. Я предложил использовать непосредственно на границе политическую и боевую силу рабочего класса, то есть трудящихся с социалистических предприятий в форме бойцов боевых дружин. Они должны были вместе с формированиями народной полиции обеспечить непосредственную охрану границы с Западным Берлином. В случае необходимости их должны были поддержать из второго эшелона воинские части и соединения Национальной народной армии и органы Министерства государственной безопасности. Только в случае вмешательства армий НАТО в действие должны были вступить размещенные в ГДР советские вооруженные силы...

... Думаю, что в штабах НАТО и бундесвера хорошо понимали, какая единая сила стояла за мероприятиями 13 августа 1961 г. Такую операцию можно было осуществить только при участии великого множества добровольных помощников, при поддержке и понимании со стороны большинства трудящихся. В эти августовские дни проявилась не только наша военная сила, но и крепость социалистического строя, превосходство нашей политической системы. Потом можно было домысливать все, что угодно, но одно остается незыблемым фактом: несмотря на значительный масштаб подготовительных мероприятий, необходимых для успешного проведения операции, создание антифашистского защитного вала было для наших противников полной неожиданностью. Ведь благодаря открытой границе иностранные разведывательные службы могли почти беспрепятственно заниматься в ГДР разведкой и шпионажем. Противнику не удалось организовать сколько-нибудь серьезное противодействие нашей акции.

Меня неоднократно спрашивали, сознавали ли мы тогда, что шли на риск большой войны. У нас были все основания полагать, что на подобного рода акцию, которая была осуществлена исключительно на нашей территории, НАТО не сможет ответить военной агрессией. Из находившейся в нашем распоряжении информации следовало, что США, основная сила НАТО, без которой военное вмешательство было бы немыслимо, руководствовались в отношении Западного Берлина вполне определенными интересами. Это были неизменный статус Западного Берлина, присутствие в Западном Берлине трех западных держав, надежное сообщение между Западным Берлином и ФРГ. Наши меры по обеспечению границ не затрагивали ни один из этих пунктов... Таким образом, с нашей стороны не было дано ни единого повода для военного вмешательства НАТО. И еще: мы предприняли акцию, какую в данной ситуации предприняло бы любое другое суверенное государство. Мы всего лишь взяли под контроль свои границы в соответствии с гарантированным Организацией Объединенных Наций международным правом. Так был спасен мир и заложен фундамент для дальнейшего расцвета Германской Демократической Республики...

... Значение событий 13 августа 1961 г. полностью раскрылось для некоторых лишь годы спустя. Их влияние сказывается и в наши дни. Попытка ликвидировать путем "ограниченной акции" рабоче-крестьянскую власть в ГДР была сорвана в самом начале...

15.5.2. В институте, где вы проходите стажировку, вас попросили прочитать лекцию, посвященную событиям 13 августа 1961 г. В целях подготовки к ней составьте резюме прочитанного.

15.5.3. Выступите с лекцией. Используя резюме, расскажите о событиях, описываемых автором. Выскажите свое мнение относительно их значимости в истории ГДР и Европы.

15.5.4. В рамках "Недели дружбы с ГДР" проводится встреча со студентами из разных стран. Во время беседы обсуждаются следующие вопросы: 1. Резкое обострение международной напряженности в 1960—61 гг. 2. Особое положение ГДР как форпоста социалистического лагеря 3. Необходимость осуществления мер по укреплению государственной границы ГДР 4. Меры по укреплению государственной границы — предпосылка дальнейшего подъема народного хозяйства ГДР 5. Укрепление границы как предпосылка для будущего отхода от "холодной войны", от конфронтации к переговорам

Примите участие в беседе.

15.6. Шестой раздел: Наш калейдоскоп

15.6.1. Высказывания известных людей

Наша национальная гордость ничего не имеет общего с национальным высокомерием. Будучи патриотами, мы храним и защищаем национальную честь нашего социалистического отечества и являемся таким образом последовательными пролетарскими интернационалистами.

(Э. Хонеккер)

Политика нашей партии, социалистического государства в области культуры постоянно способствует развитию и обогащению интернационального содержания нашей социалистической культуры и искусства, приобщению граждан ГДР к гуманистическим культурным ценностям других народов, прежде всего Советского Союза и других братских социалистических стран.

(К. Хагер)

15.6.2. Знаете ли вы, что ...

1. в год основания ГДР среднемесячная зарплата рабочих и служащих в социалистическом хозяйстве составляла 290 марок? К середине 80-х годов она увеличилась примерно в 4 раза.

2. в год основания республики из каждой тысячи детей соответствующей возрастной группы 173 получили место в детском саду и только 8 — в детских яслях? В середине 80-х годов место в детских яслях получили уже около 700 детей из тысячи малышей, а в детские сады могли быть приняты все дети дошкольного возраста.

3. на содержание одного ребенка, начиная с детских яслей до окончания 10 класса, государство тратило в середине 80-х годов около 25 000 марок? Обучение одного студента в вузе обходилось государству в 80 000 марок, а в техникуме — в 45 000 марок.

15.6.3. Это интересно знать

Программа жилищного строительства является сердцевиной главной задачи экономического и социального развития ГДР. СЕПГ взяла курс на то, чтобы решить жилищный вопрос как социальную проблему до 1990 года.

Ежегодно строится и модернизируется около 200 000 квартир, причем за последние годы заметно возросла доля реконструированных квартир. Уже к 1984 году более трех с половиной миллионов семей получили новые квартиры. По подсчетам статистиков, в середине 80-х годов на 1000 жителей ГДР приходилось 400 квартир, в то время как в странах Западной Европы и Северной Америки — лишь 330. При этом нужно учесть, что в результате второй мировой войны на территории нынешней ГДР 35 % жилых домов было разрушено.

15.7. Седьмой раздел

15.7.1. ⊙ ⊙ Основные глаголы

боро́ться *nur uv.*	kämpfen

Участники движения Сопротивления в оккупированных странах боролись против фашистского угнетения.

борьба́	Kampf

национально-освободительная борьба

боре́ц (за мир)	Kämpfer
поборо́ть* *nur v.* (противника)	überwältigen, niederringen
побо́рник* (справедливости)	Verfechter, Anhänger
противобо́рство* (идей)	heftiger Kampf, Widerstreit
повора́чивать/поверну́ть	umdrehen, wenden
повора́чивать/поверну́ть кого/что	umdrehen, wenden; *in eine andere Richtung* lenken, wenden

Больной попросил повернуть его на другую сторону.
Из-за ремонта дороги пришлось повернуть машину и поехать в объезд.

повора́чивать/поверну́ть	einbiegen, abbiegen; umkehren

Машина повернула направо и выехала на площадь.
Дорога настолько сузилась, что пришлось повернуть назад.

повора́чивать/поверну́ть вспять колесо́ истории	das Rad der Geschichte zurückdrehen

Силы реакции пытаются повернуть вспять колесо истории.

повора́чиваться/поверну́ться	sich (her)umdrehen; eine andere Entwicklung nehmen, sich wenden

Услышав шаги, Виктор повернулся.
Дело повернулось к лучшему.

поворо́т	das Drehen, Wenden; Biegung, Kurve; Wendung, Wende
поворот головы	
правый и левый поворот	
коренной поворот	
поворо́тный (пункт в исто́рии)	Wende-

15.7.

бесповоро́тный	unabänderlich, endgültig
бесповоротное решение	
поворо́тливый* (человек)	wendig, gewandt, flink
перевора́чивать/переверну́ть (одну страницу)	umwenden, umdrehen
перевора́чиваться/переверну́ться	sich umdrehen, sich umwenden; umkippen
страница перевернулась	
лодка перевернулась	
переворо́т (в науке)	Umwälzung, Umschwung
государственный переворот	
свора́чивать/сверну́ть (с дороги; ковер)	einbiegen, abbiegen; zusammenrollen
завора́чивать/заверну́ть	einwickeln, einpacken; *unterwegs* abbiegen; im Vorbeikommen besuchen, einen Abstecher machen
заворачивать книгу в бумагу	
проездом завернуть в деревню	
по пути завернуть к другу	
развора́чивать/разверну́ть (карту; соревнование)	aufrollen, aufwickeln; entfalten, voll entwickeln
развёрнутый	ausführlich, detailliert; entfaltet, umfassend
развернутые тезисы	
развернутое строительство социализма	

15.7.2. ◉ ◉ Новая лексика

наце́ливать/наце́лить	richten, lenken; zielen
це́лить(ся)/наце́лить(ся) в дерево	
целенапра́вленная деятельность	

  Интенсификация производства нацелена главным образом на увеличение выпуска продукции.

провозглаша́ть/провозгласи́ть	verkünden, feierlich ausrufen, proklamieren
провозглаше́ние республики	

  VIII съезд СЕПГ провозгласил главную задачу социального и экономического развития ГДР.

опережа́ть/опереди́ть кого/что	überholen, überbieten, j-m zuvorkommen
опережа́ющий рост тяжелой промышленности	

  Республика Куба опередила все другие латиноамериканские страны в области народного образования.

закаля́ть/закали́ть	abhärten, stählen
закалённый революционер	
идейно-политическая зака́лка	

  Закаленная в классовых боях КПГ вела непрерывную борьбу против фашизма.

покрыва́ть/покры́ть decken, bestreiten
покры́тие расхо́дов
  За счет советских поставок ГДР покрывает значительную часть потребностей в импорте цветных металлов.

перестава́ть/переста́ть aufhören
Переста́нь, пожалу́йста, кури́ть!
беспреста́нная забо́та о челове́ке
  8 мая 1945 г. третий рейх перестал существовать.

подрыва́ть/подорва́ть untergraben, unterminieren
подры́в основ социали́зма
подрывна́я де́ятельность
  Попытки империализма подорвать авторитет ГДР на международной арене провалились.

потряса́ть/потрясти́ erschüttern, ergreifen; erbeben lassen
потряса́ющий фильм
потрясе́ние основ государства
после́дствия землетрясе́ния
  Национально-освободительное движение потрясло всю колониальную систему империализма.

распада́ться/распа́сться zerfallen, auseinanderfallen
распа́д коали́ции
  В середине 70-х годов система колониального угнетения практически распалась.

разгро́м Zerschlagung, Vernichtung
разгроми́ть *nur v.* врага́
  Трудно переоценить историческое значение разгрома фашистской Германии.

раско́л Spaltung, Aufspaltung
раска́лывать/расколо́ть рабочее движение
  Раскол Германии явился следствием сепаратистской политики западных стран.

рыча́г Hebel
  Широкое применение экономических рычагов позволяет повысить производительность труда.

прока́т Walzgut, Walzwerkerzeugnisse
  За годы существования ГДР производство проката значительно увеличилось.

желе́зная руда́ Eisenerz
Ру́дные горы
 СССР поставляет в ГДР железную руду, уголь, природный газ и другие виды сырья.

переме́на Veränderung, Wandlung, Wechsel
перемени́ть *nur v.* тактику
переме́нный ток
 После второй мировой войны произошли глубочайшие перемены в восточной части Германии.

вели́кая держа́ва Großmacht
великодержа́вный шовинизм
держа́ва-победительница
 В результате второй мировой войны Япония и Италия фактически перестали быть великими державами.

изде́лие Erzeugnis, Ware
 Стоит упомянуть о том, что Советский Союз поставляет в ГДР изделия микроэлектроники.

судострое́ние Schiffsbau
судострои́тельный завод
морско́е су́дно (*Pl* суда́, судо́в)
 При поддержке Советского Союза в ГДР был создан ряд новых отраслей, в том числе судостроение и приборостроение.

переплете́ние Verflechtung
тесно переплета́ться/переплести́сь
 Углубление научно-технического сотрудничества способствует все более тесному переплетению экономик социалистических стран.

насле́дство das Erbe, Hinterlassenschaft
насле́дственная болезнь
духовное насле́дие третьего рейха
 Фашизм оставил в наследство немецкому народу руины, голод, нужду.

заболева́емость Krankenstand, Prozentsatz der Erkrankungen
тяжело боле́ть/заболе́ть
серьезное заболева́ние
 Высокий уровень заболеваемости нередко связан с плохими условиями труда.

теку́честь, -и *f.* **ка́дров** Kaderfluktuation
теку́чий состав работников
уте́чка рабочей силы
 Ввиду большой текучести кадров руководство предприятия приняло соответствующие меры.

15.7.

хозя́йственный расчёт   wirtschaftliche Rechnungsführung
перехо́д на хозрасчёт
хозрасчётная систе́ма

   Хозя́йственный расчёт оправда́л себя́ как неоцени́мый сти́мул повыше́ния производи́тельности труда́.

усто́йчивый   stabil, beständig
усто́йчивость убежде́ний
   СЕПГ отво́дит значи́тельное ме́сто вопро́су обеспе́чения усто́йчивого ро́ста наро́дного хозя́йства.

неразры́вный   untrennbar, unzerstörbar
разры́в ме́жду спро́сом и предложе́нием
разрыва́ть/разорва́ть отноше́ния
   Тру́дно переоцени́ть значе́ние осуществле́ния при́нципа неразры́вного еди́нства экономи́ческой и социа́льной поли́тики.

затяжно́й   langwierig, sich lange hinziehend, langanhaltend
затя́гивать/затяну́ть перегово́ры
перегово́ры затя́гиваются/затяну́лись
   Соцстра́ны вы́нуждены приспоса́бливаться к глубо́ким и затяжны́м переме́нам, происходя́щим на мирово́м ры́нке.

позо́рный   schmählich, schändlich
покры́ть себя́ позо́ром
позо́рить/опозо́рить семью́
   Попы́тки империали́зма поверну́ть вспять колесо́ исто́рии в восто́чной ча́сти Герма́нии позо́рно провали́лись.

ожесточённый   erbittert, hart
жесто́кие обы́чаи
жесто́кость завоева́телей
   Благодаря́ ожесточённому сопротивле́нию ленингра́дцев го́род не был за́нят фаши́стами.

Schlüssel zu einigen Lehrbuchübungen

1.4.2.2.

1. населения 2. расселении 3. заселению] 4. народонаселения 5. населения 6. населения 7. народонаселения; заселения

1.4.3.2.

1. пользуюсь словарем 2. пользуется современными, эффективными методами / использует современные, эффективные методы / применяет современные, эффективные методы 3. пользоваться услугами 4. употреблять иностранные слова 5. использует интересные статистические данные / пользуется интересными статистическими данными 6. пользуется специальной литературой / использует специальную литературу 7. пользуется любым случаем / использует любой случай 8. употреблять молочные продукты 9. воспользовался данной возможностью / использовал данную возможность 10. используют / применяют 11. применили атомное оружие

2.1.8.2.

1. использ-е преимущ-в (*oder* преим-в) 2. необх-сть потребл-я 3. действ-сти; истощ-е месторожд-й 4. увелич-е кол-ва АЭС; сравн-ю 5. необх-сть; развя-я произв-ва 6. возм-сть; чел-ва 7. нас-я

2.1.8.3.

1. использ-е всех возм-стей 2. истощ-е ряда месторожд-й 3. увелич-е численности (числ-сти) нас-я 4. по сравн-ю с развн-м других отраслей 5. необх-сть сократить потребл-е газа 6. в действ-сти уровень произв-ва снизился 7. кол-во атомных электростанций (АЭС) 8. решение (реш-е) глобальных проблем чел-ва 9. говорить о преимущ-вах (*oder* преим-вах) социализма

2.4.2.2.

1. растущая потребность 2. высокие требования 3. повышающимися разносторонними потребностями 4. потребление 5. требование / требования

2.4.3.3.

1. происходило удвоение потребления энергии 2. происходит постоянное увеличение количества 3. произвели расчет расхода 4. происходит увеличение энергозатрат 5. произошло значительное сокращение количества 6. произвести замену нефти и газа 7. происходит быстрое уменьшение природных запасов 8. производить анализ проблем 9. произошло повышение цен 10. произвели вычисления мирового потребления

3.1.8.2.

1. конц-я пром-сти; терр-и; гос-в 2. исслед-е (*oder* исследов-е); сит-и; кап-ма 3. разв-я; энерг-ки 4. взаимоотнош-е тех-ки; экол-и; соц-ме 5. озабоч-сть; цивил-и

3.1.8.3.

1. на терр-и ГДР   2. большая конц-я вредных вещ-в   3. сит-я вызывает озабоч-сть   4. разв-е энерг-ки при соц-ме   5. преобразов-е (*oder* преобраз-е *oder* преобр-е) системы кап-ма   6. угроза человеческой цивил-и   7. тех-ка безоп-сти   8. реш-е проблем экол-и в нашем гос-ве

3.4.2.2.

1. осознают / сознают   2. сознают / осознают   3. распознать   4. познавать   5. узнать   6. осознать

3.4.3.2.

1. исчезла   2. исчезли   3. пропало   4. потерялся / исчез   5. исчезла   6. пропали / исчезли / потерялись   7. пропал   8. пропал   9. утрачиваются / исчезают   10. исчезла / пропала

4.1.8.2.

1. в усл.; соц-ма   2. НТР; чел-ка   3. т. о. (*oder* т. обр.), н-ка и т-ка (*oder* н. и т. *oder* н/т); знач-е   4. произв-во; ЭВМ и т. д.   5. в обл.; н-к, в т. ч.; физ-ке; биол-и   6. чел-ва, т. е.; нас-е; гос-в

4.1.8.3.

1. чел-к и НТР   2. ЭВМ, роботы и т. д.   3. в усл. соц-ма н-ка и т-ка (*oder* н. и т. *oder* н/т) служат благу народа   4. в обл. биол-и   5. новейшие достиж-я н-ки и т-ки (*oder* н. и т. *oder* н/т), в т. ч. новое покол-е ЭВМ   6. т. о. (*oder* т. обр.), реш-е было принято   7. ядерная физ-ка, микроэлектр-ка (*oder* микроэл-ка) и т. д., т. е. самые перспективные отрасли

4.4.2.2.

1. суть / сущность / существо   2. сущность   3. существу   4. сущностью   5. по сути дела / в сущности / по существу   6. существах   7. суть / сущность / существо (*auch möglich:* G)   8. существ   9. существу   10. сущность   11. по сути дела / в сущности / по существу

4.4.3.2.

1. проводили / вели / шло обсуждение вопроса   2. проводить / вести наблюдения   3. проводят обмен опытом   4. проводят / ведут работу   5. проводят подготовку / ведут подготовку / идет подготовка   6. ведут борьбу   7. провести объединение небольших колхозов   8. проводит / ведет подготовку   9. проводят соревнование   10. проводили / вели дискуссию

5.1.8.2.

1. эк-ая страт-я; соц-их (*oder* социалист-их)   2. необх-ые пол-ие   3. воор-ые (*oder* вооруж-ые); кап-их гос-в   4. соц-ое полож-е амер-их (*oder* америк-их)   5. комм-ое общ-во   6. имп-ая; пол-ка

5.1.8.3.

1. необх-сть эк-их и соц-ых преобр-й (*oder* преобраз-й *oder* преобразов-й)   2. сила комм-ой идеол-и   3. соц-ие (*oder* социалист-ие) и кап-ие гос-ва   4. воор-

ые (*oder* вооруж-ые) силы имп-их стран   5. необх-ые пол-ие шаги   6. форсир-е гонки воор-й (*oder* вооруж-й)   7. озабоч-сть амер-ого (*oder* америк-ого) нас-я

5.4.2.2.

1. вымысел   2. громадный политический смысл   3. мысли   4. замыслам   5. вымысел   6. замыслов   7. основная мысль   8. полном смысле

5.4.3.2.

1. пытаются / стремятся   2. стремится   3. пытаются / стремятся   4. стремятся / пытаются   5. пытаются / стремятся   6. стремятся   7. стремятся / пытаются   8. стараться / стремиться   9. пытаются / стремятся   10. пробовал / пытался   11. старался   12. пробовал / пытался   13. пробовал / пытался / старался

6.1.8.2.

1. гос-ый; общ-ый   2. раб-ий; общенар-ом гос-ве   3. руков-ая (*oder* руковод-ая); сов-ом гос-ве   4. подавл-е сопрот-я (*oder* сопротивл-я) экспл-их   5. м/л-ий; реш-ю нац-ого   6. нар-ая; многонац-ом гос-ве   7. ист-ая   8. пол-ие, эк-ие; др-ие

6.1.8.3.

1. гос-ые, партийные (*oder* парт-ые) и др-ие органы   2. ист-ая победа сов-ого народа   3. экспл-ий строй   4. руков-ая (*oder* руковод-ая) роль м/л-ой партии   5. реш-е нац-ого вопроса в общенар-ом гос-ве   6. общ-ая позиция раб-его класса   7. нар-ая власть в многонац-ом сов-ом гос-ве

6.4.2.2.

1. строительство   2. стройках   3. строение   4. строительство / построение   5. стройка   6. строительство   7. стройки / строительства   8. строительства / построения   9. строении   10. строй   11. строительства / построения   12. строй

6.4.3.2.

1. подвергало угнетению   2. оказывал упорное сопротивление   3. подвергать сомнению правильность   4. оказали теплый прием иностранной делегации   5. подвергает эксплуатации   6. оказала влияние   7. подвергли критике   8. оказало хорошее действие   9. оказывает помощь

7.1.9.2.

1. обеспеч-е; нар-ого хоз-ва   2. реш-е хоз-ых; возм-ым   3. повыш-е; трудоспос-ого нас-я   4. общ-ая деят-сть   5. гражд-на СССР   6. разв-е творч-их спос-стей   7. стремл-е; повыш-ю кач-ва   8. примен-е ЭВМ; нар-ом хоз-ве

7.1.9.3.

1. долг каждого гражд-на СССР   2. хоз-ая жизнь при соц-ме   3. осуществл-е (*oder* осущ-е) мечты стало возм-ым   4. творч-ая деят-сть чел-ка   5. обеспеч-е полной занятости трудоспос-ого нас-я   6. повыш-е кач-ва товаров   7. примен-е достиж-й н-ки и т-ки (*oder* н. и т. *oder* н/т) в нар-ом хоз-ве   8. использ-е творч-их спос-стей людей

7.4.2.2.

1. действия 2. большое воздействие 3. действие 4. действенности 5. действия 6. действительности 7. действием 8. третьем действии

7.4.3.2.

1. трудных / сложных / тяжелых / нелегких 2. трудных / тяжелых / сложных / нелегких 3. трудный / сложный / нелегкий 4. трудным / сложным / нелегким 5. сложная / трудная / тяжелая / нелегкая 6. сложный / трудный / тяжелый / нелегкий 7. тяжелом 8. трудное / тяжелое / нелегкое / сложное 9. сложный 10. тяжелый / нелегкий 11. нелегкой / трудной

8.1.9.1. Verkürzungsempfehlung*:

1. В (этой) стране — опасная сит. 2. В развитых (oder разв.) кап. гос. — общ. потребл. 3. Соц. и мир — (единое) целое. 4. Усл. труда и быта — важная сторона образа жизни (evtl. важн. стор. обр. жиз.). 5. К сожал., при соц. еще (—) пережитки прошлого (evtl. переж. прошл.). 6. В стране (—) большое кол. (oder einfach много) безработных (evtl. безраб.). 7. Нередко (—) и у нас люди с чрезмерными запросами (evtl. чрезмерн. запрос.).

8.1.9.2. Verkürzungsempfehlung:

1. У ряда людей (evtl. у многих) — отриц. навыки потребл. 2. На осн. нового образа жизни (evtl. нов. обр. жиз.) — добросов. отнош. к труду. 3. Предпос. удовлетвор. (oder удовлетв. oder удовл.) растущих запросов — подъем эк. 4. К сожал., еще (—) отклон. от норм (и принц.) соц. 5. В каждой стране — (определ.) особ. быта. 6. Забота общ. о чел. — важная черта соц. обр. жиз. 7. (Судя по всему,) у нас (—) (заметный) рост запросов нас.

8.1.10.1. Используемые ИК:

1. как**ой**[2] 2. охват**ывает**[3] 3. свободы[1]; труд[4] 4. что[2] 5. место[3] / труда[1]; н**ашем**[4] 6. что[2] 7. все[3]

8.1.10.3. Рекомендуемые ИК:

1. все[3] 2. поче**му**[2] 3. целью[4] / благосостояния[1]; духовных[4] 4. быта[3] / образа жизни[1]; принципы[4] 5. претензии[2] 6. оскорбляет[3]

8.4.2.2.

1. суждение 2. обсуждение 3. суждения 4. осуждение 5. суждение 6. обсуждение 7. осуждению 8. суждения 9. обсуждение

8.4.3.2.

1. получила 2. приобрел / достал 3. получил 4. приобретают 5. приобретать/приобрести / получать/получить 6. достать 7. приобретает 8. достать / приобрести / получить 9. получал 10. приобрел / получил

---

* in Klammern: Zusätzliche Möglichkeiten des Wortabkürzens oder Wörter, die u. U. in der Mitschrift ausgelassen werden können

9.1.

9.1.9.1. Verkürzungsempfehlung:

1. Ученые: (возраст *oder* возр.) от 1—5 лет — решающий этап в разв. (ребенка *oder* реб.). (Именно) в этом возрасте (*oder* возр.) — формир(ов). (важнейших) черт характера (*oder* хар.) (ребенка *oder* реб.). 2. Некот. родители (*oder* родит.): система (*oder* сист.) воспит. в (наших) дошкольных учрежд. недостаточно (*oder* недост.) эфф. (Мы:) Это не так (*oder einfach* Нет). Только единая система (*oder* сист.) воспит. (с сам. ранн. возр. до полн. дух. зрел.) гарант. формир(ов). всесторонне разв. личн. 3. В наст. время (*oder einfach* Ныне), в усл. существ(ов). двух (противопол.) социальн. систем (*oder* соц. сист.), формир(ов). м/л. мировоззр. (приобр.) особ. актуальн. Идейн. противн. стремится к (дальнейш.) обостр. идеол. борьбы.

9.1.9.2. Verkürzungsempfehlung:

1. В наст. время (*oder* Ныне), в усл. существ(ов). двух (противопол.) социальн. систем (*oder* соц. сист.) формир(ов). м/л. мировоззр. (приобр.) особ. актуальн. Генер. секр. СЕПГ (в связи с этим): Реакц. круги (на Западе) ищут все новые методы вмешат. в воспит. молод. в соц. странах. 2. Родители (часто): как организовать (*oder* организ. *oder* орг.) воспит., как заставить (*oder* застав.) ребенка (*oder* реб.) слушаться. Сов. педаг. Богданов: Нужно спокойно, разумными треб(ов). приучить (*oder* приуч.) ребенка (*oder* реб.) к послуш. Важн. роль играет (*oder einfach* Важно) пед(агог). мастерство и такт родителей (*oder* родит.). 3. Педагоги: послуш. (детей) — важн. предпос. укр(епл). характера (*oder* хар.) (подрастающего чел.). Воспит. послуш. — (длительн.) проц., кот. надо организовать (*oder* организ. *oder* орг.) планомерно и целенапр(авл).

9.4.2.2.

1. освоения 2. усвоение 3. присвоение 4. усвоение 5. усвоение 6. освоением 7. присвоении 8. освоение 9. усвоения

9.4.3.2.

1. занимаются 2. изучать недра 3. выучил стихотворение 4. подготовкой занимался 5. учатся 6. занимается балетом 7. учиться терпению и настойчивости 8. заниматься английским языком / заняться английским языком / изучать английский язык / учить английский язык / учиться английскому языку 9. выучили новые слова 10. какой язык изучал / какой язык учил / какому языку учился 11. заниматься математикой 12. учится 13. изучала педагогику 14. учится 15. занимаются 16. учатся правильному произношению 17. учила французский язык / изучала французский язык / училась французскому языку / занималась французским языком; изучает английский / учит английский / занимается английским / учится английскому

10.1.9.1. Verkürzungsempfehlung:

Пол., эк. и культ. отнош. между (*oder* меж.) гос. (постоянно) расширяются (*evtl.* расшир. *oder Symbol aus Anh. 2.2.7.*<). ↷ и потреб. в овлад. иностр. языками (*Empfehlung:* ин. яз.) возрастает (*evtl.* возраст. *oder Symbol aus Anh. 2.2.7.* ↑). ↷ во мног. странах обуч. ин. яз. (уделяется) все большее вним. (Стало) необх. усоверш(енств). сист. препод(ав). (ин. яз.) ↷ (понятно, что) (в послед. гг.) возникают (*evtl.* возник.) все новые методы (*evtl.* нов. мет.) препод(ав). У нов. мет. (= У них): (определ.) недостатки: (Часто) преувелич. роль одного фактора (*evtl.* факт.) обуч. + (тенденц.) недооцен. (знач.) сознат(ельн). (при овлад. яз.).

∑ методика препод(ав). ин. яз. должна еще решить (*oder* реш.) важн. задачи (*evtl.* зад.), чтобы соответствовать (*evtl. dafür Symbol aus Anh. 2.2.7.* ≙) требов. общ. практ.

10.1.9.2. Verkürzungsempfehlung:

(Часто) вопрос: какие яз. — мировые (*oder* мир.)? Ученые: кол(ич). носителей (*evtl.* носит.) яз. — не важнейший (*oder* важнейш.) критерий (*oder* крит.) (мир. яз.). ⌒ при оценке яз. (нужно учитыв.) и др. (более важн.) факторы (*oder* факт.). Мы: решающ. крит. — объем и кач. коммуник. между (*oder* меж.) гос. (, кот. обеспеч. яз.). ⌒ напр. ру(сск). яз. — (несомн.) мир. яз.
∑ Мир. яз. — (заслуж.) авторит. ⌒ (неудивит., что) мног. стремятся овлад. (ими).

10.1.10.1. Используемые ИК:

большое⁵; время³ / языка¹; можно³; конечно²; язык⁴ / русский³ / преимуществами¹; главное³ / государствами⁴ / языком¹; другие³; какие²; указать⁴ / мире⁴ / науку¹; внутриязыковые⁴; тоже³; бесспорно¹

10.1.10.3. Рекомендуемые ИК:

внутриязыковых³ / значение¹; запаса²; важный³; язык¹; какое⁵; словообразования⁴; алфавита⁴; внимание¹; это⁴ / важнейшим³ / коммуникации¹

10.4.2.2.

1. помню 2. помнить 3. напоминает 4. вспомнил / запомнил 5. помню 6. вспомнить 7. напоминает 8. вспомнить 9. напоминать 10. запоминает 11. вспоминает 12. напоминал(а) / напомнил(а)

10.4.3.2.

1. которые приобретают / которые усваивают / которыми овладевают 2. усвоил хорошие манеры 3. овладел русским языком / усвоил русский язык 4. овладеваем духовными ценностями 5. овладеть несколькими профессиями / приобрести несколько профессий 6. приобретают необходимые навыки 7. овладевают различными специальностями / приобретают различные специальности 8. овладевать новой техникой

11.4.2.2.

1. обстановки 2. установке 3. остановок 4. постановки 5. расстановки 6. установку 7. обстановкой 8. остановке 9. установка 10. перестановку 11. постановка 12. постановкой 13. приостановки 14. расстановкой / *u. U. auch* перестановкой

11.4.3.2.

1. результатах / итогах 2. следствием / последствием / результатом 3. последствия 4. результаты / итоги 5. результатах / итогах 6. следствием / последствием 7. первый итог 8. результатах / итогах 9. итоги 10. следствием / последствием / результатом 11. итогах / результатах

12.4.2.2.

1. заменить   2. меняет / изменяет свое мнение   3. меняются / изменяются   4. поменять / сменить работу   5. обменялись / поменялись фотографиями   6. меняться / поменяемся местами   7. разменять / поменять / обменять деньги   8. поменяли / обменяли рубли   9. меняться / изменяться   10. сменили другие   11. обменялись опытом   12. разменяли / поменяли / обменяли свою прекрасную квартиру   13. поменять / обменять   14. поменять / обменять старую квартиру   15. сменить дежурного (-ную)   16. изменила условия   17. заменить преподавателя

12.4.3.2.

1. обострения   2. увеличения / наращивания   3. усиление / форсирование / наращивание   4. увеличению   5. увеличение   6. усилению / обострению   7. увеличение   8. увеличение / наращивание   9. увеличение   10. обострение / усиление; форсирования / усиления / наращивания

13.4.2.2.

1. дружеские / дружественные   2. дружеским / дружественным   3. дружеский   4. дружными   5. дружной   6. дружественные   7. дружеской / дружественной   8. дружеский   9. дружескую / дружественную

13.4.3.2.

1. окончание / завершение   2. окончание / завершение   3. окончания   4. завершения   5. прекращение   6. завершением   7. концу   8. конце   9. окончания / конца   10. конца   11. финал   12. конец / финал   13. прекращение   14. прекращении

14.4.2.2.

1. просчеты   2. счету   3. расчете   4. подсчетом   5. счет   6. подсчетам   7. счета   8. расчеты   9. счет   10. учет   11. счетом   12. учет   13. отчетом   14. вычет   15. учете

14.4.3.2.

1. завоевал свободу и независимость / добился свободы и независимости   2. достигло   3. достигли / добились больших успехов   4. добились победы / завоевали победу   5. достигли / добились договоренности   6. добилась признания / завоевала признание   7. завоевали   8. добивается уважения (streben nach)   9. добился высокого авторитета / завоевал высокий авторитет   10. достигает   11. добивались / достигали соглашения   12. добиваются / достигают высоких результатов   13. добивается соглашения (streben nach)   14. достигала / добивалась высоких результатов   15. добивались признания (streben nach)

15.4.2.2.

1. экономического   2. экономична / экономна   3. экономических   4. экономичному / экономному   5. экономические   6. экономичный   7. экономический   8. экономная   9. экономическую   10. экономичным / экономным   11. экономный

15.4.3.2.

1. объединились   2. сочетаются   3. связаться / соединиться   4. сливаются
5. объединиться / сплотиться   6. сочетаются / соединяются   7. связался   8. связаться   9. соединились   10. слились   11. соединяется

Anhang

1. Die russische Intonation

1.1. *Begriffserklärung:*

Intonation (интонация): Sie ermöglicht die Gliederung des mündlichen Redeflusses und die Kennzeichnung des Aussagetyps des jeweiligen Satzes (Aussage-, Frage-, Befehlssatz usw.) mittels einer entsprechenden Stimmführung (Tonfolgen, Tonhöhe, Tonstärke).

Syntagma (синтагма) — Sprechtakt oder Redeeinheit, die ohne Sprechpause bzw. in einem Atemansatz durchgesprochen wird. Ein Syntagma kann aus einem Wort, einer Folge von Wörtern oder einem Satz bestehen. Wir kennzeichnen die Syntagmengrenze durch Schrägstrich (/).

Intonationskonstruktion (интонационная конструкция = ИК) — über den Aussagetyp entscheidende Stimmführung innerhalb eines Syntagmas.

Intonationszentrum (центр ИК) — durch Tonhöhe und Tonstärke hervorgehobene Silbe desjenigen Wortes des Syntagmas, das für die Verwirklichung der Aussageabsicht am wichtigsten ist.

1.2. In der russischen Rede sind die IK-Typen 1–5 am häufigsten. (Die selteneren Typen IK-6 und IK-7 bleiben unberücksichtigt.)

1.3. Jeder Sprecher besitzt einen "mittleren Sprechstimmenton" mit bestimmten Schwankungen um diesen Ton. Die Aussprache einer IK erfolgt dadurch, daß der Sprecher seine Stimme in für den Aussagetyp spezifischer Weise in bezug auf den mittleren Ton hebt bzw. senkt.

1.4. Das Intonationszentrum wird in den Lehrbuchübungen durch Hervorheben des entsprechenden betonten Vokals, der IK-Typ durch eine hochgestellte Ziffer nach dem betonten Wort des Syntagmas gekennzeichnet (z. B.: диспроп**о**рции[3] = IK-3; die diesem IK-Typ entsprechende Hebung des Stimmtons kulminiert auf dem fettgedruckten "о" = Intonationszentrum).

1.5. 🔊 🔊 Hören Sie die *Intonationsbeispiele* (auf dem Tonband) mit Blick auf die folgende Tabelle aufmerksam an und machen Sie sich bewußt, welche Stimmführung für die einzelnen IK typisch ist. Beachten Sie dabei, wie unterschiedliche IK aus gleichen Wörtern gebildeten Mitteilungen verschiedene Bedeutungen verleihen. (In der folgenden Intonationskurven-Übersicht dient die durchgezogene Hilfslinie zur Kennzeichnung des mittleren Sprechstimmentons, während die gestrichelten Linien zur Darstellung der relativen Höhe / Tiefe des Stimmverlaufs in bezug auf den mittleren Ton dienen.)

Satztyp: **Aussagesatz**

IK-1 in kurzen Aussagesätzen

Endsyntagma in mehrsyntagmatischen Aussagesätzen: immer **IK-1**

IK-1, **IK-3** und **IK-4** als gegenseitig austauschbare Varianten zur Intonation der Syntagmen (außer Endsyntagma!) im mehrsyntagmatischen Aussagesatz

Einige der möglichen Varianten der Intonation in einem in zusätzliche Syntagmen gegliederten Satz

Anhang

Satztyp: **Fragesatz**

8. Как² она поёт? Как поёт Сергей²?

IK-2 im Fragesatz mit Fragewort

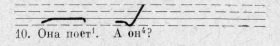

9. Она поёт³? Он тоже³ поёт?

IK-3 im Fragesatz ohne Fragewort

10. Она поёт¹. А он⁴?

IK-4 im unvollständigen Fragesatz, i. allg. eingeleitet durch die Konjunktion "а"

Satztyp: **Befehls- und Ausrufesatz**

11. Слушайте²! Она поёт²!

IK-2

Satztyp: **Begeisterter Ausrufesatz**

12. Как⁵ она поёт!

IK-5

2. Zum verkürzten Mitschreiben beim verstehenden Hören

Es werden einige konkrete Empfehlungen für das verkürzte Mitschreiben gegeben, deren Verwendung Sie zum rationellen Notieren der wesentlichen Sachverhalte befähigt. Vor Absolvieren der Abkürzungsübungen im 1. Teil des jeweiligen Lektionskomplexes lesen Sie die entsprechenden Abschnitte im Anhang aufmerksam durch, schreiben Sie die Abkürzungsmuster ab, die Sie verwenden wollen, und prägen Sie sich diese ein.

2.1. Wortabkürzen

Nicht wenige Wörter, vor allem Substantive, können in Ihrer Hörtextmitschrift abgekürzt erscheinen. Allerdings ist es nur sinnvoll, diejenigen Wörter — abgekürzt oder nichtabgekürzt — zu notieren, die für den geplanten Wiedergabezweck wesentlich sind. Sie haben daher beim Hören die Aufgabe, eine dementsprechende Reduzierung auf das Wesentliche vorzunehmen und nur dieses, nach Möglichkeit abgekürzt, zu notieren.

Beachten Sie: Es gibt die Möglichkeit, Abkürzungen *mit* und *ohne* Wortende zu benutzen. Zum Beispiel:

повышение:	повыш-е	повыш.
повышения:	повыш-я	повыш.
	(Wortende erscheint nach Bindestrich)	(Punkt schließt Abkürzung ab)

Wie lang der abgekürzte Wortstamm ist, bleibt Ihnen überlassen. Entscheidend ist immer die Gewährleistung der Wiedergabemöglichkeit.

Die hier angeführten Stammverkürzungen sind lediglich Empfehlungen. Beispielsweise könnte "потребление" auf folgende Weise abgekürzt werden:

потребл-е, потребл.   потреб-е, потреб.   потр-е, потр.

Abkürzungen, vor allem diejenigen ohne Wortende, können vieldeutig sein (z. B. könnte "соц." für "социализм", "социалистический" oder "социальный" stehen). Meist klärt jedoch der Kontext die Situation. Wählen Sie für das Mitschreiben die Ihnen am Anfang günstiger erscheinende Abkürzungsvariante aus bzw. verwenden Sie nötigenfalls beide (Entscheidungskriterium: Reproduzierbarkeit). Vom Lektionskomplex 8 an empfehlen wir die ausschließliche Verwendung der Kurzvarianten. Im Anhang und im Übungsschlüssel wird bis einschließlich LK 7 i. allg. nur die Variante *mit* Wortende angeführt, aus der Sie aber mühelos die Kurzvariante ableiten können.

Anhang

2.1.1. Wesentliche empfohlene *Abkürzungsmöglichkeiten*

2.1.1.1. Substantive auf "-ство"

государство: гос-во   *oder* гос.
Ebenso: хозяйство (хоз-во), правительство (прав-во), издательство (изд-во) usw.

2.1.1.2. Substantive auf "-ость"

промышленность: пром-сть   *oder* пром.
Ebenso: деятельность (деят-сть), национальность (нац-сть), возможность (возм-сть) usw.

2.1.1.3. Substantive auf "-ение, -ание, -тие"

повышение: повыш-е   *oder* повыш.
создание: созд-е   *oder* созд.
развитие: разв-е   *oder* разв.
Ebenso: значение (знач-е), понимание (поним-е), событие (соб-е) usw.

2.1.1.4. Substantive auf "-изм"

социализм: соц-м   *oder* соц.
Ebenso: коммунизм (ком-м), империализм (имп-м) usw.

2.1.1.5. Substantive auf "-ка"

республика   респ-ка   *oder* респ.
Ebenso: политика (пол-ка), экономика (эк-ка) usw.

2.1.1.6. Substantive auf "-ия"

революция: рев-я   *oder* рев.
Ebenso: демократия (дем-я), буржуазия (бурж-я) usw.

2.1.1.7. Sonstige Substantive

завод: з-д   *oder* з.
университет: ун-т   *oder* унив.
институт: ин-т   *oder* инст.
факультет: фак-т   *oder* фак.
доктор: д-р   *oder* др.

2.1.1.8. Abkürzen von Adjektiven

Der Stamm wird so abgekürzt, daß die Reproduzierbarkeit gewährleistet ist. Bei der Abkürzung mit Wortende erscheint nach dem Bindestrich die grammatische Endung (-ый, -ий, -ого, -ых usw.), z. B.:

советский:	сов-ий	*oder* сов.
социалистический:	соц-ий	*oder* соц.
промышленный:	пром-ый	*oder* пром.

2.1.1.9. Andere Wortarten

Ob und in welcher Art Sie die übrigen Wortarten (z. B. Verben) im Text abkürzen, bleibt Ihnen selbst überlassen.

2.1.2. Vorstellung von *Abkürzungen im Kontext*

In den folgenden Texten sind die für den jeweiligen LK empfohlenen Abkürzungen enthalten. Die Vollformen der abgekürzten Wörter stehen nach dem jeweiligen Text in Klammern.

2.1.2.1. LK 2: Substantive auf "-ение, -ание, -тие, -ость" und "-ство"

Потребл-е энергии в мире постоянно растет. Отмечается заметное **истощ-е месторожд-й** традиционного топлива. **Чел-во** стоит перед **необх-стью** ускоренного **разв-я произв-ва** энергии путем **использ-я** ядерной реакции. Наблюдается заметное **увелич-е кол-ва** действующих АЭС. На Западе искусственно драматизируется **возм-сть** опасных аварий на АЭС. В **действ-сти преимущ-во** (*oder* **преим-во**) АЭС в том, что они, по **сравн-ю** с традиционными, являются почти безвредными для **нас-я** и окружающей среды источником энергии.

(потребление, истощение, месторождений, человечество, необходимостью, развития, производства, использования, увеличение, количества, возможность, действительности, преимущество, сравнению, населения)

2.1.2.2. LK 3: Substantive auf "-изм, -ка, -ия"

Человеческую **цивил-ю** тревожат проблемы охраны окружающей среды. Быстро развивающаяся **тех-ка** и **технол-я** приводят и при **кап-ме**, и при **соц-ме** к крайне негативным последствиям для всех людей. Экологическая **сит-я** особенно серьезна в тех регионах, где отмечается на относительно маленькой **терр-и** высокая **конц-я** предприятий пром-сти, в частности **энерг-ки**. Вызывающие озабоч-сть масштабы загрязн-я окружающей среды различными вредными вещ-вами позволяют говорить о настоящем кризисе в области **экол-и**. В странах **соц-ма** преодол-ю этого кризиса уделяют огромное вним-е. При **кап-ме** окончательное реш-е проблем **экол-и** практически невозможно, так как стремл-е к прибыли в этих гос-вах стоит выше интересов трудящихся.

(цивилизацию, техника, технология, капитализме, социализме, ситуация, территории, концентрация, промышленности, энергетики, озабоченность, загрязнения, веществами, экологии, социализма, преодолению, внимание, капитализме, решение, экологии, стремление, государствах)

2.1.2.3.   LK 4: Weitere Abkürzungen

В усл. НТР происходят глубокие **преобр-я** (*oder* **преобраз-я** *oder* **преобразов-я**) во всех **обл-ях** жизни общ-ва, **в т. ч.** и в духовной жизни **чел-ка**. В **обл. н-ки и т-ки** (*oder* **н. и т.** *oder einfach* **н/т**) особое вним-е на современном этапе уделяется созд-ю новых типов **ЭВМ**, промышленных роботов, ген-ке, ядерной физ-ке, косм-ке **и т. д., т. е.** самым перспективным отраслям. **Т. о.** (*oder* **т. обр.**) обеспечивается быстрый общественный прогресс.

(в условиях научно-технической революции, преобразования, областях, общества, в том числе, человека, в области науки и техники, внимание, созданию, электронно-вычислительных машин, генетике, физике, космонавтике и так далее, то есть, таким образом)

2.1.2.4.   LK 5: Adjektivabkürzungen

Соц-ие (*oder* **социалист-ие**) страны готовы, исходя из прочного фундамента **комм-ой** идеол-и, осуществить все **необх-ые пол-ие** мероприятия по сохран-ю мира на Земле, избеж-ю **воор-ых** (*oder* **вооруж-ых**) конфликтов.| Нас-е развитых **кап-их** гос-в, в т. ч. **амер-ий** (*oder* **америк-ий**) народ (*evtl.* нар.), также осознало, что безудержная гонка воор-й (*oder* вооруж-й) мешает реш-ю **эк-их** и **соц-ых** проблем в их странах. **Имп-ая** пол-ка форсир-я гонки воор-й (вооруж-й) представляет для всех народов (*evtl.* нар-ов) огромное бремя.

(социалистические, коммунистической идеологии, необходимые, политические, сохранению, избежанию, вооруженных, население, капиталистических, государств, в том числе, американский, вооружений, решению, экономических, социальных, империалистическая политика, форсирования, вооружений)

2.1.2.5.   LK 6: Adjektivabkürzungen

Осущ-е (*oder* осуществл-е) **ист-ой** миссии **раб-его** класса немыслимо без **руков-ей** (*oder* **руковод-ей**) роли **м/л-ой** партии. Прол-т в союзе с крест-вом, интелл-ей и **др-ими** слоями нас-я призван устранить старый **гос-ый** аппарат и построить новый **общ-ый** строй, создать подлинную **нар-ую** власть. При этом следует подавить сопрот-е (*oder* сопротивл-е) бывших **экспл-их** классов.

После победы Окт-ой рев-и в **многонац-ом сов-ом** гос-ве произошли решающие пол-ие, эк-ие и соц-ые преобр-я (*oder* преобраз-я *oder* преобразов-я), были созданы основы для перераст-я диктатуры прол-та в **общенар-ое** гос-во. В то же время **нац-ый** вопрос был окончательно решен.

(осуществление, исторической, рабочего, руководящей, марксистско-ленинской, пролетариат, крестьянством, интеллигенцией, другими, населения, государственный, общественный, народную, сопротивление, эксплуататорских, Октябрьской революции, многонациональном советском государстве, политические, экономические, социальные преобразования, перерастания, пролетариата, общенародное государство, национальный)

2.1.2.6. LK 7: Substantiv- und Adjektivabkürzungen (Komplexübung)

Повыш-е кач-ва хоз-ой деят-сти в усл. соц-ого (*oder* **социалист-ого**) строя зависит в значительной мере от последовательного **осуществл-я** (*oder* **осущ-я**) принципа всеобщности труда. При **соц-ме** каждый **трудоспос-ый гражд-н** не только имеет право на труд, но и обязан трудиться. **Обеспеч-е** права на труд стало **возм-ым** лишь в **соц-их** (*oder* **социалист-их**) **усл.** Причем **соц-ое** (*oder* **социалист-ое**) гос-во прилагает все усилия для того, чтобы дать каждому трудящемуся такое **раб-ее** место, на котором могут найти максимальное **примен-е** его **творч-ие спос-сти**, подготовка, опыт, где он может принести **нар-ому хоз-ву** наибольшую пользу.

(повышение качества хозяйственной деятельности, в условиях, социалистического, осуществления, социализме, трудоспособный гражданин, обеспечение, возможным, социалистических условиях, социалистическое государство, рабочее, применение, творческие способности, народному хозяйству)

2.2. Abkürzen durch Symbole

Bestimmte Hilfsverben, Verben und Konstruktionen können beim Mitschreiben entweder vollkommen wegfallen oder durch Symbole verkürzt wiedergegeben werden. Gleichzeitig wird das Wortabkürzen (vgl. 2.1.) angewendet. Beispiel:

Нужно считаться с тем, что быстрое развитие техники и технологии вызывает все большее загрязнение окружающей среды. Хочется подчеркнуть, что особенно загрязнение воды и воздуха представляет собой большую угрозу для дальнейшего существования всего человечества. →

[Быстр.] разв. тех. и технол. ↷ все большее (*oder* <) загрязн. окруж. среды. Особенно загрязн. воды и воздуха — [большая] угроза для [существ.] человеч.

Anhang

(Hier: Weglassen satzeinleitender Konstruktionen, Ersetzen von "вызывать" und "представлять собой" durch Symbole, gleichzeitig Wortabkürzen ohne Wortende. Nicht oder wenig sinntragende Wörter wurden eliminiert; u. U. können auch die in eckigen Klammern stehenden noch weggelassen werden.)

Für verkürzte Darstellung in Frage kommende Verben bzw. Konstruktionen:

2.2.1. (Hilfs)Verben mit der Bedeutung *"sein, darstellen"*

Symbol —

есть, являться, представлять (собой), составлять

2.2.2. Verben, die ein *Vorhandensein* ausdrücken

Symbol —

иметься, существовать, встречаться, отмечаться, наблюдаться, обнаруживаться, сложиться, сформироваться и др.

2.2.3. Verben, die eine *Aussage* oder *Meinungsäußerung* einleiten

Symbol :

говорить/сказать, отмечать/отметить, подчеркивать/подчеркнуть, заявлять/заявить, утверждать/утвердить, сообщать/сообщить, высказывать/высказать мнение, считать, придерживаться мнения, спрашивать/спросить, отвечать/ответить и др.

2.2.4. Konstruktionen zum Ausdruck der *Notwendigkeit, etwas zu berücksichtigen*

Ohne Symbol. Empfehlung: Beim Mitschreiben weglassen.

Нужно считаться с тем, что ... u. ä. (vgl. Anhang 3.9.)

2.2.5. Konstruktionen, die eine *Zusammenfassung von Gedanken* einleiten

Symbol Σ (Summenzeichen Sigma)

Суммируя все сказанное, можно отметить, что ... u. ä. (vgl. Anhang 3.11.)

2.2.6. Sprachliche Mittel zum Ausdruck einer *Grund-Folge-Beziehung*

Symbol ↻

Verben und verbal-nominale Wortverbindungen: вызывать/вызвать, обусловливать/обусловить, приводить/привести к чему, служить/послужить поводом u. ä.

Verbale Konstruktionen: Из этого следует, что ... Из этого вытекает, что ... Выходит, ... Получается, ... Значит, ... u. ä.

Andere Möglichkeiten zum Ausdruck der Grund-Folge-Beziehung: Следовательно, ... Таким образом, ... Благодаря этому ... По этой причине ... Вследствие этого ... В результате этого ... Поэтому ... u. ä.

2.2.7. Weitere Verkürzungsempfehlungen

Symbol → ("entwickelt sich zu", "wird zu")
становиться/стать чем, превращаться/превратиться во что u. ä.

Symbol ↑ ("steigt")
повышаться/повыситься, увеличиваться/увеличиться, возрастать/возрасти, подниматься/подняться u. ä.

Symbol ↓ ("sinkt")
снижаться/снизиться, падать/упасть u. ä.

Symbol < ("wird größer")
расширяться/расшириться, увеличиваться/увеличиться, становиться/стать шире u. ä.

Symbol > ("wird kleiner")
уменьшаться/уменьшиться, сужаться/сузиться u. ä.

Symbol = ("ist gleich")
равняться чему, быть равным (равнозначным, равносильным) чему u. ä.

Symbol ≙ ("entspricht")
соответствовать, находиться в соответствии с чем, отвечать чему u. ä.

Die hier angeführten Empfehlungen zum verkürzten Mitschreiben können individuell variiert und ergänzt werden. Zweifellos bieten sich noch viele andere regelmäßig nutzbare Möglichkeiten zum Wortabkürzen, Darstellen durch Symbole oder zum Weglassen bestimmter Wörter und Konstruktionen.

3. Satzeinleitende Konstruktionen für Vorträge, Diskussionsbeiträge, Artikel u. ä. (Kommunikationsverfahren)

Im folgenden werden bestimmte (zumeist) satzeinleitende Wendungen, die für Vorträge, Diskussionsbeiträge, Artikel u. ä. typisch sind (Oberbegriff: "конструкции для выражения позиции говорящего / пишущего", deutsch häufig als *"Kommunikationsverfahren"* = KV bezeichnet) systematisiert dargeboten. Diese Wendungen sind sowohl in mündlichen als auch in schriftlichen Äußerungen vielseitig anwendbar, wobei ein Teil lediglich oder vorrangig dem schriftlichen, ein Teil mehr dem mündlichen Sprachgebrauch zuzuordnen ist (vgl. auch die Stilebene der gegebenen deutschen Äquivalente). In gewissem Sinne lockern die KV die Sprache auf, indem sie bestimmte Absichten und Wertungen des Sprechers bzw. Schreibenden signalisieren.

Zu den Themen "Высказывание мнения", "Согласие", "Добавление", "Уверенность", "Обоснование", "Выделение" und "Сомнение" finden Sie entsprechendes Sprachmaterial auch in Otto/Petrova, "Russisch aktiv für Wissenschaftler", Lehrmaterial für die SKA IIa, VEB Verlag Enzyklopädie Leipzig, Kapitel II.5. bis II.7. Zusätzlich benötigte Wendungen zu organisatorischen Aspekten des Konferenzablaufs, zur Diskussionsregelung und -teilnahme entnehmen Sie dem Buch "Konferenzsprache Deutsch-Englisch-Französisch-Russisch" von G. Buntrock, J. Bonnafous, Galina Kopylova, VEB Verlag Enzyklopädie Leipzig.

Die folgenden Konstruktionen sind *unterschiedlich strukturiert*. Es handelt sich entweder um abgeschlossene Sätze (Я разделяю вашу точку зрения.), um Sätze, die ein Objekt oder einen Nebensatz nach sich ziehen (Нужно выступать против ... Нужно учитывать то / тот факт, что ...) oder um Schaltwörter, Konjunktionen, Adverbien u. ä. (На мой взгляд, ... К тому же ... Наконец, ...).

Beachten Sie: Die im folgenden aufgeführten mit Objekt zu verbindenden Wendungen können oftmals auch durch einen Nebensatz abgeschlossen werden, während umgekehrt die einen Nebensatz verlangenden Wendungen auch mit Objekt konstruiert werden können. Beispiele:

Я абсолютно уверен(а) в правильности этого высказывания. →
Я абсолютно уверен(а) (в том), что это высказывание правильно.

Нас беспокоит то, что военные расходы постоянно возрастают. →
Нас беспокоит постоянное возрастание военных расходов.

3.1. Первый урок

3.1.1. 🔘 🔘 Конструкции, используемые для выражения **собственного мнения**

На мой взгляд, ...	Meiner Ansicht nach ...
С моей точки зрения, ...	Meiner Auffassung nach ...
Думается, что ...	Man möchte meinen, daß ... / Es scheint (mir), daß ...
Насколько мне известно, ...	Soviel mir bekannt ist, ...
Мне хотелось бы высказать мнение о том, что ...	Ich möchte die Meinung zum Ausdruck bringen, daß ...
Я придерживаюсь того (мнения), что ...	Ich vertrete die Ansicht, daß ...

3.1.2. 🔘 🔘 Конструкции, используемые для выражения **согласия, несогласия**

Я разделяю вашу точку зрения.	Ich teile Ihren Standpunkt.
Я (полностью, вполне) согласен (-сна) с вашим мнением, что ...	Ich teile (voll und ganz) Ihre Meinung (*wörtl.*: bin einverstanden mit, stimme zu), daß ...
Я присоединяюсь к вашему мнению, что ...	Ich schließe mich Ihrer Meinung an, daß ...
Я не возражаю против того, что ...	Ich habe nichts dagegen (einzuwenden), daß ...
Не вызывает возражения тот факт, что ...	Die Tatsache, daß ..., ruft keinen Widerspruch hervor.
Я не разделяю вашей точки зрения.	Ich teile Ihren Standpunkt nicht.
Я не могу согласиться с тем, что ...	Ich kann Ihrer Meinung, daß ..., nicht zustimmen.
Я не могу присоединиться к вашему мнению, что ...	Ich kann mich Ihrer Meinung, daß ..., nicht anschließen.
Я возражаю против того, что ...	Ich habe etwas dagegen einzuwenden, daß ...
Ваше утверждение, что ..., вызывает возражение.	Ihre Behauptung, daß ..., ruft Widerspruch hervor.

3.2. 🔘 🔘 Второй урок: Конструкции, используемые для **дополнения высказывания**

Разрешите сделать некоторые дополнения.	Gestatten Sie (mir), einige Ergänzungen zu machen.
Позвольте высказать еще одно замечание.	Gestatten Sie mir noch eine Bemerkung.

Необходимо заметить еще следующее.	Man muß noch folgendes bemerken.
Разрешите ⎫ Позвольте ⎪ (Мне) хочется ⎪ (Мне) хотелось бы ⎬ добавить, Я должен (должна) ⎪ что ... Следует ⎪ Необходимо ⎪ Нужно ⎭	Erlauben Sie ⎫ Gestatten Sie ⎪ Ich möchte ⎪ Ich würde gern ⎬ hinzu(zu)fügen, Ich muß ⎪ daß ... Man muß ⎪ Es ist notwendig ⎪ Es ist nötig ⎭
Наряду с этим следует отметить, что ...	Gleichzeitig ist hervorzuheben, daß ...
Заметим, что ...	Wir möchten bemerken, daß ...
Напомним еще, что ...	Wir möchten noch daran erinnern, daß ...
Кроме того, ... / К тому же ... / Более того, ...	Außerdem ... / Zudem ... / Mehr noch, ...
Притом ... / Причем ...	Dabei ... / Wobei ...
Наконец, ...	Schließlich / Letztlich ...

3.3. ⊙ ⊙ **Третий урок: Конструкции, используемые для выражения озабоченности, тревоги, опасения**

Меня (Нас) беспокоит то, что ...	Mich (Uns) beunruhigt, daß ...
Не может не беспокоить то, что ...	Es muß Besorgnis erregen, daß ...
Меня (Нас) тревожит то, что ...	Mich (Uns) beunruhigt, daß ...
Я (Мы) озабочен(а, ы) тем, что ...	Ich (Wir) bin (sind) darüber besorgt, daß ...
Вызывает беспокойство то (тот факт), что ...	Es (Die Tatsache) ruft Beunruhigung hervor, daß ...
Вызывает тревогу то (тот факт), что ...	Es (Die Tatsache) erregt Besorgnis, ruft Unruhe hervor, daß ...
Вызывает озабоченность то (тот факт), что ...	Es (Die Tatsache) erregt Besorgnis, daß ...
Вызывает опасение то (тот факт), что ...	Es (Die Tatsache) erregt Besorgnis, daß ...

3.4. ⊙ ⊙ **Четвертый урок: Конструкции, используемые для выражения уверенности, убежденности**

Можно с уверенностью сказать, что ...	Man kann mit Sicherheit sagen, daß ...
(Мне) Хочется выразить уверенность в том, что ...	Ich möchte die Überzeugung zum Ausdruck bringen, daß ...

Я (абсолютно, вполне) уверен(а) в том, что ...	Ich bin (absolut, vollkommen) sicher, daß ...
Позвольте выразить убежденность в том, что ...	Gestatten Sie (mir), der Überzeugung Ausdruck zu verleihen, daß ...
По моему (глубокому) убеждению, ...	Meiner (festen) Überzeugung nach ...
Я убежден (-ена) в том, что ...	Ich bin (davon) überzeugt, daß ...
Я убедился (-лась) в том, что ...	Ich habe mich davon überzeugt, daß ...
С полным основанием можно сказать, что ...	Mit gutem Grund kann man sagen, daß ...
Нет никаких сомнений относительно того, что ...	Es gibt keinerlei Zweifel hinsichtlich der Tatsache, daß ...
Не вызывает сомнения тот факт, что ...	Die Tatsache, daß ..., unterliegt keinem Zweifel.
Нисколько не сомневаюсь (в том), что ...	Ich zweifle in keiner Weise (daran), daß ...
Трудно усомниться в том, что ...	Es ist kaum zu bezweifeln, daß ...
Без (всякого) сомнения, ...	Ohne (jeden) Zweifel ...
Несомненно, ... / Безусловно, ... / (Само собой) Разумеется, ...	Zweifelsohne ... / Unbedingt, zweifellos ... / Selbstverständlich ...

3.5. ⊙ ⊙ Пятый урок: Конструкции, используемые для выражения **решительного несогласия, протеста**

Мы решительно не согласны с ...	Wir sind ganz und gar nicht einverstanden mit ... Wir sind entschieden gegen ...
Мы выражаем решительное несогласие с ...	Wir bringen unsere entschiedene Ablehnung gegenüber ... zum Ausdruck.
Мы решительно протестуем против ...	Wir protestieren entschieden gegen ...
Мы выражаем решительный протест против ...	Wir erheben entschiedenen Protest gegen ...
Мы решительно осуждаем ...	Wir verurteilen entschieden ...
Нужно выступать против ...	Man muß auftreten gegen ...
Нужно бороться против ...	Man muß ... bekämpfen.
Необходимо вести решительную борьбу против ...	Es ist notwendig, einen entschiedenen Kampf gegen ... zu führen.
Никак нельзя согласиться с ...	Man kann sich keinesfalls mit ... abfinden.
Нельзя смириться с ...	Man kann sich nicht mit ... abfinden, zufrieden geben.
Нельзя допускать ...	Man darf ... nicht zulassen.

3.6. 🔊 🔊 Шестой урок: Конструкции, используемые для обоснования, доказательства

Для обоснования вышесказанного следует указать на ...	Zur Begründung des oben Erwähnten ist auf ... zu verweisen.
В доказательство этого разрешите привести следующие факты / примеры.	Gestatten Sie (mir), als Beweis dafür folgende Tatsachen / Beispiele anzuführen.
Разрешите использовать в качестве доказательства следующие факты.	Gestatten Sie (mir), als Beweis folgende Fakten anzuführen.
В подтверждение вышесказанного разрешите указать на ...	Zur Bekräftigung des oben Gesagten gestatten Sie (mir), auf ... zu verweisen.
В качестве аргумента / довода / примера позвольте привести следующий факт.	Als Argument / Beweis / Beispiel gestatten Sie (mir), folgende Tatsache anzuführen.
Аргументом / Доводом / Примером может служить ... / тот факт, что ...	Als Argument / Beweis / Beispiel kann ... / die Tatsache dienen, daß ...
Этот факт подтверждается тем, что ...	Diese Tatsache wird dadurch erhärtet, daß ...
Вот несколько примеров тому в подтверждение.	Hier einige Beispiele zur Bekräftigung dieser Tatsache.
Попытаюсь аргументировать свою точку зрения.	Ich werde versuchen, meinen Standpunkt zu begründen.
Позвольте пояснить эту мысль примерами.	Gestatten Sie, diesen Gedanken anhand von Beispielen zu erläutern.

3.7. 🔊 🔊 Седьмой урок: Конструкции, которые употребляются для введения в проблематику

Позвольте предложить вашему вниманию ...	etwa: Gestatten Sie, folgendes Problem anzuschneiden: ...
Позвольте (подробно) рассмотреть проблему ...	Gestatten Sie (mir), (ausführlich) das Problem ... zu behandeln.
Следует (детально) разобрать вопрос ...	Die Frage ... muß (im Detail) analysiert werden.
Хотелось бы (кратко) обсудить проблему ...	Ich möchte (kurz) das Problem ... erörtern.
Разрешите (подробнее) остановиться на вопросе ...	Gestatten Sie (mir), (ausführlicher) auf die Frage ... einzugehen.
Хочется сказать несколько слов о ...	Ich möchte einige Worte zu ... sagen.

Позвольте сделать несколько замечаний о ...	Gestatten Sie (mir), einige Bemerkungen zu ... zu machen.
Разрешите затронуть следующий вопрос. ...	Gestatten Sie (mir), folgende Frage anzuschneiden: ...
Начнем с обсуждения ...	Beginnen wir mit der Erörterung ...

3.8. ⊙_⊙ Восьмой урок: Конструкции, используемые для сравнения, сопоставления

Если сравнить ... (и ...), то можно отметить ...	Wenn man ... (und ...) vergleicht, kann man feststellen ...
Сравнивая ... (с ...), можно сделать вывод ...	Beim Vergleich ... (mit ...) kann die Schlußfolgerung gezogen werden ...
Если сопоставить ... (и ...), то можно сказать ...	Wenn man ... (und ...) gegenübergestellt, kann man sagen ...
Сопоставляя ... (с ...), нужно подчеркнуть ...	Bei der Gegenüberstellung von ... und ... muß betont werden ...
При сопоставлении ... (и ...) становится очевидным ...	Bei der Gegenüberstellung von ... und ... wird offensichtlich ...
... по сравнению с ... отличается тем, что ...	Im Vergleich zu ... zeichnet sich ... dadurch aus, daß ...

3.9. ⊙_⊙ Девятый урок: Конструкции, используемые для выражения необходимости учитывать что-либо

Нужно учитывать то (тот факт), что ...	Man muß (die Tatsache) berücksichtigen, daß ...
Нельзя не учитывать того (того факта), что ...	Man darf (die Tatsache) nicht unberücksichtigt lassen, daß ...
Нужно принимать во внимание то (тот факт), что ...	Man muß (die Tatsache) in Betracht ziehen, daß ...
Следует иметь в виду то (тот факт), что ...	Man muß (die Tatsache) beachten / in Betracht ziehen, daß ...
Нельзя упускать из виду то (тот факт), что ...	Man darf nicht (die Tatsache) außer acht lassen, daß ...
Необходимо считаться с тем (тем фактом), что ...	Man muß damit (mit der Tatsache) rechnen, daß ...
Нужно исходить из того (того факта), что ...	Man muß davon (von der Tatsache) ausgehen, daß ...
Особого внимания заслуживает то (тот факт), что ...	Besondere Aufmerksamkeit verdient (die Tatsache), daß ...
Не следует забывать и то (тот факт), что ...	Man darf auch (die Tatsache) nicht vergessen, daß ...

3.10. 😊 😊 Десятый урок: Конструкции, употребляемые для подчеркивания какой-либо мысли

Особое внимание следует уделить ...	Besondere Aufmerksamkeit muß man ... zollen.
Особое значение нужно придавать ...	Besondere Bedeutung muß man ... beimessen.
Необходимо указать, в частности, на ...	Man muß insbesondere auf ... verweisen.
Прежде всего хотелось бы обратить внимание на ...	Vor allem möchte ich die Aufmerksamkeit auf ... lenken.
В первую очередь хочется подчеркнуть ...	In erster Linie möchte ich ... unterstreichen.
Хочется особо отметить ...	Ich möchte besonders ... hervorheben.
Наибольший интерес представляет ...	Von allergrößtem Interesse ist ...
Одной из ключевых проблем является ...	Eines der Schlüsselprobleme ist ...
Примечательно то, что ...	Bemerkenswert ist, daß ...

3.11. 😊 😊 Одиннадцатый урок: Конструкции, употребляемые для выражения вывода, резюме

Позвольте сделать следующий вывод: ...	Gestatten Sie (mir), folgende Schlußfolgerung zu ziehen: ...
Мы пришли к следующему выводу: ...	Wir sind zu folgender Schlußfolgerung gekommen: ...
Напрашивается следующий вывод: ...	Folgende Schlußfolgerung liegt nahe: ...
Можно прийти к следующему заключению: ...	Man kann zu folgendem Schluß kommen: ...
Можно сделать следующее заключение: ...	Man kann folgenden Schluß ziehen: ...
Разрешите подвести итоги.	Gestatten Sie (mir) zusammenzufassen.
Подведем итоги.	Fassen wir zusammen.
Позвольте сделать резюме: ...	Gestatten Sie (mir) zu resümieren: ...
Резюмируя сказанное, можно сделать вывод, что ...	Faßt man das Gesagte zusammen, kann man die Schlußfolgerung ziehen, daß ...
Обобщая сказанное, можно сделать заключение, что ...	In Verallgemeinerung des Gesagten kann man den Schluß ziehen, daß ...

Подытоживая вышеизложенное, хочется сказать следующее: ...	In Zusammenfassung des oben Dargelegten möchte ich folgendes sagen: ...
Подводя итоги, можно сказать, что ...	Zusammenfassend kann gesagt werden, daß ...
Суммируя все сказанное, хочется отметить следующее: ...	Alles Gesagte zusammenfassend, möchte ich folgendes hervorheben: ...
Учитывая все сказанное, можно прийти к выводу, что ...	Berücksichtigt man alles Gesagte, kann man zu dem Schluß kommen, daß ...
Исходя из вышеизложенного, можно сделать вывод, что ...	Ausgehend von Obengesagtem kann man die Schlußfolgerung ziehen, daß ...
Вышесказанное позволяет сделать вывод, что ...	Das Obengesagte gestattet es, die Schlußfolgerung zu ziehen, daß ...

3.12. ◉ ◉ Двенадцатый урок: Конструкции, употребляемые для выражения **сомнения**

Позвольте выразить сомнение в (том, что) ...	Gestatten Sie (mir), meine Zweifel an (daran, daß) ... zum Ausdruck zu bringen.
Мне представляется сомнительным (тот факт), что ...	Mir erscheint es (die Tatsache) zweifelhaft, daß ...
Я считаю (очень) сомнительным (тот факт), что ...	Ich halte es (die Tatsache) für (sehr) zweifelhaft, daß ...
У меня есть некоторые сомнения относительно (того, что) ...	Ich habe einige Zweifel hinsichtlich (der Tatsache, daß) ...
Вызывает сомнение то, что ...	Es ist anzuzweifeln, daß ...
(Мне) представляется неубедительным (тот факт), что ...	Mir erscheint es (die Tatsache) nicht überzeugend, daß ...
Вряд ли можно согласиться с тем, что ...	Man wird sich wohl kaum damit einverstanden erklären können, daß ...
Я не совсем уверен(а) (в том), что ...	Ich bin nicht ganz sicher, daß ...
Я не совсем убежден (-ена) (в том), что ...	Ich bin nicht ganz (davon) überzeugt, daß ...
Трудно поверить в то, что ...	Es ist schwer daran zu glauben, daß ...

3.13. ⊙ ⊙ Тринадцатый урок: Конструкции, употребляемые для выражения **предположения**

Хочется высказать предположение, что ...	Ich möchte die Vermutung äußern, daß ...
Можно предположить, что ...	Es ist anzunehmen / zu vermuten, daß ...
Я предполагаю, что ...	Ich nehme an / vermute, daß ...
Имеются все основания предположить, что ...	Es besteht aller Grund zu der Annahme, daß ...
Надо полагать, что ...	Es ist anzunehmen, daß ...
Предположим, что ...	Nehmen wir an, daß ...
Мне (лично) кажется, что ...	Mir (persönlich) scheint es, daß ...
Если я не ошибаюсь, (то) ...	Wenn ich (mich) nicht irre, ...
По всей вероятности, ...	Aller Wahrscheinlichkeit nach ...
Вероятно, ...	Wahrscheinlich ...
Наверно(е), ...	Wahrscheinlich ...
Возможно, ...	Möglicherweise ...
По-видимому, ...	Allem Anschein nach ...
Видимо, ...	Anscheinend ...
Допустим, ...	Nehmen wir an, ...

3.14. ⊙ ⊙ Четырнадцатый урок: Конструкции, употребляемые для выражения **уточнения, оговорки**

Разрешите уточнить некоторые аспекты этого вопроса.	Gestatten Sie, einige Aspekte dieser Frage zu präzisieren.
В порядке уточнения (мне) хотелось бы сказать следующее: ...	Präzisierend möchte ich folgendes sagen: ...
Позвольте мне объяснить более подробно, что я имею в виду.	Gestatten Sie mir, genauer zu erklären, was ich meine.
Хотелось бы сделать небольшую оговорку в отношении ...	Ich möchte eine (kleine) einschränkende Bemerkung hinsichtlich ... machen.
Необходимо сделать следующую оговорку: ...	Man muß (dabei) folgende Einschränkung machen: ...
В общем-то это верно, однако хочется сделать маленькую оговорку.	Im großen und ganzen ist das richtig, jedoch möchte ich eine kleine Einschränkung machen.
В принципе я согласен (-сна), но с некоторыми оговорками.	Im Prinzip bin ich einverstanden, allerdings mit einigen Einschränkungen.
Можно согласиться с этим, но с некоторыми оговорками.	Dem kann man zustimmen, allerdings mit einigen Einschränkungen.

3.15. 🔊 🔊 Пятнадцатый урок: Конструкции, употребляемые в **заключительной части** доклада, выступления, сообщения и т. д.

(Мне) Хотелось бы закончить следующим: ... (Мне) Хочется закончить следующим: ...	Ich möchte mit folgendem schließen: ...
В заключение хочется сказать следующее: ...	Abschließend möchte ich folgendes sagen: ...
В заключение следует отметить, что ...	Abschließend muß hervorgehoben werden, daß ...
В заключение необходимо подчеркнуть, что ...	Abschließend muß unterstrichen werden, daß ...
И, наконец, последнее.	Und schließlich noch eine letzte Bemerkung.
На этом (мне) хочется закончить свое выступление.	Damit möchte ich meinen Beitrag beenden.
Позвольте на этом закончить свой доклад.	Gestatten Sie (mir), hiermit meinen Vortrag zu beenden.

4. Stilistische Besonderheiten der Wissenschaftssprache

4.1. Synonymie zwischen Verben und von ihnen abgeleiteten *verbalnominalen Wortverbindungen* (VNWV, russ. глагольно-именные сочетания = ГИС)

Vielen Verben des neutralen und allgemeinwissenschaftlichen Stils sowie der einzelnen Fachsprachen stehen synonyme VNWV gegenüber, deren Nomen vom Stamm des jeweiligen Verbs abgeleitet sind, z. B.:

снижать
 снизить]– (затраты) ↔ производить снижение
 произвести снижение]– (затрат)

повышаются
 повысились]– (затраты) ↔ происходит повышение
 произошло повышение]– (затрат)

Im Funktionalstil Wissenschaft werden VNWV oftmals anstelle der parallelen Verbformen verwendet, wobei die VNWV i. allg. als stilistisch gehobener empfunden werden.

Beim Ersetzen von Verben durch VNWV ist zu beachten, daß sich *Veränderungen in der syntaktischen Struktur* der Sätze (Subjekt → Genitivattribut; Adverb → (ggf. sogar andersstämmiges) Attribut; Änderung der

Verbrektion; u. U. Transformation des Subjekts in eine Adverbialbestimmung) ergeben, z. B.:

Увеличиваются **затраты** ... → Происходит увеличение **затрат** ...
... **сильно** изменяются. → Происходят **большие** изменения ...
поблагодарить **кого-л.** → выразить **кому-л.** благодарность
Изменилась **структура** ... → **В структуре** ... произошли изменения.

4.2. Stilistische Fragen beim Verfassen *russischsprachiger Thesen*

Beim Verfassen von Thesen müssen einige sprachliche und strukturelle Besonderheiten dieses Texttyps beachtet werden:

1. Knappheit der Informationsvermittlung (i. allg. überschreitet die Gesamtthesenlänge nicht 1—2 Schreibmaschinenseiten);

2. Verwendung des wissenschaftlichen Funktionalstils bei der thesenhaften Fixierung der Probleme, die im Vortrag oder Diskussionsbeitrag behandelt werden.

Wesentliche Merkmale des Wissenschaftsstils:

● Häufige Verwendung dem Beziehungswort nachgestellter Partizipialkonstruktionen:
Глобальные проблемы, охватывающие все страны мира, ...
Энергетический кризис, усилившийся в 70-е годы, ...

● Häufige Verwendung von Adverbialpartizip-Konstruktionen anstelle adverbialer Nebensätze:
Увеличивая расходы на жилищное строительство, страна ...
Снизив сырьевые и энергетические затраты, ГДР ...

● Verstärkte Verwendung von Verbalsubstantiven anstelle von Verben:
Народы стремятся предотвратить гонку вооружений.
→ Стремление народов направлено на предотвращение гонки вооружений.

пытаются решить проблему ...
→ попытки решения проблемы ...

Для того чтобы сохранить мир на планете, ...
→ Для сохранения мира на планете ...

После того как заключили этот договор, ...
→ После заключения этого договора ...

Если не будет обеспечена безопасность ...
→ Без обеспечения безопасности ...

- Häufige Verwendung des Passivs (Handlungsträger, falls vorhanden, im Instrumental):

(Представителями западноевропейских компартий) были рассмотрены вопросы ...
(Нами) была предпринята попытка ...

- Vorrangige Verwendung meist von Substantiven, z. T. auch von Verben abgeleiteter Präpositionen:

ввиду	в целях	в соответствии с	благодаря
вследствие	с целью	по сравнению с	включая
посредством	в силу	в отличие от	несмотря на
путем	в результате	наряду с	и. а.
согласно	по мере		
	с учетом		
	за счет		
	со стороны		
	по поводу		

5. Briefverkehr

Das im folgenden nach einem bestimmten Ordnungsprinzip dargebotene Sprachmaterial bezieht sich vorwiegend auf den offiziellen Schriftverkehr von (wissenschaftlichen) Institutionen bzw. Wissenschaftlern, zum geringen Teil auch auf den nichtoffiziellen Schriftverkehr. Konstruktionen, die sowohl im offiziellen als auch im inoffiziellen Schriftverkehr auftreten können, sind durch nachgestelltes *, Konstruktionen, die für offizielle Schreiben untypisch sind, durch ** gekennzeichnet. Die Übersicht enthält alle im Teil "Переписка" der 15 Lektionen hervorgehobenen Wendungen. Einige für den jeweiligen Sachverhalt ebenfalls wesentliche Konstruktionen wurden ergänzt.

5.1. Hauptbestandteile des russischen Briefes im offiziellen Briefverkehr:

1. Адрес получателя
2. Место и дата отправления
3. Обращение

4. Текст письма
5. Заключительные слова
6. Подпись

5.2. Typische *Anredeformen*

Глубокоуважаемый профессор Иванов!
Глубокоуважаемый (*oder*: -ая) профессор Иванова!
Глубокоуважаемый товарищ Иванов!
Глубокоуважаемый (*oder*: -ая) товарищ Иванова!
Уважаемый Антон Иванович! / Уважаемая Мария Ивановна!
Уважаемый товарищ!
Дорогой Антон Иванович!* / Дорогая Мария Ивановна!*
Дорогой Саша!** / Дорогая Таня!**
Здравствуй(те), дорогой Петя!** / Здравствуй(те), дорогая Рози!**

5.3. Brieftypische Wendungen

Bezugnahme auf eingegangenen Brief

(С благодарностью) Подтверждаем получение . . .
Нами получено Ваше письмо.
(Извините, что) Я задержался (-лась) с ответом.
(В Вашем письме) Вы выражаете пожелание . . .
В связи с Вашим письмом от . . .
В ответ на Ваше письмо . . .
Ссылаясь на Вашу просьбу, . . .
Согласно Вашей просьбе . . .

Dank

Разрешите / Позвольте выразить Вам признательность за . . .
Разрешите / Позвольте выразить Вам благодарность за . . .
(От имени . . .) Выражаю искреннюю признательность за . . .
Выражаем Вам искреннюю благодарность за . . .
Считаю своим долгом поблагодарить Вас за . . .
С большой признательностью / благодарностью . . .
Мы Вам очень признательны за . . . / Мы очень благодарны Вам за . . .
Буду весьма признателен (-льна) Вам за . . .
Были бы Вам очень признательны, если бы . . .
Заранее признательный Вам . . .
Заранее благодарим за . . .
Мы хотим / хотели бы поблагодарить Вас за . . .*
Сердечно благодарю Вас за . . .*
(Большое) Спасибо за . . .**

Entschuldigung

Приношу (свои глубокие) извинения по поводу . . . / в связи с . . .
Примите мои извинения за . . .
Прошу извинить меня за . . .
Извините, что . . .*

Bedauern

Разрешите / Позвольте (нам) выразить сожаление по поводу ...
Выражаем сожаление по поводу ... / в связи с ...
(Я) Чрезвычайно сожалею, что ...
Сожалеем (о том), что ...*
К сожалению, ...*
Очень жаль, что ...**

Einleitung einer Mitteilung

(Ссылаясь на вашу просьбу,) Доводим до Вашего сведения, что ...
Хотелось бы поставить Вас в известность о ... /, что ...
(В ответ на Ваше письмо) Спешим сообщить Вам ...
(Согласно Вашей просьбе) Сообщаем Вам ...
(Пользуясь случаем,) Сообщаю Вам ...
(Я) Не хотел(а) бы останавливаться (в этом письме) на ...

Einverständnis / Ablehnung

(Вы) Предварительно выразили согласие ...
Ваше предложение нас устраивает.
В случае Вашего согласия ...
Мы (не) согласны с ...*
(К сожалению,) Я вынужден(а) отказаться от ...

Bitte / Vorschlag

Не откажите в любезности (сообщить ...) ...
Если Вас не затруднит, (вышлите, пожалуйста, ...) ...
(Извините, что) Затрудняем Вас просьбой.
Убедительно прошу Вас ...
Разрешите обратиться к Вам с просьбой.
Просим Вас (принять сотрудников / обеспечить условия и т. д.) ...
Обращаемся к Вам с предложением ...
Предлагаем Вам ...*

Überzeugung

Позвольте выразить уверенность в ...
Можем заверить Вас в ...

Interessiertheit

Мы (глубоко) заинтересованы в ...
С большим интересом (мы прочитали Ваше письмо) ...*

Persönliche Wertung (von Sachverhalten)

Считаем целесообразным ...
С удовлетворением мы можем констатировать, что ...
С удовлетворением сообщаем Вам, что ...
Искренне разделяем Вашу радость ...

Радуюсь предстоящей встрече ...*
Нам очень приятно, что ...*
Мы были бы очень рады, если бы ...*

Hoffnung

Позвольте выразить надежду на ...
Выражаем надежду, что ...
В надежде на ...
Мы надеемся, (что) ...*
Надеюсь на ...*
Я так надеялся (-лась) ...**

Zusätzliche Mitteilung

Дополнительно к вышеизложенному сообщаем, что ...
В дополнение к сказанному сообщаем ...

Briefschluß / Brieferwartung

В заключение ...
(С нетерпением / С большим интересом) Ждем Вашего ответа.
(Мы) Надеемся, что Вы ответите нам в ближайшее время.
(Мы) Надеемся на скорый ответ.
В надежде на скорый ответ ...
В ожидании Вашего ответа ...
Будем глубоко благодарны за возможно скорый ответ.
Очень жду Вашего ответа ...*
Прошу Вас передать привет (профессору ...) ...
Передайте, пожалуйста, привет* (товарищу ...) ...

5.4. Wendungen für den Mittelteil des Briefes

Grundlagen der Zusammenarbeit / Herstellung von Kontakten

согласно договору о межинститутском сотрудничестве
в соответствии с постановлением
в соответствии с договоренностью
на основе рабочего плана
по поручению вышестоящего органа
в интересах создания условий
в интересах согласования работ
приступить к установлению непосредственных контактов

Einladung / Antwort auf Einladung

Мы приглашаем Вас посетить ...
Приглашаем делегацию в составе трех специалистов.
Я хотел(а) бы пригласить Вас ...*
выслать приглашения*

оформить вызов*
приехать по индивидуальному приглашению*
Если (Вы) сможете принять приглашение ...
Срок является (для нас) вполне приемлемым.
(не) отказаться принять приглашение

Dienstreise / Wissenschaftleraustausch
ввиду предполагаемого обмена
направляться в командировку в ...
командировка (не) состоится / состоялась
удобные сроки работы
программа научной командировки
подтвердить программу командировки
прислать перечень докладов
уточнить возможность приема
покрыть все расходы
дать краткий отчет
успешное выполнение исследовательских работ в полном объеме

Konferenz(modalitäten)
состоится научная конференция, посвященная ...
отложить проведение конференции
принять участие в работе
сообщить темы предусмотренных докладов
выступить с докладом
как можно скорее прислать тезисы
присылка тезисов
объем тезисов
одна печатная страница
от имени Оргкомитета
Председатель Оргкомитета
Секретарь Оргкомитета

Publikationen
предоставить возможность публикации
предложение выступить с публикацией на страницах журнала
послать статью для раздела ...
непременно выслать рукопись
выслать рукопись главы для совместной работы
объем рукописи
не превышать допустимого объема
по содержанию соответствовать тематике
опубликовать в сборнике
выдвинуть на конкурс

Anhang

Rezension / Manuskriptkorrektur

послать на рецензию
внесение терминологических и стилистических поправок
критические замечания относительно неточностей
неточности устранены

Glückwünsche

От имени ... и от себя лично позвольте поздравить Вас с	праздником Дня победы.* ...-ой годовщиной Великой Октябрьской социалистической революции.* праздником Первого мая.* Международным женским днем 8 марта.*
Примите искренние поздравления с	...-летием со дня образования ...*
Поздравляю Вас с*	наступающим Новым годом.* присуждением ученой степени. днем (Вашего) шестидесятилетия.* днем рождения.*
Позвольте пожелать Вам от всего сердца От всей души желаем Вам*	крепкого / доброго здоровья.* дальнейших успехов в труде.* больших успехов в работе.* счастья в семейной / личной жизни.*

Beileid

Позвольте выразить глубокую скорбь / глубокое соболезнование Разрешите выразить сочувствие Прошу принять выражение искреннего соболезнования Примите мои глубочайшие соболезнования	в связи с безвременной кончиной ... по поводу кончины ... в связи со смертью ... по случаю смерти ...

(Прошу) передать соболезнование семье покойного.
(Его / Ее) смерть является тяжелой утратой для ...
(Его / Ее) смерть представляет для ... большую утрату.
Светлая память о ... навсегда сохранится в наших сердцах.

Zeitangaben

письмо от 25 мая*
не позднее конца февраля
сроком на одну неделю
с. г. (= сего года)
на текущий год
(командировка, запланированная) на лето этого года
до конца этого года*
до января следующего года*
в прошлом году*

Sonstiges

Мы в свою очередь
в Вашем лице

5.5.   *Abschlußformeln*

С искренним уважением и благодарностью . . .
С искренним уважением . . .
С глубоким уважением . . .
С уважением . . .
(Искренне) Уважающий (-ая) Вас . . .
Искренне Ваш(а) . . .
С наилучшими пожеланиями . . .
С искренним приветом Ваш(а) . . .
С дружеским приветом . . .*
(Желаю) Всего доброго . . .*
Всего хорошего, привет всей семье . . .**
До скорой встречи . . .**

Список использованной литературы

А. А. Акишина/Н. И. Формановская: Этикет русского письма. Москва 1981
Большая советская энциклопедия, т. 11. Москва 1973 / т. 28. Москва 1978
Л. И. Брежнев: Воспоминания. Москва 1982
О. Н. Быков: Международный ежегодник. Политика и экономика. Москва 1979
Внешняя политика и международные отношения Германской Демократической Республики. Москва 1974
ГДР — наша позиция. Усиленно продолжать борьбу за предотвращение ядерной мировой войны. Берлин 1983
ГДР — становление и рост. Москва 1977
П. Н. Денисов/В. В. Морковкин: Учебный словарь сочетаемости русского языка. Москва 1978
В. М. Дерибас: Устойчивые глагольно-именные словосочетания русского языка. Москва 1979
А. П. Евгеньева: Словарь синонимов русского языка. Ленинград 1970
Т. И. Капитонова/А. Н. Щукин: Современные методы обучения русскому языку иностранцев. Москва 1979
Д. А. Кунаев: Советский Казахстан. Москва 1982
А. А. Леонтьев: Что такое язык. Москва 1976
G. F. Meier/B. Meier: Handbuch der Linguistik und Kommunikationswissenschaft. Bd. 1. Berlin 1979
Ш. Р. Рашидов: Русский язык — язык дружбы и сотрудничества народов СССР. Москва 1981
А. М. Румянцев: Научный коммунизм. Москва 1975
Справочник пропагандиста-международника. Москва 1979
В. А. Сухомлинский: Сердце отдаю детям. Киев 1981
Э. Хонеккер: Из моей жизни. Москва 1982
Г. Х. Шахназаров/А. Д. Боборыкин/Ю. А. Красин/В. В. Суходеев: Обществоведение. Москва 1981

"Вопросы философии" 10/1979, 5/1981, 9/1981
"Вопросы экономики" 7/1980
"Знание — сила" 10/1981, 8/1982
"Культура и жизнь" 10/1979, 6/1980, 2/1981, 7/1981, 8/1981, 9/1981
"Наука и жизнь" 5/1979, 12/1979, 9/1980
"Наука и техника" 5/1978
"Новое время" 14/1978, 17/1978, 39/1978, 47/1978, 48/1978
"Правда" 2-10-1979, 26-10-1979, 18-4-1980, 21-4-1980, 28-5-1980, 12-10-1980, 5-2-1981, 9-2-1981, 19-3-1981, 3-4-1981, 1-6-1981, 19-6-1981, 14-8-1981, 8-1-1982, 21-1-1982, 29-6-1982, 17-1-1983, 5-5-1983, 12-12-1983, 24-5-1984, 1-10-1984
"Советский Союз" 8/1979, 12/1980, 3/1980, 3/1981
"Спутник" 12/1976, 10/1977, 11/1978, 9/1980, 1/1981, 3/1981, 9/1982
"Русский язык за рубежом" 4/1981

Russisch perfekt : Lehrmaterial für d. Sprachkundigenausbildung Stufe III. —
1. Aufl. — Leipzig : Verlag Enzyklopädie, 1986. — 407 S.

ISBN 3-324-00015-7

ISBN 3-324-00015-7

1. Auflage
Verlagslizenz Nr. 434-130/31/86
Printed in the German Democratic Republic
Grundschrift: 9/10 p Extended
Gesamtherstellung: VEB Druckerei »Gottfried Wilhelm Leibniz«,
4450 Gräfenhainichen · 6589
Einbandgestaltung: Rolf Kunze
LSV 0854
Best.-Nr.: 577 810 7
01980